門戸開放政策と日本

北岡伸一［著］

東京大学出版会

The Open Door Policy and Japan
Shinichi KITAOKA
University of Tokyo Press, 2015
ISBN 978-4-13-030155-8

まえがき

本書は、アメリカの東アジア政策とくに中国政策の根底を貫く門戸開放政策（open door policy）を中心に、一九世紀末から一九三〇年代、さらに戦後に至る日米関係を、様々な角度から考察した論文集である。

門戸開放は、がんらいイギリスの政策だった。世界最大の経済大国だったイギリスにとって、他の列強がアジアやアフリカに植民地や勢力圏を獲得しても、そこにおける貿易の門戸がすべての列強に平等に開かれていれば、すなわち機会均等ならば、最大の利益を得ることが可能だった。

日清戦争後の中国においては、ロシア、フランス、ドイツなどの列強は競って排他的勢力圏を獲得しようとした。イギリスは、そこにおいても、関税、運賃その他において、通商上の差別はすべきでないという門戸開放の原則を主張した。それが、中国のさらなる分割を阻止することになるとも考えていた。しかしイギリスにとって門戸開放は唯一の政策ではなく、その他に、自ら勢力圏を獲得するという政策もありえた。

一八九九年九月、アメリカのジョン・ヘイ国務長官が通商上の門戸開放・機会均等を主張した通牒を各国に発出したとき、一見したところ、その内容はイギリスの政策と同じであった。米西戦争に勝利してフィリピンを獲得したアメリカが、中国市場への進出に後れをとっていたことから、割り込みを図ったように思われた。一九〇〇年七月にヘイの二度目の通牒が発出されたときには、従来の門戸開放・機会均等のみならず、中国の領土的行政的統一の尊重も主張されていたが、それも、イギリスの立場と大きく違うものとは思われなかった。

しかしその背景には、重要な違いが存在していた。アメリカにおける門戸開放政策は、中国への進出を目的としつつ、同時に、列強の侵食に対して中国を保護しようとする姿勢が存在していた(したがってイギリスの上記オプション——勢力圏の拡大——に対してアメリカは概して否定的だった)。中国への進出は、アメリカ建国以来のマニフェスト・デスティニー(manifest destiny)の観念に支えられ、フロンティア消滅の時代にあって、アジアへの発展はアメリカの権利であり義務であるという感覚に裏付けられたものであった。また中国に対する保護者的姿勢は、建国以来の反植民地の理念から発するもので、いずれもアメリカという国家のあり方に深く結びついたものであった。その傾向は、辛亥革命で中国が民主化に向かっているという認識と、第一次大戦を契機とするアメリカの地位の向上によって、著しく強まった。

このような経済的利益の追求と、イデオロギー的な中国擁護とは、しばしば矛盾することとなった。門戸開放は、経済的利益を追求するための政策としては、しばしば目的合理性に欠けていた。そして中国擁護の方は、そのために大きな犠牲を払う用意はなかった。その点で、外交原則としては、一貫性にはなはだ欠けていた。

アメリカの門戸開放政策が向けられた最大のターゲットは、アメリカの中国に対する経済的進出の最大の障害であり、また満州権益の強化などによって中国に対する領土的行政的侵食を進めていた日本であった。他方、もっぱら自国の国益判断から出発し、没理念的な外交に終始した日本にとって、アメリカの門戸開放政策は理解困難なものであった。

アメリカが門戸開放という言葉で求めたものは、実際、しばしば変化した。しかし、長い目で見ると、アメリカの外交は、上記の通商上の利益獲得とイデオロギー的な中国擁護において、いわば常に原点に帰る傾向を持ち、それゆえに相当に一貫していた。これに対し日本の政策は、過去の政策の延長線上に作られることが多く、強い連続性を持つものだった。しかしそれゆえに、日本の政策の中には小さな変化が徐々に蓄積され、ついに両国は抜き差しならぬ対立関係になっていったのである。本書は、そのような、門戸開放原則をめぐる日米間の認識のずれ、対立、妥協、そして対決が何故いかに起こったかを、全体として描き出そうとするものである。

以下、序章は書き下ろしで、ヘイ国務長官による門戸開放宣言の発出から第二次大戦後までの日米関係を、門戸開放政策の観点からたどったものである。

第I部は、門戸開放政策の変遷を、アメリカにおける民主主義と職業外交官制度の発展との間に生じた軋轢を手掛かりに論じたものである。第一章は、国務省極東部の成立（一九〇八年）と発展とが持った意味を、当時アメリカ職業外交官のリーダー格であったハンティントン・ウィルソンを中心に分析している。第二章は、一九一五年の二十一カ条交渉をめぐる日米関係の混乱を、アメリカ外交の組織的特質との関連で論じたものである。第三章は、アメリカ職業外交官の第一世代の一人であり、ワシントン体制の成立に国務省極東部長として関与し、二〇年代後半にはアメリカの駐華公使として勤務したジョン・マクマリの視点から、ワシントン体制の崩壊を論じたものである。

第II部は、いくつかの角度から、門戸開放と日本との関係を論じている。第四章は、明治中期における海洋国家論・通商国家論を、雑誌『太陽』を手掛かりに論じている。この時期、日本において門戸開放政策と対応しやすいのは、海洋国家論・通商国家論であった。第五章は、同じく海洋国家論から導かれる安全保障政策を、明治初期から戦後に至るまで、福沢諭吉から吉田茂までをたどったものである。第六章は、日米の満蒙権益への固執とアメリカの門戸開放による満州への挑戦とを、外交のスタイル、非対称性という観点から論じたものである。

第III部は、日本の三人の知識人とアメリカとの出会いを、とくに門戸開放を念頭に置きつつ論じている。第七章は大正デモクラシーのチャンピオンであり、東京帝国大学で最初にアメリカ政治を論じた吉野作造を対象に、第一次大戦末期に至る国際政治思想の形成を論じている。第八章は大正期の日本の親米派・国際派の第一人者であった新渡戸稲造を、帝国主義と国際主義の二つの視角から論じている。そして第九章では、労働移民からジャーナリストそして評論家になった清沢洌が、一九三七年、日中戦争さなかの欧米旅行において日本批判に直面したさまを、ナショナリズムとリベラリズムの観点から分析している。本来ならば、吉野に関する論文は、より年長の新渡戸に関する論文よりも後に置くべきであるが、この論文は吉野の若いころ、時代でいえば第一次大戦終了までを考察の範囲としているので、その点を考慮して前に置いている。

第Ⅳ部は、「戦前から戦後へ」と題している。すなわち、門戸開放の理念がアメリカの東アジア政策の基底をなすとすれば、戦争によって強まることはあっても弱まることはなかったはずである。それならば、日米関係の戦前と戦後とは、門戸開放に着目した場合、どのように説明できるだろうか。そのような観点から、第十章では、戦前期、田中義一内閣の強硬外交を次官として支えた吉田茂の戦前と戦後の連続性を論じる。第十一章は、戦前の満州国で活躍し、東条英機内閣閣僚だった岸信介がいかにして戦後の日米関係の担い手となったかを論じている。第十二章では、戦後日本の出発の不可欠な条件であった賠償問題に、吉田と岸という二人の首相がどのように取り組んでいったかを論じている。そして、賠償問題は謝罪でも和解でもなく、経済合理性の観点、すなわち日本が貿易立国として進むという方針から進められていったと評価している。

最後に終章として、エピローグ風に、一九八〇年代の日米貿易摩擦から日米戦争を振り返り、日米戦争で争われたのは日米両国の国益だけではなく、その後の時代を含めて、門戸開放の理念でもあったと論じている。

目次

第Ⅳ部——戦前から戦後へ

序章　門戸開放政策と日米関係

商業上の機会均等主義は、合衆国建国以来の対外政策の根本原理であります。
ジョゼフ・グルー(1)

1　はじめに

一八九九年九月六日、アメリカのジョン・ヘイ (John Milton Hay, 1838–1905) 国務長官は、イギリス、ドイツ、およびロシアに対し、有名な門戸開放通牒を送った。同文の通牒は、さらに一一月一三日に日本へ、一一月一七日にイタリアへ、そして一一月二一日にフランスに送られた。

その要旨は、当時中国（清国）において拡大しつつあった勢力圏および租借地について、関係国の既得権に干渉する意図はないとしつつ、勢力圏等の中においても、通商上の門戸開放・機会均等——具体的にはいかなる国の商品に対しても関税や運賃において差別的取扱いをしないこと——を求めるというものだった。

これに対して、列強の反応はあいまいだった。大部分の国は多くの留保をつけ、かつ、他国が同意する範囲において賛成すると述べただけだった。関係国のうちロシアは相当広範な留保をつけたから、どの国も、ロシア以上にコミットする義務はなかった。

しかるにアメリカは、通牒は関係国からの完全な合意を得たと述べた。いったい何が合意されたのか、そもそもはっきりしなかった。

翌一九〇〇年七月三日、二度目の通牒が送られた。そこでヘイは、北清事変の拡大に懸念を表明しつつ、中国の領土的行政的統一（entity）を維持し、中国との通商上の均等にして公平な貿易の原則を保護することがアメリカの政策だと述べた。

ところが、この政策については、アメリカ政府内部においても実は統一的理解は存在していなかった。同年一一月、ヘイ国務長官は福建省の三都澳に海軍基地を租借しようとし、日本から門戸開放通牒との矛盾を指摘されて撤回するという一幕があった。この租借計画が領土的行政的統一の維持という原則と矛盾することは間違いない事実だった。

それでも、門戸開放に好意的なのが米英日であり、消極的なのがロシアであることは明らかだった。日英はロシアの満州への膨張に脅威を感じており、門戸開放はロシアを牽制する意味を持っていた。かくして門戸開放原則は日英同盟（一九〇二年）の中に書き込まれ、日本は英米の支持を得てロシアとの戦いに勝利を収めたのであった。

しかし門戸開放原則は、そのあいまいさゆえに、その後、何度も日米関係の混乱の原因となった。一九〇八―一二年のアメリカの満州におけるドル外交、一九一五年の二十一カ条要求、一九一七年の石井・ランシング協定など、いずれも門戸開放原則が問題の中心にあった。

第一次大戦後、門戸開放原則は、アメリカの圧倒的な影響力の中で、より厳格な形で合意され、九カ国条約（一九二二年）の中に盛り込まれた。

しかし九カ国条約は、一九三一年、満州権益が脅かされると信じた日本の陸軍中堅層によって、大きな打撃を受けることになる。これに対し、アメリカはスティムソン声明によって批判を加えたが、その根拠とされたのも、門戸開放原則だった。そして一九三七年、日中戦争が勃発し、その翌年、近衛首相が東亜新秩序声明を発するに及んで、日米は激しく対立することになるが、ここでも焦点は、やはり門戸開放原則だった。

このように、門戸開放原則はアメリカの中国政策における指導理念であった。それゆえ、日米関係においても、もっとも重要な鍵となる理念であった。しかし、その意味するところはしばしば変化し、また日本側の理解も十分ではなかった。門戸開放をめぐる混乱が、日米対立ついには日米戦争に至る過程で、大きな意味を持ったといっても過言ではない。なぜそのような混乱が起こったのか、そもそも門戸開放とは何だったのか。このことを、門戸開放通牒の発出以前にさかのぼり、日米戦争さらには戦後まで追跡して考察することが、本書の目的である。本書の第一章以後では、門戸開放をめぐるいくつかの特定の問題や人物について考察するが、それにさきだって、門戸開放原則をめぐる日米関係の推移を概観することがこの序章の目的である。(2)

一　門戸開放宣言の発出と変容

1　門戸開放宣言の背景

よく知られているように、門戸開放は、がんらいはイギリスの政策だった。一九世紀においてイギリスは世界最大の経済大国だったから、平等無差別の貿易さえできれば、大きな利益を上げることが可能だった。中国におけるイギリスの懸念は、列強が中国を分割し、勢力圏を築いて、その中で自国の商品に有利な待遇をし、イギリスを排除することであった。そして、日清戦争における清国の敗北が世界に清国の弱体を暴露してしまったため、中国の分割とも言うべき事態が進行した。(3)

中国の分割は、第一に租借地の獲得という形で進められた。一八九八年二月のドイツによる膠州湾の租借、三月のロシアによる旅順大連の租借、一八九九年一一月のフランスによる広州湾の租借がそれであり、イギリスはドイツとロシアに対抗するため一八九八年六月、山東省の威海衛を、またフランスと対抗するために一八九八年六月、九龍を租借した(フランスの広州湾租借に時間がかかったため、イギリスの九龍租借が先行した)。これらは面積ではともかく、中国内地への経済発展についても軍事的攻略の起点としても極めて重要な地点であった。

第二に列強は鉄道利権の獲得に邁進した。一八九六年、ロシアは東清鉄道敷設権を獲得し、フランスは雲南鉄道の中国内地延長権、ドイツは山東省における鉄道敷設権、イギリスはビルマ鉄道と雲南予定線との連結権、浦信鉄道(浦口—信陽間)、広九鉄道(広州—九龍間)、滬寧鉄道(上海—南京間)、滬杭甬鉄道(上海—杭州—寧波間)、道清鉄道(道口—清化間)等の敷設権あるいは借款権を獲得し、京漢線については露仏と関係の深いベルギーの財団が獲得した。

さらに列強は、租借地や鉄道を中心とする地方における各種事業に対する優先権の獲得を目指した。中国による領土不割譲宣言は、その一形態であって、フランスは一八九七年三月、海南島の不割譲、一八九八年四月にはトンキン地方に接壌する広東、広西、および雲南の不割譲を清国に宣言させている。イギリスは一八九八年二月、揚子江地域の不割譲を、日本は一八九八年四月、福建省に関する不割譲を、それぞれ清国に宣言させている。

さらに、中国以外の列強の間で、相互の勢力範囲を認める条約や協定が結ばれた。一八九六年一月には英仏が四川および雲南に関する宣言によって、四川および雲南におけるそれぞれの権益の尊重を約し、一八九八年九月には英独が鉄道利権範囲に関する協定を結び、揚子江流域およびその南をイギリスの、また山東省およびその北をドイツの鉄道利権範囲として承認した。そして一八九九年三月、英露間でも鉄道利権範囲に関する協定が結ばれ、イギリスは揚子江流域を、ロシアは長城以北をそれぞれの利権範囲とすることを定めた。

この時期に起こったもう一つの世界史的事件が、一八九八年四月の米西戦争の勃発であった。この戦争で勝利したアメリカは、キューバにおいてのみならず、フィリピンでスペインの艦隊を撃破し、一二月のパリ講和会議において、キューバを独立させるとともに、フィリピン、グアム、プエルト・リコを獲得することになった。かつてイギリスの植民地であり、戦争によって独立を獲得し、その結果として反植民地を主義としてきたアメリカが、ここに帝国主義に転換したのである。懸案だったハワイの併合も、一八九八年八月に実現された。そしてフィリピンの獲得はアメリカの中国への関心をかき立てた。

一八九九年に門戸開放宣言が出されたのは、このような状況においてであった。一方でイギリスはドイツ、ロシア、フランスの植民地獲得と勢力圏拡大に危惧を持ち、アメリカはアジアへの関心を強めていた。門戸開放宣言は、アメリカの中国学者であったウィリアム・ロックヒル（William Woodville Rockhill, 1854-1914）と、その友人で中国に長い経験を持つイギリス人、アルフレッド・ヒッピスリー（Alfred Edward Hippisley, 1848-1939）との会話の中から生まれた。ヒッピスリーは、勢力圏の中における鉄道や鉱山に関する門戸開放や機会均等は望ましいが、すでに英独、英露間に勢力圏に関する合意ができている今、それは不可能であり、通商と航海における機会均等だけを目的とすべきだという趣旨のメモを作成し（八月一七日）、これを受けて、ロックヒルがメモをしたため（八月二八日）、それがヘイの政策となったのである(4)。

ただ、アメリカが門戸開放を提唱するようになったアメリカ固有の背景にも触れておくべきだろう。建国以来、アメリカはヨーロッパの古い政治と手を切り、ないしは自らを区別し、西へ西へと進んでいった。マニフェスト・デスティニーという概念によって、経済的利益の追求とキリスト教の布教と地域の文明化がアメリカの権利であり義務であるとして正当化されていた。一八五三年のペリーの日本遠征も、そうした考え方の上にあった。一八九〇年の国内におけるフロンティアの消滅は、この西への衝動を、さらに遠くへ及ぼそうとしていた。アメリカが中国において門戸開放政策を唱えたのは、こうした背景においてであった。

2　列強の反応

さて、ヘイの宣言に対する列強の反応ははっきりしないものであった。それは門戸開放宣言があいまいだったからでもある。門戸開放からもっとも多くの利益を受けるはずのイギリスですら、ソールズベリー外相は、当初、植民地である九龍と租借地である威海衛に対する門戸開放の適用を嫌い、三カ月も引き延ばしたのち、九龍を除外して、他の諸国の同意を条件として、威海衛その他の全租借地および権益地帯に適用することを認めた。ドイツの回答はあいまいであり、その他の国々も、他国が同意する範囲で同意すると述べただけだった。もっとも否定的だったのはロシアで、ロシアの門戸開放に対するコミットは、大連を自由港として国籍による差別をしていないことで明らかだと言い、自らの勢力圏や差別運賃については何も答えていないという有様で、ほとんど拒絶に近かった。ところが一八九九年三月、ヘイは、関係国すべてから満足すべき保障を得たとして、最後にして決定的だと述べたのである。ヘイの関心は外交的な効果ではなく、国内への成功のアピールであった(5)。

ところが、その年の六月になると義和団事件は拡大し、津京鉄道地帯を占領し、北京の外国公使館地域を包囲するに至った。七月三日、ヘイは二度目の通牒を発したが、列強からの回答を期待してのものではなく、実際、ほとんど反応はなかった。わずかにイギリスが好意的な反応を示したが、門戸開放は、イギリスにとって三つの政策の一つにしか過ぎなかった。他の二つとは、イギリス自身が領土分割競争に割り込むことであり、もう一つは、競争国と協定を結ぶことだった。

アメリカも、イギリスと同じく、二つ目の手段、すなわち自ら分割競争に割り込むことを、完全に排除してはいなかった。すでに述べた一九〇〇年一一月の三都澳租借の試みは、その証拠である。アメリカにとっても、門戸開放の意味は未確定だった。しかし、アメリカはこれ以後、領土や租借地や勢力圏獲得競争に積極的だったことはない。

その頃、中国の分割阻止にもっとも熱心だったのは日本である。アメリカがいう領土的行政的統一（territorial and administrative entity）の維持という言葉のうちのとくに領土的統一の維持は、日本語でいえば、「支那保全」であった。「唇亡びて歯寒し」「唇歯《しんし》輔車《ほしゃ》」とは、明治中期に広く流布した言葉だった。中国の分割は日本にとって脅威であった。そしてイギリスと違い、日本は第二第三の政策、つまり分割競争に参加していくほどの力を持っていなかった(6)。

一九〇〇年の義和団事件の収拾に、日本がもっとも大きな役割を果たすことができたのは、何よりも、日本がもっとも近く、有効な陸軍力を提供できたからである。四〇年前に第二次アヘン戦争で中国を圧倒したイギリスは、当時ボーア戦争で苦戦しており、有効に対処できず、日清戦争においてその実力を示していた日本陸軍の協力が求められた。第二に日本には、列強との共同軍事行動に入ることによって、列強の一員として認められたいという考えがあった[7]。第三に、日本は実際、中国の分割を好まなかったからでもある。中国の分割は、とくにロシアによる満州進出という形で進む可能性が高く、それこそが日本が最も恐れた事態であった。

義和団事件は一九〇〇年八月、一応収束したが、ロシアは満州に一〇万の兵力を送り込んで、八月に黒龍江省城、九月に吉林省城、一〇月に瀋陽を占領し、撤兵しようとはしなかった。これは、首都北京に対する重圧となっていた。

一九〇〇年一〇月一六日、ベルリンから中国に赴いたヴァルデルゼー元帥が北京に入場して連合軍総司令官に就任する前日、ロンドンにおいて英独協定が結ばれた。それは、清国の河川と沿岸の港を、あらゆる国民の貿易その他の正当なる経済活動のために自由に開放しておくことが両国共通および国際社会全体の利益であるとして、この方針を支持し、そしてさらに、現下の紛争を利用していかなる領土的利益を得ることもせず、関係国を同様の趣旨に勧誘すると定めていた。これに対し日本は、一〇月二八日、これを受諾すると答えている。

しかるに一九〇一年三月一五日、ドイツ議会においてフォン・ビューロー首相は、「英独両国間の取り決めは満州とは何らの関係を持たない」と述べている[8]。ドイツは、ロシアの進出に対抗してまで門戸開放政策を支持する意思はなかった。露仏同盟に囲まれたドイツにとって、ロシアがアジアに進出することは、むしろ好ましいことであった。

義和団事件の処理をめぐる会議は北京で開かれ、一九〇一年九月七日、最終議定書がまとまった。この会議には、門戸開放原則の原著者というべきウィリアム・ロックヒルが参加していた。ロックヒルは、たまたま中国公使館に赴任したところが、会議がフランス語で行われ、アメリカ公使のコンガーがフランス語を話せなかったため、フランス語に堪能なロックヒルが参加することとなった。

そこでロックヒルは、中国からできるだけ多くを奪い取ろうとする列強の中で、中国を守るべく努力を重ねた。その意味で、彼の門戸開放・機会均等・領土的行政的保全へのコミットは真剣だった。そしてこれにもっとも協力的だったのは日本であった。支那保全の論理からして、日本は中国の分割の進行を望まなかったのである。(9)

3　日露戦争の前と後

さて、ロシアの重圧に対していかに対処すべきか、日本は真剣な検討をせざるを得なかった。周知のとおり、伊藤博文はロシアとの妥協によって危機を回避しようとした。他方で桂太郎首相や小村寿太郎外務大臣、加藤高明駐英公使らは、イギリスと結んで対抗しようとした。両者は根本的に異なっていたわけではない。しかし伊藤らは、超大国が極東の小国日本と同盟を結ぶことがありうるのか、疑問に思い、他方で日英同盟論者は、ロシアが妥協して日露間に合意が成立することなどありうるのかと疑問に思った。

一九〇二年一月に成立した日英同盟の前文には、両国は、「極東に於て現状及全局の平和を維持することを希望し」、かつ、「清帝国及韓帝国の独立と領土保全とを維持すること」およびこれら二国において「各国の商工業をして均等の機会を得せしむること」を目的としていた。この条文から見ても、日英の同盟を成立させたのは、門戸開放原則における一致であった。

日露戦争はこの枠組みで戦われたといっても過言ではない。門戸開放を目指す日本、イギリス、アメリカと、勢力圏を膨張しようとするロシア、その同盟国のフランス、そしてロシアの東進を希望するドイツが戦うこととなった。それは、三国干渉を受けた日本と、三国干渉を進めた三国との対立であり、三国干渉に加わらなかった英米は日本の側にあった。

しかし日露戦後にはこの枠組に大きな変化が生じる。すなわち、日本が満州に勢力圏を拡大しようと試みて英米とくにアメリカと対立するようになり、むしろロシアやフランスと同じ立場に立つようになるのである。日露戦争の行方も見えない明治三七（一九〇四）年七月に提出された小村外務大臣意見には、戦前には韓国を勢力範囲とし、満州では既得権益の維持で満足する方針だったが、戦争をすることとなった今、「前日に比し自ら一歩を進めざるを得ず」として、韓国については事実上日本の主権範囲として保護の実権を確立してますます日本の利権の発展を計り、「満州は或る程度まで我利益範囲と為し我利権の擁護伸長を期せざるべからず」と述べられている。(10)

その後戦勝とともに期待は高まったものの、門戸開放へのコミット自体は修正されることなく、日露戦争末期においても維持された。

一九〇五年八月調印の第二次日英同盟においても、その序文に、条約の目的として、「清帝国の独立及領土保全並清国に於ける列国の商工業に対する機会均等主義を確実にし以て清国に於ける列国の共同利益を防護すること」とうたわれている。また、一九〇五年七月の桂・タフト協定においては、「桂侯爵は極東における全般的平和を維持することは日本外交の根源的原則であるが、そのための最良かつ唯一の方法は日英米三国の間のよき理解を形成することである」と述べている。

一九〇五年九月、ポーツマス会議開催中に、アメリカの鉄道王ハリマン（Edward Henry Harriman, 1848–1909）が日本を訪れており、南満州鉄道（満鉄）の共同経営について政府首脳および元老と合意に達していた。ハリマンとの合意は、日本の資金不足が主な理由であったが、アメリカの資本を導入して満州を国際化し、安定させようという意図も存在していた。

これは、周知のとおり、講和会議から帰国した小村寿太郎が、満州の鉄道権益が日本の最大の戦果だとして強く反対したため、破棄された。すなわち、門戸開放という文言に対するコミットは続いていても、その実態については、桂・

ハリマン合意のラインと、小村の主張と、二つの路線が競合していたのである。

事実として、満州において、日本による軍政は容易に撤去されず、外国の商工業の活動を阻害し、介入することが多かった。軍政のもとで、日本軍の士気は荒々しく、外国人と見ると猜疑心を持って接し、無用の検問を繰り返す有様だった。

これに対し、一九〇六年三月一九日、在京のイギリス公使、二六日には米国臨時代理公使が、事実上共同で抗議をしてきた。これを重視した伊藤博文が、元老と政府関係者との会合を求め、五月二二日の会合で満州開放、関東州の設置、満鉄の設立などを決めたことはよく知られている。元老が政府有力者を招集して会議を開くというのは、滅多にないことである。それだけ、日本側での危惧は強かったのである。

4　満州開放以後

こうして一九〇六年九月、日本は満州の軍政を撤廃し、遼東半島には関東州を置き、一一月には南満州株式会社を設立した。門戸開放の約束は続けられ、その後も日本はコミットし続けた。

一九〇七年六月調印の日仏協約においても、清国の独立と領土保全、ならびに清国において各国の商業、臣民または人民に対する均等待遇の主義を尊重することに同意する、という文言が見られる(11)。

一九〇七年七月三〇日調印の第一次日露協約にも、第二条に「清帝国の独立及領土保全並同国に於ける列国商工業の機会均等主義を承認し且自国の執り得へき一切の平和的手段に依り現状の存続及前記主義の確立を擁護支持することを約す」とある。

ただ、事実として、必ずしも門戸は開放的ではなかった。

満鉄は、初代総裁後藤新平のもとで、大連中心主義をとった。これは初期の投資を大連港の改修および大連—奉天ルート（連奉線）の改良に集中し、満州中部と海路とを結ぶ輸送を強化、独占し、その利益を壟断《ろうだん》しようとしたものだった。

満鉄はこれを強化するために、いくつかの割引運賃制度を導入した。その一つが、一九〇七年七月、第一次運賃改正で導入された海港発着特定運賃制度であった。それは、満州の主要な港である営口と大連（のち、旅順と安東も加えられる）から、奉天以北に輸送される特定の物資について、運賃を同額とするものだった。大連―奉天間の距離は約三八〇キロ、営口―奉天間は約一九〇キロであって、約二倍の距離の運賃を同額としたのである。

それは、しかも日本以外の資本を狙い撃ちにしたものであった。英米は、営口を拠点とする中国人商人に依拠していたため、海港発着特定運賃制度は、英米に対して日本商人を優遇するものであった。運賃無差別は、門戸開放通牒が明示的に主張したものの一つだった。海港発着特定運賃制度は、国籍による運賃差別ではなかった。しかし、実質的にはこの割引運賃は英米の商品には適用されなかったから、事実上は差別だった。事実として大連の勃興、営口の衰退は著しかった。(12)

この政策に対して、日本国内からも批判はあった。

一九〇七年一一月六日、韓国統監だった伊藤博文は、その意見書の中で、満州問題について、「我当局者にして門戸開放、機会均等の主義を尊重せす切りに利己主義に走れは欧米諸邦は我誠実を疑ひ信を吾に措かさるに至るへし」と述べ、自国利益偏重を戒めている。そのようなことになれば、日本への資金の流入は途絶し、日本の財政は極めて困難となり、黄禍論を唱えるドイツを喜ばせるだけであり、また清国人の反抗を招き、日清間の戦争の可能性さえあると、厳しく指摘している。(13) 明確に運賃政策に触れてはいないが、運賃政策が伊藤の危惧するものであったことは間違いない。

同じことを海外から指摘したものに、朝河貫一がある。朝河は一八七三年生まれ、一八九五年、東京専門学校（早稲田大学）を首席で卒業した。渡米して一八九九年ダートマス大学を卒業し、イェール大学大学院に進み、一九〇二年Ph.D.を取得している。以後、講師、キュレーターとしてイェール大学で教え、ポーツマス講和会議にも加わっていた。

朝河はポーツマス会議においても、韓国の名誉を傷つける過剰な支配の確立に反対し、またロシアからの賠償にも反対した。その点で外国の回し者として、当時の強硬なメディアから批判された。

日露戦後、朝河は日本が満州で門戸閉鎖的な政策を取っていることを強く批判した。一九〇八年に出版した『日本の禍機』において、とくに海港発着特定運賃制度を批判している。すでに述べたとおり、営口―奉天、大連―奉天は、距離としてはほぼ一：二であった。遠い距離を運ぶ運賃が近いところより高いのは当然である、日本は合理的な範囲を超えた政策を取っているとして、よりフェアーな政策でなければ外国の理解は得られず、長い目で見て日本の有利にはならないと厳しく批判した。[14]

しかし一九一四年には、満鉄はさらに海陸直通割引運賃制度を開始した。それは、海路で運ばれた貨物をそのまま満州奥地に運ぶ場合には運賃を割り引くとする制度であった。当初、これは日本の港湾発、たとえば神戸―大連―奉天以北の直通輸送に対する割引だったが、英米の抗議に直面して、上海その他の港湾発の場合にも適用されることとなった。その場合でも、この制度で利益を受けるのは日本であることは明らかだった。イギリスは、形式的な平等が確認された時点で抗議を停止した。他方でアメリカは抗議を停止せず、日米間ではながく問題がくすぶりつづけたのである。[15]

なお、満鉄の運賃制度が世界的にとくに差別的であったかというと、必ずしもそうではない。たとえばパナマ運河通行料問題がある。パナマ運河の通行料については、国籍を問わず同一とするという約束が、一九〇一年のヘイ・ポーンスフォート条約（国務長官 John Hay と英国駐米大使 Lord Pauncefote の間でパナマ運河建設に関して結ばれたもの）において、なされていた。ところが、一九一四年八月のパナマ運河の開通を前に、一九一二年、アメリカ議会はパナマ運河法を成立させ、国籍による通行料の差別ではなく、国内輸送と国際輸送とを区別することは許されるという理屈で、アメリカの沿岸航路すなわちアメリカの一港から他港に至る航路については運河通行料を免除するという規定を盛り込んだ。イギリスは、これは条約違反だと抗議したが、タフト（William Howard Taft, 1857–1930）大統領はこの法律に対して拒否権を行使せず、法律は成立してしまった。

のち、一九一三年に就任したウッドロウ・ウィルソン（Thomas Woodrow Wilson, 1856–1924）大統領は、議会にメッセージを送り、通行料免除は条約違反なのでやめるように求め、いくつかの妥協の末、一九一四年六月、通行料免除は取りやめとなった。

運河開通の直前に取りやめとなったとはいえ、この運河通行料問題は、アメリカのダブル・スタンダードの顕著な例である。沿岸航路に限って通行料を免除するという理由で、事実上アメリカにしか適用されないような運賃割引を導入することは、満鉄差別運賃問題どころではないことは明らかだった(16)。

5　満鉄並行線問題――投資における機会均等

しかし、満鉄が利益を上げるとともに、これに対抗する鉄道が計画され始めた。つまり、日本側が門戸開放をなし崩しにしようとしていたのに対し、アメリカからは、満鉄と競争する鉄道を建設することによって正面から満鉄に対する挑戦が始められたのである。

それは、門戸開放政策の変質を意味した。かつて門戸開放は、勢力圏の存在を前提として通商の機会均等を求めるものであり、鉄道権益は勢力圏の中心となるべきものであったから、鉄道投資にまで機会均等を求めることはなかった。しかしこれ以後、アメリカは投資における機会均等まで要求するようになる。アメリカが明治後半、一九〇八―一二（明治四一―四五）年にかけて満州で行ったのは、まさに投資の機会において日本との機会の均等を追求したものだった。

その最初は、一九〇七年一一月、イギリスのポーリング商会が建設の権利を得た、新法鉄道計画であった。これは、奉天の西方の新民屯から北方の法庫門に至る五〇マイル程度の鉄道の建設計画だったが、さらに北方の鄭家屯まで延長される可能性を持つもので、その場合、満鉄の西方、遼河の西岸に、満鉄と並行する大鉄道となる可能性を持っていた。

また、中国から見て、日本以外の外国の資本を導入して、日本が満州および内蒙古の勢力圏化を進めることを阻止しようとするものであった。

日本は、新法鉄道計画を、一九〇五年一二月の北京条約付属取り決めの中の並行線禁止協定（満鉄の近くに、満鉄と並行する鉄道を作らない）に抵触するとみなしていた。しかし、この鉄道に関与したのが、同盟国であり債権国であるイギリスの会社だったため、日本としては強硬な反対はしにくかった。しかし、イギリスも日本の立場を理解し、グレイ外務大臣は議会において、同商会の行動を支持しない旨、表明した（一九〇八年三月）。リスクの大きな中国でのビジネスに、政府が支持を与えなかったことは、この鉄道建設計画を挫折させるに十分だった。

イギリスよりも熱心にこの計画を支持したのが、ウィラード・ストレイト（Willard Dickerman Straight, 1888–1918）であった。[17] ストレイトは、一九〇六年六月、新設されたアメリカの奉天総領事館の総領事に任命されると、以後、満州における日本の閉鎖性を非難し、アメリカ資本の進出をはかっていた。これに対し、駐清公使ロックヒルは、ストレイトの政策が性急に過ぎるとして反対であった。

若くして奉天総領事になったストレイトは、満州における日本の勢力と対立するために、アメリカ資本による投資がもっとも効果的だと考えた。ストレイトは、そこで日本と対抗して成果を上げたいという強い功名心と、使命感を持っていた。それは、ストレイトの若い頃の体験と結びついていた。ストレイトは幼児期に父を亡くし、母は生活のために日本にやってきて英語の教師をして生計を立て、苦労のあまり病気となり、帰国して亡くなった。[18] ストレイトにとって、日本は母を奪った国でもあったのである。日本に対する複雑な感情は、ストレイトの行動の動機のうち、主なものとは言えないとしても、無視できない要因だったように思われる。

この動きを歓迎したのが清国だった。清国にとって辺境を守る有力な方法の一つは、清国にとって友好的な国の資本を導入することであった。

この任にあたったのが、奉天巡撫の唐紹儀であった。唐紹儀は一八六〇年生まれ、一八七四年にアメリカ留学児童に選ばれ、コロンビア大学に学び、一八八一年に帰国していた。

ここに、フロンティアを防衛したい清国と資本進出を実現したいアメリカの利害が一致することとなった[19]。アメリカの利害といっても、それは世界一周交通ネットワークを作りたいというハリマンらの意欲と、満州への進出にアメリカの将来がかかっているとするストレイトの意欲が主たる動力であった。前者は資本の利害であるがゆえに、経済的困難があれば断念することになる。まして中国での事業は不安定要素が強く、政府の支援がなければ容易に進めがたかった。実際、アメリカでは一九〇七年に恐慌があり、それは一九二九年をも上回るものだったとも言われている[20]。

ストレイトの行動はバランスを欠いていたが、一九〇八年に設立されたばかりの国務省極東部は、これを支持した。この計画を推進することは、国務省極東部の声望を一気に高めるに違いなかった。ストレイトや国務省極東部は、自己の存在理由をかけて、満州における鉄道建設がアメリカの未来を決定すると主張した。

もちろん、それは極端に誇張された主張だった。アメリカはそもそも対外依存度の小さな国であり、貿易、投資のいずれにおいても、中国は微々たる存在であり、満州の比重はさらに小さかった。満州への投資計画は、ストレイトやハリマンのような桁外れの野心と、新設組織の自己主張とが結びついたものだった。

しかしアメリカで外交を掌握していたのは、大統領であり、国務長官だった。日露戦争で日本に対して好意的だったセオドア・ローズヴェルト（Theodore Roosevelt, 1858–1919）は、基本的な親日性は変わらないにしても、移民問題の発生と満州における閉鎖性に苦慮していた。そこから打ち出されたのが、ホワイト・フリートの世界一周航海で日本を威圧することであり、それによって強い姿勢を示しつつ、日本との友好関係の確認をしようとした。その結果生まれたのが、ルート・高平協定であった。

一九〇八年一一月三〇日に成立したルート・高平協定においては、（1）太平洋における両国商業の自由、（2）太平洋における現状維持および清国における商工業の機会均等主義の擁護、(3) 太平洋における両国領土の尊重、(4) 清国の独立及領土保全ならびに清国における列国の商工業に対する機会均等主義に対する支持、が合意されている。

これは、日米両国間に、満州問題および移民問題において緊張が見られたおりから、親善関係を再確認したものであるが、その要点こそ、独立、領土保全、商工業の機会均等なのであった。運賃問題、並行線建設問題において、現状を維持することでよしとしたと言うことができる。ストレイトや国務省極東部にとって、ルート・高平協定の締結は衝撃であった。満州への投資のためには政府の強い支持が必要であって、ルート・高平協定は、明らかにそれに反するものであった。一九〇八年、ルート・高平協定が結ばれたとき、国務省極東部は相談された形跡がない。専門官僚ではなく、国民から選ばれた大統領が決定するのが、アメリカ民主主義においては正しいプロセスなのであった。

6　タフト政権のドル外交

しかし、ストレイトや国務省極東部から提示された満州への投資計画は、ローズヴェルトという戦略性を持った強力な大統領が退場するとともに、表に打ち出されるようになった。

一九〇八年七月、ストレイトは満州を去って国務省極東部の部長代理になった。その背景には、ウォール・ストリートが対外投資の機会を求め、ストレイトの満州進出論に興味を示していたことがあった。なお、初代極東部長のウィリアム・フィリップス (William Phillips, 1878–1968) は国務次官になっていた。

この間、満州への鉄道投資に関心を持ち続けていたストレイトは、一九〇九年、錦州から愛琿に至る錦愛鉄道計画を推進し始めた。そして同年一一月六日、イギリスのグレイ外務大臣に対し、満州の鉄道の中立化と、それが不可能な場合には錦愛鉄道計画を推進するという案を提示した。満州鉄道中立化とは、満鉄と東清鉄道を含む満州における外国資本による諸鉄道を清国が買い上げるという計画で、錦愛鉄道とともに、外国資本の導入によって満州の日本化を阻止しようとする中国の意図と、満州への資本の進出を望むアメリカの意図が結びついたものであった。

これに対して、イギリスは、一一月二五日、条件付きで賛成するとしたが、その条件とは日本が参加することなど極めて難しいものであって、事実上は拒否の回答であった。ところがノックス（Phillandar Chase Knox, 1853–1921）国務長官は、一二月一四日、イギリスの原則的賛成を得たとして、さらなる具体案を日中仏独露に示した。これに対してイギリスは、一二月二九日、日本の同意が得られない限り、イギリスとしては何もしないと応えた。そして、日露両国は一九一〇年一月二一日、同文で、イギリスの了解のもとに、アメリカの計画に反対すると述べた。

こうして錦愛鉄道計画と満州鉄道の中立化は失敗に終わった。その結果、日露がより緊密に結びつくことになり、一九一〇年七月四日、第二次日露協約が結ばれた。また、それまで満州に限られていた日露の権益が、内蒙古におけるアメリカの計画の挫折により、事実上、内蒙古まで広がることとなった。ノックスやストレイトによる満州へのドル外交は、失敗したのみならず、かえって日露の勢力圏の拡大をもたらすことになったのである。

ストレイトはしばしばドル外交について、グレート・ゲーム・オヴ・エンパイア（Great Game of Empire）と呼んでいた。ドル外交は、そのようなものとしては完全に失敗だった。それは大国のゲームのルールを勘違いしていたか、あるいは無視していたからであった。ヨーロッパの大国はヨーロッパにおけるゲームが主戦場であった。日本にとっては東アジアが主戦場であった。そこに東アジアにさしたる権益のないアメリカが参加しても、ヨーロッパ列強の支持がなければ日本を抑えることは無理だった。

一九一〇年一二月二二日、前大統領セオドア・ローズヴェルトは、タフト大統領に対して次のように書いている。「我が国にとって緊急欠くべからざる大問題は、日本人を我が国より閉め出し、同時に日本の好意を保有することである。一方、日本の重大問題は朝鮮と満州である。それ故、満州に関しては、理由の有無にかかわらず、日本の敵意を挑発し脅威するが如き――もちろん、程度の問題であるが――如何なる措置をも取ってはならない。」「中国における門戸開放政策は、一般的な外交的協定によって維持される限りに於いて、優れた政策であり、将来もまた正しいことであるべきを希望するが、ロシアや日本の勢力下にある満州の歴史のすべてが証明するように、強力な国家がこれを無視するとなれば、事実として、たちどころに意味を失ってしまい、その目的に反して戦争を惹起する危険を有するのである。[21]」満鉄に対する挑戦は、日本にとって、重大な挑戦であった。前大統領のセオドア・ローズヴェルトはそれを理解していた。日本が死活的な利益と考えるものに、軽々に挑戦すべきでないと、後継者のタフト大統領に対して批判的であった。

このような満州におけるドル外交の背景にあったのは、国務省極東部の成立であった。かつて専門外交に対して批判的であったアメリカでも、中国外交の複雑さに鑑み、専門家の育成が必要と考えられ、一九〇八年に国務省極東部が成立した。それは、ごく小さな組織であった。しかし、彼らは極東問題にコミットし、これこそアメリカにとって極めて重大な問題だと主張し、その結果、全体的な国益判断を越えて提示されるようになった。ローズヴェルトのような強力で世界大の視野を持った大統領でない場合、こうした「専門家」の活動が盛んになる可能性が高いのである。

7　移民問題の登場

ここで、日米間のもう一つの懸案となった移民問題について触れておきたい。日本人移民に対する排斥が始まったのは、ちょうど日露戦争が終わった頃である。力をつけてきた日本への警戒とあいまって、カリフォルニアなどでは、それまでの中国人移民排斥に加え、日本人移民に対する排斥の動きも強まった。日本は、最恵国条項によって、英仏その他の国々と同等の待遇を受けられるはずであった。また、人の移動も門戸開放機会均等の主義からすれば自由でなければならなかった。

しかし、教育その他は州政府または地方政府の権限であって、ワシントンの政府は、ローズヴェルトのような強力な大統領でも、容易に介入することができなかった。また事実として、多くのアメリカ人はアメリカを白人のアメリカとして維持したいと考えていた。その結果、日米の間には、日本は労働移民をこれ以上送らないが、その代わりに、アメリカは日本人移民を差別しないという紳士協定が結ばれた。

小村外務大臣が一九〇九年の第二五帝国議会において、日本人の移民はアメリカよりも朝鮮半島や満州に向かうべきだという、満韓移民集中論を議会で述べたが、これは紳士協定と対応するものであった。したがって、日本はアメリカが満州問題に過度に介入しないことを期待していた。

8　六国借款団の成立

ところで、アメリカ資本の中国進出計画は、揚子江流域においても試みられていた。英仏独三国が計画していた湖広鉄道借款に、アメリカも参加しようとしていたところ、一九〇六年六月、中国政府はアメリカの要求を無視して、英仏独と借款協定を進め、これに対してストレイトはアメリカ銀行団の代表となってロンドンに行き、交渉を進めた。一九一〇年五月、借款予備協定は成立したが、今度は中国が反対した。借款反対の動きが国内に強まったからである。しかしアメリカは中国に圧力をかけ続けた。そこには中国に対する保護者としてのアメリカの姿は見られなかった。

この間、湖広鉄道のみならず、すべての中国借款における共同を目指して、一九一〇年一一月一〇日、四国借款団が成立した。湖広鉄道借款の最終決定は、一九一一年五月二〇日のことだった。

皮肉にも、この湖広鉄道借款が契機となって辛亥革命が勃発した。そして意外なことに、革命派が勝利することもなく、清朝が勝利することもなく、清朝の委任を受けた袁世凱が中華民国大総統になってしまった。そして袁が最初に必要としたのは資金であった。借款団は袁に対する借款を進めることとなった。

他方で借款団はその活動の範囲を満州蒙古まで広げようとしていた。そのためには日露の協力ないし参加が必要だった。そのための交渉が行われ、結局、一九一二年、六国借款団が成立した。その際、日露は、借款団は満州蒙古においては活動をしない方針を求め、他国はこれに対して公然たる賛成はできなかったが、理解は示し、暗黙の合意が行われた。

六国借款団の成立は、アメリカにとって、思わざる結果をもたらした。まず、それは借款団によってすべての中国借款を独占しようとしており、他国——たとえばベルギー資本——に対して排他的であった。また、すべての借款を望むあまり、日露の参加を求め、その結果、日露の主張する満蒙に対する投資は求めないという黙約をすることとなった。これも、門戸開放原則から考えれば、まことに意外な結果だった。さらに、袁世凱という独裁者を助けることとなり、そして、借款のための担保を取ることとなり、それは、領土的行政的保全というアメリカの主張に抵触しかねないものとなりつつあった。

要するに、日露戦後のアメリカのドル外交は、満州への資本進出という点ではまったくの失敗だった。地政学的な配慮なしに打ち出されたこの政策は、何物をもたらさなかったのである。逆に、地政学的現実を踏まえて、六国借款団の一員という立場にたち、不安定な借款には中国からしかるべき担保を得て、資本進出をすることになった。こうしてアメリカは、アメリカらしさを放棄することによって、普通の帝国主義として中国に進出するようになっていた。

二　ウッドロウ・ウィルソンと世界大戦

1　ウィルソン政権と門戸開放

一九一二年のアメリカ大統領選挙では、共和党の内部において、元大統領セオドア・ローズヴェルトが現職のタフト大統領に挑戦したが、指名を得られなかった（六月）。このためローズヴェルトは第三党を結成して大統領選挙にのぞんだが、当選したのは、共和党の分裂によって漁夫の利を得た民主党のウッドロウ・ウィルソンだった(一一月)。民主党の大統領としては、一二年ぶりのことだった。ウィルソンの大統領就任は、アメリカ外交に大きな変更をもたらすこととなった。

変化が顕著となった分野の一つはアジアだった。

一九一一年の辛亥革命と翌年の中華民国の成立は、アメリカ人を強く刺激した。長い歴史を持つ中国が、革命によって新しい中国に生まれ変わることへの期待は大きかった。新しい中国は、シスター・レパブリックという言葉で呼ばれ、歓迎された。当時の世界の多くの国々は、まだ君主制であった。アメリカのナショナリズムの重要な要素は、民主政治という政治体制それ自体であったから、[22]とくに中国のような長い歴史を持つ巨大な国が共和政体を取ろうとすることは、歓迎されたのである。門戸開放のなかの領土的行政的統一の部分が、シスター・リパブリックに対するパターナリスティックな感情とともに、さらに強まっていたのである。

なかでも中国に強い関心を持ったのは、アメリカの政治学者だった。ウィルソン政権のもとで、大統領のウィルソンのみならず、ウィスコンシン大学教授のポール・ラインシュ(Paul Samuel Reinsch, 1869–1923)は中国公使に起用され、また行政学者のフランク・グッドノウ(Frank Johnson Goodnow, 1859–1939)は袁世凱の顧問となった。ちなみに、アメリカ政治学会が成立したのは一九〇三年のことであるが、そのときの会長がグッドノウ、第一副会長がウィルソン、第二副会長がラインシュだった。彼らはアメリカを代表する政治学者たちだった。

もう一つ重要だったのは、多くの中国人がアメリカに学んでいたことである。アメリカは義和団事件賠償金を中国に還付し、これをアメリカへの留学に使うようにしていた。

その一人、ウェリントン・クー(顧維鈞)は、コロンビア大学で博士号を取得寸前だったが、辛亥革命の勃発を聞いて故国に戻った。[23]かつて親米派の康有為とウィラード・ストレイトの提携があったが、今回は、より若く、より多くのヤング・チャイナが、中華民国政府に入り、対米関係を担おうとしていた。

2　キャリア外交官と六国借款団脱退問題

一九一三年三月に大統領に就任したウィルソンは、アメリカ銀行団の中国における活動に支持を与えないという方針を明らかにし、アメリカ銀行団は六国借款団から脱退することとなった。リスクの大きい中国での活動で、政府の支持が期待できないようでは、活動は無理だという判断だった。

すでに述べたとおり、六国借款団の成立過程において、日本とロシアが満州および蒙古における借款団の活動について留保をつけようとしていた。これは満州への進出を望む人々には遺憾なことだった。

また借款団は一九一二年に生まれた袁世凱の政府に対し、巨大な善後借款（Reorganization Loan）の契約を進めていた。その過程で、借款団は当然、相当の担保を要求していた。この担保が、門戸開放原則とくに領土的行政的統一に反すると、ウィルソンらは考えた。つまり六国借款団の活動は支持すべきではないと、ウィルソンは考えたのである。

ウィルソン政権においては、共和党時代にアメリカの帝国化が進み、また専門官僚化が進んだことに対する反感があった。少なくとも専門家を育て、重用しようという姿勢はなかった。国務長官に任命されたのは、中西部出身の大衆民主主義の雄弁家、ウィリアム・ブライアン（William Jennings Bryan, 1860–1925）だった。これまでのルートやヘイのような上流階級出身のエリートとは、大いに異なっていた。そして、ロックヒルのようなアメリカ屈指の中国問題専門家が更迭された。

ロックヒルの更迭は、専門知識に対する民主政治の優位を意味した。その点で、当時成長しつつあった第一世代のキャリア外交官たち――中国に勤務してロックヒルの専門知識を尊敬していたジョン・マクマリ（John Van Antwerp MacMurray, 1881–1960）やのちに駐日大使となるジョゼフ・グルー（Joseph Clark Grew, 1880–1965）など――は大きな衝撃を受けた。がんらい、アメリカでは外交官を含む官僚は、政治任命が当然であった。専門知識をもって国家に奉仕する官僚よりも、国民に選ばれた大統領が任命する方が、いわば正しいことであった。しかし、そうしたアマチュアでは、たとえば中国をめぐる複雑な帝国主義外交において遅れをとることは明らかだったので、専門官僚制が作られたのである。そして専門官僚たちによって、多くの失敗を経ながらも、中国における競争に一定の手掛りを得ていたのが、大統領によって否定されることになったわけである。

ロックヒルの更迭の直後、マクマリはウィルソン大統領からシャムの公使のポストを提供されたが、これを辞退している。生涯を外交に捧げるためには、あまりに急速な昇進は望ましくないというのが、その理由であった。これは、キャリア外交官として一理ある判断であるが、同時に、ロックヒル更迭に抗議したものであった。これに対し、同僚のキャリア外交官は賛辞を送り、マクマリは一挙に同世代のキャリア外交官の星となった(24)。

初期のウィルソン政権の対日政策で興味深いのは、一時、日本の満州政策と移民問題を取引しようとする案が浮上したときのウィルソンの反応である。当時、依然として移民問題は日米間の懸案であり、とくに一九一三年にはカリフォルニアで日本人の土地所有を禁じる法律が成立して、対立は激しくなっていた。この状況で、国務省極東部長のE・T・ウィリアムズ (Edward Thomas Williams, 1854-1944) は一九一五年二月二六日のメモにおいて、日本からの移民を抑える代わりに、日本の満州政策には手を出さないという趣旨の妥協案を考えた。これにはブライアン国務長官も賛成していた。これに対しウィルソン大統領は、「私の判断はこれに反対である、なぜなら、それは中国の権利をわれわれの困難の一部と取引することのように思われるからである。」と述べている(25)。

これは、先に引用したタフト大統領宛てローズヴェルト前大統領書簡と反対の判断である。ローズヴェルトは、アメリカの国益はアメリカを過度に移民依存にしないことであり、日本は満州朝鮮問題に死活的な利益を感じている。したがってこれには干渉しないことが肝要だと述べていた。しかし、ウィルソンは中国の犠牲において移民問題を解決するのは誤りだと述べたのである。ローズヴェルトが国益を重視し、それゆえに日本の国益にも一定の配慮をしたのに対し、ウィルソンは道義を重視し、それゆえ日本側の反応には配慮しなかったのである。

3　第一次世界大戦の勃発と二十一カ条問題

一九一四年七月、第一次世界大戦が始まると、門戸開放をめぐる状況は大きく変化した。日本の大陸への膨張に対するヨーロッパからの歯止めは弱まり、他方で日本に対してより反対することの多かったアメリカが、日本と直接対峙することになったのである。

日本は八月に積極的に参戦し、ドイツと戦争状態に入った。そしてドイツの勢力圏であった山東省青島を陥落させると、一九一五年一月、いわゆる対華二十一カ条要求を提出した。

日本の参戦に対して、アメリカは警戒的であった。そして日本の戦闘領域が拡大し過ぎないよう、求めてきた。しかし、大きな問題となったのは、何といっても二十一カ条の展開過程においてであった。

二十一カ条の要求は、全部で五号からなり、(第一号)ドイツの山東権益を日本が継承すること、(第二号)満蒙権益を強化すること、(第三号)漢冶萍公司の合弁問題、(第四号)中国沿岸の不割譲の約束、であり、第五号は雑多な項目を含むが、(1)中央政府への顧問傭聘、(2)中国内地における病院、寺院、学校建設のための土地所有権の承認、(3)必要な地域における警察合同、(4)日本からの一定数量の兵器の輸入または日中合弁の兵器廠の設立、(5)武昌と九江と南昌とを連絡する鉄道、および南昌杭州間、南昌潮州間の鉄道敷設権、(6)福建省において鉄道、鉱山、港湾開発に外資導入を必要とする場合の日本の優先権、(7)日本人の布教権、を内容としていた。

加藤外務大臣は、第一号から第四号までは要求であるが、第五号は希望条項であるとして、一から四の骨子は同盟国および友好国たる英、仏、露、米に提示したが、第五号は知らせなかった。第二章で詳述するとおり、筆者は加藤外相が、中国が一ないし四号を受け入れれば、交換的に第五号を撤去するという戦術を持っていたと考えている。もしそうなれば、第五号は最初からなかったことになり、また、希望条項だったからと言えば、国内的にも撤回を正当化しやすいからである。(26)

加藤の思惑は、的中しそうだった。アメリカの駐日大使ガスリーは、一貫して加藤の説明を受け入れていた。しかし、中国側のリークによって、一ないし四号以外にも項目が存在することが分かった。アメリカは、追加説明を受けたが、それでもただちに厳しい態度をとったわけではなかった。

一九一四年三月一三日、ブライアン国務長官は加藤外務大臣に覚書を送り、門戸開放原則に関する日本のコミットメントを長々と引用したうえ、第一号と第二号について、アメリカは反対する理由を有するが、「米国は領土の隣接により日本と右地方間に、特殊の関係が存することを率直に認め、此際は日本の提案の第一号および第二号に関しては、何ら問題を提起しないこととした」と述べた。

他方で、第五号の4において、兵器の購入を日本のみから行うという点、6において福建省における開発の独占を求めている点については、門戸開放原則から反対している。

また、第五号の1における顧問傭聘、3の警察合同、4の武器購入については、中国の領土保全を侵害しないとしても、明らかに「其政治的独立と、行政的完整とを毀損するに至る」として反対している。

のちの石井・ランシング協定に登場する、地理的近接の意味についての言及は、注目に値する。そして、満鉄や関東州の租借期限を延長することは、未来において、中国の行政的統一を傷つけるものだったが、アメリカはそこには触れなかった。

アメリカはまたこの覚書の中で、日本が第五号を希望しているのであって、強制しないということに安堵していると述べていた。

しかしながら、その後、日本に譲歩の様子が見えないことに、アメリカは次第に不満を募らせていった。大隈内閣は三月一〇日、満州等における兵力増強を決議し、五月四日には最後通牒を発することを決定した。ここに至ってアメリカは強い反対をするようになった。

アメリカの態度硬化の背景には中国の若手外交官の活動があった。すでに述べた顧維鈞らは、ひそかにラインシュ公使をたずね、極秘として二十一カ条の内容や進行状況を伝えていた。彼らはアメリカで学び、しかも政治学を学んでいたので、ラインシュ公使と親しく交際していた。しかも、その際、中国側は、日本に秘密を命じられているからという理由で、テキストを渡さず、口頭で説明した。その際、彼らは日本側の要求を誇張した。たとえば、日本からの武器の購入の要求について、日本案では、「たとえば半分」の武器を日本から購入する、とあるのに、中国が漏らしたものには、「たとえば」はなく、「半分」の武器を日本から購入する、となっており、また警察合同については、がんらいの要求では「必要な箇所」とあったが、これを「重要な箇所」とし、日本人警官を「一定数雇用する」を、「過半数雇用する」とするなどの誇張を行っている。

アメリカは五月六日、大隈首相と袁世凱にメッセージを送り、交渉の穏和な解決を希望するとともに、同日、英仏露に対し共同で日本に干渉するように申し入れて、拒絶されている。最終段階における列強一体となった申し入れは、たしかに強硬すぎたかもしれない。イギリスはこれに先立って、五月四日、日本に最後通牒から第五号関連部分を削除するよう要請し、加藤はこれを受け入れた。実際に最後通牒が発せられたのは五月七日、中国がこれを受諾したのは五月九日であった。

日本と中国の交渉が終了したのち、五月一三日、ブライアン国務長官は日本にメモを送り（五月一一日付）、門戸開放に反するもの、およびアメリカの正当な権利を害するものは、これを認めないと述べた。これは外交のあり方としては異例のもので、通常は具体的な問題点を指摘して改善を求めるのであるが、この場合は具体的な問題点を指摘せず、一方的な通告を行ったわけである。

なお、のちにこのブライアン・ノートのようなアプローチを批判したのが、ジョージ・ケナン（George Frost Kennan, 1904–2005）である。外交とは問題を解決することであって、非難を言いっぱなしにすることは決して国際関係の安定につながらないと、ケナンは考えたのである。

4　反袁政策

二十一カ条は、軍事力を背景に中国から特殊権益を奪ったという点で、侵略であったことは否定できない。ただ、その後に日本が行った侵略的行為に比べ、二十一カ条だけが大きく取り上げられていることは、やや不思議である。たとえば一九一五年末から顕著となり、少なくとも一九一六年六月頃まで続いた袁世凱打倒政策である。

一九一五年五月、日本の二十一カ条要求をしのいだ袁世凱は、共和制を廃して帝政を実施し、自ら帝王となることを考え始めた。その際、反対運動が起こることは目に見えていた。

これに対して日本では、反対派を支援して袁世凱を打倒せよという声と、袁世凱が反対派に対して苦慮するとき、袁世凱を支援して、様々な取引を行うべきだという二つの主張があった。大隈内閣は、結局、袁世凱打倒路線を取った。長年大隈の周辺にいた大陸浪人の影響力によるものだった。

一九一五年一二月には、日本は袁世凱に帝政延期勧告をしている。これには、イギリスその他は追随したが、アメリカは、内政干渉の恐れがあるとして、加わらなかった。司法大臣だった尾崎行雄は、従来の英米追随を脱して行った自主外交だとして、これを誇っている。そこには反欧米的な気分が横溢していた。

そして年末に南方で第三革命が勃発すると、田中義一参謀次長に率いられた参謀本部が袁世凱打倒論に転じた。そして一九一六年三月、大隈内閣は袁世凱を打倒すべしとする閣議決定まで行っている。四月、袁世凱は帝政の延期を発表したが、日本はなおも計画を変えず、満州では清朝の復興を目指す宗社党、モンゴル族、満州の自治をねらう張作霖などを支援し始めた。また、上海では、旧清朝の老臣たちが清朝再興と自らの復権の機会をうかがっており、日本は彼らとも接触していた。さらに南方では、日本は国民党や国民党系の軍閥を支援していた。つまり、あらゆる反袁勢力を糾合して、袁世凱を打倒しようとしていた(27)。

どう考えても、これは二十一カ条以上、少なくとも同じくらい侵略的な政策だったのではないだろうか。なぜ二十一カ条に比べて、アメリカの対日批判は少なかったのか。

一つの理由は、反袁政策は、より見えにくい形で行われたからであろう。各地で日本が反政府勢力にてこ入れをしていることは知られていたが、正面から政府に対して要求が行われていたわけではない。

二つには、問題が帝政であったことである。中国に帝政を復活させようとするのは、民主主義の立場からは支持しにくい。実際、ラインシュ公使は、袁世凱の帝政計画に反対であった。もちろん、ラインシュは日本の袁世凱に対する政策には反対だったが(28)、内心、帝政に反対だっただけに、日本を批判しにくかった。

さらに付け加えれば、ウィルソン政権はメキシコに対し、一九一四年、干渉戦争をしている。独裁政権に対する革命派を支援するということで、反袁政策とメキシコ干渉戦争とは、形式的には類似していた。門戸開放原則が援用されるのは、中国の主権を侵し、あるいはアメリカのビジネスの活動を制約する場合である。そう考えると、門戸開放政策という批判の枠組みに引っかかりにくいものであったということは言えるだろう。

5　寺内内閣とアメリカ

一九一六年一〇月、大隈内閣の辞職を受けて、寺内正毅の内閣が成立した。寺内内閣は、大隈内閣の外交的失敗、とくに対中、対米関係の悪化を批判し、その是正を外交上の大きな課題としていた。

寺内内閣が試みたのは、中国政府を支援し、それによって日本との結びつきを強化することであった。たとえば寺内内閣は、中国の世界大戦参戦問題について、大隈内閣が反対していた方針を転換し、これを推進しようとした。当時の政府首脳は袁世凱の後継者だった段祺瑞であり、親日的だと思われていた。この政権のもとで中国がドイツに対して参戦すれば、ドイツに対する債務は消滅し、また連合国は債務返済を繰り延べまたは免除することになるので、中国政府にとっても有利だった。日本にとってのデメリットは、中国が連合国の一員となることによって、日本に対して様々な要求をするかもしれないことだった。それでも、メリットの方が大きい、あるいはそういう要求は処理可能であると寺内内閣は判断した。アメリカも中国の参戦を支持したこともあって、中国は同年三月、ドイツとの国交を断絶し、八月、宣戦を布告した。

さらに寺内内閣は、中国に対して大規模な借款を供与して、日中関係を強化しようとしていた。それが、西原借款だった。借款は通常の中国借款のような外務省ルートではなく、首相の私設秘書である西原亀三と大蔵省とくに勝田主計大蔵大臣のルートで行われ、通常の横浜正金銀行ではなく、日本興業銀行・朝鮮銀行・台湾銀行という三つの特殊銀行によって行われた。

当時、日本は中国に対する国際借款団の一員であり、その規約の枠内で行動する義務があった。とくに重要なのは、政治借款はすべてメンバー共通で行うというルールであった。しかし、実業借款（industrial loan）はその枠外とされており、西原借款のほとんどはこの点を利用したものであった。すなわち、日本からの大規模な借款供与により、中国のいくつかの産業を発展させ、中国と日本との絆を強化し、また日本の利益を増進させようというものであったが、その実態は、段祺瑞政権を支援するための政治借款であった。

それにしても、西原借款は借款団規約違反であり、また一部の軍閥を利する行為であり、多くの権益を日本に与える効果もあって、問題の多い政策だった。しかるに、西原借款に対するアメリカの批判はさほど目立つものではない。

一つには、アメリカはすでに六国借款団の一員ではなくなっており、規約違反で日本を批判する立場にはなかった。それでも、必ずしも正統性が十分とは言えない段祺瑞政権に対し、相当の支援が行われたことについて、駐華公使のポール・ラインシュはそのメモワールにおいて、あまり多くを述べていない。むしろ彼が熱中していたのは、アメリカが六国借款団に復帰することであり、またいかにしてアメリカ資本を中国に引き戻せるかということであった。(29)

6　石井・ランシング協定とシベリア出兵

さて、ドイツの無制限潜水艦作戦を契機として、一九一七年二月、アメリカはドイツと国交を断絶し、四月、宣戦を布告した。日米は連合国となったのである。

この背景として興味深いのはツィンマーマン・テレグラム事件である。(30)周知のとおり、ドイツ外相のツィンマーマンはメキシコに電報を送り、ドイツと同盟してアメリカと戦うよう促し、その場合にはメキシコがかつてアメリカに対して失った領土の回復を支持すると述べた。さらにツィンマーマンは、メキシコがドイツと結べばさらに日本を勧誘してともにアメリカと戦う考えを述べていた。これは根拠のない話で、日本政府はもちろん関与するところではなかったが、アメリカにとっては衝撃的なシナリオだった。やはり日米関係には深い溝があると、アメリカ当局者は考えたであろう。それゆえに、日米の了解は重要だと考えたであろう。

一九一七年、寺内内閣は前外相の石井菊次郎をアメリカに派遣して、ランシング（Robert Lansing, 1864–1928）国務長官と協定を結ばせた。そこでは、日米両国は、近接する国同士の間には特殊な関係があること、とくに領土が接するところにおいてそうであることを承認するというものであった。この点についてアメリカ政府は、一般論を述べたものに過ぎないと説明したが、外交の世界でそういうことはありえない。これは明らかにアメリカが日本の中国における優位、とくに満州における権益に対して、批判を抑制することを意味していた。門戸開放原則が、日本の満蒙特殊権益論にもっとも歩み寄った瞬間だった。それゆえにワシントン会議においてアメリカは石井・ランシング協定の廃止を強く望んだのである。もしただの一般論を述べたものであったならば、廃止する必要もないはずだった。

一九一八年になって浮上したのはシベリア出兵問題であった。ロシア革命以後、英仏がドイツに対する東部戦線を再建し、可能ならばボルシェヴィキを打倒しようと、干渉戦争を希望したのに対し、アメリカは慎重だった。しかし、五月にチェコ軍団救出問題が浮上すると、アメリカ世論は出兵に傾き、一九一八年七月、日本に対して共同出兵を提起するに至った。

日本では、首相、外相らは出兵積極論であった。ボルシェヴィキに対する反感、領土的野心、ロシアとの間に緩衝地帯を作ることなど、理由は様々だった。ただ、外交問題は臨時外交調査委員会の賛成を得なければならず、委員の中に原敬政友会総裁や牧野伸顕元外相など、有力な反対論があった。しかし彼らはアメリカが要請してきたことに鑑み、むしろ対米協調の観点から出兵に賛成することとなった。

しかるに、日本の出兵は当初の予想を超えて大規模化し、出兵の範囲も拡大した。八月の出兵から二カ月後、一〇月には七万人を越える兵力を派遣していた。一一月、アメリカは日本に抗議して、日本の出兵数が過大であり、またシベリア鉄道を日本軍が独占的に利用してアメリカの機会均等を侵していると述べている。そして日本は、アメリカが撤兵したのちも容易に撤兵しなかった。しかし何の成果もなかったことはよく知られている通りである。

もちろんシベリア出兵の失敗は日本の失敗であった。しかし、日本に共同出兵を呼びかければ、日本の行動を完全にコントロールするわけにはいかず、日本における軍部の自立性を考えれば、このような結果になるのはかなり予想がついたはずである。その意味でウィルソン政権の対日共同出兵提案も大きな失敗だった。

7　パリ講和会議

長期にわたった戦争も終わり、パリで講和会議が開かれることとなった。この会議は日米関係をさらに難しいものとした。日露戦争以後、とくに大戦中、日本ともっとも対立したアメリカは、新外交を提唱するウィルソン大統領のもとで、会議をリードしようとしていたからである。

全権の一人に選ばれた牧野伸顕は、外交調査会において、これまで日本は門戸開放、機会均等、内政不干渉、正義公正、日支親善を標榜してきたが、実態はこれと一致せず、外国から不信を買ってきた、今後は国際協調で行くべきだと述べている。(31)

しかし牧野の方針は必ずしも強い支持を得られなかった。外交調査会の他のメンバーの多くにとって、重要なのは、二十一カ条の成果、とくに山東省の権益を獲得すること（満蒙関係の権益については問題ないと思われていた）、そして南洋諸島を獲得することだった。山東と南洋諸島については、日本はイギリス、ロシア、フランスから同意を得ていた。ロシアはすでに崩壊していたが、英仏の同意で十分なはずであった。

しかるに、日本はウィルソンの新外交の挑戦を受けることになった。領土拡大を否定し、秘密外交を否定するウィルソンは、最初から山東も南洋も疑問視した。とくに中国が戦勝国となった今、中国が山東をドイツから回復すべきであって、日本が獲得するのはおかしいと考えた。そして日本はかろうじて山東権益を、当初の期待からかなり譲歩した形で確保したのであった。(32)

南洋諸島については、そのような問題はなかったが、アメリカはその国益上、日本の太平洋への領土拡大を望まなかった。しかし様々な交渉の結果、国際連盟の委任統治（現地の独立性が低く、受任国の力の強いC級委任統治）という形で、日本のもとに置かれることとなった。アメリカの議論は、理想論と現実論を使い分けて偽善的だと、日本には映った。

このように、日本の主張は厳しい抵抗に遭遇しながらもかろうじて実現されたが、もう一つ、日本が提示した理想主義的案件であった人種平等決議案は、別種の抵抗に直面した。

日本が提出したのは、人種平等という原則的な決定であって、実際の政策的意味合いは乏しいものであった。仮に決定されても、欧米にとってさほど大きな不便が生じるというものでもなかった。しかるにウィルソン大統領は、これは重要な問題であるから、コンセンサスで決定されねばならないとし、コンセンサスがないという理由で、否決とした。日本の立場にもいろいろ問題はあった。日本がそもそも中国、朝鮮その他の人々に対して平等公正な待遇をしているわけではなかった。石橋湛山は、中国や朝鮮の人民に対して抑圧的な政策をとっている日本にそのような主張をする資格はないと述べている(33)。

それにしても、ウィルソンの議事の仕方は強引であって、日本人の自尊心を傷つけるものであった。明治末期に至る共和党政権においては、アメリカのドル外交とは、現実の利害をめぐる対立だったため、まだ折り合いが可能だった。しかし理想主義的な観点から中国の統一に好意を持つウィルソン政権とは、日本は相性が悪かった。

世界大戦の期間、日本はヨーロッパ列強の不在を利用し、二十一カ条要求を突きつけ、袁世凱政権を打倒し、西原借款を推進し、大陸に勢力を広げた。アメリカはこれを押しとどめることはできなかった。日米はドイツに対して共に戦う立場になり、客観情勢は両国の協力を求めた。しかし、アメリカ側は、日本の膨張を押しとどめることができず、日本に対する不満が蓄積した。また日本側は、イデオロギーを前面に出したウィルソン外交に対して、不満が高まった。両国の間では表面的には接近が見られたが、内部では相手に対する不信が深く蓄積されることとなった。

三　ワシントン体制と門戸開放

1　ワシントン会議と門戸開放

第一次世界大戦後の国際秩序は、まずヴェルサイユ条約（一九一九年六月二八日）によって、その基礎が作られた。しかしこれは主としてヨーロッパに関するものであって、他の地域にまでは及んでいなかった。アジア太平洋における国際秩序については、アメリカの提唱によって、ワシントン会議（一九二一年一一月—一九二二年二月）が開かれ、中国に関する九カ国条約、海軍軍備制限条約、日米英仏四カ国条約など、多くの条約や交換公文が締結された。

このうち、海軍軍備制限条約以外は、ほぼすべて中国に関するものであった。そしてこれらを貫いていたのが門戸開放原則であった。山東還付条約は、山東における中国主権の回復を目指したものであったし、石井・ランシング協定の廃棄（実施は一九二三年四月）は、アメリカがかつて門戸開放について示した柔軟な解釈を取り消したものであった。日米英仏四国協約は日英同盟を体裁よく終わらせるためのものであったが、日英同盟が終了させられたのも、アメリカの立場からして、日英同盟が日本の門戸開放に対する侵食を助けたものと理解されたからであった。

これらの中心である中国に関する九カ国条約をもう少し詳しく見てみよう。

九カ国条約第一条は、中国以外の締結国は「一、支那の主権、独立並其の領土的及行政的保全を尊重すること」「三、支那の領土を通して一切の国民の商業及工業に対する機会均等主義を有効に樹立維持するため各尽力すること」と定めている。

第二条は、中国を含む全締約国について、第一条の原則の遵守を約し、第三条はさらに「一切の国民の商業および工業に対し、支那に於ける門戸開放又は機会均等の主義を一層有効に適用するの目的を以て、支那国以外の締約国は左を要求せざるべく、又各自国民の左を要求することを支持せざるべきことを約定す」とし、「(イ)支那の何れかの特定地域に於て商業上又は経済上の発展に関し、自己の利益の為、一般的優越権利を設定するに至ることあるべき取極」「(ロ)支那に於て適法なる商業若しくは工業を営むの権利又は公共企業をその種類の如何を問はず支那国政府若しくは地方官憲と共同経営するの権利を他国の国民より奪うが如き独占権又は優先権あるいはその範囲、期間又は地理的限界の関係上機会均等主義の実際的適用を無効に帰せしむるものと認められるが如き独占権又は優先権」を、禁止すべき事項として列挙した。また同条には、中国側の義務として、いかなる国からの経済上の要求についても、上記の趣旨を守ることが、明記された。

さらに第四条は、「締約国は各自国民相互間の協定にして支那領土の特定地方に於て勢力範囲を創設せむとし又は相互間の独占的機会を享有することを定めむとするものを支持せざることを約定す」と定めている。

九カ国条約の第五条には、さらに鉄道運賃についての詳細な規定がある。すなわち、中国は中国における全鉄道を通じ、いかなる種類の不公平な差別も認めないとし、具体的に、旅客の国籍、その出発国や到達国、貨物の原産地もしくは所有者、その積み出し国もしくは仕向け国または到達国、又は前記の旅客もしくは貨物が中国の鉄道によって輸送される前または後においてこれを輸送する船舶その他の輸送機関の国籍や所有者如何にかかわらず、料金または便宜について直接間接に何らの差別を設けない、という具合である。また、中国以外の九カ国条約締結国がこのような鉄道中で自国または自国民が特許条件、特殊協定その他にもとづいて管理をなしうる地位にあるものに関し、同様の趣旨の義務を負う、とある。これらは、明らかに満鉄の運賃政策を念頭に置いたものであった(34)。

ここに門戸開放原則はより厳格に適用されることとなり、通商のみならず投資における機会均等、門戸開放も含むものとされ、また中国の主権、統一の尊重を含むものとなったのである。

ただ、門戸開放は、すでに確立された列強の在中国権益の返還まで求めるものではなく、その意味では現状維持的な性格を持ち、妥協的なものであった。ワシントン会議に先立って、一九二〇年一〇月、新四国借款団が成立しているが、その際の日米の交渉のポイントは、どこまでをすでに確立された権益として借款団の範囲の例外とするかであった。日本では陸軍を中心に満蒙権益について地域として除外することを求める声が強かったが、アメリカはそのような包括的地域的除外を認めず、妥協の結果、原敬首相のリーダーシップにより、満鉄その他の主要な権益を列挙して新借款団の外に置くという妥協がなされたのである。(35) 九カ国条約の第一条第四項に、（中国以外の締結国は）「友好国の臣民又は人民の権利を減殺すべき特別の権利又は特権を求むる為、支那における情勢を利用することを、および右友好国の安寧に害ある行動を是認することを差し控ふること」とあるのは、現状変更をしないという婉曲な約束であった。

もう一つ重要なのは、九カ国条約は、列強が一体となって中国を助けようとしたものではなかったということである。それは、中国に発展のための機会を与えることを目指した、その意味では消極的な条約であった。九カ国条約第一条二項には、「二、支那が自ら有力且安固なる政府を確立維持する為最完全にして且最障礙なき機会（most unhampered opportunity）を之に供与すること」と定められていた。

2　排日移民法

ワシントン会議については、当初、日本が大戦中に獲得した権益を吐き出させられると危惧する声が少なくなかった。しかし、実態は、海軍軍令部が主力艦の比率について大きな不満を持ったことを除けば、それほど日本に不利の多いものではなかった。その半年後、一九二三年九月、関東大震災が起こると、アメリカは日本に対する支援を惜しまず、日米関係は良好であった。

しかし、それからわずか八カ月後、一九二四年五月二六日、アメリカ議会は新移民法を可決（大統領の裁可を経て七月一日施行）して、日本人移民が禁止されることになった。

アメリカでは一九二一年以来、移民については国別の割当制度を定めていた。一九二三年一二月にはその修正案が提出されたが、その中に、帰化不能外国人の移民は認めないという条項が含まれていた。帰化不能外国人は、ほかにもいたが、彼らはすでに移民を禁じられていたので、これは日本人を事実上狙い撃ちにしたものであった。この条項がなければ、日本人移民の枠は一五〇人程度となるはずだったが（その数も、一八九〇年の国勢調査をもとにしていたので、日本のような新興勢力にはわずかな数しか割り当てられていなかった）、ゼロとされたのである。

一九〇六年の日米紳士協定以来、日本人移民純増数は、八〇〇〇人程度、年間平均六〇〇人弱であり、かつてのような日本人移民の急増という「脅威」はすでになくなっていた。それにもかかわらず、このような法案が出たので、実質的な数はともかく、日本人の自尊心を大いに傷つけるものであった。

よく知られているとおり、この法案は、次のような事情で成立してしまったものである。すなわち、埴原正直駐米大使がアメリカ側の示唆によって提出した抗議の書簡の中に、このような法案が成立すれば日米関係に深刻な影響（grave consequences）が生じるという一言があった。これに対しアメリカの一部議員が、これは戦争の可能性を示唆してアメリカ政府を威嚇するものである、アメリカは決してこうした脅しには屈しないとして、より柔軟な修正案が否決され、原案の方が成立してしまったのである。日本に対米戦争の準備があるかどうかはすぐ分かる話であり、日本人にとっては所詮外国語である。こうした言葉尻を捉えたアメリカ議員の行動は、極めて一方的で卑劣なものであった。

この移民法の成立に対し、日本の主要新聞社は一斉に共同の抗議の社説を発表し、日本の国際主義者の第一人者で、アメリカを第二の祖国と考えていた新渡戸稲造は二度とアメリカの土を踏まないと言い、財界の大御所で日米友好の第一人者であった渋沢栄一も大きな失望を表明した。

ところで、このようなワシントン体制と排日移民問題をセットで考えてみると興味深い。

3　「小日本主義」の立場

ワシントン会議が招請されたとき、日本は世界大戦中に獲得した権益を吐き出させられると懸念する人が少なくなかった。アメリカが日本に批判的であり、そのアメリカによって開催が呼びかけられたのだから、当然の懸念だった。日本は海軍軍縮についての会議はともかく、中国問題がどれほど議論されるのかを問い合わせ、明確な答えが得られないまま参加を決定するということになった。

石橋湛山は、この問い合わせ自体、すでに失態であるとし、進んでこの会議に参加し、満州も朝鮮も台湾もみな捨てる覚悟をすべきだと主張した。そしてワシントン会議における成果は姑息であると考えた。

それは理想主義のみからくる主張ではなく、これらの植民地統治は経済的に採算がとれないという計算からきた判断だった。いわゆる小日本主義として知られるこの主張は、石橋以前、三浦鐵太郎当時から『東洋経済新報』が唱えたものである[36]。しかし石橋自身が言うとおり、それは小さな日本に閉じこもるのではなく、小さな植民地に閉じこもるのでもなく、広く世界を相手に貿易で生きていくという、経済的な大日本主義であった。いわば、世界大の門戸開放原則によって応じようという主張であった[37]。

同様の主張は、外交評論家の清沢洌も共有するところであった。清沢は自らがかつて移民であった経験を踏まえ、日本の植民地における日本人は実は政府に寄生するものが多く、その根底はもろいと考えていた。政府の保護を受けることもなく、アメリカの政治的社会的圧力のなかで暮らしてきた清沢の同情は、むしろ現地の台湾、朝鮮、中国人にあったのかもしれない[38]。

移民問題においては、石橋は一九一三年にカリフォルニア排日土地法が成立して大きな政治問題になった頃から、すでに移民は不要という議論であった。外国との摩擦を起こして無理に人を送り出すより、輸出を増やせばよいだけだという考えであった[39]。清沢も、アメリカの日本人移民排斥に反発するのは何の効果もない、アメリカにはより公正な意見もあるのであって、反米に向かうべきではないという意見であった。より年長の吉野作造は、日本人移民の品位の向上を説き、移民問題の政治化に反対だった[40]。

知識人の中で、彼らと異なっていたのは、たとえば内村鑑三であって、内村はアメリカの日本人移民排斥を道義に反するものとして、強く批判した。また、新渡戸稲造はすでに触れたとおり、アメリカに対して強い失望を表明した。要するに、アメリカをアイディアリズムの観点から捉えていた人々に、失望は大きかった。

しかし彼らに比べ、吉野はアメリカの政治構造の点から、石橋は経済的な利害から、清沢は移民経験を背景として、それぞれ移民問題を過度に重視することを批判した。とくに石橋は世界大の門戸開放という概念を打ち出していた。これに比べ、アメリカを理想化していた親米論者は、排日移民法に接して大きな打撃を受けたのである[41]。

4　北京関税会議

ところで、ワシントン体制の眼目であった、門戸開放、機会均等および国際協調と、中国の統一の強化を両立させるための機会は、北京特別関税会議であった。これは、中国の関税に関する条約（一九二二年二月）の批准後まもなく開かれることになっており、中国が一定の義務を順守し、責任ある政府として行動することを条件に、関税の引き上げを認めるというものであった。それは明らかに中国政府の強化をもたらすものであった。しかし、フランスと中国との間に、借款の支払いを金で行うかフランで行うかで争いが続き、フランスの批准が遅れたため、会議開催も一九二五年一〇月まで遅れてしまった。

この間、中国情勢ははなはだ混乱していた。

まず、北京政府は複数の軍閥間の微妙なバランスによって成立しており、軍閥間の対立は激しかった。一九二二年四月から七月までは第一次奉直戦争、二四年九月には第二次奉直戦争が起こって、奉天派の張作霖と直隷派の呉佩孚が争い、二五年一一月には奉天派の郭松齢が反乱を起こして張作霖を追いつめる(郭松齢事件)など、軍閥間の争いが絶えなかった。

そのため、北京政権の統治能力は低かった。

たとえば一九二三年五月五日に起こった臨城事件はその例であった。この日、浦口から北京に向かった列車が、山東省南部の臨城駅付近で、「土匪」約二〇〇〇人に襲撃され、乗客は略奪されたのみならず、多数が人質とされた。そのなかには英米人男女がかなり含まれていたため、問題は国際的となり、中国政府は一万五〇〇〇の兵を出し、人質奪還の交渉を行ったが、容易に解決に至らず、外国人の生命の危険に鑑みて妥協し、六月一二日になってようやく外国人人質の帰還が実現された。

この事件はとりわけ英米を激怒させ、武力干渉論や中国鉄道列国共同警備案が提唱された。北京外交団は八月、損害賠償、責任者の処罰、および将来の保障のために外国人監督下に鉄道警備を強化することを要求した。中国政府は、鉄道警備に関しては外交団の要求を拒絶し、自発的に鉄道警備を強化することを約し、一九二六年になって賠償を支払い、問題は解決した。

さて、北京関税会議は、一九二五年一〇月に開始された。

会議において日本は、中国が高級品には高率、低級品には低率、つまり日本に有利な関税率を採用することを条件として、中国の関税自主権を認める方針だった。これは、大義名分はあるにせよ、自国の利益を目指した主張であった。イギリスも自国に有利な関税率を目指したし、その他の国々も小さなことで争って、大局的な妥協は難しかった。会議が何も成果を生まないうちに、北京にまたも政変が起こり、一九二六年七月、会議は無期延期となってしまった。

これを要するに、当時の北京政府は、北京とその周辺を支配する弱体な権力に過ぎなかった。中国を強化することは、当時にあってはまず北京政府を強化することであった。関税を上げることは、そのための絶好の方法だった。しかし、関税引き上げの利益を得るものが誰かということになれば、反対するものが少なくなかった。しかも関税の引き上げは、地方税たる釐金の廃止を条件としており、それは地方勢力にとって打撃であったから、関税引き上げに対する全国的な支持は低かったのである。

5　中国外交の革命化

この間、中国政府は弱体であったにもかかわらず、否、むしろそれゆえに、その外交は過激化し、ワシントン会議の様々な合意を無視し始めた。

一九二三年三月、中国は二十一カ条関係の条約の廃棄を日本に申し入れ、日本はこれを峻拒している。二十一カ条がなければ旅順大連の租借は一九二三年に終了するはずだった。日本の拒絶に対して、中国では排日運動が起こっている。しかし、この時点では、まださほど大きな混乱は生じていなかった。

しかし、一九二五年五月には、上海において学生と警察とが衝突して死者一一名が出た(五・三〇事件)。六月一一日には漢口のイギリス租界で暴動が起こり、六月一七日には九江のイギリス租界でやはり暴動が起こった。そして中国は、六月二四日、九カ国条約締結国に、条約修正を申し入れている。

中国に力を与えた事情の一つは、ドイツおよびソ連との関係だった。世界大戦の敗者であるドイツは、中国におけるすべての特権を失い、それゆえに対等の国家としての関係を中国と結び、友好国となったのである(一九二一年五月)。またソ連は、一九二四年五月、北京政府と国交を回復した。

同時にソ連は南方の国民政府に手を伸ばした。一九二三年一月には孫文とソ連代表ヨッフェが共同宣言を発し、ソ連と中国国民党との連帯を明らかにした。孫文は一九二四年一月二〇日の中国国民党第一回全国代表大会で、連ソ、容共、扶助工農という方針を打ち出し、第一次国共合作を実現し、一九二四年六月一六日、黄埔軍官学校を開校している。

6　対日投資の増加

以上のような混乱が続く中国に、列強の投資が向かうことはなかった。資本は臆病である。政府の強い保護なしに不安定な地域に投資することを、資本家は好まなかった。そして、自国の投資を政府が強くバックアップすることは、原則として禁止されていた。その結果、中国に対する投資は行われず、アメリカ等の投資は日本に向かった。

そのうちの主なものは次のとおりだった。(42)

一九二三年　東洋拓殖会社米貨社債一九九〇万ドル（ナショナル・シティ・バンク等により引受発行）

一九二四年　関東大震災の復興のための政府公債一億五〇〇〇万ドル（および二五〇〇万ポンド）（モルガン商会が中心となった英米銀行団が引受発行）

一九二四年　東京・横浜両市市債（モルガン商会等引受発行）

一九二八年　東京電燈米貨社債と東洋拓殖会社米貨社債発行

それ以外に外交上重要だったのは、日本の満州経営に対する投資であった。日本では原内閣以来、アメリカ資本の誘致に積極的だった。アメリカでもモルガン商会のトーマス・ラモント（Thomas William Lamont, Jr., 1870–1948）は、中国の安定化のために好ましいと判断していた。しかし、国務省は中国の反対を危惧して、これを支持しなかった。ラモントは国務省極東部長マクマリのリーガリスティックな姿勢をアカデミック（空論的）と批判している。(43)

ただ、朝鮮における拓殖事業を本務とし、満州における事業にも進出していた東洋拓殖会社の社債の引き受けは、実行された。その際も、国内事業に限るという条件は付けられた。アメリカ資本の日本進出は、日本の満州政策を支持するところまで行かないように、慎重に線引きがなされていたのである。

その後、田中義一内閣において、再び満鉄社債問題が検討されている。田中義一は井上準之助を外相として日米関係の強化を進めることを考えたことがあった。そして井上とラモントのルートによって、満鉄社債引受問題が推進されが、やはり国務省は消極的だった。田中内閣の山東出兵それ自体は、アメリカの対日政策、対中政策を変えることはなかった。しかし、中国の対日感情が悪化する中で、国務省は日本の満州政策にコミットして中国と対立することは、避けようとしたのであった(44)。

7　北伐の開始

北京関税会議の失敗と時を同じくして、一九二六年七月、北伐が開始された。

それは、共産主義の政治主導の戦略を踏まえたものであった。反帝国主義を農民に説き、都市部では労働運動を組織して、共産主義に好意的な場を作り、そこに軍事進出を行った。北伐の驚くべき成功は、黄埔軍官学校で教育されたエリート軍人と、こうしたイデオロギー工作によるところが大きかった。

その結果、北伐の前後から、都市部で列強との衝突が起こっている。北伐のさなか、二七年三月二八日、北伐軍の入城に際し外国人を襲撃・暴行するという南京事件が起こっている。これは列強にとってジレンマであった。事件を主導したのは共産勢力であった。しかし北伐のリーダーは蔣介石であった。蔣介石に厳しい態度を取れば、それは共産勢力に有利に作用する。それが、列強が強い態度を取れない理由の一つであった。

この頃から、列強が中国に妥協し始める。

北京政府は関税会議中止後に、二・五％の付加関税を求めて交渉を開始した。ところがこれは南方勢力の反発を招き、彼らは二六年一〇月、広東において独自にこの付加関税を中国人による海関行政において実施するという方針を打ち出したのである。

これは明らかに九カ国条約違反であった。しかし一九二六年一二月、イギリスは有名なクリスマス・メッセージを発し、中国における事態が根本的に変化したとして、中国人が自らの手で新しい政府を樹立した時には条約改正その他あらゆる問題について交渉する用意があること、つまり北京政府の没落と国民党権力の台頭に対処する用意があることを明らかにした(45)。

アメリカでは一九二七年一月、上院外交委員長のスティーブン・ポーター(Stephen Geyer Porter, 1869–1930)によるポーター決議案が上程された。それは大統領に、全中国を代表する資格を持つものと、中国との新条約締結のための交渉に入ることを要求するものであった。

ケロッグ(Frank Billings Kellogg, 1856–1937)国務長官はこれを受けて一九二七年一月二七日、対中国新政策を発表した。そこには「合衆国政府は、中国の国民的覚醒を同情的関心を以て注視してきた」、「中国国民が自らの政府組織を形成することに向けてなすあらゆる努力を歓迎する」、「合衆国政府は中国をもっともリベラルな精神で取り扱いたいと考える。我々は中国に租借地を持たず、また中国に対して帝国主義的態度を表明したことがない」などと述べられていた(46)。

ここにおいて、門戸開放原則は後景に退き、中国への同情が先行するようになっていた。それはたしかにアメリカ外交の一面であったし、述べられていることは、大筋において間違いではなかった。しかしこれは、他の帝国主義国への批判になり、また必ずしも九カ国条約に忠実でない中国の態度に対する黙認となっていた。

中国の革命外交は最初にベルギーに向けられた。ベルギーとの通商航海条約が満了する二六年一〇月、中国はこれを破棄することを通告した。ベルギーはこれまで何度も同条約を改定しており、今度も改定する用意があると述べていた。しかし中国は一切の交渉をせず、ただちに条約を無効としたのである。同じことを、やはり二六年、中国は日本に対しても行った。そして交渉が成立しないことを理由に、二八年臨時弁法を発布した。もちろん中国は日本に対してこれを強制しうる立場になかったが、中国が日本との条約を守らない意思は明らかだった。そしてアメリカは二八年七月、新しい関税条約を南京政府との間に締結した。それも、他国に連絡されないで行われたのである。[47]

8　日本陸軍の動き

このようにして、ワシントン体制の主要構成国である米英日の間に、協調関係が失われてしまった。三国の中で、このような事態に対応する能力を持たなかったのが、日本であった。日本は中国における権益の大きさと重要さにおいて、簡単に譲歩できない立場にあった。その日本が日英米協調の回復を目指して一九二八年九月内田康哉をワシントンに派遣したとき、アメリカは極めて素っ気ない対応しかしなかった。日英米の協調の崩壊は決定的だった。[48]

すでに一九二七年三月南京事件における宥和的政策によって、若槻内閣は崩壊に追い込まれていた。一九二八年六月には、陸軍の一部によって、張作霖爆殺事件が引き起こされた。一九二八年一二月、満州が国民党政権の一部になったことは、張学良政権が、旅順大連と満鉄を中心とする満州権益を回収する意図を持つということであった。

しかも一九二九年七月には中ソ紛争が起こっている。張学良は北満州におけるソ連の権益を力で回収しようとし、ソ連は反撃して圧勝した。これは日本陸軍に大きな教訓を与えた。第一に、中国が実力で権益回収に出る可能性があるということ、第二に、それは力によって阻止されうるということ、第三に、ソ連が相当の軍事力を回復しているということ、第四に、ソ連の「自衛」に対して国際社会は無力であるということであった。

陸軍がワシントン体制を受け入れたのは、そもそも日本の満州権益が確保され、中国がそれに挑戦するほど強力ではなく、またソ連がまだ混乱の中にあるという状況においてであった。一九二〇年代の陸軍の指導者は、政党政治とワシントン体制に対して協力的だったが、それも、以上の条件が満たされていたからである。

やがて陸軍の中堅層から、ワシントン体制すなわち英米との協調によっては、満州権益は維持できないという認識が登場し、徐々に広がっていった(49)。そこから満州事変までは、あとわずかであった。

四　門戸開放から東亜新秩序へ

1　満州事変とスティムソン・ドクトリン

一九三一年九月一八日、関東軍の謀略によって開始された満州事変は、ワシントン体制に対して決定的な打撃を与えた。中華民国の満蒙権益回収の動きに対し、対英米協調ではもはや日本の特殊権益を維持できないと考えた陸軍中堅層が、これを引き起こしたのである。その意図において、これはワシントン体制の打破を目指したものであった。

当初、若槻首相、幣原外相、井上蔵相は、局地的解決を目指した。しかし事態はそれを越えて進んだ。陸軍内部では、南次郎陸相、金谷範三参謀総長はハルピン以南、錦州以北で関東軍の軍事行動をとどめ、事態を収集しようとした。しかし関東軍参謀の石原莞爾、板垣征四郎、そして彼らを支持する陸軍中堅層によって、軍事行動は全満州に広がり、日本は北満州を含む満州を制圧するに至った。

当初、アメリカは若槻、幣原を信頼して、強い批判を控えた。しかし、若槻内閣が退陣するに至り、一九三二年一月八日、スティムソン(Henry Lewis Stimson, 1867–1950)国務長官は「米国政府は支那共和国の主権、独立又は領土的若くは行政的保全及一般に門戸開放の名にて知らるる支那に関する国際的政策に関するものを含む米国又は其の人民の支那に於ける条約上の権利を侵害するか如き一切の事実上の状態の合法性を容認し得さること……を通告する」と述べたのである。スティムソン・ドクトリンである(50)。

これに対し犬養内閣の芳沢謙吉外務大臣は、一月一六日、日本は不戦条約に違反していないとし、また門戸開放については支那本土と同様満州においても極力これを維持すると回答した。ただ、領土的行政的保全についての回答はなく、満蒙における支那官憲の多くが逃亡したため、行政に変化があったのはやむを得ないと答えた[51]。

実際のところ、日本政府は、門戸開放はともかく、領土的行政的保全については、日本の立場が脆弱であると理解していた。一九三二年三月一日、満州国建国宣言が発表されたとき、日本はただちには、これを承認しなかった。一九三二年三月一二日閣議決定された満蒙問題処理方針要綱は、その第六項において、「以上各般の施措に当りては努めて国際法乃至国際条約抵触を避け就中満蒙政権問題に関する施措は九国条約の関係上でき得る限り新国家側の自主的発意に基くか如き形式に依るを可とす」と述べている。日本が満州を併合せず、住民の自発的運動による満州国の設立という形式をとったのは、こうした配慮からだった。

門戸開放については、日本政府はとくに満蒙と中国本土が異なることを強調した。三一年九月以後の満州事変に対する国際世論に比べ、三二年一月から始まった上海事変に対する批判は、比較にならないほど強烈だった。満州の問題と中国本土での問題とでは、列強の関心には大きな差があったのである。アメリカにおける親日派の第一人者であったトーマス・ラモントは、上海事変によって長年の日本に対する友好感情が一挙に吹き飛んだとまで述べている[52]。その落差を日本は利用しようとしていた。

三二年八月二七日閣議決定による「国際関係より見たる時局処理方針案」は、「支那本部殊に経済上列国と重要関係を有する地域の和平を保持しつつ其の門戸を開放せしむるに努むへし」とし、「尚ほ帝国の対満蒙政策と対支那本部策とに本質的区別あることを機会ある毎に如実に示」すべきだと述べている。

実際、満州に対しては外国からの投資の動きが少なくなかった。日本の権力の確立によって、とりあえず安定は達成されたから、これは不思議ではなかった。同閣議決定には、「仏国財界にては満蒙方面に対する借款の機運動き初めたるやの兆候もある処仏国側の対満投資は其の政治的色彩を伴ふこと比較的尠きに顧み英米資本よりも歓迎すへきものと認めらる」とあり、またアメリカについても、「我満蒙経営に対する極めて強力なる障碍の原因か米国側に存するの事実に顧み」、「累次我方に於て之か尊重を宣明せる門戸開放機会均等主義を適当に運用し以て米国側態度の牽制乃至緩和を計る」と述べられていた。そして、次のように、これに呼応する動きはあると見ていた(53)。

又満州問題に関し米国民間にては不戦条約、九国条約等に抵触して成立せる一切の既成事実を承認せすとの建前を執り居る国務長官の方針に関し相当有力なる反対論存する一方同国実業界等にては門戸開放機会均等主義にして現実に維持せらるれは其の他の問題は成行に委せ差支なしとの空気も徐ろに台頭し居るものと認めらるるに付右門戸開放機会均等主義の運用宜しきを得米国側にして満州国に於ける経済的利益に相当に均霑せしめ得るに於ては自然に同国の態度も緩和を来すへしと思考せらる。

ただ、満州において実権を掌握していた関東軍は、満州国の承認に前向きの国以外からの投資に対して拒絶的であった。そしてアメリカにおける反国務省の動きについては、過大評価だった。事実として、外国から満州への大規模な投資は、行われなかった。

さて日本はさらに一九三二年九月、満州国と日満議定書を締結し、満州国を承認することとなったが、このときも枢密院で議論が生じている。すなわち、満州国が住民の自発的な意志によるということをアメリカは納得しないだろうし、仮にそうだとしても、この満州国を支持することは九カ国条約違反になるのではないかという疑問が提示された(54)。満州国と門戸開放の原則については、複数の立場があったが、アメリカと共通の理解に到達するのは難しいと認識されていたのである。

日満議定書調印の直後の九月、リットン報告書が発表された。そこでは、よく知られているとおり、「満州に於ける政府は支那の主権と行政的保全と一致し東三省の地方的状況及特徴に応する様工夫せられらる広汎の自治を確保する様改めらるへし」と提案し、中国の領土的行政的統一と日本の特殊権益を両立させようとした[55]。しかし日本はこれを拒絶し、さらに翌一九三三年には、国際連盟から脱退するに至ったのである。

2　準戦間期の門戸開放

国際連盟脱退後、日本は領土保全と切り離した狭義の門戸開放を主張するようになった。

一九三三年八月の閣議決定、満州国指導方針は、「門戸開放機会均等の原則を保持せしむるも其の適用は主として国防上の要求に制約せられざる事項に之を限定せしむるものとす」と述べている[56]。そのような門戸開放にしても、かなり限定的に進められただけだった。

一九三四年四月のいわゆる天羽声明は、日本は支那の独立を犯したことはないと述べている。それはすなわち、満州は中国でないという認識だった。他方で門戸開放機会均等は支持すると述べているものの、たとえ経済的行動であっても、政治的に反日の意味を持つものは認めないと付け加えていた[57]。天羽声明がアジア・モンロー主義の宣言であり、門戸開放を事実上否認するものだとして大きな反響を呼んだことは当然だった。

なお、天羽声明は広田外務大臣の方針をそのまま伝えたものであった。広田はこの年一月の議会の演説において、日本は東洋の安定勢力として東洋の安定に全責任を持つと述べていた。そして、二月には、ハル（Cordell Hull, 1871–1955）国務長官との間に非公式のメッセージを交換し、日米の間に解決不可能な問題はないと述べていた。これは、広田の和協外交を示すものだと理解されているが、むしろ対米関係の難しさに対する鈍感さの現れだったように思われる。

天羽声明に対し、日本が日本以外の地域においてそのような発言権を持つ理由は理解できないと、ハル国務長官が厳しい反論をしたのは当然だった。

翌一九三五年は日本が満州事変でとどまるかどうかの岐路の年であった。五月、関東軍は万里の長城を越えて南下し、長城以南の地域を南京から切り離そうとして、六月、梅津・何応欽協定を締結した。また同月末には土肥原・秦徳純協定が結ばれた。

他方で日本の暴走を防ごうとする努力がイギリスからなされていた。リース・ロスの幣制改革であった。イギリスは中国の安定のためには貨幣制度の改革は不可欠であるとし、そのために必要な資金を列強が提供し、その代償として中国は満州国を承認し、日本もその枠組みの中に入って、かつて中国が負っていた借款の一部、たとえば三割を負担するということを骨子とし、九月、広田外相らと会談している。[58]

これに対して広田は冷淡だった。そして軍は、一一月、一段と大規模な華北分離工作に踏み切った。その結果、冀東防共自治委員会（のち冀東防共自治政府）が、また一二月には冀察政務委員会が作られ、華北はさらに中国中央から切り離された。幣制改革という求心的行動に対し、日本は華北分離工作という遠心的行動で応じたのである。

アメリカ国務省が、かつて国務省極東部長を務めたジョン・マクマリに極東情勢の分析を依頼したのはこの頃だった。中国問題とくに中国をめぐる国際法の権威として知られ、ワシントン会議を成功に導き、さらに一九二〇年代には中国駐在公使であったマクマリは、この委嘱に応え、長大なメモを著した。そこで彼は、日中の衝突はもはや不可避であるとして、またその結果、アメリカが巻き込まれることも不可避であり、その結果としてアメリカは日本を打倒するであろうが、漁夫の利を得るのはソ連であると予測している。[59]

その翌年には、事態はさらに悪化した。一九三六年二月、二・二六事件が起こり、軍の統制はますます難しくなった。事件後の広田内閣のもとで、軍部大臣現役武官制が復活され、帝国国防方針が改定され、日独防共協定が締結され、膨大な軍拡計画が承認された。そのもとで、一九三七年一月には、軍を統制しうる力を持ったおそらく最後の実力者、宇垣一成の組閣が失敗に終わった。

また中国では、一九三六年一二月、西安事件が起こり、蔣介石はこれ以上日本に対して譲歩できない事態に追いつめられた。

この頃、石橋湛山は、「世界開放主義を掲げて――懊悩する列強を指導せよ」（『東洋経済新報』一九三六年九月一九日号）において、国際平和をもたらす最小限の、しかし現実の問題として考えてもっとも有効な方法の一つとして、「列国は、貿易に関する限りその植民地を独立国と見做し、自国を含めて総ての国に平等に門戸を開放する事（ここに植民地とは、勿論自治領等をも包含しての意味である）」を挙げている。(60) つまり植民地であっても、外国に本国と同様の権利を与えるということであり、門戸開放、機会均等ということである。イギリスがインドで日本に対して閉鎖的な政策を取るのではなく、日本に対して門戸を開くということである。これは簡単なことではない。そして、列国に門戸開放を求めるためには、日本も同じことをしなければならない。その場合、台湾、朝鮮、樺太は、すでに本土とほとんど一体化しているので、問題は満州と中国である。満州と中国は独立国であるが、そこで日本が門戸開放を進めているのか、あるいは東亜独占の主義でいくのか、大いに疑問とされていた。

日本の進む道は門戸開放しかない。門戸開放しても、日本は独占の利益を失うだけである。東亜の天地は世界に開放される。そこで日本は公正な通商を行うだけである。他方で、日本が東亜独占主義でいけば、世界は確実に日本に対して閉ざされる。東亜の独占の利益も確実ではない。このように石橋は、持論の世界大の門戸開放論を痛切に主張したのであった。

3　日中戦争の勃発

こうした中で、一九三七年七月七日、盧溝橋事件が勃発した。近衛内閣のリーダーシップの欠如もあって、八月、戦争は華中に拡大して、未曾有の大戦争となってしまった。

アメリカはもちろん日本に対して批判的であった。九月一日、南京その他の都市への空爆の停止を要求した。九月二八日、国際連盟総会も日本の空爆を非難する決議を採択し、一〇月六日、日本の行動は不戦条約および九カ国条約違反だとする決議を採択した。同日、アメリカ国務省も、日本の行動を不戦条約および九カ国条約違反と正式に表明した。

これと前後して、一〇月五日、ローズヴェルト大統領はシカゴで演説を行って日独を非難し、国際社会における無法国家は隔離しなければならないと述べた（隔離演説）。しかしアメリカ国内では、孤立主義的世論が強く、不評だった。

したがって、九カ国条約関係者を招集して九カ国会議が開かれたとき（一〇月二〇日招請、一一月三日開催）、その場所はワシントンでもロンドンでもなく、ブリュッセルとなった。日本は参加を拒否したが、日本の側でも九カ国条約に違反していないと言うのは難しいことが理解されていたのであろう。

日中を仲介しようとしていたのはドイツであった。近衛内閣は一時このトラウトマン工作に関心を示したが、日本軍が上海で中国の抵抗を突破するや、その要求を加重するようになってしまった。そして一二月、首都南京を陥落させたが、中国は降伏せず、またトラウトマン工作も成果をあげなかった。そして一九三八年一月一六日に至って、近衛内閣は声明を発表し、「国民政府を対手とせず」と述べて和平工作を打ち切ってしまった。

それからしばらくして、近衛首相は行き詰まりを感じ、これを打開するために五月、内閣改造を行った。その中心は、宇垣一成陸軍大将の外務大臣起用であった。宇垣は陸軍穏健派の実力者であり、ワシントン体制期に政党と協力的な立場にあった。

一九三八年五月、ジョゼフ・グルー駐日大使は宇垣に会い、米国の権益の尊重を求めている。そして宇垣は、明白に、尊重すると答えている(61)。同じ申し入れは、その後も、七月などに繰り返されている。

ところが、門戸開放は守られなかった。とくに、漢口攻略作戦のため、揚子江の上海から漢口に至る航路が閉鎖されることになった。その他の懸案を含め、アメリカ政府はグルー大使に、強硬な抗議をするよう指示してきた。それは、興亜院設置をめぐって閣内で孤立した宇垣外相が、わずか四カ月で辞職した直後だった。

なおこの興亜院問題も門戸開放と大いに関係のある問題だった。興亜院は中国関係の案件を外務省から切り離し、内閣で処理しようとするものであったが、それ自体、外国の事項を内政扱いすることであって、外交上大きな問題だった。

さて、アメリカの抗議は、グルー大使によって一〇月三日、近衛外務大臣臨時代理に対して口頭で行われた。これに対し近衛は門戸開放を約束したと言われる。さらに六日には、詳しい文書による申し入れが行われている。

その内容は極めて興味深いものである。満州では、日本人の管理のもとに特権を与えられた特殊会社が多く設立され、そのもとでアメリカ人の活動が圧迫され、撤退を余儀なくされていることが指摘されている。また日満間の物資の流通に比べ、満州と日本以外の国との流通には厳重な制約が課されている。さらに為替管理においても、満州のみならず華北においても、日本と日本以外の国の間に大きな差別がなされている。すでに華北においても自由競争は消滅している。さらに、日本の支援を受けて成立している地方政権のもとで、一方的な関税の取り決めが行われている。さらに華北でも電信会社などの特殊会社が設立され、自由競争を妨害しているなど、多くの例が挙げられた。

その上で、「米国政府は其領域或は第三国の領域内に於いて、封鎖、輸入禁止、為替管理、特恵的制限、独占或は特殊会社等を日本の貿易および企業を排斥する為又は排斥する結果となるへき様企図して設立せんとしたること無之候」と述べ、これは日米通商航海条約の規定と精神であり、「総ての国民並びに其の権益に対する米国政府の政策の根底を成す所の国際法及国際秩序の根本的原則に従ひて処し居るもの」と述べていた。

日中戦争のさなか、日本の中国に対する侵略ではなく、アメリカの権益に対する妨害行為をこの時点で追及していることは、まことにアメリカらしく、興味深い点である。

日本は、漢口作戦などが継続中であることを理由に、しばらく返答をしなかったが、一一月一八日に至って、有田八郎外務大臣の回答を文書で提示した。その中で、個別に具体的な反論をしたのち、東亜において大きな変革が行われている現在、「事変前の事態に適用ありたる観念乃至原則を以て其儘現在および今後の事態を律せんとすることは何等当面の問題の解決を齎す所以に非らさるのみならす又東亜恒久平和の確立に資するものに非らさることを信ずる次第に有之候」と述べた(62)。

これは、その二週間前、一一月三日に行われた近衛の第二次声明、すなわち東亜新秩序声明を踏まえたものであった。日本を盟主とし、西洋を排除したアジアによるアジアの建設を述べたこの声明は、本質的にアジア主義であって反欧米であった。これが門戸開放に原理的に衝突していたのは、そのためだった。また一二月一九日には、有田外相は、中国における列国の活動は日満華三国の国防および経済的自主達成に必要な制限下に自由と声明しているが、これも明らかに門戸開放を東亜新秩序の下位に位置づけたものであった。

この東亜新秩序声明と有田外相の対米回答に対して、国際連盟脱退以来、いや満州事変勃発以来、もっとも重大な失策だと厳しく批判したのは清沢洌であった。第一に東亜新秩序は、内容的に意味不明であり、ただ一つ反欧米という点が特色であった。第二にアメリカは、大統領と上院に外交権限が分かれており、完全なる外交主体が存在せず、強いて言えば世論こそが主役である。そういう国を相手に、宇垣外相までは、門戸開放という原則は受け入れつつ細部で調整を図ることとしていたのが、今回は原則で対決しつつ、細部で調整しようとするのは、最悪の外交だと断じたのである(63)。

清沢の危惧したとおり、アメリカは、しばらく時間をおいたのち、一九三八年一二月三〇日付で、いかなる国家も自国の外の領域を含む地域について、国際秩序を建設する権利を持たないとし、また既存の門戸開放原則を無視して樹立される中国の新秩序は承認できないと通告してきた(64)。一九三八年一一月から一二月にかけての門戸開放対東亜新秩序の原則の応酬において、日米は正面から対決するに至ったのである。

東亜新秩序声明が目指したのは、汪兆銘政権の樹立であった。一九三八年一二月二〇日、国民党ナンバー2の汪兆銘は、重慶を脱してハノイに現れ、新政権の樹立に向けて動きを開始した。

こうした情勢に、日米関係はさらに悪化した。一九三九年一月一四日、アメリカは対日航空機部品禁輸について声明を発し、イギリス大使は日本が九カ国条約の内容を一方的に変更しようとしていることは認められないと通告した。一月一九日、フランスも東亜新秩序なるものは認められないとした。

一九三九年一月に成立した平沼内閣においては、日独伊三国同盟締結問題が焦点となった。海軍と外務省は強く抵抗し、いったんは挫折するが、三国同盟の動きにアメリカは神経をとがらせ、堀内駐米大使は、五月二一日、日独伊関係強化はアメリカの態度を硬化させ、深刻な影響をもたらすと警告した。

また四月に天津のイギリス租界で親日派が射殺された事件で、日本は六月、英仏租界を封鎖し、とくにイギリス人の出入りを徹底して監視した。その報道には、イギリス女性に脱衣を強要したとするものもあり、これは、アメリカの世論をイギリス以上に硬化させた。

この間、斉藤博駐米大使が病死したとき、アメリカは軍艦をもってその遺体を日本に送った。これをアメリカの対日態度の緩和と見る声もあったが、もとより一片の外交儀礼に過ぎなかった。

一九三九年七月二六日、アメリカは日米通商航海条約を半年後に終了させることを通告した。応対した須磨弥吉郎参事官は、一瞬とまどい、これは上院のヴァンデンバーグ決議案などに影響されたものではないかと述べたが、アメリカ側は、数年間熟慮してきたものであると応じた[65]。

かつてペリーが来日したとき、その目的は日本の開国と貿易であった。その結果が日米通商航海条約であった（一九一一年改正）。それを、アメリカ側から終了させると言ってきたのである。広い意味の門戸開放は、本書の「まえがき」に記したとおり、アメリカの建国以来の理念である。それをアメリカ側から終えると言ってきたことに、アメリカの強い決意が現れていた。

一九三九年一〇月一九日、しばらく休暇でアメリカに戻っていたグルー駐日大使が米日協会において、有名な演説を行った。グルーは一九三七年に友人のマクマリのメモランダムを読み、ワシントン体制が崩壊したのは日本にだけ責任があるわけではないと理解していた。また帰国した頃、グリスウォルドの著書を読み、かつて門戸開放は通商の問題であり、また必ずしも満州については合意されていたわけではなかったということを学んでいた。(66) グルーの辛抱強い対応には、そういう理由があった。

それにしても、日本の政策は言語道断だった。一九三八年一〇月の門戸開放違反に対する厳しい追及と、それに対する東亜新秩序宣言に対し、グルーは強い憤りを率直に述べている。機会均等はアメリカ人の根本原則であり、アメリカ人ほどこの原則を重視している国民はいない。しかるに満州その他で門戸開放はほぼ消滅した。門戸開放はリーガリステリックな原則ではない。それ以上のものである。日米の対立は、いまや些細なものではなく、誤解によるものではなく、根本的で決定的な対立だと、述べたのである。

日本はその後、条約終了を回避するため、交渉を続け、とくに揚子江開放によって門戸開放へのコミットを印象づけようとしたが、当時揚子江を航行する船は少なく、大きな効果をあげるはずもなく、条約は予定どおり一九四〇年一月、失効してしまった。

それから二年近くの間、日本はアメリカの圧力に対抗すべく、ドイツとの関係を強化し、資源の獲得のため、仏印に進駐した。それらはことごとく逆効果であった。一九三八年一一月の東亜新秩序声明と一九三九年七月の通商条約の破棄通告によって、日米戦争は不可避となったと言って過言ではない。

おわりに――開戦から戦後へ

一九四一年八月一四日、ローズヴェルト大統領とチャーチルは大西洋会談を終え、八項目の戦後世界構想を発表した。

大西洋憲章である。それは、アメリカの参戦後、一九四二年一月一日の連合国宣言に入れられた。こうして、大西洋憲章は、戦争目的を示すものとなった。その中にアメリカは自由な貿易体制を書き込もうとして、帝国特恵オタワ体制を守ろうとするイギリスの抵抗にあったが、平等な資源の利用と経済的国際協力が書き込まれるに至った。

一方、日本の側では、一九四三年一一月、大東亜会議が開催され、大東亜共同宣言が採択された。その中には、人種差別の撤廃や、資源の開放などがうたわれていた。

このように、米英においても、日本においても、他国、他民族の協力を確保するという目的はあったにせよ、広い意味の門戸開放が戦争の目的に書き込まれたのである。戦争は、広範囲の人々に犠牲を要求するがゆえに、参加者の間に負担の平等を求め、その結果として民主化を推進する。これもその場合であった。

一九四五年七月、勝利を前に連合国はポツダム宣言を発したが、その中に次のような一節があった。

日本国は其の経済を支持し且公正なる実物賠償の取立を可能ならしむるか如き産業を維持することを許さるへし但し日本国をして戦争の為再軍備を為すことを得しむるか如き産業は此の限に在らす右目的の為原料の入手（其の支配とは之を区別す）を許可さるへし日本国は将来世界貿易関係への参加を許さるへし

すなわち、かつての対独賠償のような生産能力を越えた賠償は取らないこと、再軍備以外の目的のための原料の入手は認められること、そして将来世界貿易に参加できることがうたわれていた。

敗戦において、ほとんどの日本人が打ち拉《ひし》がれていたとき、日本の将来を楽観したリーダーが少なくとも二人いた。一人は吉田茂であって、吉田は軍がなくなり、科学的な政治が可能になり、アメリカ資本を導入して日本は発展しうると考えた。また石橋湛山は、軍と植民地がなくなった日本の将来は明るいと書いたのである。(67)

戦後の日本の復興と発展は、この二人のリーダーが予言したとおりであった。日本は世界中の原料を輸入し、世界中に製品を輸出することで発展しえたのである。

日本の経済発展が頂点に達した一九八〇年代の半ば、かつての親中派ジャーナリストであり、戦艦ミズーリで日本の降伏文書調印を見届けたセオドア・ホワイトは、戦争に勝ったのはアメリカだったのに、今、日本経済がアメリカを圧倒しているのはおかしいと対日批判を展開した。[68]しかしホワイトの議論は、戦争を日本とアメリカという国と国との関係で捉えているだけである。戦争は、重要な主義をめぐるものでもあった。それは、広義の門戸開放であった。そして、アメリカが掲げた門戸開放の原理が勝利した。その原理によりよく適応した日本が、戦後、アメリカを圧倒するようになったのは、戦争の一つの帰結であった。

そもそもペリー来航は、日本に対する門戸開放の要求であった。それは門戸開放宣言以前の門戸開放政策だった。そして中国において、アメリカは何度も政策を変え、首尾一貫しないやりかたで、門戸開放を追求し続けた。日本はその真意をはかりかねながら、あるときはこれを支持し、あるときは抵抗、妥協し、徐々に満蒙における特殊権益に固執してアメリカと抜き差しならぬ関係となり、ついには戦争となって、アメリカに完敗を喫したのであった。しかしその結果、すでに大正期に石橋湛山が主張したように、世界大の門戸開放の原則にコミットして経済的に発展を遂げ、世界の警察官ないし西側のリーダーとしての重荷を抱えたアメリカに対して、ついに一時期、ある程度優位を占めるようになったわけである。

ただ、戦後の自由貿易体制は、冷戦と裏表であり、世界秩序はアメリカの軍事力によって維持されていた。そして日本はその面では貢献していなかった。それは、アメリカが制定した憲法によるものでもあった。ともあれ、憲法九条と、日米安全保障条約と、その枠内において経済問題に専念すること、それが自民党体制であった。

その冷戦秩序が終わり、新しい秩序が必要になったとき、日本はもはやただ乗りすることは許されなくなった。秩序の基礎にある軍事的側面において、いかなる貢献をなしうるかが課題となった。しかしそれは容易なことではなかった。その後の日本の経済的停滞は、日本がまだ自らの役割を十分定義しえていないことと関係している。

しかし、それから先はまた別の物語としなければならない。

（1）ジョゼフ・グルー（石川欣一訳）『滞日十年』上巻（ちくま学芸文庫、二〇一一年）四一八頁。
（2）門戸開放政策の歴史について、古典的な著作として、A. Whitney Griswald, *The Far Eastern Policy of the United States* (New Haven: Yale University Press, 1938). A・W・グリスウォルド（柴田賢一訳）『米国極東政策史』（ダイヤモンド社、一九四一年）。またGriswald の著作の背景については、ドロシー・ボーグ（斎藤真訳）「極東政策史研究と二人の歴史家――T・デネットとA・W・グリズウォルド」（細谷千博・斎藤真他編『日米関係史　開戦に至る一〇年――一九三一―四一年』第四巻〔東京大学出版会、一九七二年〕所収）を参照。なお、門戸開放に関する戦前の日本における研究に、英修道『満州国と門戸開放問題』（日本国際協会、一九三四年）があり、極めて詳細であるが、門戸開放を法律的な観点からもっぱら捉えており、その政治的外交的側面の分析が十分でないこと、そして満州事変以後の日本の政策を正当化しようとする意図が強すぎる点が、今日からみると物足りない。
（3）以下、清国の分割に関する古典的著作として、William Langer, *The Diplomacy of Imperialism, 1890–1902*, 2nd edition with supplementary bibliographies (New York: Alfred and Knopf, 1951).
（4）この経緯を広く知らしめた著作は、George Kennan, *American Diplomacy, 1900–1950* (Chicago: University of Chicago Press, 1951). またロックヒルの役割については、Paul A. Varg, *Open Door Diplomat: The Life of W. W. Rockhill* (Urbana: University of Illinois Press, 1952).
（5）Langer, *op.cit.*, pp. 687–688.
（6）清国ではなく韓国のことであるが、馬山浦をロシアが租借しようとした馬山浦事件は一八九九年のことであった。これは日本海に対する巨大な脅威であって、日本の心胆を寒からしめる事態であった。なお、日英同盟（一九〇二年）が、清国および韓国における領土保全をうたっていることを想起したい。
（7）桂太郎は、列強の伴侶たることが、目的であると述べている（桂太郎〔宇野俊一校注〕『桂太郎自伝』〔平凡社、一九九三年〕二一五―二一六頁）。

（8）英修道前掲『満州国と門戸開放問題』六八頁。
（9）Varg, *op.cit.*, pp. 43–45.
（10）外務省編『日本外交年表並主要文書』上巻（原書房、一九六五年）二二九頁。
（11）なお、日仏協約には、機会均等はうたわれているが、門戸開放という言葉はない。門戸開放という言葉はフランス語になりにくいものであった（幣原喜重郎『外交五十年』〔中公文庫、一九八七年〕九四頁）。
（12）北岡伸一『日本陸軍と大陸政策――一九〇六―一九一八年』（東京大学出版会、一九七八年）三八頁。
（13）前掲『日本外交年表並主要文書』上巻、二八二―二八四頁。
（14）朝河貫一『日本の禍機』（講談社学術文庫、一九八七年）一〇二―一一〇頁。
（15）北岡前掲『日本陸軍と大陸政策』一〇八―一〇九頁。
（16）なお、このパナマ運河法の頃、英国駐米大使だったのが、アメリカ研究の古典的著作、『アメリカ共和国』の著者として世界で尊敬を集めていたジェームズ・ブライスだった。そして、若手外交官ながらブライスと交際をしていたのが、日本の幣原喜重郎だった。幣原はどう見ても条約違反であるパナマ運河法が成立したことについて、ブライス大使に今後のイギリスの方針を尋ねたところ、ブライスは何もしないと答えた。意外に思った幣原が理由を聞くと、ブライスは、アメリカとの友好関係はイギリスにとって何よりも重要である、これ以上アメリカを批判しても、両国関係がこじれるだけで、イギリスの利益にならない、それに、アメリカはしばしば誤りを犯すが、それを自ら訂正する能力を持つ国である、その能力を信頼して、抗議は打ち切るのだと答えた。幣原はイギリスの成熟した国益判断に深い感銘を受けた。幣原の粘り強い外交には、若き日のブライスの教訓が陰を落としているように思われる。（幣原前掲『外交五十年』四八―五一頁）。
（17）ストレイトについては、Helen Dodson Kahn, "The Great Game of Empire: Willard Straight and American Far Eastern Policy," Ph.D. dissertation, Cornell University, 1968, University Microfilms, Inc., Ann Arbor, Michigan.
（18）ウィラードの父は一八八六年に結核で亡くなり、母エマは、ウィラードとその妹ヘイゼルを育てるために教師として働き、一八八七年には日本に行き教えたが、八九年に結核となったため、湿気の多い日本を離れてカリフォルニアに移った。そこで病気と闘いながら、エマは子供二人を郷里のオスウェゴの知人のところに養子に出し、ウィラードを汽車で送り出した後、まもなく亡くなった。同右。
（19）この観点からの優れた研究に、Michael H. Hunt, *Frontier Defense and the Open Door: Manchuria in Chinese-American Relations, 1895–1911* (New Haven: Yale University Press, 1973).
（20）一九〇七年の恐慌当時の雰囲気については、ロバート・F・ブルナー／ショーン・D・カーター（雨宮寛・今井章子訳）『ザ・パニック

——一九〇七年金融恐慌の真相』（東洋経済新報社、二〇〇九年）が詳細で参考になる。

(21) グリズウォルド前掲『米国極東政策史』一四二―一四三頁。

(22) アメリカのナショナリズムの中核が政治体制であることについては、以下を参照。Hans Kohn, *American Nationalism: An Interpretative Essay* (New York: Macmillan, 1957).

(23) Chu Pao-Chin, "V. K. Wellington Koo: A Study of the Diplomat and Diplomacy of Warlord China, during his early Career, 1919–1924," Ph. D. dissertation, University of Pennsylvania, 1970.

(24) 本書第四章参照。

(25) Woodrow Wilson to William Jennings Bryan, March 4, 1915; Enclosure I, E. T. Williams to W. Jennings Bryan, Feb. 26, 1915; Enclosure II, Robert Lansing to W. J. Bryan, March 1, 1915, in Arthur S. Link ed., *The Papers of Woodrow Wilson*, Vol. 32 (Princeton: Princeton University Press, 1980), pp. 319–323. なおこの Enclosure I で批判されている日本の差別的行動は、ふたたび満鉄の差別的運賃制度だった。

(26) 本書第二章参照。

(27) 反袁政策については、北岡伸一「支那課官僚の役割」（同『官僚制としての日本陸軍』〔筑摩書房、二〇一二年〕所収）参照。

(28) Noel H. Pugach, *Paul S. Reinsch, Open Door Diplomat in Action* (Millwood: KTO Press, 1979), pp. 186–189.

(29) *Ibid.*, ch. 8.

(30) ツィンマーマン・テレグラム事件については、やや一般的な書物であるが、Barbara W. Tuchman, *The Zimmerman Telegram* (New York: Macmillan, 1966) が興味深い。

(31) 細谷千博「牧野伸顕とヴェルサイユ会議」同『日本外交の座標』（中央公論社、一九七九年）所収。

(32) 高原秀介『ウィルソン外交と日本——理想と現実の間　一九一三―一九二一』（創文社、二〇〇六年）が詳しい。

(33) 石橋湛山「人種的差別撤廃要求の前に」（大正八年二月一五日号社説）石橋湛山全集編纂委員会編『石橋湛山全集』第三巻（東洋経済新報社、二〇一〇年）六八―七〇頁。

(34) 以上、前掲『日本外交年表並主要文書』下巻、一五―一九頁。

(35) 三谷太一郎「ワシントン体制への外交指導」（同『増補　日本政党政治の形成——原敬の政治指導の展開』〔東京大学出版会、一九九五年〕）三四〇―三四二頁。

(36) 松尾尊兊編『大日本主義か小日本主義か——三浦銕太郎論説集』(東洋経済新報社、一九九五年)。
(37) 石橋のワシントン会議に関する論説の主なものは、「一切を棄つるの覚悟——太平洋会議に対する我態度」(大正一〇年七月二三日号社説)、「大日本主義の幻想」(大正一〇年七月三〇日・八月六日・一三日号社説)、「支那と提携して太平洋会議に臨むべし」(大正一〇年七月三〇日号社説)、「留保は失敗」(大正一〇年八月六日号社説)など。前掲『石橋湛山全集』第四巻、一〇—三八頁。
(38) 北岡伸一『増補版　清沢洌——外交評論の運命』(中公新書、二〇〇四年)五三—五八頁。
(39) 「われに移民の要なし」(一九一三年五月一五日号)、前掲『石橋湛山全集』第一巻、三五四—三五七頁。
(40) 本書第七章参照。
(41) 第一次大戦後には、多くの国際主義的親米主義的団体が日本で設立されたが、その多くは道義的親米とでもいうべき立場であった。たとえばその中心人物の一人であった渋沢栄一は、アメリカを「正義人道」の国としてとらえていたという。緒方貞子「国際主義団体の役割」(細谷・斎藤他編、前掲『日米関係史』第三巻)三二〇頁。
(42) 三谷太一郎『ウォール・ストリートと極東』(東京大学出版会、二〇〇九年)九二頁。
(43) 同右、八二頁。
(44) 以上、同右、一一六—一二八頁。
(45) Akira Iriye, *After Imperialism: The Search for a New Order in the Far East, 1921–1931* (Boston: Harvard University Press, 1968), pp. 100–104.
(46) *Ibid.*, pp. 107–108.
(47) マクマリは、このベルギー条約破棄問題を、ワシントン体制の崩壊に至る重要な事件として注目している。本書第三章参照。
(48) マクマリは、この日本の打診に対するアメリカの無反応について、ワシントン体制崩壊へのさらに重要なステップであったとして、多くのページを割いて論じている。本書第三章参照。
(49) 北岡前掲「支那課官僚の役割」参照。
(50) その背景について、Justus D. Doenecke, ed., *The Diplomacy of Frustration: The Manchurian Crisis of 1931–1933 as Revealed in the Papers of Stanley K. Hornbeck* (Stanford: Hoover Institution Press, Stanford University, 1981).
(51) 前掲『日本外交年表並主要文書』下巻、一九四—一九五頁。
(52) 三谷前掲『ウォール・ストリートと極東』一八二頁。

(53) 前掲『日本外交年表並主要文書』下巻、二〇六—二一〇頁。

(54) 同右、二一一頁。

(55) 同右、二二三—二三六頁。清沢は、石井・ランシング協定がすでに消滅した現在、リットン報告書は最も明白に日本の地位を認めた公文書であると評価していた。北岡前掲『増補版 清沢洌』一一五頁。

(56) 小林龍夫・島田俊彦編『現代史資料7 満州事変』(みすず書房、一九六四年)五九〇頁。

(57) 前掲『日本外交年表並主要文書』下巻、二八四—二八六頁。

(58) 同右、二九八—三〇三頁。

(59) マクマリの友人であって、数年後、このメモを読んで強い印象を受けたのがジョージ・ケナンであった。中国一辺倒の政策が決してアメリカのためにはならないと考えて、対日政策の転換に大きな役割を果たした。ケナンの著書『アメリカ外交五〇年』に引用されていることで、マクマリは記憶されている。

(60) 前掲『石橋湛山全集』第一〇巻、九八—一〇二頁。なお石橋の挙げるもう一つは、「或る国に対して継続して輸出超過(勿論貿易外の勘定を合わせて)の状況にある国は、その或る国からの輸入を没義道に制限するが如き政策を取らぬ事。もし何らかの制限のやむべからざる事情の生じる時は、両国の十分なる協議によってこれを行うこと」である。

(61) グルー前掲『滞日十年』上巻、四〇〇頁。

(62) 以上、前掲『日本外交年表並主要文書』下巻、三九三—三九九頁。

(63) 北岡前掲『増補版 清沢洌』一七〇—一七三頁。

(64) 外務省編『日本外交文書 日中戦争 第三冊』(六一書房、二〇一一年)二二四六—二二五一頁。

(65) 前掲『日本外交年表並主要文書』下巻、四一六頁。

(66) ウォルド・H・ハインクックス(麻田貞雄訳)『増補 グルー大使と日米外交』(グルー基金、二〇〇〇年)二〇〇頁。

(67) 昭和二〇年八月二七日付来栖三郎宛吉田茂書簡、吉田茂記念事業財団編『吉田茂書翰』(中央公論社、一九九四年)五五三—五五四頁。
石橋湛山「更正日本の進路——前途は実に洋々たり」『東洋経済新報』一九四五年八月二五日。

(68) Theodore H. White, "The Danger from Japan", *New York Times Magazine*, July 28, 1985.

第Ⅰ部

アメリカン・デモクラシーとキャリア外交官

第一章　国務省極東部の成立
——ドル外交の背景——

はじめに

一九〇六年五月二二日の元老・閣僚会議による満州問題に関する協議会は、日本の満州政策の転換をもたらしたものとして知られている。そして会議開催のきっかけが英米からの抗議であったことも、よく知られた事実である。しかし、両国からの抗議の内容が相当に異質なものであったことは、十分注目されていないように思われる(1)。

すなわち、イギリスからの抗議が、中国在住イギリス商人から寄せられた苦情について、外交官特有の婉曲な言い回しで日本政府の注意を喚起したものであったのに対し、アメリカからの抗議は、次のような激しい言葉を含む、異例なほど強硬なものであった(2)。

合衆国政府カ其清国ニ在ル代表者ヨリ承知スル所ニ拠レハ、軍隊撤回〔ママ〕中満州ニ於ケル日本官憲ノ行動ハ、総テノ主要都市ニ於テ日本商業ノ利益ヲ扶植シ、且総テノ利用シ得ヘキ地方ニ於テ日本臣民ノ為ニ財産権ヲ収得セムトスルニ在リテ、之カ為メ該領土ノ撤兵ヲ了スル頃ニハ、他ノ外国ノ通商ニ充ツヘキ余地ハ稀有若シクハ絶無タルニ至ルヘシ。（傍点北岡）

この部分は、実は駐日アメリカ公使に宛てた国務長官の電報からの引用であった。婉曲さの欠如や激しい語調はそのためである。しかし、これを引用したのは公使館である。つまり日本に対するアメリカ公使館の強い不満と抗議の意志が、この文書には込められていたのである。

ところが、満州における日本の政策の閉鎖性は、必ずしも自明ではなかった。当時アメリカ屈指の中国学者でもあった北京のロックヒル駐清アメリカ公使は、アメリカ商人の満州における事業不振は、戦時景気の終了と、それに対する対応の失敗から生じたもので、彼等の日本批判を一々取り上げる必要はないと考えていた(3)。この点を考えると、日本の不当性を一方的に断定し、激しく批判した先の文書は、文書起草者の強烈な個性が刻み込まれた極めて特異な文書であったのである。

文書の末尾には、代理公使のフランシス・ハンティントン・ウィルソンの署名があった。ウィルソンはまもなくワシントンに戻り、第三国務次官となり、国務省改革を提唱して極東部の設立を実現し、みずからこれを指導した。そして続くタフト政権ではノックス国務長官の下で国務次官となり、日本に対抗して積極的な満州への進出を指導することになる(4)(5)。日露戦後数年間のアメリカ外交の反日化の流れは、ウィルソンという一人の人物によって貫かれているのである。

日露戦後の数年間におけるアメリカの中国政策、とくにタフト政権のドル外交については、すでに豊かな研究の蓄積がある。アメリカの個々の政治家や外交官や銀行家の言動については、すでにほとんどが明らかになっている。しかし、アメリカがなぜ急に満州進出に熱心になり、次々といろいろな政策を打ち出し、次々と失敗したのかという点になると、日本側から見て、依然としてよく分からないことが多い。

問題点の一つは、アメリカの研究の大多数が、東アジアの国際関係の現実とくに日本の政策について、十分な理解を欠いていることである(6)。舞台の様子が分からなければ、演技者の行為を正確に評価することは難しい。もう一つの問題点は、ウィラード・ストレイトの過大評価である。たしかにストレイトは想像力豊かな才気あふれる人物であり、充実した伝記があり、膨大な文書が残されていて研究の対象となりやすい[7]。しかしストレイトは主として出先で活動したのであって、極東政策形成の中心にいたとは言い難い。他方、タフト大統領もノックス国務長官も、極東政策の源泉ではなかった。この時期の国務省の極東政策がどのように生み出されたかを理解するには、やはりウィルソンと国務省極東部――より正確には、極東部の成立という歴史的事実――を中心に置かなければならない。

このような観点から本章では、ハンティントン・ウィルソンと国務省極東部に焦点を当てることにより、アメリカ外交の組織的変化の側面からドル外交に再検討を加え、さらにアメリカ外交の特質の一端を浮き彫りにしたいと考えている。

一　ハンティントン・ウィルソンと日本

フランシス・メイアス・ハンティントン・ウィルソン（Francis Mairs Huntington Wilson, 1875–1946）は一八七五年一二月、シカゴの名家に生まれた。祖父はベルギーで長く総領事を務めたことがあり、父はハイデルベルグで法律を勉強し、しばらくそこで副領事を務めたことがあった[8]。

裕福で旅行と野外活動を好んだ両親は、しばしば長期の旅行に出た。子供の頃に二回、大学入学までに合計四回、フランシスは両親とともにヨーロッパに遊んだ。こうした旅行は少なくとも数カ月、長いときは二年も続き、旅行先には、北欧・ロシア・アフリカまで含まれていた。国内旅行はさらに頻繁で、サウス・カロライナでの避寒とスポーツ、カリフォルニアへの旅行（一八八〇年代のことである）、ミネソタでの狩猟という具合に、やはり長期で大規模なものであった。一八九二年から九三年にかけて、四度目のヨーロッパ旅行でスペインにいた時、ウィルソンはもう飽き飽きしたと感じた。目的のない生活には耐えられないと感じたのである。

このような生活のため、フランシスの人間関係は特異であった。まず同年代の友人がほとんどなかった。遊ぶ相手は両親や親戚やその友人、つまりみな大人であった。ある程度の年齢に達すると、フランシスは社交やスポーツの対等の仲間として——飲酒の機会も含めて——扱われるようになった。七歳下に妹が一人いたが、四歳で死んだ。家族のきずなは強かったが、旅行や社交の楽しみにふける父を、フランシスは尊敬出来なかった。それは克己心の欠如した弱い性格の表われであるように思われた。母との間の愛情は深かったが、母は規律正しく息子を教育するタイプではなかった。こうして彼はディシプリンの欠けた、人間関係形成の苦手な子供として成長した。

フランシスの教育は不規則で、小さい頃は家庭教師について学んだ。やがて全寮制の中学に入ったが、父の移動に伴って頻繁に転校し、一年以上一カ所に留まることはなかった。それでも成績はよく、「ディシプリン」を除けば、あとはクラスの一、二番であった。そして一八九三年、優秀な成績でイェール大学に入ることとなった。

成長したウィルソンは、やせて背が高く、神経質であった。彼の書いた外交文書や書簡は、不必要に気取った表現が多く、率直さや暖かさを欠いていて、わがままで独善的な性格を感じさせる。彼の能力を評価する人は多かったが、その性格を好む人は少なかった。(9) ウィルソンは紳士であることを重視して、みずからこれを厳格に実行するだけでなく、しばしば他人にも要求した。彼の「紳士」への固執は、ヨーロッパの貴族や紳士以上であった。ヨーロッパ上流社会に対するコンプレックスの所産であろう。第三国務次官時代、ウィルソンはローズヴェルト大統領にテニスは好きかと聞かれ、「もちろんです。でもゴルフの方がずっと好きです」と答えたことがある。(10) ローズヴェルトのテニス仲間（いわゆるテニス・キャビネット）は、当時ワシントンでは羨望の的であった。この機会をウィルソンがあっさり無視した理由の一つは、野人肌のローズヴェルトが好きでなかったからである。彼の回顧録にはローズヴェルトに対する賛辞や評価が出てこないが、これは当時のものとしては珍しい。

さて、ウィルソンは卒業を前に、何かやりがいのある仕事を本格的に模索し始めた。ヨーロッパに小さい頃から親しんだ彼が、外交官をその仕事として考えるようになったことは、十分理解できる。おりしもマッキンリー政権が九七年三月に発足しようとしていた。彼は豊富なコネクションを使って運動したが、容易に成果は挙がらなかった。彼の希望はパリ、次いでロンドンであったが、両方とも難しかった。その頃の外交官ポストは、数が非常に限られていたのである。四月八日、ウィルソンは直接大統領に手紙を書き、ロンドンが駄目なら、希望する順番に、ウィーン、ペテルブルク、ベルリン、マドリッド、コンスタンティノープル、あるいは東京かメキシコ・シティでもいいと書いている。指向は、あくまでヨーロッパ主要国であった。

その中でようやく与えられたのは、第八希望の東京の公使館付二等書記官のポストであった。一八九七年五月に任命されたウィルソンは、六月東京に着いた。

東京の公使館における上司には、やはり新任の公使であるアルフレッド・バックと、一等書記官のジョセフ・ヘロッドがいた。しかしバックは、あまり勤勉な外交官ではなかった。またヘロッドも数年間の東京勤務と仕事の複雑さにうんざりしており、喜んでウィルソンに仕事を任せた。実際当時の在京の外交官は、夏はなるべく軽井沢や日光あたりに出かけるのが普通であった。こうした環境で、意欲に燃えており、才能に恵まれていたウィルソンは、たちまち公使館の実務の中心人物となった。日本の外務省の中で重要な役割を果たしていたお雇い外国人ヘンリー・デニソン（Henry Willard Denison, 1846–1914）と親しくなったことも大変有用であった。

ウィルソンの見た公使館の組織と活動は、恐ろしく非能率であった。まず驚いたことに、前任の二等書記官は、交代の予定を全く知らされていなかった。おかげで彼はその後もウィルソンに対して好意を抱かなかったという。それほどアメリカ外交の組織性はずさんだったのである。仕事の上でひどかったのはファイリング・システムであった。公使館の受信も発信も、国務省、外務省、その他の三冊のレコード・ブックに年月日順に記入されるだけであった。そのため、何か新しい問題が起こり、その背景を調べる必要が起こると、膨大な時間がかかった。

ウィルソンは公使について、優柔不断であり、無知であり、日本人を扱うのに必要な断固たる態度（backbone）を欠いていると批判していた(11)。東洋人に対する西洋外交官の伝統的な態度を、ウィルソンは受け継いでいたわけである。ともかく、以上のようなファイリング・システムその他の組織改革、そして外交官の資質の向上、この二つがウィルソンの長年にわたる関心事になるのである。

ウィルソンの取り組んだ仕事の中には、ウイスキーの関税引き下げ問題のほか、著作権・特許権・商標の保護などの知的所有権の問題が含まれていた。今日の貿易問題から見ても、これらの折衝がいかに骨が折れ、不愉快なものであったか、想像に難くない。ウィルソンは一九〇一年四月一日、ジョン・ヘイ国務長官に対し、日本人は何事についても容易に譲歩しないので、アメリカ側も、通常ならば譲歩して良い些細なことでもこれを留保しておき、交換条件として使う必要があると述べている(12)。先のバッグボーンの説とともに、ウィルソンの日本観を示していて興味深い。

しかし何と言っても彼の最大の興味は、世界に対してアメリカを代表することであった。アメリカが世界の大国として行動する時、これを代表し、先導することほど彼の誇りをかきたてることはなかった。一八九八年の米西戦争の勃発は、まさにそうした機会の到来であった。これを日本政府に伝達する名誉をウィルソンは担った。本来それは二二歳の二等書記官の仕事ではなく、ウィルソンの行動は越権行為であったかもしれない。しかし彼はこうした名誉な機会にほとんど飢えていたのである。

なお、この行動からも理解出来るように、ウィルソンはアメリカのフィリピン領有を強く主張していた。一八九八年、家族に宛てて、もしアメリカがこれを放棄するなら、世界の笑い者になると書いていた。将来のアメリカの産業の捌口として新しい市場が絶対に必要だというのがその理由であった。以後それは彼の持論となる(13)。

しかし、市場の必要という議論は、今日のアメリカの貿易依存度の低さから見て、完全に誤った議論であった。ただ、そもそも合理的な経済的予測から市場が必要だと彼が考えたとは思えない。むしろウィルソンは、アメリカの膨張をあたかもみずからの自我の膨張のように受け止め、無条件にこれを求めていたと考えるべきではなかろうか。戦争勃発の時の態度や「笑い者」といった表現は、いずれもアメリカの膨張と自己の力の増大とを同一視する態度から出たものであったと見ることが出来るだろう。

彼の東京在任中、もっとも誇らしい機会は、一九〇五年六月、セオドア・ローズヴェルト大統領が日露戦争の和平の斡旋を申し出た時であった。世界の注目を集めていた大戦争を和平に導くことは、世界大国としてのアメリカの威信をさらに飛躍的に高めるものであった。アメリカがそのような世界史的な役割を果たそうとしている時、外交官としてその一端を担うことほどウィルソンにとって誇らしく満足なことはなかった。当時日光にいたグリスコム公使によれば、大統領の和平斡旋の報を電話で伝えてきた時、いつもは冷静なウィルソンの声も、興奮で震えていたという。(14)

それゆえ、戦後の日本の政策がアメリカの期待と異なっていることを発見した時、ウィルソンの失望と怒りは一段と強かった。

一九〇五年九月五日の夜、アメリカ公使館では公使やウィルソンが、E・H・ハリマンを迎えて食事をしていた。ハリマン自身も公使館のメンバーも、南満州鉄道共同経営計画の成功を確信していた。それは、日本に対しても有利なもののはずであった。ところがその日、ポーツマス条約批判の大衆運動が起こり、このアメリカ公使館にまで押し寄せるに至っていた。「屈辱的」な講和条約を締結したことにはアメリカも大きな責任があるということであった。戦後の日米関係の行方を象徴する出来事であった。

ウィルソンの目から見るとき、それは、せっかくの好意を提供しているアメリカに対し、無知で忘恩の日本国民が反乱を起こしたもののように思われたであろう。ただ、日本の政府はもう少し冷静で従順なはずであった。ところが小村外相が帰国すると、日本政府はハリマンとの約束を取り消してしまった。ウィルソンには、やはり日本人も日本政府も信用出来ない裏切り者であるように思われたであろう。そういう目からみれば、その後の日本政府による満州開放の遅れは、一段と苛立たしかった。本章の冒頭に引用した文書は、このような背景を持っていた。この年六月に日本を去る時、ウィルソンは日本に裏切られたと感じ、失望していた(15)。

ウィルソンの不快感は、個人的な事情のため一層強まっていた。すなわち、ウィルソンは一九〇〇年一〇月、二四歳で一等書記官に昇進し、翌年一月からは、公使の留守には代理公使として職務執行に当たるようになっていた。やがて、東京勤務も四年近いということで、ウィルソンは転任を希望した。しかし何度申し出ても許可は下りなかった。そこへ、一九〇三年、新任公使としてロイド・グリスコムが着任した。グリスコムはウィルソンより三歳年長に過ぎなかったが、すでにペルシャ公使を経験しており、しかも外交官として有能であった。無能な上司は不愉快であったが、嫉妬深いウィルソンにとって、有能な上司は一層不愉快であった。結局ウィルソンは九年間東京にいた。もともと望んで来たところではなかった。第八希望の土地であった。予想だにしない長期の勤務を終えた時、ウィルソンはすっかり日本が嫌いになっていた。のちにウィルソンは回想して、様々な離任や出発の中で、日本を去る時ほど嬉しかったことはないと述べている(16)。

さて、ウィルソンが日本を離れることを希望していたとしても、それが必然的に国務省勤務希望を意味したわけではない。最初の転任願いには、外交官として終始するため、極東の一角にとどまるのではなく、広く経験を積みたいと述べてあった。ウィルソンはヨーロッパを好んでいたので、ヨーロッパ勤務も歓迎であった。しかし、彼はすでにアメリカ外交の改革に強い熱意を持ち始めていた。その源泉はワシントンであった。水は水源より高くは上がれない、つまり国務省の改革なしにアメリカ外交の改革はありえないと、ウィルソンは感じていた(17)。

同様のケースにウィリアム・フィリップスがある。ボストンの裕福な家に生まれ、ハーヴァードを出て、海外での活動にあこがれて外交の世界に入ったという点で、フィリップスはウィルソンと似ていた。しばらく北京の公使館にいたフィリップスは、やがて国務省への転勤を希望するようになった。その理由についてフィリップスは、「国務省の不思議な動き（mysterious ways）」を、国務省の中に入って理解したいと考えたと述べている。[18] 同様のことが、ウィルソンについても言えるであろう。海外勤務にあこがれて外交の世界に入った彼等は、やがてワシントンの指揮ぶりに疑問と不審を感じ始めた。国務省では何が起こっているのか、それを観察し、改革したいと彼等は感じた。ウィルソンやフィリップスがまず海外勤務につき、やがて本省に戻ってきたのは、共通の理由があったのである。

二　国務省改革とドル外交の着手

一九〇六年六月末ワシントンに戻ったハンティントン・ウィルソンは、ルート国務長官のもとで第三国務次官となった。ウィルソンはルートについて、個人的な能力はともかく、組織を効率的に動かす能力に欠けており、「良き行政家ではない」と感じた。国務次官のロバート・ベーコンのことは、全く評価していなかった。国務長官に完全に従属し、その意見に耳を傾けるだけでみずから意見を述べようとせず、仕事も遅いというのが理由であった。他方、国務省の生き字引ともいうべき第二次官のアルヴィー・アディーのことは、高く評価していた。ウィルソンが、行政の効率と官僚としての独立性を重視していたことがよく分かる。[19]

ウィルソンの仕事の一つは財政であった。しかしこれは会計局（Bureau of Accounts）できちんと処理されるので、ウィルソンの仕事は簡単であった。第二の仕事は領事部門の統括であった。しかし領事局（Consular Bureau）はヴェテランのウィルバー・カーが有能であったのでたいした仕事はなかった。もう一つ、儀礼関係の仕事はあったが、全部合わせても日本時代に比べてウィルソンははなはだ暇であった。ウィルソンは一九〇七―〇八年の冬、ジョージ・ワシントン大学に通って法律を学び、法律職試験をパスしている。夜学とはいえ、またウィルソンがいかに勤勉であったとはいえ、かなりの自由時間があったからこそ可能となったことであろう。

しかしウィルソンには目標があった。それは国務省改革であった。ウィルソンによれば、「国務省の時代遅れの組織は、対外政策の執行に、哀れな程不適切なままであった。それは、われわれの商業上の競争者である他の列強の組織と比べて、悲しむべき対照をなしていた」[20]。何とかこれを他の列強と競争できるものとすること、これがウィルソンの夢であった。そうでなければ、職業外交官として終始することの甲斐がないというものであった。

たしかに、当時の国務省は時代遅れの小さな役所に過ぎなかった。ヨーロッパに背を向ける伝統と、自給自足可能な広大な国土とによって、アメリカ人の外への関心は著しく低かった。しかも、反官僚と反中央政府の伝統もあって、国務省の人員や予算は極度に限られていた。その職員は、一八〇〇年に一〇人、一八二〇年に一五人という程度で、アメリカが世界最大の経済力となり、世界強国への道を歩み始めた一八九八年においてすら、八二人であった。外交に臨む陣容だけからいえば、アメリカはほとんど鎖国に近かった。その後ローズヴェルト時代にかなり充実されたものの、全職種（officers, clerks, messengers, manual laborers）を含め、当時の国務省の職員は一六七名であった。一九七〇年代に、国務省と在外勤務を合わせて二万四五〇〇人がいたことと比べると、全く異質な存在であったのである[21]。

問題は、人員や予算の不足だけではなかった。より大きな問題は、組織が極めて古めかしく、非能率であったことである。ウィルソンの批判はそこに向けられていた。まず、地域の特性や専門性が全く考慮されていなかった。たとえば、国務省の中の主要な部局は領事局（Consular Bureau）と外交局（Diplomatic Bureau）だけであったが、領事局と外交局の仕事は、たとえ同じ地域に関する問題でも、担当は別々であった。しかも、外交局における外交問題の扱いはアルファベット順であった。ほとんど信じ難いことではあるが、キューバ（Cuba）やコスタ・リカ（Costa Rica）の担当者が、アルファベットの順というだけの理由で、中国（China）を担当し、同じ理由によって、中国担当者は日本や韓国を担当しないのであった。

さらに驚くべきは、国務省勤務と在外勤務とが切り離されており、両者の交流がほとんどなかったことである。三〇年前にスペインで公使館書記官を勤めたアディー、かつて中国で領事を勤めたチャールズ・デンビー、そしてウィルソン。在外公館勤務の経験を持つものは、国務省全体の中で、実にこの三人だけであったという。(22)

文書の処理もはなはだ時代遅れであった。外交文書は文書局（Bureau of Indexes and Archives）で保存されていたが、そのシステムは東京の公使館と大同小異であった。外国の代表との会談をきちんと記録するシステムはなく、国務省の政策を定期的に在外公館に伝える方法もなかった。新聞との定期的な接触の方法もなく、新聞記者は自由に国務省に出入りし、ニュースを拾って廊下を歩くという有様であった。

以上は、アメリカが世界の問題に対処する準備にいかに欠けていたかを如実に示すものであった。世界の大国たるアメリカ合衆国はそれではならないとウィルソンは考えた。改革構想は、東京時代から温めていたものがあった。ワシントン着任後しばらくたった一九〇六年一〇月、ウィルソンは長文の改革意見書を提出した。

その要点は、第一に地域担当部局の新設であった。極東、中南米、西欧、近東の四つの部局を新設し、これら部局がその地域の外交および通商問題の中心となり、在外勤務の経験を持つ人物を専門家として養成することが考えられた。また第二に、従来の国務次官（Assistant Secretary）よりも上級で、より継続性を持ったポスト——たとえば事務総長（Secretary General）——を新設することであった。それは、専門官僚による外交の継続性・専門性を保証するものとなるはずであった。

また、この意見書ではあまり触れられていないが、ウィルソンは試験制度の改革にも力を入れた。一九〇六年、ローズヴェルトの行政命令により、外交官・領事をメリット・システムによって採用することが可能となっており、その試験委員長となったウィルソンは、極めて熱心にこの仕事に取り組んだ。これと並行して、ウィルソンは大幅な待遇の改善に取り組んでいる。大金持ちだけが大使や公使になれる仕組みを改めて広く人材を集め、士気を高めるためには、試験の改革と待遇の改善が絶対に必要であった。(23)

ウィルソンの主張に対し、ルートはあまり積極的ではなかったが、一九〇七年八月より、実験的に極東部を設置することを認めた。ウィルソンをチーフとし、あとはパーシヴァル・ハインツルマンとウィリアム・フィリップスの二人だけであった。

このうち、ウィルソンの片腕となったのがフィリップスであった。国務省勤務の機会を求めていたフィリップスは、一九〇七年七月、ワシントンに戻って初めてウィルソンに会った。しかしポストはなかった。国務省には、在外公館書記官が就きうるポストは、国務長官と国務次官だけであり、それらはフィリップスには上級過ぎた。ようやく見付かったポストは、国務省の中の最下級職であるメッセンジャー・サーヴィスであった。黒人と混じって、オフィスからオフィスへ書類を運ぶのが、名目上の仕事であった。しかし、ウィルソンとともに極東関係の仕事をするために、フィリップスは喜んでこのオファーを受け、ウィルソンの近くにデスクを与えられた。同時に領事部門のハインツルマンが加わって、極東関係の文書を管轄するようになった。最初期の極東部とは、せいぜいこの程度のものであった。一九〇八年三月、極東部は正式に発足することとなり、ウィルソンはフィリップスを推して部長とした。それは、半世紀の間に国務省で行われた改革のうち、最大のものであったという(24)。

今日から見て、この改革は全く当然のもののように思われる。しかし極東部の成立にはかなりの抵抗があった。管轄権を奪われたある人物は、何カ月もの間、フィリップスが挨拶をしても不快げに無視するだけであったという。のちに改革の支持者となる領事局のウィルバー・カーですら、「最大の効率を生み出すには、領事部門全体が一人の人間によって統率される必要がある」として、当初はウィルソンの改革案に反対した。いかに極東部が国務省にとって新奇なものであったかが分かる(25)。

しかも、極東部に対する反感は、たんなる制度の惰性《イナーシャ》や管轄権の問題ではなかったように思われる。前述のように、ウィルソンの国務省批判の最大のポイントは能率の欠如であった。ルートは良き行政家ではないというのが、ウィルソンの不満であった。ベーコンへの批判も、ルートへの追随に向けられていた。

ウィルソンがローズヴェルトのテニスの誘いを断ったことはすでに述べた。当時のワシントンの官僚たちが、ローズヴェルトに取り入って出世しようとしていることを、ウィルソンは不快に感じていた。ウィルソンにとって、官僚の地位や職務はそのようなことで決められるべきものではなかった。専門官僚制の確立という理想、専門官僚であることの誇り、これがウィルソンの態度の背景にあったのである。

アメリカでは、国務長官は大統領に対するセクレタリーであった。そして国務次官は国務長官に対する補佐役であった。トップを補佐して動くのが、アメリカの行政システムであった。このような従属的な行政ではなく、ある程度自律性を持った官僚制の整備がアメリカ外交のために必要だというのが、ウィルソンの信念であったのである。それが、実は改革に対して抵抗があった理由ではないだろうか。ルートはウィルソンの改革案に対して消極的であった。国務省が官僚化し、それが上位にある政治家の判断を妨げる可能性に、ルートは気づいていたのかも知れない。

ともあれ、以上のようにして国務省極東部は発足した。それは、アメリカの極東外交の中で、どのような役割を果たしたか。これを次に検討したい。


ウィルソンが第三国務次官となってまもなく、一九〇六年末には日本人移民排斥問題が起こった。ローズヴェルト政権はこの問題に忙殺され、ローズヴェルトの日本関係の書簡も、しばらく移民問題一色になってしまう。この間にあって、発足したばかりの極東部は、中国問題に関して大きな影響力を発揮することとなる(26)。

それまで東京で日本の政策を批判していたウィルソンにかわって日本批判の急先鋒となったのは、一九〇六年夏奉天総領事に任命されたウィラード・ストレイトであった。以前から日本に対して批判的だったストレイトは、満州にアメリカ資本を進出させ、満州における日本の地位に挑戦を試みる。アメリカにとって有利な経済的機会を作り出すと同時に、日本から中国を守るためであった。日露戦争の頃からストレイトを知っていたウィルソンは、これをワシントンで支援することとなる。(27)

彼等にとって好都合だったのは、一九〇七年四月、清国が東三省の制度改革に乗り出し、東三省総督に徐世昌、奉天巡撫に唐紹儀を起用したことであった。彼等の背後には、当時清朝最大の実力者であった袁世凱がいた。これまで清朝発祥の地ということで満州を中国本土とは特別の扱いとしていた清国が、満州防衛のため、満州と本土との一体化を真剣に模索し始めたことを、それは意味していた。とくに唐紹儀はアメリカで学んだ親米派であって、ストレイトの計画に極めて協力的であった。

彼の政策の典型が新法鉄道計画であった。まず奉天の西方の新民屯からその北方の法庫門まで五〇マイル程度の鉄道を建設し、それをさらにチチハルまで延長して、満鉄と競争しようという計画であった。やや後のことであるが、一九〇八年一月八日、ストレイトはその意図をウィルソンに宛てて次のように明確に述べている。(28)

新民屯―法庫門鉄道は確かにチチハルまで延長され、満鉄と激しく競争することになるだろう。急速に発展しつつあるこの地域の富は、現在その一部が日本によって運ばれているが、新鉄道はこれを吸収するだけでなく、ヨーロッパへ行き来する交通と郵便の全てを吸収することになるだろう。のみならず、新鉄道は、日本の戦略的な位置を脅かすことになるだろう。ロシアは最近まで日本の敵国であり、将来の仮想敵国でもある。……そのロシア人のすぐ手の届くところに、日本の脇腹に、新鉄道は重要な通信線を作ることになるのだから。

ストレイトの計画は、様々な形をとっているが、その狙いは以上と同様であった。当初ストレイトの背後にあったのはハリマンであった。ハリマンはかつての満鉄共同経営計画以来、満州に鉄道を入手する計画を断念していなかった。

それゆえ新法鉄道計画に資金を供給するのはハリマンのはずであった。ところが一九〇七年夏、アメリカで金融恐慌が起こったため、この方針は不可能となった。そのためストレイトは第二の手段として、イギリスのポーリング商会とJ・O・P・ブランドに呼びかけた。イギリス資本の参加は、資金調達と日本牽制の両面で、大いに有効だと考えられた。そして一九〇七年一一月、彼等と唐紹儀との間で新法鉄道に関する契約が結ばれた。

これに対し日本は、一九〇五年一二月の北京条約付属秘密協定中の併行線禁止協定を根拠として反対した。イギリスでは一九〇八年三月三日、グレイ外相が下院で演説し、併行線禁止協定の存在と効力を認め、新鉄道は、満鉄の利益を損なわないということを明らかにして日本を満足させなければならないと述べた。深刻な外交問題としての新法鉄道問題は、このグレイ演説によって終わりを告げたのである。(29)

唐紹儀は実は一九〇五年の北京条約の調印者の一人であった。しかるに唐はブランドなどに対し、併行線禁止協定の存在を知らせなかった。そのために事態の予測を誤ったブランドは、唐の態度に不満を持った。しかしストレイトはなおも唐に対して好意を失わなかった。北京条約の内容は、実はすでにアメリカに伝えられていた。それを伝えたのは、当時の東京の公使館一等書記官すなわちハンティントン・ウィルソンであった。つまり国務省そしてウィルソンは、当然日本の反対の可能性を知っているべきであったのに、その危険について盲目であったのである。(30)

イギリスの態度は期待外れであったが、ストレイトは計画を断念しなかった。これより前、北清事変賠償金が過大であったとして、その剰余部分を清国に返還する計画が進んでいた。一九〇八年一月には、それによって清国からアメリカへの留学を奨励するという原則が、一時帰国したロックヒル公使とルート国務長官との会談で決定された。これを満州における鉄道のために使いたいと考えたストレイトは、新たな巻き返しを開始した。これが計画の第三段階である。返済剰余金を担保として満州銀行を設立し、その事業の一部として鉄道建設や教育を行うという計画であった。

ロックヒルはストレイトの案に反対であった。中国に金を貸すのは、よほど厳格な監督を行うのでなければ危険であると信じていたからである。[31] このような外交問題に地方の一領事が口を出すことも問題であった。こうして、ストレイトとロックヒルは、ワシントンの支持を求めて争うこととなった。

それは、ちょうど極東部が正式に設立され、活動を開始した頃であった。一九〇八年三月、ウィルソンとフィリップスは、極東部の最初の仕事として、門戸開放政策の歴史を確認し、これに照らして見た極東の情勢判断をまとめ、新刊のインフォーメイション・シリーズによって主な在外公館に知らせようとしていた。しかし出来上がったものは、誤りの多い、理解の底の浅いものであった。たとえばヘイの門戸開放宣言に対して列国は一斉に賛成したことになっているし、一九〇〇年の英独協商は、ドイツがロシアとの関係を考慮して満州における門戸開放を否定していたものであったのに、門戸開放の根拠として援用されていた。また併行線禁止条項は、当時さほど珍しいものではなかったのに、日本の政策が特に閉鎖的であるように論じている。ところがこのような極東部の強引な日本批判は、他の外交官からの情報と一致しなかった。たとえば大連領事のロジャー・グリーンは、一九〇八年一月二九日付でベーコン国務次官に対し、日本に対する粗雑で不当な非難が対立感を深めており、有害であると報じていた。その結果、ウィルソンの示したインフォーメイション・シリーズの校正刷りから、ルート（Elihu Root, 1845–1937）国務長官は日本を非難した部分を削除してしまった。[32]

こうして一九〇八年を通じて、二つの極東政策が対立していた。一方でストレイトやウィルソンは、日本に対抗し、満州に積極的にアメリカが進出することが国益だと考えていた。そして一九〇八年秋には、賠償金還付に対する謝意を表明するという名目で唐紹儀をアメリカへ派遣するよう工作し、これを実現したのである。

一方、ロックヒル公使、ルート国務長官、そしてローズヴェルト大統領は正反対の立場にあった。彼等は少なくともストレイトやウィルソンのような日本に対する反感を持ってはいなかった。少なくとも、日清対立に介入する意図はなかった。清国にテコ入れして日本との関係を傷つけることにメリットがあるとは考えなかった。彼等も日本に対して不安を持ったことはあった。一九〇八年のアメリカ艦隊の世界一周は、日本に対する不安惑から、対日威圧を意図して行われたものであった。しかし日本側がこれを歓迎する態度をとったため、日米親善の雰囲気が高まった。このサイコロジカル・モーメントをとらえて結ばれたのがルート・高平協定（一九〇八年一一月三〇日）であった。満州問題をめぐって日本対米中の枠組みが成立しつつあり、また移民問題をめぐる日米対立が重苦しい雰囲気を作り出していた時、この協定は大きな意義を持つものであった。

驚くべきことに、極東問題担当であり、第三国務次官であったにもかかわらず、ウィルソンはこのルート・高平協定の成立に全く関与しなかった(33)。決定は、はるかに上層部で、ウィルソンには何の相談もないままに行われたのである。

以上の経緯は、成立期における極東部の特色をよく示していた。まず、極東部の中国問題に関する知識はなお不十分であった。併行線禁止協定に関する記憶力の悪さと判断の誤りは致命的であった。第二に、極東部の関心は極東に限られていた。世界の中のアメリカの国益という観点は、ほとんど見られなかった。第三に、極東部の関心は、関係国との友好の確保というようなものではなかった。それでは、外交に対する関心の薄いアメリカで、存在意義を主張できなかったであろう。新しく成立した部局としては、直接アメリカの利益に役立つことを証明する必要があったのである。

ルート・高平協定は、極東部の位置についても示唆的である。依然として対外政策の決定者は大統領であり、国務長官であった。専門官僚はアシスタントであって、常時政策形成に関与出来るわけではなかった。専門官僚が推進しているものと全く違う政策を、大統領や国務長官が、高度の国益判断から、官僚と相談なしに突然実行に移すことがあった。それはアメリカの政治文化においては、正統なことなのであった。

しかしウィルソンから見れば、このルート・高平協定は米中関係を損ない、日本の満州における野心を認めるもので、はなはだ愚かしい政策であった。この失敗は、ウィルソンにとって、国務省における極東問題専門家の地位を高める必要がいよいよ緊急であることを示した事件であった。

三　ドル外交の展開

ローズヴェルト政権の末期、一九〇八年一二月、ウィルソンはルーマニア駐在公使に任命された。ところがまもなくアルゼンチン公使のポストが空いたので、ウィルソンは一九〇九年一月一一日付でアルゼンチン駐在公使に任命された。ブエノスアイレスは、格式とアメリカ外交における重要性の両面で、明らかにブカレストより上であった。同日、ウィルソンの後任の第三国務次官にはフィリップスが起用され、フィリップスの後任には、帰国中のストレイトが極東部長代理となった。(34)

ところが、次のような事情から、ウィルソンは三転して国務次官に就任することとなる。すなわち、共和党内の事情からタフトはノックスの協力を不可欠とし、外交を一任するという条件で国務長官に迎えた。(35) しかしノックスは外交の経験に乏しく、勤勉でもなかったので、彼に代わって事務を統括する人物を欲した。そして事務能力で知られていたウィルソンに国務次官就任を求めたのである。ウィルソンにとっても、願ってもない機会であった。こうしてウィルソンは二度も友人に送られながら、ワシントンに留まった。タフトは別の国務次官候補を持ち、ウィルソンに好意を持っていなかったから、ノックスの強い希望がなければ、ウィルソンの次官就任はなかった。(36)

たしかにノックスはかなり怠惰な国務長官であった。朝は一〇時ないし一〇時半に出勤し、週一度の大使公使との会見日以外は原則として昼食後はオフィスに戻らず、ゴルフに出かけることが多かった。国務省から在外公館にあてた電報に、ノックスの署名があることは稀であった。一方ウィルソンは、ノックスの期待に応え、朝五時に起き、毎週二度ノックスと長時間のランチをとってすべてを報告し、猛烈に働いた。ノックスがもらった個人的なプレゼントに対し、礼状を書くことすらあった。いつしかウィルソンは、ワシントンでもっとも忙しい男と言われるようになった。(37)

彼の目的の一つは国務省改革の完成であった。ノックスからはほとんど白紙委任を受けていたが、予算獲得などのため、さらに外部への働きかけが必要であった。ウィルソンの努力は、とくに新聞・雑誌に向けられた。国務省改革への支持を取り付けるため、またその他の国務省の政策に対する理解と協力を得るため、彼は有力な新聞・雑誌のエディターに頻繁に手紙を書いた。彼の努力もあって、タフト政権は議会から予算を得ることに成功し、一九〇九年のうちに、西欧局・中東局・中南米局の設立を含む国務省改革を実現した。ウィルソンにとっては年来の主張の実現であった[38]。

すでに述べたように、ウィルソンらの極東政策は、ルート・高平協定の成立によって挫折していた。ローズヴェルトがタフトの大統領選挙勝利（一一月三日）後にこの協定を結んだのは、タフト政権における極東政策の継続を信じたからであった。ところが、極東政策における影響力を確保したのは、挫折したはずのウィルソンらであった。その背景には、国務省の専門化の進行があった。極東部の成立を初めとして国務省の専門官僚化が進み始めていた時、その方向をになう人物はそれほど多くはなかったのである。

一方、清国駐在のロックヒル公使はロシア駐在公使を命じられ、六月、中国を去った[39]。ロックヒルは著名な中国学者であり、ヘイの門戸開放宣言の形成に関与した人物であった。そのロックヒルが、門戸開放を唱えるウィルソンやストレイトと対立したことは皮肉であった。ロックヒルが伝統的・現実的な門戸開放政策の立場にあったのに対し、ウィルソンやストレイトは門戸開放政策を著しく拡張して解釈していたのである。当時外交官は政治任命が普通であり、政権交代とともに辞表を出すことが慣例であった。その結果、前政権の政策を継承するはずの新政権で、前政権の路線を代表するロックヒルの方が更迭されるという事態が生じてしまったのである。

ロックヒルの更迭は、大統領の意志でもあった。タフトは中国に対するアメリカの経済進出を強く希望していた。しかしロックヒルは、中国へのアメリカ企業の進出は難しいと考え、企業の要望にも比較的冷淡であった[40]。タフトの背後には、ウィルソンやストレイトがあった。ストレイトはすでに一九〇七年末、タフトが極東視察旅行を行った時、彼を次期大統領候補の有力者と見て接近し、中国に対する経済関係の発展の可能性について、説得に努めたことがあった。[41]

ロックヒルの後には、シカゴの実業家であるチャールズ・クレインが任命された。しかしクレインは、赴任の途中、自分の使命はアメリカ産業の清国への参入を進め、日本による清国の侵食 encroachment を阻止することだと述べて大きな波紋を呼び、辞職を余儀なくされた。しかしその発言は、たしかに極東部の真意でもあった。[42] なおこの事件の結果、北京では若い書記官のヘンリー・フレッチャーが代理公使となった。これがしばらくの間、アメリカの中国外交の混乱の一因となる。[43]

ロックヒルと入れ違いに中国に赴いたのがストレイトである。六月一〇日、湖広鉄道借款への参加を目的として、国務省はウォール・ストリートの有力資本を説得し、アメリカ銀行団（J・P・モーガン、クーン・レーブ、ナショナル・シティ・バンク、ファースト・ナショナル・バンク）を結成させた。一部の金融資本だけに中国での投資の機会を与えることには問題もあったが、外交の手段としてこの種の銀行団が必要だとノックスとウィルソンは信じ、決断した。[44] そしてそのエイジェントにはストレイトが就任した。銀行団は当初ハリマンの影響下（クーン・レーブが代弁していた）にあり、ハリマンはストレイトを推したのである。[45] 以上のようにして、前政権で極東部に結集したグループが、極東政策を指導する体勢が成立したのである。

さて湖広鉄道（漢口―広東、漢口―四川の二大鉄道の総称）計画は、長年にわたる複雑な経緯を持つもので、関係諸国の権利義務関係も錯綜していた。しかし一九〇九年五月には、英仏独三国銀行団と清国との間で共同借款がまとまりつつあった。

アメリカも従来この借款への割り込みを策していた。手掛かりの一つは、この借款が国内通行税である釐金《りきん》を担保としていたことで、これは釐金廃止を定めた一九〇三年の米清通商航海条約に違反する恐れがあった。とくにウィルソンは中国貿易拡大への関心から、釐金の廃止に関心を寄せていた。[46] もう一つは、一九〇四年、漢口―四川間の鉄道について外資を求める場合には、英米にまず依頼すると清国が約束していた事実であった。この文書はフィリップスが偶然発見したもので、これを手掛かりに借款に割り込むことが考えられた[47]。

厳密に言うと、釐金を担保とする借款を批判しながら、その借款に参加を希望することは矛盾している。フィリップスはこの点を危惧したが、ウィルソンとストレイトは意に介さず、割り込み運動を開始した[48]。借款参加のためにアメリカ銀行団を結成させるとともに、タフト大統領が摂政の醇親王に親書を送り、他方では北清事変賠償金の返還中止を示唆するなど、その運動は猛烈であった。また英仏独に対しては、あくまで対等の権利を要求し、健全なビジネスの観点からアメリカ銀行団が二五％ではなく二〇％のシェアで妥協したいと提案したときも、ウィルソンはこれを拒絶した。彼にとってそれは、アメリカの威信に関する問題であった。以上のように、国務省の態度ははなはだ強硬であり、その中心にいたのがウィルソンであった[49]。

しかし一九〇四年の約束の効果はあいまいであったし、アメリカのシェアが他国と同じであるというのも、根拠はなかった。アメリカの強引な割り込みに英仏独も中国も抵抗し、無限に煩雑な交渉が始まった。その結果、四国借款団の結成は一九一〇年五月まで、また借款それ自体の成立は一九一一年五月まで延びてしまった。

一方、満州の鉄道に関しては、一九〇八年秋、ロシアに東清鉄道売却の意志があるという情報が入った。強い関心を持ったハリマンは、満鉄売却の意志の有無を、ジャコブ・シフを通じて高橋是清に問い合わせた。高橋は一九〇九年一月、可能性はないという返事をよこしたが、ハリマンはなお独自の鉄道を建設する夢を捨てなかった[50]。銀行団のエイジェントとなったストレイトも、湖広鉄道借款の交渉が難航すると、八月には満州の鉄道の方が重要だという意見に傾いていった[51]。

ところで清国では、一九〇八年一一月光緒帝と西太后が没し、宣統帝が即位して醇親王が摂政に就任し、袁世凱は一九〇九年一月、引退に追い込まれた。満州でも袁派の徐世昌と唐紹儀は引退し、錫良が奉天巡撫に任ぜられた。五月任地に到着した錫良は、満州を防衛し、中国のものとして発展させる方法を研究した。その結論は、銀行の設立と錦州―愛琿を結ぶ錦愛鉄道建設の計画であった[52]。これは徐世昌が一月に裁可していたものと同じであった。誰が衝に当たっても、名案は多くはなかった。

ところが中央の許可は容易に得られなかった。その夏、日本は清国と安奉鉄道改築等に関する交渉を行い、八～九月に三つの協約をまとめることに成功した。こうした情勢に錦愛鉄道建設の必要をいよいよ痛感した錫良は、かつての徐や唐と同様にアメリカの協力を求めた。すぐに北京からストレイトがやって来て、数日間の交渉ののち、一〇月二日、借款予備協定が締結された。一一月中・下旬、ノックスはイギリスの態度を打診し、日本の利益が損なわれないなら鉄道建設に反対はしないという感触を得た[53]。

ところがその直後、国務省はより大きな計画を考え始めた。列国の資金提供によって、清国に東清鉄道と満鉄とを買収させるという満州鉄道中立化計画であった。錦愛鉄道は、中立化が成功しない場合の代替案ということにされた。ノックスがこれをイギリスに伝えたのは一一月六日であるから、かなり唐突な路線変更であった[54]。

中立化計画は、一二月八日、日露に伝えられた。しかし翌一九一〇年一月二一日、両国は共同でこれを拒絶した。錦愛鉄道についても二月初め、最大の利害関係者である両国をさしおいて計画を進めないよう申し入れた。とくにロシアは錦愛鉄道そのものに反対し、そのかわりにカルガン―キャフタ―張家口鉄道の建設を提案した。

一方アメリカは錦愛鉄道の実現に向けて工作を続けた。同鉄道に対する清国中央の許可をようやく得たストレイトは、四月末清国を発ち、アメリカ経由でロシアに赴いた。しかし交渉は捗々《はかばか》しくなかった。ストレイトがロシアを去った直後、七月四日、第二次日露協商が調印された。アメリカの失敗は誰の目にも明らかだった。

なぜこのような失敗が起こったのだろうか。東清鉄道と満鉄とを買収する計画は、清国の古くからの希望であった[55]。清国はこれを心から望んでいるように見えた。東清鉄道の経営不振から、ロシアで売却論が出ていたのは事実である。

また一九〇九年秋の日本の満州権益強化に対して、たしかにロシアは疑惑をつのらせていた。もしイギリスの支持さえあれば、中立化計画は成功するように思われた。

しかしロシアの東清鉄道売却説は根拠に乏しかった。(56) 東清鉄道は経済的に負担ではあったが、アムール鉄道が未完成の当時、西シベリアと沿海州を結ぶ交通線は他になかった。朝鮮と南満州に日本の脅威があった以上、ロシアが本気で東清鉄道から手を引くことを考えていたとは思えない。一九〇九年秋の日露関係悪化という説も誇張されており、後述するように一〇月には対日猜疑は鎮まりつつあった。また、この問題にはロシアの国内政治もからんでいた。日露提携派のイズヴォルスキー外相には、日露対立をあおるような政策は、反対派の陰謀と思えたであろう。(57)

清国の意志も明確ではなかった。日露を刺激する政策は得策でないとする立場もあった。それに中立化計画には、列国による厳格な管理を伴うことが確実であった。それは必ずしも清国にとって歓迎出来ないものであった。もう一つ、当時の清国は反袁派の時代であり、かつて袁派によって出された政策は、通りにくい情勢にあった。

イギリスについてもアメリカは予測を誤っていた。ドイツの台頭に直面していたイギリスは日露の提携を必要としていた。ロシア駐在のニコルソン大使は、一一月の段階で日露接近を歓迎しており、グレイ外相も四月、門戸開放の条件つきで、日露協約の方向を支持していた。(58) フランスの日露に対する支持は、より積極的であった。それに、アメリカの計画の背景には帝国主義権益に対する心情的な非難があったが、英仏はこれを受け入れるわけにはいかなかった。

日本についての情勢判断も粗雑であった。中立化計画はハリマンの一九〇五年の計画を基礎としていたが、その頃の予測とは全く異なり、満鉄の経営は順調であった。第二次桂内閣は満州経営を重視し、前満鉄総裁の後藤新平が閣内で重要な地位を占めていた。後藤は日露提携に積極的に取り組み、一〇月末にハルピンで伊藤博文とココフツォフとの会談を設定した。(59) ロシアに東清鉄道売却派があったとすれば、その中心はココフツォフ蔵相であった。その彼が伊藤との会談のためにハルピンまで来ることの意味を、アメリカは理解できなかったのである。

なお、この会談をめぐって、清国ではロシアがハルピン—長春間の鉄道を日本に売却するのではないかという噂が流れた[60]。ロシアが東清鉄道を手放す可能性がある場合、それを日本が手に入れるか、清国が手に入れるかは、たしかに深刻な問題であった。このような危惧が、清国をアメリカに走らせたのかもしれなかった。

技術的・戦術的な過ちも多かった。錦愛鉄道計画の全貌を知っていたロシアに対し、その一部だけしか伝えなかったため、大いに不信を招いたことがあった。日本に対しては、錦愛鉄道が満鉄と厳しい競争関係に立つであろうという、言ってはならない予測を言ってしまっている。ある研究者は、「ワシントンのロシアとの関係が悲劇であったとすれば、日本との関係はほとんど喜劇であった」と述べている[61]。

戦術的には、中立化計画が最大の失敗だという見方がある。ストレイトは、錦愛鉄道計画で首尾一貫し、対日包囲網を形成すべきだったとして、一九〇九年一二月、ウィルソンを強く非難している[62]。たしかにアメリカは、ロシアに接近するための首尾一貫した積極的なアプローチを取らなかった。しかしストレイトの言う対日包囲網の形成には、イギリスが反対したであろう。国務省がストレイトの提案を退けたことには、それなりの理由があった。要するに中立化政策の失敗はノックスとウィルソンのまず負うべきものであるが、ストレイトの政策も同様に非現実的であった。

経済的な利益を中心に考えれば、日本との協力がベストであった。錦愛鉄道だけなら、日本の参加は十分ありえた。一九〇九年七月、錦斉鉄道（錦愛鉄道の一部）建設計画の存在を知った日本政府は、閣議決定を行い、同鉄道は満鉄に並行してはいるが満鉄の付近にあるとは言い難く、並行線禁止協定によって阻止するのは困難であるから、むしろ条件付きで計画に参加するという方針を決めていた[63]。イギリスが一〇月にアメリカから錦愛鉄道について打診された時、日本の利益の尊重を条件に賛成したのは、おそらく日本のこのような態度を知っていたからであった。

駐米イギリス大使であったブライス（James Bryce, 1838–1922）は、次のように述べている。「国際政治および国際的な政策の諸原則について、ノックスは絶望的なまでに無知であり、老齢のせいか怠慢のためか、彼の心をこの問題に向け、学んでいこうとする姿勢に欠けている。あの悲惨な状態の国務省の中で、彼を導いていけるものは一人もいない。こんな状況でやっていける国はアメリカ以外にはない」[64]。

ノックス外交の最大の特色は、門戸開放・機会均等原則の拡大解釈と機械的適用であった。それはノックスとウィルソンに共通していた。湖広鉄道借款における平等の主張はその例であった。満州における門戸開放についての理解は、とくに不正確であった。ウィルソンは、日露の行動は中国の主権尊重を定めたポーツマス条約に違反すると考えたが、グレイも述べたように、日露の鉄道権益を否定する中立化計画の方がポーツマス条約違反であった[65]。一九一〇年九月二二日、グレイはブライスに、「(ノックスの政策の)ただ一つの明白な結果は、日露を接近させ、門戸開放をますます難しくしたことだ」と述べている[66]。すなわち門戸開放とは、国際政治の力学を背景として実現ないし維持されるべき目標であって、それによって関係国の行動を裁断すべき確立した規範ではなかった。しかし法律家で国際政治の経験に乏しいノックスは、その点を理解出来なかった。そしてウィルソンにはヨーロッパの視点が欠けていた。当時の極東国際政治は、依然としてかなりの程度ヨーロッパで決せられており、ヨーロッパの情勢を考えずに極東政策を立てることが出来るはずはなかった。長官を補佐すべき職業外交官としては、致命的な欠点であった。

極東部の責任もまた大きかった。彼等の専門性は、そもそも疑わしかった。アメリカでは専門家であったとしても、中国関係の複雑な問題については、イギリスや日本の外交官とは到底太刀打ち出来なかった。具体的な権益が少なかったため、経験も乏しかった。各国の政治情勢の判断もはなはだ甘かった。英・仏・露・日・中のいずれについても、読み違いが起こったり、現地の情勢判断が生かされなかったりした。

とくに問題は、担当地域の問題を全体の中に適切に位置付けることなく、過大評価してしまう傾向であった。ハントは担当地域の経済問題を極度に重視してそこから全局を見てしまう傾向を、コンシュラー・ショーヴィニズムという卓抜な言葉で呼んでいるが、この点とくに著しかったのはストレイトである[67]。満州における小さな利益のために日本との友好関係を顧みないという判断は、どう見てもバランスの取れたものではなかった。ストレイトは満州におけるドル外交を、グレイト・ゲーム・オヴ・エンパイアと呼んでいるが、それは二つの点で誤っていた。第一に、多くの日本人は満州問題を単なるゲームではなく生存競争のための真剣勝負だと感じていた。第二に、ゲームは中国だけではなく、ヨーロッパでも戦われていた。中国人の同意を取り付けても、ゲームには勝てなかった。そのような心理的・地理的バランスで、ストレイトは現実から遊離していたのである。[68]

以上のように、中立化計画に見られたドル外交の失敗は、世界大国として振る舞おうとしつつも国際政治の経験を欠き、リーガリスティック・アプローチを取った国務長官と、専門家と称しながら実はまだ未熟な極東部と、職業外交官と称しながら世界大の経験と視野を身に付けていない人々によって起こったものであった。

四　ドル外交の転換

一九一〇年七月の第二次日露協商の成立によって、国務省は極東政策を建て直す必要に迫られていた。何よりも、アメリカ銀行団の間に不満が高まっていた。ウィルソンは八月一日、銀行団代表と会って国務省の立場を説明し、説得に努めている。[69]

銀行団にとって、事業の複雑さは想像を絶していた。清国の意志決定の曖昧さと遅さ、列国との煩雑な交渉、それに国務省との折衝があった。そのための費用も、一年間で早くも七万ドルに達していた。リーダー格だったモーガンは別として、他の三者は、政府の全面的な支援が得られないなら撤退すべきだと主張し始めていた。

国務省としては撤退だけは避けたかった。それはアメリカの威信にとって致命的であるように思われた。清国を説得して錦愛鉄道計画に踏み切らせ、日露の敵意を招いておいて手を引くのでは、あまりに無責任であった。どうしても撤退するなら、秩序正しく、イギリスに責任を負わせる形で撤退すべきだとウィルソンは考えた。

他方、アメリカ政府が単独で全面的に銀行団を支援することなど全く不可能であった。中国におけるアメリカの立場は、他国の追随を期待できるほど強力なものではなく、単独では清国の協力さえ疑問であった。それにアメリカ国民も、冒険主義的な極東政策を支持するはずがなかった。要するに、銀行団の経済力は国務省が期待したほど強力ではなく、国務省の政治力は銀行団が期待したほど強力ではなかった。

ウィルソンは銀行団の愛国心に訴え、辛抱強く中国に踏み止まるよう説き、錦愛鉄道の見通しは明るいと強調した。日本は条件付き参加の態度であり、ロシアはイズヴォルスキー外相が去れば政策を変える(九月末外相の地位を退いた)、イギリスではグレイの親日路線に対する批判が高まっているので(あまり根拠はない)、そのうち政策を変えるかもしれない、さらにドイツとの協力も考えられるというのであった。このうち、他力本願でなく、アメリカが着手しうるものは対独接近だけであった。銀行団はもちろん釈然としなかった。

ウィルソンはノックスに対し、銀行団の愛国心に訴え、その活動を評価してやることが必要だとして、ニューヨークで銀行団の代表に会うように要請した。誇り高いノックスはニューヨーク行きを渋ったが、度重なるウィルソンの説得にようやく重い腰を上げ、九月三日、会談は実現した。国務省と銀行団との摩擦は一応解消された。(70)

その頃、幣制改革借款が問題となり始めていた。五月に幣制改革の勅令が出されたことにより、長年の懸案であった幣制改革が動き始めていたのである。改革には大規模な借款が必要であり、それに伴って外国人財政顧問の雇用が考えられた。政治経済の両面における大きなチャンスに、国務省は積極的に反応した。九月末、清国が幣制改革と満州開発を一つにまとめた借款案を示すと、国務省はアメリカ人顧問の雇用を条件に、アメリカ銀行団は借款を引き受ける用意があると答えた。(71)

ただ北京のカルフーン公使は、外国人財政顧問に対する清国側の強い抵抗感を感じており、交渉の難航を危惧していた。またアメリカ銀行団は、アメリカ人顧問に固執してはいなかった[72]。つまりこの借款において、全体をリードしていたのは国務省の政治的意図であった。ともあれ、幣制改革および満州開発借款予備協定は一〇月二七日に調印され、そしてこれとともにアメリカ銀行団は、すでに成立していた英仏独三国銀行団（五月成立）に参加し、一一月一〇日、四国銀行団が成立した。

しかしそれはアメリカにとって苦しい選択であった。アメリカはこれまで中国に重大な帝国主義的権益を持たないただ一つの強国として、中国の友であると自負していた。しかしその単独の立場はいかにも無力であり、他の列国との協調なしにその「善意」を生かすことは難しかった。四国借款団への参加の理由も、そこにあった。しかし帝国主義列強との協調は、この有利な立場を放棄することであった。「一見したところ、われわれは中国の友人としての独立した地位を放棄しようとしているように見えるかも知れない」と、カルフーン公使も危惧していた[73]。

このようなディレンマが、その後の同借款の具体化の中に現れていた。すなわち、国務省はアメリカ人財政顧問の任命により、借款団の中でアメリカが独自の影響力を確保することを狙ったのである。前述のとおり、中国は外国人財政顧問一般に抵抗したが、アメリカの「善意」の実現のために必要だとして、国務省は譲らなかった。

その結果交渉は長引いた。アメリカがアメリカ人顧問に固執するのは、借款団規約の各国平等の精神に反するとイギリスは批判した。北京のストレイトも、国務省の態度は交渉をこじらせるだけだと憤慨し、その根源はウィルソンだとして、その日記にウィルソンへの強い非難を記し（一九一一年二月一一日）、ウィルソン更迭を主張するようになった[74]。しかし、まもなく国務省はアメリカ人の任命を断念したため、幣制改革および満州開発借款一〇〇〇万ポンドは、四月一五日に成立した。

ところでノックスは一九一〇年一一月中旬、フランス大使に対し、幣制改革には一〇〇〇万ポンドは不要であって、残りは鉄道建設によって満州に経済的に浸透することに使うのだと語っていた。つまり日露の満州権益に対する攻勢が、再び意図されていたのであり、日本側でも、アメリカの攻勢がまた始まったと感じていた[75]。

アメリカで事態を憂慮していたのはローズヴェルト前大統領であった。よく知られているように、ローズヴェルトは一二月二二日にタフトに書簡を送り、満州におけるアメリカの利害は移民問題に比べれば取るに足りないものであり、移民問題で日本が協力的な態度をとっているのに、日本が深刻な利害を感じている満州問題について、アメリカは安易な介入をすべきではないと述べたのである[76]。

これに対しウィルソンは「ローズヴェルト大佐」の「奇妙で馬鹿げた理論」であるとして、一蹴している。移民政策は完全にアメリカの主権の問題であって、その問題で日本が沈黙しているからといって感謝するいわれは全くない、日本が満州を必要とする以上に中国は満州を必要とするというのがその理由であった[77]。ウィルソンは法律主義的な思考から、国際関係の心理にほとんど関心を払わなかったのである。

日露から見た場合、この借款の主な問題点は、第一に上記の鉄道建設計画であり、第二に、この借款の目的のためになお外資を必要とする場合、借款団がまず最初に招請されるという優先権の規定（十六条）であった。このうち第一点は、錦愛鉄道の例から見て、実現の可能性は少なかった。とくにフランスは、日露の利益が害される場合には借款団から脱退する意向であった。当時のフランス金融市場の比重から見て、その協力なしに一〇〇〇万ポンドの公債発行は無理であった[78]。問題は第二点であった。満州における事業開発という広範であいまいな目的のための優先権設定は、一種の独占を構成するものであり、日露としても黙認するわけにはいかなかった。

借款調印からまもなく、六月、日露は十六条の修正ないし削除を借款団に申し入れた。以後、英仏の原則的支持のもとに複雑な交渉が行われ、十六条は次第に緩和され、その分だけ満州における日露の特殊権益は国際的な承認を得ていった。

日露の申し入れの直前、一九一一年五月のあるメモの中で国務省極東部は、長い目で見た場合、日露と敵対するような政策から利益を生み出すことは、米中いずれにとっても難しいと述べていた[79]。ウィルソンも八月三〇日、北京のウィリアムズ代理公使に対し、他の列強に対立するような事業については、政府は支持を差し控えると伝えている[80]。上記のメモの立場に、ウィルソンも一致していたのである。

その後まもなく辛亥革命が勃発し、翌一九一二年二月清朝は倒れた。新政府の安定のため、ただちに巨額の資金が必要であった。幣制改革・満州開発借款との関係はあいまいなまま、六〇〇〇万ポンドの改革借款が計画され、その前渡し金として資金を供給することとなった。そこに参加を要請された日本は、三月、借款が南満州における日本の特殊権益を害さないという条件で参加の意志を表明し、イギリスは、その特殊権益とは条約から発生するものを指すという了解のもとに、これに同意した[81]。

一方ロシアははるかに強硬であり、満州・蒙古・トルキスタンについて留保を行い、特殊権益の由来ないし根拠についても、条約だけでなく、中国との密接な経済関係や、地理的な近さまで数え上げた。イギリスはこれに対し、四月三日、通商における機会均等を害さない特殊権益というフォーミュラを提案している[82]。

このような経緯を経て、日露は四国借款団に参加することとなり、その特殊権益の扱いは六国借款団規約の作成の場に持ち越された。五月の会合では、日本は借款を満蒙で使わないことを望み、ロシアは満州・蒙古・トルキスタンにおける特殊地位を害さないことを求めた。交渉は六月に持ち越され、四国銀行団は、今後の借款にあたって中国は六国すべての同意を得るという規約により、日露に拒否権を与えることによって問題を解決しようとした。しかし日露は満蒙におけるその特殊地位を害さないという明確な保証を望み、結局、日露の留保発言と、四国銀行団には政治問題に答える権能がないという発言とを記録に留めるという形の妥協が行われた[83]。

この時ノックスは興味深い一節を付け加えている。すなわち、銀行団は政府と相談することなく政治問題を論じる権能を有さないけれども、門戸開放・機会均等の確立された原則と両立し、現存する条約や協商に合理的に関連する特殊権益ならば、政府はこれに深甚なる考慮を払うことと信じると付け加えたのである。なおグレイは議会において、イギリスは満蒙における日露の特殊権益については、門戸開放の原則に反しない限り、すべてを承認すると述べていた[84]。ノックスの背後にはもちろんウィルソンの意見があった。ウィルソンは五月一六日、特殊地位とは条約と協商によってカヴァーされたものを指すとの了解のもとに、日露の留保を受諾する考えを示した。少なくとも四月三日のイギリスの立場まで接近していたのである。また六月一二日、日露との協調のコストが高過ぎるとして、借款からの脱退論に傾いたカルフーン公使の電報の余白に、ウィルソンは、「望むものが手に入らないなら、すべてを断念するのか？」と書き加えている[85]。

さらに、実現には至らなかったが、改革借款の難航に業を煮やした国務省は、幣制改革・満州開発借款から満州の部分を削除し、改革借款に統合する可能性を探った。こうして国務省は、いつの間にか、日露の満州における特殊権益をほぼ承認する立場に移行していたのである[86]。

以上のように、タフトのドル外交は、政権の途中で大きな変化を遂げていた。一九一〇年七月の第二次日露協商の成立を契機として、ドル外交の一方的・攻撃的性格が影を潜め、より列国協調的なものへと変化したように見える。その変化は、一九一一年二月末、幣制借款問題でアメリカ人顧問を断念した頃から、一層明確となった。

それは極東政策の担い手が変化したからではなかった。依然として指導者はノックスやウィルソンであった。彼等の政策自体が、大きな変化を遂げたのである。ウィルソンの場合、東京時代末期以来の激しい日本非難、中国側への積極的なコミットメント、ドルを武器とした日本権益への積極的な挑戦などが、タフト政権の後半には変化して、列国との協調、日露の特殊権益の承認へと傾いたのである。

なぜこのような変化が起こったのであろうか。

その理由は第一に銀行団との関係にあった。銀行団はたしかにドル外交の手段として結成されたものであった。しかし資本は資本であった。彼等の立場は国務省のそれとは同じではなかった。湖広鉄道借款におけるシェアや、幣制改革借款の財政顧問問題で、両者の違いははっきりしていた。それにアメリカでのビジネスに比べ、中国でのそれは危険が多く、利益は必ずしも多くなかった。しかも投資の安全という観点からすれば、清国は信頼出来なかった。その意志が不明確であっただけでなく、列国を競争させようとする伝統的な以夷制夷《いいせいい》の態度が見られた。事業の安全のためには、他の有力な国々との協力が必要であり、とくに日露のように現地で力を持つ存在は無視出来なかった。ドル外交の手段として結成されたアメリカ銀行団は、いつしか資本の論理によって、国務省を拘束するようになったのである。

第二に指摘すべきはウィルソンにおける経験の蓄積である。長く中国借款問題に取り組むことによって、彼はそれなりに経験を蓄積した。アメリカが中国に現実的な利害がなかった頃には、壮大な議論も可能であった。しかしいざ様々な事業に従事して現実の壁にぶつかると、何が可能で何が不可能か、分かるようになってきた。その結果、言わば書生論が現実論に席を譲り始めたのであった。

もう一つ重要なことは、ウィルソンが国務次官として、アメリカ外交全般の統率にあたり、広い視野を身に付けていったことではないだろうか。

たとえばリベリア問題であった。言うまでもなく、リベリアは建国以来アメリカと深い関係を持つ国であったが、ウィルソンはその関係を一層強めようと考え、その第一歩として、アメリカ人の顧問を送り込もうとしていた。ところが、その頃ドイツも顧問の派遣に関心を示すようになっていた。機会均等がその根拠であった。「実際に問題となるのは馬鹿馬鹿しいほど小さな利害であった」とウィルソンは書いている(87)。しかし、もしドイツの主張が滑稽なら、中国でアメリカが財政顧問の地位を要求することも滑稽なはずであった。ウィルソンがリベリア問題に取り組んだのは一九一〇年の後半からであるが、その経験が、アメリカの財政顧問問題の転換と関係していたのかもしれない。さらに全体として、現実の利害関係の小さいアメリカが中国で背伸びすることの困難さ、非常識さを、ある程度理解するようになったかもしれない。[88]

一九一一年の秋以降、さらに重大な問題にウィルソンは直面していた。あるドイツ人がパナマにおいて、ダリエン湾から運河地帯に至る鉄道敷設権をパナマ政府から獲得したという事件であった。それは付近の開発についての広大な権利を含むもので、運河の安全に重大な脅威となる可能性をはらんでいた。ドイツはこれまでも軍事顧問や商人や植民者を送ってきた。しかし今度の計画こそ、銀行・産業・政府が一体となったドイツの「平和的浸透」の頂点をなすものだとウィルソンは考えた。これらの問題に率先して取り組み、解決していったのはウィルソンであった。[89] 一九一〇年八月頃ウィルソンが考えた錦愛鉄道のためのドイツとの提携という案が、いつか消えていったのは、このような米独関係と関連があったかもしれない。

それ以上に興味深いのは次の点である。前にも述べたように、一九一〇年一二月にローズヴェルトがタフト政権の極東外交を批判したとき、ウィルソンはこれを「馬鹿げた理論」といって一蹴し、満州は日本にとって必要な以上に中国にとって必要なもののはずだと言った。その論理でいけば、パナマ地峡はアメリカが必要とする以上にパナマが必要とするはずであり、それを開発する方法はパナマの自由であるはずであった。ウィルソンのパナマ政策も馬鹿げているはずであった。[90]

パナマに関しては、もう一つ運河通行料金の問題があった。アメリカは運河開通を前に、アメリカ船舶に対する通行料を事実上免除しようとしていた。これは英米間の条約に違反しており、機会均等の原則にも反していた。しかし政府は、(1)対象とするのはアメリカの東と西を結ぶ航路、すなわち沿岸航路である、(2)沿岸航路に補助金を出すかどうかはアメリカの国内問題であり、他国の干渉は受けない、(3)通行料免除の効果は補助金の支出と同じであるから問題はないと主張した。形式論理を強引に積み重ねた議論に対し、イギリスの抗議は当然であった。[91]

国内でもルート前国務長官は、政府を激しく批判した。ウィルソンは政府の案を支持していたが、それはアジアにおける門戸開放原則と真っ向から矛盾していた。アメリカは以前から満鉄が外国製品の輸送について差別待遇をしているとして抗議を続けていたが、運河料金の方はそれとは比較にならないほど明白な違反であった。運河料金問題に直面し、ルートのような有力者や外国からの批判を浴びているうちに、さすがのウィルソンもみずからの内部矛盾に気付いたのではないだろうか(92)。

のちにウィルソンは、アメリカ外交にとってもっとも重要なのはラテン・アメリカであるとして、極東にははるかに低い比重しか認めなかった(93)。しかしタフト政権まではウィルソンはラテン・アメリカの問題に携わることはあまりなかった。ラテン・アメリカ重視の姿勢は、したがってタフト時代の経験から生まれたものであった。その経験からウィルソンは、日本が満州や満鉄に対して持つ立場を、ただちに承認はしないにしても、より柔軟に理解できるようになったのではないだろうか。事柄の性質上、厳密な意味での論証は不可能であるが、ウィルソンが国務次官としてリベリアや南米の問題に取り組み、極東における日本の当局者と類似した立場を経験したことが、ウィルソンの政策転換の背後にあったように思われるのである。

おわりに

日露戦争終了後、日本の満州政策に批判的となったアメリカは、満州に積極的に資本を投下することにより、アメリカの経済進出を進めると同時に、日本を抑えて中国の主権と統一を守ろうとした。その政策の中心にあったのは、若くて有能な外交官、ハンティントン・ウィルソンであった。アメリカが大国として世界の運命を動かすべきだと信じていたウィルソンにとって、中国とくに満州は絶好の舞台であった。将来の市場としての価値はもちろん、中国を帝国主義列強の餌食となることから守ることによって、アメリカの威信を著しく高めることができるからであった。

ところがアメリカ外交の前線に立つべき国務省の体勢は、想像を絶するほど貧弱であった。ウィルソンにとってそれは、アメリカが世界に占めるべき地位から考えて、放置すべからざるものであった。こうしてウィルソンは熱心に組織改革に取り組み、まず極東部を設立した。それは、キャリア・ディプロマシーの確立と専門家の台頭に向けての第一歩であった。

しかしその専門家としての実力はまだまだ低かった。在外権益の維持強化や同盟外交といった切実な問題に取り組む経験が、著しく少なかった。イギリスはもちろん、後発の日本に比べても、その中国理解ははなはだ浅かったし、中国をめぐる対列強外交も拙劣であった。

他方で専門化の進行は、やや誇張して言えば、視野狭窄をもたらした。ローズヴェルトとウィルソンとの最大の違いは、日本に対する好意の有無というよりは、アメリカの国益を世界の中で考える視点の有無であった。世界的規模の国益判断から、ローズヴェルトは、満州問題で日本と対立することは有害無益だと信じた。これに対してウィルソンやストレイトの場合には、中国以外の地域における日米関係は、ほとんど視野になかった。極東部の成立の結果、このように世界的な視野を欠いた極東政策が、他の地域における国益と調整されることなく、そのまま国務省の政策となる素地が出来てしまったのである。ドル外交において、英仏露独関係の重要性を極東部がほとんど意識していなかったのはその例である。

もう一つ、極東部の成立は日本の視点の喪失をもたらした。アメリカが直面する問題は、日本よりも中国の方にはるかに多かった。日本との関係は、アマチュアでも処理できたが、中国問題は専門家を必要とした。ストレイトのあと極東部長となったミラーを別とすれば、その後の極東部長はすべて中国関係者であった。極東部の成立によって中国と日本が同じ部局で扱われるようになり、中国経験者がその多数派となった結果、日米関係への配慮という視点は後退ないし消滅していったのである。

ところで、アメリカ外交が世界政治に取り組む準備に欠けていたのは、歴史の短さだけが理由ではなかった。アメリカ合衆国は、そもそもヨーロッパの貴族政治、権力政治に背を向けて成立した一つの世界であった。それゆえ、国際政治に関わること自体に抵抗があり、権力外交そのものに対して拒絶反応があった。また、政権の交代を越えて存続するような専門官僚制は、アメリカン・デモクラシーの中で十分な正統性を持つ存在ではなかった。しかも外交官となると、ヨーロッパの貴族を連想させるため、一層いかがわしい存在であったのである。

それゆえ国務省官僚は、みずからの存在意義を日々国民の前で証明しなければならなかった。ドル外交が、つねに華々しく大規模な形で打ち出されたのは、そのためであった。外交官の第一の任務は、関係国との友好関係の維持強化であるが、国務省官僚の場合、もっと強烈に国民にアピールする必要に迫られていたのである。

彼等はその中国政策が、アメリカに経済的利益をもたらすと同時に、中国の独立を守る道義的なものであると主張した。この二つは、幣制改革における顧問問題に見られたように、しばしば矛盾する。しかしウィルソンたちは、自己利益のために利他主義を捨てることも、利他主義のために自己利益を捨てることもせず、矛盾をはらんだまま、両方を使い続けた。つまり彼等の目標は、中国ひいては世界におけるアメリカのプレゼンスの増大それ自体であった。その手足となって働くことが、彼等アメリカ職業外交官第一世代の人生の目的であった。それに比べれば、アメリカの膨張が経済主義的であるべきか、道義主義的であるべきかは、二次的な問題にすぎなかった。(94)

なお国務省官僚は、外交に関心を持って注目を続ける広義の対外政策利害関係者（foreign policy constituency）(95)の存在に敏感であった。自らの存在意義を積極的にアピールしなければならない国務省官僚にとって、彼等は重要な顧客であった。日本などとは違って、一般に、長期の戦略を立てて国家を指導するのはアメリカの官僚の役割ではない。問題が起こった時にただちに人民の役に立つことが官僚の仕事である。日露戦争の直後から、アメリカの一部資本の苦情にただちに国務省が乗り出すのは、そうした体質の表われであった。このような結び付きは、右に述べた理由により、国務省官僚の進出によって、ますます高まっていたのである。

以上に述べてきたような、極東部の成立とそれに象徴される国務省の職業的専門化が、満州におけるドル外交の背景にあった。しかしそのドル外交はわずか一年余りで変化し始める。

まずウィルソンは、国務次官として世界の問題に取り組み、その視野を広げた。リベリアやパナマにおけるドイツ勢力の進出に対抗し、アメリカの特殊地位を固める努力をしたことが、満州における日本の立場に対する理解を深めることとなったと推測することは、あながち無理ではないだろう。一九一〇年夏よりウィルソンは列国との共同歩調を重視するようになり、一一年二月頃よりその転換は決定的となった。

もう一つ、中国における経験があった。列国と協調すればアメリカの独自のイニシアティヴは弱まるが、列国と協調しなければアメリカは孤立して無力となる。その中間はどこにも見当たらなかった。この矛盾の中から、ウィルソンは列国との協調の方へ進んでいったのである。

その際重要であったのは、対外政策利害関係者である。これまでの一部企業の散発的な進出ではなく、アメリカを代表する金融資本の進出をウィルソンは試みた。彼等の密接な協力なしには、中国で大きな仕事は無理であった。しかし資本は安全を求めた。そのためには列強との無用の競争を避けなければならなかった。列強の資本は、長い経験と国家のバックアップという点でアメリカ資本よりも有利であった。また日露のような政治的・軍事的なパワーと対立することは、リスクが大きかった。

ところが、このように成熟してきたアメリカ外交は、一九一三年三月のウッドロウ・ウィルソン大統領の就任によって、もう一度大きく転換することとなる。すなわちウィルソン大統領は、六国借款団の改革借款の条件が過酷であり、中国の主権と独立を侵すものであると批判して、アメリカ銀行団を脱退させることとしたのである。ハンティントン・

ウィルソンはこの政策に抗議して、国務次官を辞し、以後パブリック・サーヴィスに戻ることはなかった[96]。かつて日本の満州勢力圏化に反発して極東外交に乗り出したウィルソンは、列強と妥協し、日露の特殊地位を受け入れ、最後はその成果たる六国借款団のために職をなげうったのである。まことに皮肉な結果であった。

なおこのウィルソン政権で、職業外交官の何人かが退けられ、国務省官僚に衝撃を与えた[97]。それは国務長官のブライアンの決定であったが、ウィルソン大統領も密接に関与していた。一二年の共和党政権において、キャリア・ディプロマシーは定着してきていたが、デモクラシー優位の原則は、依然として厚い壁であった。

ただ、打撃を受けたのは大使・公使の方であって、国務省の専門化は後退することはなかった。しかし専門化に伴う弊害の方は、相変わらずであった。

その後の日米関係の安定に、大きな貢献をしたのは、極東経験のないヒューズ国務長官であって、極東部ではなかった。極東部長を務めたのは、ストレイト部長代理の直後のミラーを別とすれば、いずれも中国で経験を積んだ、E・T・ウィリアムズ、ジョン・マクマリ、ネルソン・ジョンソン (Nelson Truster Johnson, 1887–1954)、スタンリー・ホーンベック (Stanley Kuhl Hornbeck, 1883–1966) といった人々であった。彼等の親中性・反日性は様々であったが、少なくとも親日的、知日的な人は一人もいなかった。日本の視点の喪失は相変わらずであり、日本との基本的な友好関係の維持強化が、独立の外交目標として認識されることはなかった。

皮肉なことに、日本専門家の誕生は一九三〇年代の日米関係の悪化の結果であった。グルーやドゥーマンがそれである。もっとも、グルーの場合、ヨーロッパの豊富な経験があったことも忘れるべきではない。ともかく、日米関係が深刻となって初めて、日米関係の維持ということが、ある程度独立した目標として考えられるようになったのである。

この日本専門家が中国専門家を圧倒して極東部を動かすようになるのは、さらに後のことである。すなわち、日米戦争と日本占領が皮肉にも日本専門家を作り出し、中国の喪失が起こり、さらに冷戦がアメリカ外交に世界的な視野を強要することとなってからのことであった。グルーとマッカーサー（Douglas MacArthur, 1880–1964）に、世界大の冷戦に心を砕いていたケナンが加わることにより、アメリカの対日外交の決定的な転換があったのである。

タフト政権のドル外交の背景には、国務省極東部の成立があった。その中には、世界に乗り出さなければならないアメリカ外交と、それを阻む歴史的伝統の矛盾が刻み込まれていた。その矛盾は、このように、長く尾を引いたのである。

（1）角田順『満州問題と国防方針』（原書房、一九六七年）三六二―三六三頁は、以下に掲げるウィルソンの抗議の異様さに注目した数少ない例である。ただし、その理由については、とくに立ち入った分析を行っているわけではない。

（2）外務省編『日本外交年表並主要文書』上巻（原書房、一九六五年）二五八―二五九頁。伊藤博文はこの抗議文を、「厳重ナル照会」と呼んでいる（同右）。抗議原文は、U.S. Department of State, *Foreign Relations of the United States, 1906* (hereafter *FRUS 1906*), Vol. I, p. 174. なお抗議文には、この箇所は国務長官からの訓令の要旨だとしてあるが、実は原文通りである。要旨ですらこれほど厳しいとすることで、ワシントンの怒りの烈しさを印象づけようとしたのかもしれない。

（3）William Rockhill to Alfred Hipisley, March 29, 1906, Charles Vevier, *The United States and China, 1906–1913: A Study of Finance and Diplomacy* (New Brunswick: Rutgers University Press, 1955), p. 38.

（4）現在では Undersecretary を国務次官、Assistant Secretary を国務次官補と訳すが、この頃まだ undersecretary はなく、次官もいないのに次官補というのはおかしいので、本章では Assistant Secretary を国務次官としておく。なお極東部は、実際には「極東班」程度の小規模なものであったが、慣例に従い極東部としておく。

（5）ハンティントン・ウィルソンに関する基本的な文献は、Huntington Wilson Papers, Ursinus College; Francis M. Huntington-Wilson, *Memoirs of an Ex-Diplomat* (Boston: Bruce Humphries, 1945, hereafter *Memoirs*); Richard Jay Eppinga, "Aristocrat, Nationalist, Diplomat: The Life and Career of Huntington Wilson," Ph. D. dissertation, Michigan State University, 1972 (hereafter Eppinga). の三点であろう。資料の閲覧に便宜を図られた Ursinus College に対して感謝したい。なお、ウィルソンは上記の回想録の著者名に示されているように、ハンティントン＝ウィルソンを姓としていた時期があるが、本章ではウィルソンで通すこととする。

（6）　例外的にこの欠点が少ない優れた著作として、Michael H. Hunt, *Frontier Defense and The Open Door, Manchuria in Chinese-American Relations, 1895–1911* (New Haven: Yale University Press, 1973). がある。

（7）　Herbert D. Croly, *Willard Straight* (New York: Macmillan, 1924); Willard Straight Papers, Olin Library, Cornell University. また、ストレイト文書を使ったもっとも詳細な研究として、Helen Dodson Kahn, "The Great Game of Empire: Willard D. Straight and American Far Eastern Policy," Ph. D. dissertation, Cornell University, 1968. がある。なお、ストレイト文書の閲覧に際して便宜を図られた Cornell University に感謝したい。

（8）　以下、この節における伝記的事実は、とくに断わらない限り、*Memoirs* および Eppinga による。

（9）　駐米イギリス大使館のある書記官は、ウィルソンのことを「あのペストのようなけだもの」と言っている (Mitchel Innes to Campbell, Nov. 2, 1910, Walter V. Scholes and Marie V. Scholes, *The Foreign Policies of the Taft Administration* (Columbia: University of Missouri Press, 1970), p. 17.)。またウィルソンはよく「冷血な機械のような男」(bloodless machine) と呼ばれていたという (Eppinga, p. 14.)。

（10）　*Memoirs*, p. 162. この時同席していたグリスコム大使（駐日公使としてウィルソンの上司だった）は、後で、「何て馬鹿なんだ、君は！」とウィルソンにささやいた。全く彼の言うとおりだと、ウィルソンも書いている。*Ibid.*

（11）　Eppinga, p. 22.

（12）　Wilson to Hay, April 1, 1901, *ibid.*, p. 27.

（13）　*Memoirs*, pp. 85–88.

（14）　Lloyd C. Griscom, *Diplomatically Speaking* (Boston: Little Brown and Company, 1940), p. 255.

（15）　ウィルソンの反日性はすでに日本時代に固まっていたとする立場をとるのは、Charles Neu である (Charles Neu, *An Uncertain Friendship: Theodore Roosevelt and Japan, 1906–1909* (Cambridge, Mass.: Harvard University Press, 1967), p. 17.)。これに対し Eppinga は、東京時代のウィルソンの日本に対する態度はあいまいで、反日性が明確になるのは国務省に戻った後であるという (Eppinga, p. 45.)。たしかに回想録における反日のトーンはやや誇張されていて、若干当時の雰囲気とずれているかもしれない。回想録が一九四五年に書かれたことも考慮に入れて割り引いて考えるべきであろう。しかし最初に引用した一九〇六年の日本批判などは相当強烈で、かなりの敵意が感じられる。それゆえ日本に対する敵意は、やはり日本時代に出来ていたと筆者は理解する。

（16）　*Memoirs*, p. 145.

(17) *Ibid.*, p. 144.

(18) William Phillips, *Ventures in Diplomacy* (Boston: Beacon Press, 1952), p. 32.

(19) *Memoirs*, p. 153.

(20) *Ibid.*, p. 156.

(21) なおこののち職員数は漸増を続けたが、第一次大戦直前にはまだ国務省勤務が二一三人、在外勤務は四五〇人という程度の陣容であった。一方、在外公館を見ても、タフト政権の頃の駐英アメリカ大使館は、大使と三人の書記官、三人のイギリス人職員、陸軍と海軍の駐在武官、それに武官のスタッフが少数いただけであった。一九五〇年には、同大使館には七四六人の職員がおり、さらにアメリカの他の政府機関から派遣されているものが五一一人いたというから、当時の牧歌的な規模の小ささが分かる。ちなみに一九〇五年における日本の外務省の定員は、本省七四人（高等官一八、判任官五六）、その他に本省雇二四、在外は二六三人であり、駐英公使館には公使のほか、三人の書記官、二人の書記官補、それに書記生が一人いた。国際関係の広がりや国力の差を念頭に置けば、日本の方が整備されていたというべきであろう。以上、Rachel West, *The Department of State on the Eve of the First World War* (Athens: University of Georgia Press, 1978), pp. 4–5; Phillips *op. cit.*, pp. 35–36. および外務省百年史編纂委員会『外務省の百年』下巻（原書房、一九六九年）付録。

(22) *Memoirs*, p. 159.

(23) 以上の改革案の詳細と成立の経緯については、Eppinga, pp. 59–65. を参照。

(24) Phillips *op. cit.*, p. 33; Graham H. Stuart, *The Department of State: A History of its Organization, Procedure, and Personnel* (New York: Macmillan, 1949), p. 206.

(25) Phillips *op. cit.*, pp. 33–34; Katherine Crane, *Mr. Carr of the State* (New York: St. Martin's Press, 1960), p. 100.

(26) ここで、ウィルソンの移民問題観に言及しておきたい。彼の主張の要点は、①移民受け入れの決定は主権の一部であり、他国の干渉は許容すべきでない、②アメリカは白人国家として維持されるべきであり、アジア系の移民は厳しく制限すべきである、③しかし、移民の受け入れや排斥の基準は、日本の立場を著しく傷付けるようなものであってはならないという三点であった。ここからウィルソンは、客観性を持つ経済的指標の導入を提唱し、たとえば、ある国におけるある職業の収入が、アメリカにおけるそれの一定割合——たとえば三〇%——以下の場合、その国からの移民は禁止という方式を提唱した(Eppinga, pp. 235–237.)。形式論理を重視し、人種主義的な傾向を帯びていたウィルソンらしい意見である。それゆえウィルソンは、のちのタフト政権の中でも、移民問題に関しては対日強硬派であり、アメリカ側に非があると感じていたタフト大統領などとは全く違っていた(*Ibid.*)。

(27) *Memoirs*, p. 167.
(28) Straight to Wilson, Jan 31, 1908, Straight Papers.
(29) Raymond A. Esthus, *Theodore Roosevelt and Japan* (Seattle: University of Washington Press, 1967), p. 240.
(30) *Ibid.*, pp. 116–117.
(31) Rockhill to Root, July 30, 1908, Vevier, *op. cit.*, p. 69.
(32) Esthus, *op. cit.*, pp. 241–242.
(33) Eppinga, pp. 81–82.
(34) *Memoirs*, pp 173–174.
(35) 一九〇九年一〇月一九日、タフトはノックスに書簡を送り、国務省の方針について一任することを確認し、「貴下がふさわしいと思われるいかなるコース」でも取られたいと述べ、「貴下が何をされようとも、自分はそれに満足するであろう」とまで述べている (Donald F. Anderson, *William Howard Taft: A Conservative's Conception of the Presidency* (Ithaca: Cornell University Press, 1968), p. 69.)。
(36) タフトはあるとき知人に対し、「ウィルソンの上に座ってペチャンコにしてやりたい」と語ったことがある。もしノックスがタフトの任期中に辞職することでもあれば (事実、上院議員選挙に出馬する可能性があった)、タフトはためらわずウィルソンを更迭するつもりだったという (*Ibid.*, p. 71)。ウィルソンの就任の経緯については、*Memoirs*, pp. 176–77.
(37) Eppinga, pp. 100–104, 120–121.
(38) *Memoirs*, pp. 231, 181–182, 187–188; Eppinga, pp. 125–128.
(39) Paul A. Varg, *Open Door Diplomat: The Life of W. W. Rockhill* (Urbana: University of Illinois Press, 1952), pp. 100, 103.
(40) Scholes and Scholes, *op. cit.*, pp. 21–22.
(41) Croly, *op. cit.*, pp. 249–251.
(42) Jerry Israel, *Progressivism and the Open Door: America and China, 1905–1921* (Pittsburg: University of Pittsburg Press, 1971), pp. 70–71.
(43) Hunt, *op. cit.*, p. 235.
(44) Croly, *op. cit.*, pp. 283–284; Hunt, *op. cit.*, pp. 188–189.
(45) Croly, *op. cit.*, pp. 280–283.

(46) Eppinga, p. 247.
(47) Vevier, *op. cit.*, p. 100.
(48) *Ibid.*, p. 101.
(49) Croly, *op. cit.*, pp. 293–295; Vevier, *op. cit.*, p. 116.
(50) Croly, *op. cit.*, pp. 278–279.
(51) Vevier, *op. cit.*, p. 138.
(52) Hunt, *op. cit.*, p. 195.
(53) *Ibid.*, p. 207.
(54) Knox to Reid (Ambassador to Great Britain), Nov. 6, 1909, *FRUS 1910*, pp. 234–235.
(55) Hunt, *op. cit.*, pp. 210–211.
(56) Scholes and Scholes, *op. cit.*, pp. 159–160.
(57) この少し前、日本が満州で積極的な行動に出てロシア国内で日本に対する猜疑が高まった時、イズヴォルスキーは本野一郎駐露大使に対し、自分は親日派ゆえに苦境に立っていると述べていた(明治四二年九月二一日付小村外相宛本野公信、外務省編『日本外交文書』第四二巻第一冊、三五八頁)。
(58) Ian H. Nish, *Alliance in Decline: A Study in Anglo-Japanese Relations, 1908–23* (London: Athlone Press, 1972), pp. 31–32.
(59) その背景については、北岡伸一『後藤新平——外交とビジョン』(中央公論社、一九八八年)一一一—一一二頁参照。なお後藤は、満鉄の監督責任を持つ鉄道院総裁の地位にあり、ロシア側と密接な接触を持っていた。しかも当時のロシア大使館付財務官ウィルレンキンは、後藤が官邸に住んでいた間、後藤の私邸に住むというほどの親しい関係にあった(同右、一三〇—一三一頁)。
(60) Hunt, *op. cit.*, p. 212.
(61) Vevier, *op. cit.*, p. 148.
(62) Kahn, *op. cit.*, p. 297.
(63) 前掲『日本外交年表並主要文書』上巻、三一六—三一七頁。
(64) Hunt, *op. cit.*, p. 224.

(65) Scholes and Scholes, *op. cit.*, p. 194.
(66) Hunt, *op. cit.*, p. 226.
(67) *Ibid.*, p. 205.
(68) 前掲の Kahn の博士論文は、ストレイトの好んだこの言葉をタイトルとしたものである。
(69) Memorandum, Wilson to Knox, Aug. 8, 1910, Wilson Papers.
(70) Wilson to Knox, Aug. 12, Sept 1, *ibid.*
(71) Wilson to Calhoun (Minister to China), Sept. 29, 1910, Record of the Department of State (hereafter DS) 893. 51/122, 127.
(72) Calhoun to Knox, July 31, 1910, DS 893. 51/114; Scholes and Scholes, *op. cit.*, p. 199.
(73) Calhoun to Knox, Oct. 11, 1910, DS 893. 51/198–99.
(74) Diary, Straight Papers; Croly, *op. cit.*, p. 389; Vevier, *op. cit.*, p. 183.
(75) Scholes and Scholes, *op. cit.*, p. 201. 明治四三年一〇月一三日付小村外相宛伊集院駐清公使公電（『日本外交文書』第四三巻第二冊、四九五頁）。
(76) 本書序章一七頁参照。
(77) Wilson to Knox, Dec. 23, 1910, Wilson Papers.
(78) Scholes and Scholes, *op. cit.*, p 205.
(79) Eppinga, p. 264.
(80) Wilson to Williams, Aug. 30, 1911, DS 893. 51/535.
(81) Brice to Wilson, Mar. 22, *FRUS 1912*, p. 122.
(82) Scholes and Scholes, *op. cit.*, pp. 234–235.
(83) *Ibid.*, pp. 236–237.
(84) Herrick (Ambassador to France) to Knox, June 13, 1912, *FRUS 1912*; Knox to Herrick, June 14, DS 893. 51/939; Scholes and Scholes, *op. cit.*, p. 237.
(85) Memorandum, May 16, 1912, Eppinga, p. 265; Calhoun to Knox, June 11, 1912, DS 893. 51/981.

(86) DS 893. 51/1376; Scholes and Scholes, *op. cit.*, p. 244.

(87) *Memoirs*, p. 195.

(88) Knox to Lyon (Minister to Liberia), June 11, 1910, *FRUS 1910*, pp. 709–710; Knox to German Ambassador, June 29, 1911, *FRUS 1911*, pp. 345–346.

(89) *Memoirs*, pp. 195–196.

(90) タフト政権が成立した頃、パナマ運河の完成は、近づいたとは言えないにせよ、もはや遠い日のことではなくなっていた。それゆえこの地域における軍事的関心は切実なものになっていた。パナマ地域の完全な掌握は、海軍の一致した主張であったが、これを強硬に主張する点で、ウィルソンも人後に落ちるものではなかった(Richard Challener, *Admirals, Generals, and American Foreign Policy, 1898–1914* (Princeton: Princeton University Press, 1973), pp. 323–325.)。

(91) Anderson, *op. cit.*, p. 240.

(92) Phillip C. Jessup, *Elihu Root* (New York: Dodd, Mead, 1938), Vol. II, pp. 262–264.

(93) この点をもっとも明確に述べているのは、Huntington Wilson, "The Relation of Government to Foreign Investment," *Annals of the American Academy of Political and Social Science*, LXVIII (Nov., 1916), pp. 298–311. である。その中でウィルソンは、中南米におけるアメリカの特殊地位の根拠の一つとして、"natural mandate of neighborhood" という注目すべき言葉を用いている。そこから、石井・ランシング協定における地理的近接による日中特殊関係まではほんの一歩である。Eppinga もこの論文に注目し、中南米の比重の増大を指摘しているが、変化はタフト政権後に生じたと解釈しているため、その変化の極東政策に対する影響については触れていない(Eppinga, pp. 156–160)。しかし筆者は、その変化はタフト政権当時に起こり、したがって同時に展開されていた後半期のドル外交に影響したと考える。

(94) 一九一〇年一二月九日、駐日英国大使クロード・マクドナルドは、かつてアメリカの大使館にいたウィルソンについて、外交組織の中で自分がふさわしい場所を与えられているかどうかの方を、日本人や同僚との友好関係の増進よりもはるかに重視する人物と表している(Scholes and Scholes, *op. cit.*, p. 16.)。ウィルソンの性格を巧みに評したものであるが、同時に、若手でキャリア指向のアメリカ外交官に共通して見られた特徴でもあるように思われる。

(95) Waldo H. Heinrichs, Jr., "Bureaucracy and Professionalism in the Development of American Career Diplomacy," in John Braeman, Robert H. Bremner, and David Brody eds., *Twentieth-Century American Foreign Policy* (Columbus: Ohio State

University Press, 1971), pp. 131, 143.

(96) その後ウィルソンは二度と公職に復帰することがなかった。本人にその意志はあったが、いくつかの偶然によって果たせなかったのである。偶然のうちの最大のものは離婚であった。ウィルソン夫人は素晴らしい美貌の持ち主で、誰からも愛される人であった。その点多くの人に嫌われたウィルソンとは正反対であった。ウィルソンの出世はかなりの程度、夫人の美貌のせいだと言う人もあるくらいである。二人が離婚すると、友人たちは揃って夫人の肩を持ち、ウィルソンを非難した。ただでさえ当時は離婚はタブーであった。ウィルソンは社交界からつまはじきとなり、生活に窮することこそなかったものの、二度と華やかな場に出ることはなかった。三三歳でアメリカ合衆国の国務次官となった人物にしては、あまりに寂しい後半生であった。Eppinga, pp. 310–313.

(97) 若い世代の官僚たちが、このブライアン人事から受けた衝撃については、北岡伸一「ワシントン体制と『国際協調』の精神――マクマリ・メモランダム（一九三五年）によせて」『立教法学』二三号（一九八四年）（本書第三章）を参照。

第二章　二十一カ条再考
——日米外交の相互作用——

はじめに

大正四（一九一五）年一月、第二次大隈内閣はいわゆる二十一カ条要求を中国に提出した。それは、世界大戦という絶好の機会を利用して、満蒙権益を維持強化し[1]、ドイツから奪取した山東権益を確保し、さらにその他の諸懸案をも解決して、日本の在華権益を大幅に拡大しようとしたものであった。

しかし五月に交渉が終わったとき、日本外交は危機的な状況にあった。中国との関係はもちろん、列国との関係も甚だ悪化していた。日英同盟には亀裂が生じていたし、アメリカの対日不信は深刻なものとなっていた。のみならず、列国における二十一カ条の悪評は、パリ講和会議からワシントン会議を経て、一九二〇年代を通じて日本外交の重い負担となった。それはある意味で今日まで続いており、たとえばアメリカの外交史研究では、二十一カ条は満州事変以前の日本外交のうちで——しばしばそれ以後を含めてさえ——最も悪名高いものとされるのが普通である[2]。二十一カ条が強く批判されるのは当然のことであるが、大戦中の日本の政策には、翌年の反袁政策を始めとして、少なくとも同程度に侵略的なものがあったことを考えると[3]、二十一カ条は対列国関係の失敗ぶりにおいて抜きん出ていた訳である。

一体何故このようなことになってしまったのか。本章は、後に述べる理由により、アメリカの対応に検討を加え、これを手掛りとして二十一カ条に関するいくつかの疑問を解明し、対列国関係が失敗に終わった原因を明らかにしようとするものである。それは、日米関係を手掛りとする二十一カ条研究であると同時に、二十一カ条をめぐる日米関係の研究でもある(4)。以下、第一節で問題点と方法を整理したのち、一月一八日の交渉開始から、四月一七日に交渉が行き詰まり、対中国、対列国関係が緊迫するまでを、三つの時期に分けて分析する。それ以後については、本章の主たる関心が緊張の激化であるため、原則として取り扱わない。

一　問題と仮説

1　問題点の再確認

二十一カ条については今なお未解明の不可解な点が少なくないが、その多くは第五号に関するものである。本章でも、第五号に関する不可解さの再確認から考察を始めたい。

既によく知られているように、第一〜四号と第五号とを比べると(5)、前者では各号それぞれがそれなりに内容上のまとまりを持っているのに対し、後者は内容上ほとんど脈絡のないものを計七項目列挙したにすぎない。また前者が要求 demands と呼ばれたのに対し、後者は希望 requests と呼ばれた。さらに前者の内容については、ほぼ正確な要旨が英米仏露に伝えられたのに対し、後者についてはその存在すら伏せられていた。このような第五号の形式上、手続き上の特異性は、列国との関係を紛糾させるに十分であった。

第五号各項の内容と表現は、従来あまり強調されていないが、一層奇妙である。第五号の中でも疑問の多いのは第一、三、四の三項なので、これらを順番に検討してみよう(6)。最初に第一項の「中央政府ニ政治財政及軍事顧問トシテ有力ナル日本人ヲ傭聘セシムルコト（傍点北岡、以下断らぬ限り同様）」は何を意図したものであろうか。日本人顧問を通じて中国政府に対する日本の影響力を強化すること以外にはまず考えられない。しかしそれは果たしてこの条項によって可能であろうか。第一にここには、他の外国からの顧問傭聘の禁止ないし制限は含まれていない。第二にここにいう「有力ナル」は、加藤外相の説明によれば influential ではなく competent を意味するにすぎなかった。[7] つまり傭聘さるべき人物は、日本ないし中国と特殊な関係を持ち、その人物の意見を無視すると日中関係に悪影響を及ぼすような人では別になく、単にその問題に通じたエキスパートであればよいことになっていたのである。したがって中国が仮にこの条項を受け入れ、日本人顧問を傭聘したとしても、同時に他国からも顧問を受け入れ、日本の影響力を相殺ないし制限することは十分可能であったはずである。第三に、何よりも顧問は所詮顧問であって、如何に有力な顧問が如何に多数傭聘されていたところで、その助言を受け入れるか否かは中国の判断次第であり、仮に顧問の意見が無視されたからといって日本政府が抗議できる筋合のものではない。たとえば当時もっとも有力な顧問と考えられ、この条項の作成においてもおそらく念頭に置かれていたのはジョージ・E・モリソン (George Earnest Morrison, 1862–1920) であったと思われるが、彼は二十一カ条交渉中ほとんど諮問を受けることもなく、このような危機に役立たぬ顧問など無意味だとのやや自棄的な感想を書き残している。[8] さらに第四に、日本人顧問が常に時の日本政府の政策に忠実であるとは限らない。実際、二十一カ条の危機の中で、大隈内閣の意に反し、日本からは裏切り者扱いをされつつも、中国のために顕著な活躍をしたのは日本人顧問有賀長雄であった。[9] ましてこのような条項を強制して中国の感情を悪化させ、なおかつ顧問を通じて日本が中国にその意思を押しつけることは、まず見込みの無いことと言ってよいであろう。交渉当時この条項について、日本は顧問の独占を要求しているとか、その他いくつもの誤解が意識的あるいは無意識的に流されたが、それもこの条項の判り難さからして無理からぬ面があった。[10]

　同様の問題が第三項「従来日支間ニ警察事故ノ発生ヲ見ルコト多ク不快ナル論争ヲ醸シタルコトモ尠カルサルニ付キ此際必要ノ地方ニ於ケル警察ヲ日支合同トシ又ハ此等地方ニ於ケル支那警察官庁ニ多数ノ日本人ヲ傭聘セシメ以テ一面

支那警察機関ノ刷新確立ヲ図ルニ資スルコト」にも見られる。加藤外相の意図は、満蒙における警察行政が整備されておらず、しばしば紛争の原因となったので、ある程度まとまった数の日本人を傭聘させ、これを刷新せしむることにあった。[11] それならば何故、「必要ノ地方」とか、「日支合同」といった誤解を招き易い字句を使ったのであろうか。訓令を受けた日置公使が、これを満蒙関係の第二号に移し、「南満洲及東部内蒙古ニ於テ日支両国間ニ警察事故頻発ノ虞アル地方ノ支那警察官庁ニ多数ノ日本人ヲ傭聘シ両国警察機関ノ聯絡ニ便ナレシムルコト」と明確化することを本省に提案し、[12] その提案が斥けられた後には、「必要ノ地方」とは何処を指し、「合同」とは如何なる方法で行うのかと改めて質問した[13]のは当然であった。まして中国や他の列国が、日本は中国の警察行政を壟断《ろうだん》する意図であると疑ったのも無理はない。[14] 加藤がその意図を本当に中国側に受諾せしめるつもりであったならば、日本は日本と関係の深い満蒙地域における中国の警察行政の刷新に対する協力を申し出、中国はこの申し出を歓迎したという趣旨の共同声明ないし交換公文の形にした方が、中国の抵抗も列国の疑惑もはるかに小さいものになったに違いない。

第五号第四項「日本ヨリ一定ノ数量（例へハ支那政府所要兵器ノ半数）以上ノ兵器ノ供給ヲ仰ギ又ハ支那ニ日支合弁ノ兵器廠ヲ設立シ日本ヨリ技師及材料ノ供給ヲ仰グコト」も同様に、日本が中国の兵器行政を壟断しようとするものと疑われ、批判されたものである。加藤の意図は、中国をして日本の兵器を継続的に、かつある程度まとまった数量で購入せしめることにあった。[15] ここでも、第三項の場合と同じく、日本は中国の兵器の近代化に対して協力するため、中国に日支合弁の兵器廠を建設することを提案し、中国はこれを歓迎し、両国実務レヴェルの検討を開始することとなった云々の共同声明や交換公文が考えられるであろう。

要するに以上の三項において、①要求内容が不明確であり、②本来の要求意図と比べて過大な表現がなされており、③本来の意図を貫徹するための外交交渉上とくに文言上の工夫がなされていない、という共通の奇妙さを指摘しうるのである。

このように、形式、手続き、内容のいずれをみても、第五号は不可解なものである。一体何故このような条項（とくに第一、三、四項）が作成され、提出されたのだろうか。

2　仮説の吟味

従来よりここで持ち出されるのは、加藤外相が重視していたのは山東関係の第一号および満蒙関係の第二号であり、その他とくに第五号は外部なかんずく陸軍の強い要求に応じて止むなく挿入したものであって、加藤は元来これらの貫徹に熱心でなかったという説明である。このような解釈は二十一カ条交渉直後からあり、要求項目形成過程に関する多くの研究によって確認されてきたといってよい(16)。しかしこれはいわば国内的な理由であって問題の半面でしかない。つまり、この条項が対中国、対列国関係において持つであろう影響に関する計算が、他の半面として説明されねばならない。たとえ元来意にそまぬ条項であったとしても、いったんそれを要求すると決めた以上、なるべく受諾させやすい形にするとか、少なくとも交渉全体に悪影響を及ぼさぬ形にするとか、様々な戦術的配慮が払われるはずである。しかるに既に見たように第五号とくに第一、三、四項は、むしろ挑発的で無神経な文言で表現されているのである。列国に秘密にされたことも、中国での外交交渉で長期に秘密を保つことは難しく、秘密が漏れたときはかえって逆効果であることを考えれば不思議と言う他はない。一体何故このような形で第五号は提出されたのか。

ここで次のような簡単な仮説を立ててみよう。すなわち、第五号、とくに第一、三、四項は中国にそのまま受諾させることを意図して作られたものではなく、交渉全体の難航を予測し、その場合に交換的に撤回ないし大幅に譲歩するために用意された取引材料であった、と。こう考えると、これらの条項がいかにも無神経に、むしろ中国の神経を逆撫でするように作られていることも不思議ではなくなる。また第五号だけ希望条項とされたのも、後に大幅に譲歩することを予想し、そのことに対し国内から批判が浴びせられることに予防線をはったものと見ることができる。そしてこのように最初に強硬な要求で中国を威圧し、次いで大幅な譲歩で一挙に交渉を妥結させる、そうすれば第五号は初めから無かったことにして列国に示さずにすむ。およそこのようなシナリオが第五号中の不可解さ、要求と希望との区別、および列国への部分的内容通知の背後にあったのではないだろうか。

この仮説を支えるようないくつかの証拠は存在する。加藤と日置益中国駐在公使とは、この交渉の主たる難点は引誘条件 inducements が少ないことであることを熟知していた(17)。要求するものばかりで代償として提供するものがないのである。過大な要求を一旦提出したのちに大幅に譲歩することを、彼等が疑似的な代償として考えたとしても不思議はない。既に触れたように、警察合同について日置公使は、より明確に限定するよう提案したが、それに対する小池政務局長の回答書には、「本項警察問題ハ支那政府ニ於テ最其承諾ヲ困難トスル所ナルヘク従テ結局ハ他ノ案件ト交換的ニ撤回スルコトト相成ルヤモ図ラレズト思考スルニ付原案通リト致置度シ」とあり、これを取引条件とする意図を示していた(18)。

この仮説は、ごく常識的なものであって、交渉当時から言われているものである(19)。しかし二十一カ条の本格的な研究でこの仮説を真剣に検討したものはない。それは、交渉過程における事実が明白にこの仮説を否定しているようにみえるからである。すなわち、第一に交渉は、最初期は別として、さほど急いで行われなかったし(20)、第二に、よく知られているように、第五号は元老の介入によって最終段階で削除されるまで、撤回されなかった。

しかし、次のように考えることは出来ないであろうか。つまり、先の仮説のとおりのシナリオに従って要求項目は決定され、交渉が開始されたものの、何等かの予期せざる事情の出現により、方針が転換されたと考えることは出来ないであろうか。

何等かの事情とは何か。まず考えられるのは国内的な事情である。この間に起こった意外な出来事というと何よりも総選挙における与党の大勝である。しかしこれが交渉の長期化を促す理由になるとは考え難い。政権が不安定化していたならば、大幅譲歩による問題解決は困難になったかもしれない。事実は逆であった。

では対外的に予想されざる事態が何か起こったであろうか。まず対英関係はどうであろうか。加藤がイギリスとの関係に慎重な注意を払い、また最終段階でのイギリスの態度表明が日本に大きな影響を与えたのは周知の通りである。しかしこの最終段階を除けば、イギリスの反応はまず加藤の予想した通りであったといってよい[21]。

ではどこの国か。アメリカであると筆者は考える。アメリカがこの交渉に対して示した予想外の対応、そしてそれをめぐる日米間における誤解の連鎖、これが加藤をして当初のシナリオを変更せしめ、のみならず二十一カ条を紛糾させるに至った大きな理由であると筆者は考える。以下、具体的にそれが何であり、何故起こったかを明らかにしていきたい。

二　二十一カ条イメージの形成

1　北京公使館

アメリカ側で二十一カ条の情報を最初にキャッチし、対応したのは、当然のことながら、北京公使館であった。当時公使はポール・ラインシュ[22]、彼を補佐する立場にあったのは一等書記官ジョン・マクマリであった[23]。ところがこの二人の間には中国政策に関して大きな差異があることが、大正三（一九一四）年八月以降の日本の対独参戦問題および青島戦役問題に関してすでに明らかとなっていた。すなわち中国は日本の対独参戦決定にあたり、これが中国の中立を侵し、さらにより広範囲の侵略に発展することを恐れ、天津駐在アメリカ軍の介入によって日本の青島占領を阻止する可能性について打診したことがあった。当時ラインシュは不在だったため、マクマリは臨時代理公使として、アメリカ軍はアメリカ人の生命財産を守るためにのみ存在するとしてこの案を拒んだ。しかし九月末帰任したラインシュ公使は、中国を助けるのがアメリカの義務であると考えてこの案に強い興味を示した。国務省が既にマクマリの方針を支持した後であったのでラインシュの主張は通らなかったが、ラインシュはその後も日本の山東での行動に批判を持ち、これをアメリカが抑制する可能性について国務省に意見を具申し続けた[24]。要するに、二人は、中国におけるアメリカ外交の目的という最も基本的な事柄について、大きく隔たっていたのであった。

この問題から見て、ラインシュが日本との関係にはやや鈍感または無知（おそらくはその両方）であったと言ってよいであろう。多少とも当時の日本の政策決定のシステムや中国問題に関する世論について知識があれば、さきの案がもし実行に移されればどのような大問題を惹起したかを想像することは容易である。ラインシュは極東問題の研究者として名声のある学者であったが、日本に対する理解は疑わしいものであった。

もう一つ注目すべきは、この間ラインシュが国務省に自らの認識や判断として送ったものの中に、彼が中国政府筋から得た情報と同一のものが少なくなかったことである[25]。つまり彼は、彼と親密な関係にあった（と彼が信じた）者の提供する情報や判断を無批判で受け入れる傾向があった。それは、誇り高い専門外交官僚マクマリの好むところではなかった。つまり二人は、外交の目的のみならず、方法においても意見を異にしていた。

情熱的なチーフと冷静な補佐官の組み合わせは、時と場合によっては大変好ましい。この二十一カ条の場合はそうではなかった。長くなるがラインシュの仕事ぶりに関するマクマリの書簡を紹介したい[26]。

……ラインシュ公使はまた、公使館を純粋に個人的な仕事とみなす考え方に逆戻りしてしまいました。彼は何についても猛烈に均衡の感覚もなしに取り組みます。フレッドや私がもうやってしまった仕事をまたやり、たまたまデスクの上に発見した何かについていきなりデスパッチを——誰かが関連事項について仕事をしているかもしれないという可能性など考えずに——書き、彼に会いたいという者には誰とでも何についてでも会い、それをメモにすることはおろか、我々に知らせることすら大体忘れてしまう、といった具合なのです。彼は奇妙な心理の持主です。我々は彼が我々を信用していないとか、我々の協力を評価していないとは思っていません。実際彼はスタッフとの協力が望ましいことを、私がこれまで仕えたどの上司ともほとんど同じくらいに、理論的抽象的には理解しているのですが、知的にかあるいは性格的にか、部下とともに仕事をする能力を決定的に欠いているのです。我々はまず、我々の仕事における最も基本的な事柄についての彼の意見を知らされていません。彼は重要な仕事のかなりの部分を私的な通信によって行い、それは、我々のファイルに入らないか、入るとしても何カ月もたってからという具合です。そして彼は最も重要な仕事を会談で済ませ、その会談に我々の誰かを呼ぶことは考えもしないし、また記録を作成しもしないのです。彼はチャンセリ・システム、つまり全ての通信は、一つのデスクを経由させることにより、発送前に他の通信と照合・調整されるという仕組みなのですが、これを理論的には強く支持しているものの、実際には全く守らないのです。そういう訳で私は、我々が既に類似のケースで下したのとまるで両立しない決定が彼によってなされ、既に関係者に伝達済みであることを発見し、驚くことがしばしばです。実際のところ我々は、不本意ながら、彼とともにチームとして行動しているとは誰一人考えていません。そして彼はそのことに全く気づいていていないようなのです。

要するに、ラインシュの独走によって公使館は混乱に陥り、組織としてはほとんど機能しなくなってしまったのである。しかしラインシュといえども全く一人でこの難局にあたっていたわけではない。彼の周囲にあって影響を及ぼしていたのは、北京駐在の米英系のジャーナリスト、および中国の親米派外務官僚であった。

まずジャーナリストについて見てみよう。二十一カ条要求提出の前に一つの奇妙なエピソードがあった。日本政府は北京駐在の欧米ジャーナリストを日本に招待したのである。これは、つねづね日本の中国政策に対する彼等の批判的報道に悩まされていた外務省が、二十一カ条交渉を極秘のうちに行うために考案した作戦であったように思われる。少なくとも、この招待がそのような効果を持つことを外務省は認識していた筈である。

ところが、大多数のジャーナリストは喜んでこの招待に応じたものの、三人だけ中国に残った者があった。それはシカゴ・デイリー・ニューズのウィリアム・R・ジャイルズ、ロンドン・デイリー・テレグラフのレノックス・シンプソン（パットナム・ウィール）、およびニューヨーク・ヘラルドからタイムズに移ったばかりのW・H・ドナルドであった。[27] 彼等はいずれもいわば反日ジャーナリストとして著名な存在であったため、二十一カ条初期の在北京欧米ジャーナリズムは著しい反日色を帯びることになってしまった。のみならず、日本に招待されて二十一カ条交渉初期のスクープの好機を奪われたジャーナリスト達は、このことを遺恨に思い、反日化することとなった。たとえばAP通信のムーア特派員は、日置公使によれば、がんらい「極メテ実著公平ニシテ新聞社会ニハ稀ナル高潔ノ人物」であり、また「日本国ノ同情者」を自任していたが、交渉開始当時日本にあり、日本側の情報を信じて誤った報道をなしたことを遺憾とし、「東京ニオイテ外務省ニ欺カレタリ」と言い、深く怨んでいたという。要するに日本の招待は全くの逆効果を招いたのであった。[28]

さて、ラインシュが最初に二十一カ条に関する情報を得たのは二二日のことであった。ただちにラインシュは当時北京にいたジャイルズとシンプソンを招いて対策を練り、一体となって行動した（ドナルドは当時上海におり、二五日急いで北京に戻ってこれに加わった）。ラインシュの国務省への第一報は、一二三日夜、第二報は二四日未明に打電された。他方で、アメリカにおける最初の実質的内容を持った二十一カ条報道は、二五日シカゴ・デイリー・ニューズに載せられた。もちろんジャイルズ発のものである。ところが、この記事は、ラインシュの第一および第二報と、内容のみならず、語句文章の細部までほぼ同一であった。次いでラインシュの第三報（二六日）は、シカゴ・デイリー・ニューズ二六日の記事とほぼ同一であった。[29] 彼等の間の協力が如何に親密であったかが理解されよう。この協力関係は、後述するように、二十一カ条交渉の期間を通じて続いたとみてよい。

さて、ではどのような情報が打電されたのか。ラインシュの第一報は、「要求は、中国における門戸開放と中国の政治的経済的独立を完全に entirely 放棄するのでなければ受け入れられぬようなものと言われている」と述べる。第二報は言う。「当地では、日本の要求によって中国はかつて直面したことのない最大の危機に追い込まれていると認められている。」第三報。「日本の要求は、満州に加うるに山東、安徽、江蘇、浙江、江西の各省において日本に優越的な特殊権益を与え、同地域における中国の主権と門戸開放を損傷するのみならず、中国全土にわたり、将来の対外的コンセッションの全てについて日本の実質的拒否権を認めることが含まれていると、公使館は知らされている。[30]」

以上のようにラインシュの打電した情報は甚だ誇張されたものであった。とくに第二報など、古代以来にせよ、阿片戦争以来にせよ、多少とも中国の歴史に通じた人物とは思えないほど誇張された判断である。それは、ラインシュが得た情報が断片的なものだったからであろう。如何に想像力豊かな人物でも、二十一カ条の全文を知っていれば、これほど誤った判断は出来なかったであろう。これらの情報は、実は中国側から、主として顧維鈞によって、連日のように伝えられたものであった。つまり中国側は、日本が秘密保持を要求したのをかえって利用し、ラインシュの同情を最大限招くような形で断片的抽象的に情報を流したのであった。少なくとも、以上のような情報を流すとき、ラインシュがどのように反応するかは十分計算に入っていたはずであった。[31] こうしてラインシュと彼に近いジャーナリスト達は、顧維鈞の道具となってしまった。ただ、ラインシュはそのことを全く自覚していなかったのであるが。[32]

最初期に形成されたこのような二十一カ条イメージは、その後より詳しく正確な情報が入ったにもかかわらず、修正されなかった。ラインシュが二十一カ条に関して送った最初の長文のデスパッチは二月一〇日付のものであったが、そこで彼は、日本は中国の領土と主権を表面上は保ちつつ、満州、山東、福建の三方面から中国の重要部分を制圧し、顧問等で中央政府の行政権を奪い、事実上中国を保護国としようとしているという、いわば二十一カ条における侵略計画の大綱を描き出した。ここに見られる二十一カ条の全体イメージは、最初期のものと変わりがない。デスパッチ冒頭で、「中国史上最大の危機」云々という第二電の趣旨が繰り返されているのは、そのことを象徴している。[33]

それどころか、このイメージはラインシュにおいてついに変わらなかった。ラインシュの著名な回顧録の中には、二十一カ条における日本の中国侵略計画の全体像なるものを詳述した部分があり、今日でも時々引用されるのであるが、これは実は二月一〇日デスパッチの一節とほぼ同じものなのである。[34] 驚くべきことではあるが、二月一〇日以後に入った、新しい、より正確な情報は、ラインシュのイメージを全く変えなかったのである。

なお、ラインシュが持った広範かつ膨大な侵略計画としての二十一カ条イメージは、著しく歪んだものではあったが、極めて単純でわかりやすいものであった。それは、邪悪な日本や無垢で無力な中国を強調するエピソード[35]とともに、確信に満ちた明快な筆致で回顧録に綴られたため、後世の研究者にも広く受け入れられることとなった。二十一カ条研究の基本文献の一つである王芸生の著書が、アメリカのみならず、列国の対応についてほぼ全面的にラインシュの自伝に負っている事実を指摘するだけで、ラインシュの二十一カ条イメージの影響の大きさは明らかであろう。[36] しかし、そのイメージは、一月下旬、全く断片的な情報から作りあげたものにすぎなかったのである。そしてこのようなイメージを前提に、ラインシュは二月一日、ブライアン国務長官に対し、中国に要求の内容を公表させるべく、アメリカがその結果について道徳的・政治的責任を負うと申し入れるよう提案することとなった。[37]

それでは、次に、ワシントンの国務省ではどのような二十一カ条イメージが成立したであろうか。

2　国務省

さて国務省の極東部部長としてラインシュの電報に最初に判断を下す立場にあったのはE・T・ウィリアムズであった。長く宣教師として中国に滞在したことのあるウィリアムズは、心情的親中派であったため、ラインシュの情報を全て信じた。しかしウィリアムズからラインシュの電報とウィリアムズ自身のコメントを受け取った国務長官ウィリアム・J・ブライアンはこれを全く信じなかった[38]。

ブライアンの判断の理由として次を挙げることができるであろう。第一にブライアンとラインシュの間は親密とは言いがたかった。とくに、国際対立に巻き込まれることを極度に警戒するブライアンからすれば、前年夏以来のラインシュの行動は、日本との対立を激化させかねない、危険で誤った政策であった[39]。第二に、ブライアンはラインシュのドイツ・コネクションを警戒していた。ラインシュはドイツ系で、しかもドイツに留学した人物であった。中国においてもドイツ人と交際し、その反日プロパガンダに乗せられているのではないかとブライアンは懸念したのではなかろうか[40]。第三の理由は、ラインシュにとっては皮肉なことながら、ラインシュの報告が新聞報道と同一内容であったことであった。新聞のセンセーショナルな報道と同一内容の外交文書がそのままには信用されなかったのはむしろ当然であろう[41]。ブライアンはこれまで民衆政治家として新聞を利用してきた人物であったがゆえに、かえって新聞の時として信ずるべからざる所以を熟知していたのかもしれない。

こうして、国務省は、イギリスに問い合わせただけで、日本に対しても、中国に対しても、何等の手を打たなかった[42]。しかし二月八日になると、駐米大使珍田捨巳がブライアンを訪問して対中国要求事項を説明し、メモを渡した（以下、二月八日珍田メモ）。東京でも九日加藤がガスリー大使と会って、同様の説明を行った[43]。それは、同盟国ないし協商国たる英仏露三国に伝えられたものと同様の内容で、第一〜四号の要旨のうち第三号第二条が除かれている他はほぼ正確なものであった[44]。第五号はもちろん含まれていなかった。

ブライアンはここに、ラインシュの電報はやはり誇張されたものであったと確信して安堵した[45]。しかし二月一一日には、東京のガスリー大使から、匿名の外務省高官がメモ以外にも交渉事項があると通報してきた旨の電報が入った。そのため、ブライアンは一六日珍田と会った際、メモ以外に要求はないかを確認的に質問し、二月八日メモが要求の全てであるとの言明を得て、これを信じた(46)。

この間、北京のラインシュはどのような気分でいたであろうか。いくら彼が真実（と信じるもの）を伝えてもブライアンはこれを信用しない。「真実」を知らせる方法として、今度は新聞報道の利用が試みられるが、それもうまくいかない。たとえばムーアが二月一一日APに送った通信は、珍田の友人であったAP社長メルヴィル・ストーンが珍田の言葉を信じ、著しく誇張されていると判断したため、報道されなかった(47)。他方でブライアンも、ジャーナリストおよび中国政府との関係で距離感を喪失して深入りするラインシュに不安を持った。少々信じ難いことではあるが、ブライアンはラインシュに、二月八日メモを送らなかったばかりか日本側から説明を受けた事実さえ知らせなかった。それは、ラインシュから情報が漏れ、アメリカが困難に巻き込まれることを恐れたからであった。その結果、ラインシュはようやく一五日になって、しかも日置公使からメモを受領することとなった(48)。かくも重要なことが知らされず、自尊心を深く傷つけられたラインシュは、二月二〇日付ブライアン宛電報で、自分の電報は大統領にも見せて欲しいと述べる。それは、ほとんど国務長官の判断に対する不信任の表明であった。これに対しブライアンは二一日付ラインシュ宛電報で、全て大統領に見せていると、素っ気なく述べる。それは、先の不信任の表明に対し、公使に対する不信感は自分のみならず大統領も共有するところであると応じたに等しかった。この電報の応酬は、両者の相互不信の高まりを如実に示していた(49)。

最後の手段としてラインシュは中国政府を促して、アメリカ駐在中国公使から国務省へ二十一カ条要求の内容を伝達せしめた（二月一八日中国公使メモ）。ここに、二月八日珍田メモに含まれぬ条項の存在が明らかとなった。もっとも、ブライアンは日本のこれまでの説明を直ちに虚偽と断じた訳ではなく、これらの条項は最初に提出されたものの、中国の反対に遭ってすぐに撤回されたのではないかと考えた、しかしブライアンは事実を確認する必要を認め、二月八日珍田メモにない項目についてメモを作成し、東京で加藤外相に質問させることとした(50)。

二月二〇日ガスリー大使と会談した加藤は、そのメモの中に誤りがあると指摘し、次のように説明を加えた。まず第一項の顧問について加藤は、メモは only influential Japanese としているが原文に only はなく、また influential は competent の誤りであると指摘した。すなわち日本は日本からの顧問傭聘を求めてはいるが、他国からの傭聘を否定ないし制限する意図は持っておらず、傭聘さるべき「有力ナル日本人」についても特殊な意味はないと述べた。次いで第三項の警察合同について加藤は、メモは important places における警察官の majority を日本人とするよう求めたこととなっているが、important は necessary, majority は certain amount の誤りであって、満蒙等における一定数の雇用を求めたにすぎないと述べた。さらに第四項の武器供給については、メモ中の「中国ノ必要トスル武器ノ半数」(を日本から購入せよ)というのは、「一定量、例へハ半数」の誤りであって、現在ドイツから中国への武器供給が多い状態を改め、また日本から中国への武器供給を円滑に行うために一定量を定めようとするにすぎず、この第二案として中国に日中合弁の兵器廠を設立することも提案されていることを明らかにした。なお、以上が要求でなく希望であると強調されたことは、言うまでもない[51]。

ともあれ以上の説明にガスリー大使は納得した。二二日ブライアン自身も珍田大使と会談し、同様の説明を受け、納得した。第五号の他の条項についてはブライアンは質問も抗議もするつもりはなかった。第三号第二条について質問がなかったのは不思議であるが、多分ブライアンがその重要性に気づかなかったのであろう。のみならず、ブライアンは第五号が requests とされていることを知り、日本がこれらを強要する意思がないことを聞いて喜んだ[52]。二月一八日の中国側のメモは事実かなり誇張されたものであったが[53]、それゆえ、ブライアンは、日本側の二月八日メモと中国側の二月一八日メモの中間に真実があり、それは日本側の二月二〇日の説明で尽くされていると考えたのである。

なお、二月一五日に日本の二月八日メモを入手した北京のラインシュは次のように考えた。すなわち、日本が列国に通知した内容は、日本が中国に対して強要しようとするものの最低限度であり、列国に知らせてもよいと考えるものの最大限である。これらについては、中国は交渉に応じ、結局全てを受け入れるであろう。しかし日本が、このように列国に通知した内容について成功を収めたとき、果たして満足するであろうか。列国の沈黙に気をよくして、さらに、より危険な諸条項（第五号）の実現へと向かうのではないか。これがラインシュの危惧であった。[54]

以上が二十一カ条に対するアメリカ側の理解であった。そこから如何なる対策が打ち出されたか、それは日本に如何なる影響を及ぼしたか、これが次節の課題である。

三　日米外交の相互作用

1　アメリカの政策形成と日中間交渉の展開

さて国務省は、以上のような二十一カ条認識に基づいて、どのような政策を形成していったであろうか。もちろん、二月八日から二二日に至るガスリーおよびブライアンの対応振り自体、一つの外交行為であったことは言うまでもない。日本側はアメリカの好意的反応――とくに満蒙・山東に対する批判の欠如――を明らかに見てとった筈である。事実、ブイラアン国務長官の政策は、彼が珍田に示した態度の延長線上にあった。彼は第五号に関する日本側の説明を聞いた直後、ウィルソン大統領に書簡を送り、第五号のうちの第一、三、四、五（鉄道問題）、六（福建問題）項には問題があるとして、これらについてのみ日本に注意を喚起することを提案したのである。[55]

しかし国務省内には、もう一つの考え方があった。極東部長ウィリアムズは二月二六日付の意見書で、第二号の満蒙問題に関する日本の要求は、門戸開放・機会均等に抵触し、アメリカの利益を侵害するものだとし、日本の満州における特殊権益は認めざるを得ないが、いくつかの条件をつけるべきだと述べた。そしてその条件とは、満蒙が日本の過剰人口を吸収することに鑑み、対米移民問題においてアメリカの立場を受け入れること、満鉄における差別的運賃をやめ、通商上の機会均等を一層強く保証すること、この二点であった。ウィリアムズはまた第三号第二条が問題であることをも指摘し、第五号について態度を表明する前に、これらの問題について考慮すべきだと論じた。ウィリアムズのこの立場は、ランシングの強い支持を受けた。[56]

ウィリアムズのこの方針は、従来日本との取引の提唱と説明されてきた。[57] しかしこの提案の本質は、第一～四号の要求条項に触れずに第五号のみを取り上げることの危険を指摘したものであるように思われる。その場合日本は、アメリカは第一～四号を承認ないし黙認したと考えるであろうからである。ところが、ウィルソンは、ウィリアムズ提案の本質は取引であると理解した。そしてアメリカが中国の犠牲において日本と取引し、利益を得ることは認められないと、強くこれを拒んだ。[58] ウィルソンらしい心情倫理的判断であった。

その結果、アメリカの対応はブライアンの考えに沿って作られることとなり、三月一一日頃ほぼ出来上がり、一三日に完成されたのが有名なブライアン・ノートであった。この長大なノートは、よく知られているように、まず第一号および第二号について、アメリカは日本の山東および満蒙に関する要求について反対すべき根拠を有するが、「領土の隣接によって日本がこれらの地域と特殊な関係にあること」を率直に認め、この時点で問題を提起しないこととしたと述べ、また第三号および第五号第二、五、七項については、アメリカの権利と利益を脅かさぬものと認めた。そして第四号（中国沿岸の不割譲）および第五号第一、三、四、六項についてのみ、アメリカの権利と利益に抵触し、または中国の政治的独立と行政的統一を侵す恐れがあるという懸念ないし批判を伝えたのであった。[59]

三月一三日付のブライアン・ノートは一五日に珍田大使に届けられた。ノートの概要は一六日着の珍田の電報と、同日の加藤・ガスリー会談によって日本に伝えられた。[60] ではその頃まで、日中間の交渉はどのように展開されていたであろうか。

既に述べたように、アメリカその他の列国に、第五号を含む二十一カ条要求の概略が伝わったのは二月二〇日過ぎであったが、肝心の日中間交渉は、実はまだほとんど始まっていなかった。加藤の当初の基本方針は、連日交渉を行い、まず二十一カ条各号を一纏めに *en bloc* 交渉して中国の大体の同意を取り付け、しかるのち個別的に細目を詰め、出来るだけ短期間で交渉を終了させようというものであった。[(61)] 中国は当然強く反対し、外交総長の更迭で時間を稼ぎ、交渉の進め方で個別各条審議を要求して抵抗した。その結果、要求提出から一五日を経た二月二日にようやく第一回会議、五日に第二回会議が開かれたあと、一二日に中国側の対案提出という運びになったにすぎなかった。この対案は日本側の要求とは大きな隔たりを持つものであったが、日本はさらにこれに対する対案を二月一六日閣議決定し、中断されていた会議を再開する準備を整えた。

この二月一六日修正案で第五号第一、三、四項はどうなったか。まず顧問については、顧問傭聘を実行するよう日本政府より勧告する旨、日置公使が中国政府に対して声明するにとどめる、警察についてはさしあたり撤回する、ただし、満州における顧問・教官の傭聘に警察関係を含ませる、武器については、合弁兵器廠案を主に推進し、なお困難な場合には、追って当局者間で討議する旨の主義上の取り決めをする、というものであった。これらは言うまでもなく最終譲歩案として定められたものであった。しかし外交交渉では、最終譲歩案というのは、ギリギリの限度を示すものというよりは、しばしば現実的な解決のための妥協案のことであり、本音を示すことが多い。つまりこの段階で、これらの条項について現実的な利益を獲得することはほぼ断念されていたと言ってよいのである。もっとも、この譲歩限度を何時どの程度明らかにするかは、戦術的な考慮に委ねられることとなっていた。[(62)]

会議は二月二二日、一七日ぶりに再開された（第三回会議）。要求提出から一カ月以上を経過して、ようやく実質審議に入ったのである。交渉は逐条審議で行われ、中国側の執拗な抵抗にもかかわらず、第一号の山東権益の継承、第二号第一条の関東州・満鉄・安奉線の租借期限の延長等が、徐々に合意されていった。しかし、①日本の優越的地位を南満州のみならず東部内蒙古でも認め、第二号第二ないし六条の諸要求を東部内蒙古でも認めるか否か、②第二号第二、三条、つまり満蒙における居住・往来・営業の自由と土地所有権、の二点については、交渉は完全に行き詰まった。

たしかにこの二点は日本にとって極めて重要なものであったし、中国にとっても容易に譲歩しえぬものであった。しかし注目すべきは、このうちの後者、つまり第二号第二、三条における日本の主張が、事実上拡大されていたことである。すなわち、この二カ条については、前年一二月要求項目が決定されたとき、甲乙両案が定められており、まず甲案で交渉したのち、状況に応じてより柔軟な乙案に移ることとされていた。このような場合、結局乙案によって収束が図られるのが普通である。しかるに三月に入ってからの交渉は、全く甲案のみに基づいて行われ、日置公使は、乙案は考慮しないのかと加藤に問い合わせたほどであった。(63) 加藤がこのように事実上要求を拡大したことは、最も厳しい反応を示すと思われたアメリカが、第一～四号の要求条項について何等発言せず、とくに満州については理解を示すような態度であったことを看取し、警戒心を緩めたからであったのではないだろうか。

そこに届いたのが(三月一六日)ブライアン・ノートであった。これは、日本側から見た場合、アメリカの政策の大きな変更を意味していた。すなわち、日露戦争以来、日本の満州における地位に対して挑戦し続けてきた唯一の大国がアメリカであった。アメリカが日本を脅かした諸計画、すなわちハリマンの満鉄買収計画(一九〇五年)、満州中央銀行設立計画(一九〇七年)、錦愛鉄道計画(一九〇九年)、満州鉄道中立化計画(一九〇九年)、清国幣制改革および満州開発借款(一九一一年)等は、アメリカ経済界の不況や英仏露各国の対日協力によって阻止されたにすぎなかった。とくに錦愛鉄道等、遼河以西の満鉄併行線計画については、日本は反対することすら断念したほどであった。日本は一九一二年六国借款団成立に際して、同借款団は、南満州および東部内蒙古における日本の特殊権益に不利益を及ぼさないと了解する旨の留保を行ったが、これも当初南満州のみについて行う予定だったのを、ロシアが蒙古についてまで留保を行うのにいわば便乗して拡張したものであった。ただ、この留保の効力は極めて弱いものであったし、肝心のアメリカは、同借款団成立後間もなく、一九一三年に脱退してしまった。なおアメリカが通商上の機会均等については一貫して厳しい主張を持ち、たとえば満鉄運賃の一部について、外国製品に対する差別があるとしてこの頃まで抗議を続けていたことも注目に値する[64]。

このような歴史――といってもごく最近の――を前提にするとき、アメリカが、日本と満蒙および山東との間に領土の隣接による特殊関係を認め、第一、二号については今日問題を提起しないとしたのは、驚くべき変化であった。最も難航していた東部内蒙古問題、および第二号第二、三条の南満州東部内蒙古における居住・往来・営業・土地所有の問題への関心は全くうかがえなかった。このうち後者は、最恵国待遇により他国にも利益の及ぶ条項だったので、外務省はアメリカの支持まで読み取ったのかもしれない。一九日加藤は珍田に、ブライアン・ノートに対する回答趣旨を伝えたが、その本文部分冒頭には「帝国政府ハ米国政府ガ……満蒙、山東ニ於ケル日本国ノ地位ヲ克ク認識セラレ右両地方ニ関スル交渉案件ニ関シテハ米国政府ニ於テ何等問題ヲ提起セラルル意向ナキ旨表明サレタルコトヲ先ヅ以テ甚ダ多トスルモノナリ」とあり、日本側の満足が率直に示されていた[65]。ここに加藤がこれまでの印象を確認し、時間をかけて徹底した交渉を行っても対米関係は大丈夫と考えたとしても無理はなかった。

2　アメリカの政策の変化

ブライアン・ノートが指摘した問題点に対し、加藤は早速ガスリー大使に対し、説明を加え、反論を行った（三月二〇日）[66]。とくに第五号第六項（福建省における投資優先権）については、かつてアメリカが同省沿岸に軍事施設の建設を企図したとの風説が一つの背景となっていると指摘し、今後そのような施設を求めぬ旨約束してくれれば同項の修正を考慮すると、逆に注文した。以上の加藤の対応は、加藤自身「稍露骨ニ過グルヤト思ヒ多少躊躇シタルモ……打明ケテ御話合スル方貴国政府ニ於テ好マルルトコロナラント思ヒ飾ナク我カ見ル所ヲ開陳スルコトトシタル次第ナリ」と述べているほど、単刀直入であった。これは直ちに効果を挙げ、ブライアンは、顧問傭聘と武器購入で中国は日本を差別しないという主旨の居中調停的な案を示し、警察問題についても理解を示して一試案を提示し、さらに福建問題については、アメリカは福建には全く野心がなく、問題解決のためその立場を表明するにやぶさかでないと申し出た（三月二七日、二九日）(67)。実際アメリカの福建問題に関する立場は、その後の交渉に取り入れられた。やはりアメリカには率直に物を言って良かった、と加藤は思ったのではないだろうか。それはブライアンとガスリーについては正しかった。問題は、彼等が本当にアメリカの立場を代表していたかどうかであった。

アメリカの好意的反応に力を得て、加藤は日中交渉に取り組んだ。一六日からの事実上の武力示威を、列国に対してさほど隠しだてすることもなかった。早期妥結を望む日置に対し加藤は、細部にわたる詳細な指示を出し、容易に譲歩を認めようとしなかった(68)。

しかし難問の東部内蒙古および居住・往来・営業・土地所有問題は容易に進展しなかった。ただ、他の問題は並行して取り上げられたため、少しずつ前進し、三月二七日の第一五回会議ではついに第五号に入った。それまで中国は、第五号は中国の主権を損傷するので一切交渉に応じられないと主張し、日本は、第五号中の様々な条項のうち、どれがどのように主権を損傷するか説明せよと主張して、ともかく後回しということにされていたのである。二七日以後の第五号の討議はもちろん難航したが、四月一三日第二二回会議で全七項についての応酬が一応終了し、中国の立場がようやく明らかになったのであった。

その少し前、四月一〇日の第二一回会議の終了後、日置は第五号解決の方針を請訓《せいくん》し、加藤は一二日、二月一六日修正案をもとにした譲歩案を打電した。そこで加藤は、「其〔それらの譲歩〕代リ第二号第二条第三条内蒙古問題等ニツキ出来ルダケ我主張ノ貫徹ヲ見ル様極力交渉ヲ遂ゲラレ度シ」と述べ、第二号の東部内蒙古問題および第二、三条問題と第五号とを取引することを命じた。これに対し日置は、一三日の会議後加藤に打電し、第二、六項を除いては一二日修正案ですら協議を纏めることは不可能だと述べ、一層の譲歩の必要を示唆した。その際注目すべきは、日置が、「日夜精励是レ努メ……タル次第ナルモ予期ノ程度ニテ話ヲ纏ムルヲ得ザルハ本使ノ最遺憾トスル所ナリ」と述べていることである。つまり二月一六日案やこれと類似した四月一二日案よりももっと柔軟なラインで（ということは、おそらく白紙撤回に近い譲歩で）第五号を終わらせることは、二人の間で暗黙の合意があったのかもしれない。ともかく、条件についての硬軟はあっても、加藤と日置とはこの時点で、第五号の譲歩によって中国から第二号関係の譲歩を引き出すことで、完全に一致していた(69)。

ところが、次の一五日の第二三回会議において、陸外交総長は、「日本国政府ニ於テ此第五号ヲ全然撤回セラルル於テハ支那政府ハ東蒙問題ヲ成ルベク日本国ノ希望セラルル様考慮スベシ」と述べた。これこそ日置や加藤が待ち望んでいた言葉であった。日置は陸総長の言葉を引用するにあたって、「陸ハ始メテ……ト告白スルニ至レリ」と記しているが、そこには、待ち望んでいた言葉を引き出した喜びと得意がにじみ出ているように思われる。長かった二十一カ条交渉もついに無事解決の目処がついたように思われた(70)。

しかし次の一七日の第二四回会議で、中国側は、取引の可能性に関する前回の発言を撤回し、交渉は暗礁に乗り上げた。さらにその後、既に合意済みのいくつかのものまで白紙に戻すなど、中国の態度はますます強硬となった。

中国の態度の突然の変化は、アメリカの政策の突然の変化を背景としていた。ではそれは、何故、どのようにして起こったのか、三月上旬に遡って検討したい。

二月二二日の会議で再開された日中交渉の行方を、ラインシュは警戒しつつ見守っていた。そこへ三月六日の第七回会議で、日本側が交渉進展の遅さに対する強い不満を表明し、早急に大幅な譲歩がない場合には「外交以外ノ手段」に出る可能性を示唆したという情報が入った。ただラインシュは、交渉が行き詰まっているとは思っていなかった。中国はとくに第二号で重要な譲歩をしており、それによって第五号だけは免れようとしていると理解していた。にもかかわらず日本が「外交以外ノ手段」に訴えるとすれば、それは中国に第五号を強要するためであるとしか、ラインシュには

思えなかったであろう。(71)

言うまでもなく、この理解は誤っていた。日本はその頃第五号に関する説明を要求していたのであって、そのまま受諾することを脅迫的に迫っていたのではない。武力示威は、交渉の全般的促進、とくに第二号の東部内蒙古および居住・往来・営業・土地所有問題についての交渉を促進するためのショック療法を狙ったものであって、第五号のためのものではなかった。(72)ラインシュは、これら二問題の重要性を理解していなかったのである。

次の二回の会議についても、ラインシュは、中国の一層の譲歩、第五号阻止の決意、日本の第五号への固執、武力示威の切迫といった点を見てとり、第五号と武力示威とを一層明確に結び付けて考えるようになった。ワシントンの極東部長ウィリアムズもラインシュの判断を信じて第五号と武力示威を結び付け、「日本が、直ちに、他の列強が外交を通じて反対を表明する前に、その欲するものを手に入れようとする決意」を示すものと見た。ラインシュとウィリアムズの警告はついに大統領をも動かすこととなり、ウィルソンは、三月一〇―一二日にブライアンに三度メモを送り、深い危惧を表明したのである。(73)

もっともそれは、まだ大統領と国務長官の対立を意味してはいなかった。ウィルソンは具体的には三月一三日付のブライアン・ノートを急いで日本に伝えるよう指示したのみであった。つまりウィルソンはブライアン・ノートの要点を、第五号が強要されるものでないことを確認し、かつそれらの内容を緩和するよう申し入れたものと理解していたのである。それゆえ第五号強行のために武力示威が行われようとしているという判断からウィルソンは、ノートの急送を指示したのであった。しかしその理解は、満蒙・山東関係要求への黙認に注目した加藤のノート理解とは全く異なっていた。

ブライアン・ノートの概略を知らされたとき、ラインシュは一つのことに気がついた。つまり彼は、二月二〇―二二日に日本から第五号について説明があり、メモも渡されていたことを、このとき初めて知ったのである。ラインシュの抗議に接したブライアンは、その激しさを不快に思ったためか、通知しなかったのは公使館が秘密保持の点で信用出来ないからである旨を示唆し、ラインシュの神経を一層逆撫でするように、電報ではなく郵便で二月二二日メモを北京に送った[74]。

ラインシュの怒りは、三月三〇日のブライアン宛電報の中に見ることができる。そこでラインシュは、ブライアンが顧問・武器・警察・福建について日本に調停的提案をしたことに関し、異例に丁寧かつ断固たる口調で、それはアメリカの中国に対する友情の歴史を裏切り、中国の門戸開放と行政的保全という原則に関する道徳的責任を裏切るものであるとして厳しい批判を加えたのであった[75]。

この電報は大きな効果を持ったものと思われる。というのは、ブライアンはこのあと、福建問題は別として、顧問・武器・警察で日本に調停的提案をした事実を糊塗しようとした形跡があるからである。大統領やラインシュに対する電報やメモも、自己弁護的な調子が目につくようになる。つまりウィルソンもラインシュに同調し、日本とブライアンの双方に対して懐疑的になりつつあったのである。その懐疑は、四月一二日、在中国有力宣教師が連名で送った二〇頁に及ぶウィルソン宛電報（八日発）に接したとき、一層深まったようであった[76]。

四月一四日に至り、同日北京発のラインシュ電報に接してウィルソンの態度は断固としたものとなる。ラインシュはそこで、日本が中国を屈伏させるためアメリカの支持ないし黙認を強調し、それが新聞にも広まってアメリカのイメージが著しく傷つけられていることを指摘し、これに対抗するため、中国に次の申し入れをしたいと許可を求めてきた。それは、「アメリカ政府は中国における物質的利益も、道徳的義務も放棄しておらず、そうした権利や義務が傷つけられぬことを期待して交渉を見守っており、もしその期待が裏切られる場合には適切な行動をとるであろう」という趣旨のものであった。ラインシュの電報を読んだウィルソンはブライアンにメモを送り、自分は非常に不快・不安であり、日本側の保証は信頼出来ないと述べ、「我々は状況が許す限り積極的に、中国の主権の擁護者であることを示すべき」だとして、ラインシュの請訓に対して明白な許可を与えるよう指示したのであった。なお注目すべきは、ウィルソンがこのメモの中で、「我々が日本の要求のどれについても、黙認した訳ではないということを、ラインシュは明確に知らされているか」という一節があることである。つまり、ウィルソンは三月一三日ブライアン・ノートで述べたことを、もはや覚えていなかったのである。(77)

もう一つ決定的だったのは、三月六日にラインシュが送り、国務省に四月一三日頃到着したデスパッチであった。そこには、中国側から知らされた二十一カ条の全文と、日本側が認めているものの全てとが対比されていた。ラインシュは三月中旬まで二月二二日珍田メモの存在を知らず、二月八日珍田メモを日本側が認めている全てと誤解していたため、そこには当然大きな差異があった。ところが、ウィリアムズ極東部長は、中国版が正確なものであるかどうか、交渉過程における最新の真実は何かを全て検討することなく、この対比によって、「日本政府が、最も危険な要求を隠すことにより、アメリカ政府を意図的かつ体系的に欺こうとしてきた」ことが示されたと断じた。一六日ウィリアムズのメモを受け取ったウィルソンも、何故にか、この古い情報によって「情報はより完全になった」と考え、ラインシュ、ウィリアムズに与することとなり、「あらゆる実際的方法によって、中国を守る努力をしなければならない」とブライアンに指示したのであった。(78)

一四日のウィルソンの決意は、一四日のうちに駐米中国公使に伝えられ、また、一五日午後三時にラインシュに打電された。(79)これによって、一五日から一七日にかけての中国の態度変更が生じたものと思われる。そして一七日以後中国の態度が一層硬化したことの背景には、一六日のウィルソンの決意があったのであろう。

一七日以後における中国の態度変化は、加藤が「奇怪ニモ」と呼んだほど唐突なものであった。(80)もっと早い段階でならともかく、この最終局面では加藤も後へ引くことはできなかった。あと一歩かと思われた交渉は、突然暗礁に乗り上げ、日中関係は危機に突入してしまったのである。その突然の危機は、以上見てきたように、日米両国の外交が、互いに相手の外交についての理解を欠いたままに、相互に影響を及ぼしあったことによって生じたのであった。

おわりに

二十一カ条は何故あのような形で提出されたのか、その中で何が最も重要な要求であったのか、何故あれほど紛糾したのか、そして、何故あれほど悪いイメージを残してしまったのか。古くから提出されており、未だに解決されていないこれらの疑問は、相互に関連しあったものであり、一つの解答によって纏めて答えられねばならない。

最も重要な要求というのを、日本がいかなる代償を支払ってでも貫徹しようとした要求という意味にとれば、それは第一号の山東利権の継承と第二号のうちの関東州・満鉄・安奉線の租借期限延長であった。これは従来指摘されていたところであり、通説を否定すべき根拠は見当たらない。これらは、しかし、三月中旬の日本の武力示威開始の頃にはほぼ合意されており、二十一カ条を大きく紛糾させることはなかったのである(81)。

次に、最も重要な要求というのを、日中間の実質的攻防の中心という意味にとれば、それは第二号中の第二、三条、すなわち南満州東部内蒙古における日本人の居住・往来・営業・土地所有問題と東部内蒙古問題であった。つまり日本人の活動を認めるべき地理的範囲、およびその程度（治外法権・土地所有権）、そして日本の優越的地位を東部内蒙古でも認めるか否かが、最大の問題であった。これらは既に日本が事実上享受しているところであって、何等新たな権利の獲得にならないという見方も不可能ではない。実際日本側はそのように論じたことがあるし、またそのような論拠で加藤外交の無為を批判したものも少なくない。しかし、日本が既に獲得していた南満州での地位の延長上にこれらの権利が慣習的に成立したように、これらの権利が明確にされれば、さらにその上に多くの慣習的権利が発生していくことは予測に難くなかった。それゆえ中国はこれらに強く抵抗し、また日本も何とか中国を譲歩せしめようと様々な手段を尽くしたのである。そしてこの点における日本の要求が交渉開始当時よりも強硬であったのは、列国とくにこれまで日本の満州権益に対して最も批判的であったアメリカが、方針を転換して対日宥和的となったように見えたからであった。

最も重要な要求というのを、交渉を最も紛糾させた要求という意味にとれば、それは第五号第一、三、四項、すなわち顧問、警察、武器問題であった。日本はこれらについては大幅な譲歩をする予定であった。いや、むしろ、その譲歩の大きさを際立たせるために、当初の要求は故意に過大に作られたものであった。しかし、中国は第五号の交渉に応じなかったため、この譲歩は中国側には伝達されなかった。また日本も、アメリカの意外に好意的な反応に接し、焦点であった第二号第二、三項および東部内蒙古問題を一層有利に解決しようとし、そのための取引材料として最終段階まで第五号を温存したのであった。そしてそのことが、武力示威の開始とともに、アメリカをして、第五号こそ日本の要求の核心であって、それまでの日本の説明は全て虚偽であると判断せしめたのであった。中国側もアメリカに対し、その理解を得難い第二号関係事項でなく、第五号こそ日本の野心の中心であると説いたように思われる。こうしてアメリカの政策は一変し、これに勇気づけられた中国は抵抗を強め、その結果、四月一七日以降問題は大いに紛糾してしまったのであった。

二十一カ条交渉の後アメリカがこの交渉に対して持ったイメージについては次の点が指摘できる。まず、真の対立点であった第二号関係の複雑さは理解されず、したがって記憶もされなかった。日本は第五号に代表されるとてつもない野心を二十一カ条で実現しようとしたのであって、それはアメリカの介入によって辛くも阻止されたと理解された。アメリカの対応が問題を複雑化させてしまったことはおろか、アメリカが一時日本に対して好意的な反応を示したことさえ——ブライアンが間もなく対独政策をめぐってウィルソンと対立して辞職し、関係公文書の一部を持ち去ってしまったせいもあって(82)——忘れられてしまった。邪悪な野心を持つ侵略者日本、無力で無垢な中国、これを守る正義のアメリカというイメージが、二十一カ条後にできあがってしまったと言ってよいであろう。

これに対して日本ではどうであったろうか。まず、四月一七日以降の中国の態度変化の原因がアメリカから来た電報であるらしいと知った加藤は信じられぬ思いであったに違いない。長文の三月一三日付ブライアン・ノートの全文は郵便で送られ、四月九日外務省に到着したばかりであったからである。アメリカは日本と中国とに対し、五月一一日付で、アメリカの条約上の権利や門戸開放・中国の領土保全等に違反する協定はこれを認めないとする通牒を発し、加藤は直ちにこれに対し、具体的に何を意味するかを問い合わせた。加藤の問い合わせは、外交技術的にも当然ではあったが、実際のところ、彼は、アメリカの通牒の意味するところの理解に苦しんだに違いなかった。おそらく、第一次ブライアン・ノートからはアメリカの実益に動かされ易い点が、また第二次ノートからはアメリカの親中国性が、したがってその両方からアメリカ外交の偽善性と変わり易さへの不信感が、残ったのではないだろうか。二十一カ条は決して不用意に準備されたものではなかった。それどころか、列国の反応を計算に入れ、APやタイムズ[83]に対する影響力を利用し、取引条件を考慮して慎重に準備されたものであった。第五号の一見乱暴な文面、これを希望条項として他と区別し、列国に秘匿したこと、これらはそのなかでも工夫がこらされたところであった。しかし加藤はアメリカの反応の解釈を誤って、ついに大きな失敗を招いてしまったのである。

加藤の誤解の根底には、結局アメリカ外交を日本外交のレンズを通して見ていたという事実があるように思われる。たとえば加藤は、ブライアン国務長官の比重を、日本外交における加藤自身の比重と近いものと――つまり極めて重いものと理解していたように思われる。国務長官は所詮大統領の secretary であって、その言明が、大統領の意思によって一挙に覆ることがあるとは、加藤は考えてもいなかったであろう。ガスリー大使の地位についても、珍田大使のそれや、駐英大使時代の加藤のそれと、同一視はともかく、近似視していたのではないだろうか。また、満州や蒙古のように馴染の薄い所についても、アメリカは十分な情報や熟慮なしに発言することがあること、そしてそのような場合一旦した発言に責任を取るとは限らないということを、加藤が理解していたとは到底思えない。さらに、要点を適記した非公式のものとして渡した二月八日や二二日のメモが、いつのまにか日本の正式の通告と誤解され、その結果、日本の不正直さの証拠と見られようとは、想像もできなかったであろう。要するに、古典外交の通例から見た場合のアメリカ外交の非常識性を、加藤は十分認識し警戒していなかったのである。

二十一カ条の侵略性が非難さるべきものであったことは言うまでもない。しかし政治責任の観点から見るとき、二十一カ条の技術的拙劣さが一層非難されるべきであろう。たしかに二十一カ条は、経験に富んだ外交官の手になったものとは思えないほど杜撰にできているように見える。しかし、一見杜撰と見える点は、実は巧妙な戦術的判断の結果であって、その巧妙さ、精巧さこそが問題であったのである。二十一カ条は、日本がこれまで西欧から学んできた古典的帝国主義外交の秘術を尽くした外交であった。それゆえに、それは、古典外交の常識から逸脱したアメリカの外交にはよく対処しえなかった。二十一カ条における失敗は、その意味で、第一次大戦後における日本外交の転換の不可避性を予告していたのである。

（1）　関東州の租借期限は、一九二三年三月二七日までとなっていた。満鉄については、一九三九年七月一四日以後は有償で、また一九八三年七月一四日には無償で、中国政府に譲渡されることになっていた。さらに安奉線については、一九二三年一二月二日（もう二、三年後とする解釈も可能）以後有償で中国政府に譲渡されることとなっていた。大正二（一九一三）年一二月三日付日置公使宛加藤外相訓令案（外務省編刊『日本外交文書』大正三年第三冊、一九六六年。以下『外文』三―三と略記、他の巻についても同様）五八〇頁、および堀川武夫『極東国際政治史序説』（有斐閣、一九五八年）一二二―一二三頁参照。

（2）　たとえば、世界大戦期の米中関係に関する最近の優れた成果である Noel H. Pugach, *Paul S. Reinsch: Open Door Diplomat in Action* (New York: KTO Press, 1979) も二十一カ条のいわば過大な扱いにおいて同様である。また James Reed, *The Missionary Mind and American East Asia Policy, 1911–1915* (Cambridge, Mass.: Harvard University Press,1983) はこうした欠点を免れ、例外的に正確な二十一カ条評価を行っている優れた著作であるが、それでも、末尾に二十一カ条要求の全文として、中国側から国務省に手渡された不正確なものを載せている。なお、イギリスの研究は、Ian H. Nish, *Alliance in Decline: A Study in Anglo-Japanese Relations, 1908–1923* (London: Athlone Press, 1972) にせよ、Peter Lowe, *Great Britain and Japan, 1911–1915* (London: Macmillan,

1969) にせよ、イギリスの外交と同様にリアリスティックで、相対的に以上の欠点を免れている。

(3) 北岡伸一『日本陸軍と大陸政策――一九〇六―一九一八年』(東京大学出版会、一九七八年) 第三章第三節一参照。

(4) 紙幅の制限のため、二十一カ条研究史に網羅的に言及する余裕はない。アメリカの対応に関するものでは、まず、松本忠雄『近世日本外交史研究』(博報堂、一九四二年) が、日本側の資料しか使っていないが、アメリカの初期の好意的な反応とその突然の変化という事実を的確に指摘し、米英の対応の対比においても正鵠を射ている。さらに細谷千博「二一条要求とアメリカの対応」(『一橋論叢』四三号〔一九六〇年一月〕所収は、U.S. Department of State, *Papers Relating to the Foreign Relations of the United States, 1915* (Washington: U.S. Government Printing Office, 1924) (以下、*FRUS 1915* のように略記し、必要な場合には巻数を付す) に依拠して、アメリカの対応の変化を正確に描き出し、その変化の背後に、ブライアン国務長官に代わってウィルソン大統領が直接外交指導に乗り出していたことを指摘したもので、今日なお信頼しうる優れた研究である。ただ、アメリカの政策変化と日本の政策展開との相互作用について触れられていないこと、アメリカの政策形成過程の検討が国務省内の二、三人の政策の検討に止まっていること、資料が *FRUS* に限られていること、などが今日の日本外交史研究やアメリカ外交史研究の水準からして物足りないところである。本章は、これらの点を補い、*FRUS* の原文書である Record Group 59, General Records of Department of State, National Archives (以下、USDS と略記し、ファイル・ナンバーを付す。なお、*FRUS* への編纂の際、故意によるか過失によるかは不明であるが、重要部分が断りなしに省略されていることが少なくない) や国務省官僚の私文書を使い、また北京のアメリカ公使館をも含めたより広い範囲の政策決定過程を検討し、その結果、アメリカの対応と日本の二十一カ条交渉の展開との間に重要な相互作用が存在したことを示そうとするものである。

(5) 要求の全文は、大正三年一二月三日付日置宛加藤(『外文』三―三、五六一―五九〇頁)。

(6) 第五号の他の各項は、第二項が、中国における日本の病院、寺院、学校の土地所有権の承認、第五項が、武昌と九江南昌とを連絡する鉄道および南昌杭州間、南昌潮州間の鉄道敷設権の許与、第六項が、福建省における鉄道、鉱山等に対する投資優先権、第七項が中国における布教権であった。これらはいずれも中国にとっては深刻な問題ではあったが、前例のないものではなく、少なくとも理解可能な要求であった点で、第一、三、四項とは全く異なっていた。

(7) 「大正四年二月二十日米国大使来省会談ノ要領」(『外文』四―三―上、五七八頁)。なお、これが単なる列国向けの説明ではなかったことは、これより前二月一六日に閣議決定された修正要求案で、第五号第一項が大幅にトーン・ダウンされていること(後述)からも明らかである。加藤が顧問についてもしより多くを望んでいたのなら、まだほとんど実質審議に入っていないこの段階で、大幅な要求縮小をする筈がないからである。

(8) Cyril Pearl, *Morrison of China* (Victoria, Australia: Penguin Books, 1970), p. 309. モリソンは五月七日の日記に次のように記している。「危機が生じて以来、中国側の誰からも、一度も相談を受けない『政治顧問』などというものがあるだろうか。私のところの情報の欠如はあまりにひどいので、情報を求めるジャーナリストは寄りつかなくなってしまった。〔イギリス――註記北岡、以下断らぬ限り同様〕公使館からも、サー・ジョン〔ジョーダン〕も誰もやってこない。それも当然だ。私のところにあるものと言ったら、パットナム・ウィールがその想像力から『事実』をつくりだす真似でもしない限り、皆無に等しいのだから。……この頃気分がすぐれない。何か老けこんだような気がする。それにこの『顧問』というインチキな地位がますます嫌になってきた。」

(9) 「六月九日北京ニ於ケル有賀博士ト通信記者トノ会見録」(『外文』四―三―上、五三三―五三七頁)を見ると、当時の日本人の有賀に対する反感が如何に強かったかが窺える。それは、他方、有賀の果たした役割の大きさの証拠でもあろう。

(10) たとえば、国務省は顧問関係の要求として "That the Central Government employ only influential Japanese subjects as advisers ……" との情報を得て、その真偽を確かめるよう駐日大使に指示している。Bryan to Guthrie, Feb. 19, 1915, *FRUS 1915*, p. 93.

(11) 註(7)に同じ。

(12) 大正四年一月四日手交日置公使意見書(『外文』四―三―上、一〇八頁)。

(13) 大正四年一月二四日付加藤宛日置(同前、一一〇頁)。

(14) 前掲註(10)資料や、中国政府から国務省に渡された二十一カ条全文英訳は、"important places" とし、"employ a majority of Japaneses" としている。

(15) 註(7)(10)(14)参照。

(16) 長岡新次郎「対華二十一ヶ条要求条項の決定とその背景」『日本歴史』一四四(一九六〇年一月)所収、臼井勝美『日本と中国――大正時代』(原書房、一九七二年)、北岡前掲書。

(17) 前掲大正三年一二月三日付加藤宛日置(『外文』三―三、五九二―五九三頁)。代償条件の有力なものは膠州湾還付であったが、加藤も日置も、それがほとんど唯一のものであると認めていた(大正四年二月九日付加藤宛日置、同二月一六日付日置宛加藤、『外文』四―三―上、一四五、一六七頁)。

(18) 大正四年一月一四日手交回答書(『外文』四―三―上、一〇七―一一〇頁)。なお、このようないわば取引用の条項は第五号だけではもちろんなかった。たとえば、同じ日置公使意見書が、山東鉄道の敷設権獲得は到底不可能としてこれを借款権とするよう提案したとき、小池回答書がともかく一応敷設権を主張するよう指示していること(同前)など、その例である。なお、このような重要事項なので、政務局長の文書ではあるが、加藤外相と合意の上のものであることに疑問の余地はない。

(19)　このような解釈は伊藤正徳『加藤高明』(同伝記編纂会、一九二九年)が示唆して以来、しばしば行われてきた。なおその反対に第五号こそ加藤の元来最も強く意図したところであるという解釈もある(たとえば野村乙二郎「対華二十一カ条問題」同『近代日本政治外交史の研究』〔刀水書房、一九八二年〕所収、初出は一九七七年)が、第五号各項における具体的な意図の推定や、交渉過程における変化の分析を抜きに、第五号が最後まで主張されたことをほとんど唯一の論拠としており、説得力に欠ける。

(20)　本章第二節参照。

(21)　二十一カ条を論じるとき必ず言及されるのは、一九一三年一月、第三次桂内閣の外務大臣に就任するために駐英大使を辞して帰国しようとする加藤が、イギリスの外相エドワード・グレイと会談し、日本の満洲権益長期保持の方針に関して、グレイの支持を取り付けたというエピソードである。これは、加藤の親英性とともに、交渉の背景としてしばしば指摘され、加藤がイギリスの支持を当てにし過ぎて失敗したという解釈に結び付けられることが少なくない。しかし、筆者は次の事実に注目すべきであると考える。つまり、加藤は二度グレイと会談し、一月三日には旅順・大連租借のことに言及し、上記のような反応を引き出したのであるが、一月一〇日に満鉄および安奉線のことを持ち出したときには、明確な反応を得られなかったのである。加藤も次のように記録に残している。「要するに、本件については、旅順・大連租借地に関する程、我希望を援くべき有力なる歴史上其他の理論なきを以て、余の開陳に対しグレイ氏に於いては、何等反対の意見を述べざりしと同時に、著しく会心の模様も見えざりき。」(前掲『加藤高明』下巻、一三二一一四〇頁)。その後、楊子江流域の鉄道問題において、日本の進出要求に対し、代償として満州へのイギリスの進出を要求するなど(Peter Lowe, *op. cit.*, ch. 5. ただし、満州への進出要求は、日本の要求を拒む口実であって、イギリスが真剣にこれを実現しようとした訳ではない)、鉄道問題ではイギリスは相当にしたたかであった。それを加藤は熟知していた筈である。つまり、加藤はイギリスの対応について楽観しておらず、むしろ厳しいものと予測して交渉に臨み、それゆえ最終段階でのイギリスの厳しい反応も決して意外ではなかったと、筆者は考える。この点については他日改めて論じたい。

(22)　ラインシュについては、Pugach, *op. cit.* および Patrick John Scanlon, "No Longer A Treaty Port: Paul S. Reinsch and China, 1913–1919," Ph. D. dissertation, The University of Wisconsin, 1973. このうち、全体としての出来映えは Pugach の方が優れているが、ラインシュ自身の視点を無批判に踏襲することが多いところが問題である。他方 Scanlon の方は資料や叙述にムラがあり、作品としては前者に劣るが、ラインシュに対する批判は的確であり、部分的に前者を凌ぐところも少なくない。

(23)　マクマリについては、北岡伸一「ワシントン体制と『国際協調』の精神——マクマリ・メモランダム(一九三五年)によせて」『立教法学』一三号（一九八四年）所収（本書第三章）参照。最も情報が多いのは、今のところ Janet Sue Collester, “J.V.A. MacMurray, American Minister to China, 1925–1929: The Failure of a Mission,” Ph. D. dissertation, Indiana University, 1977 であるが、解釈については問題が多い。

（24） Burton F. Beers, *Vain Endeavor: Robert Lansing's Attempt to End the American-Japanese Rivalry* (Durham: Duke University Press, 1962), pp. 23–28; Collester, *op. cit.*, pp. 24–27; Scanlon, *op. cit.*, pp. 94–109.

（25） たとえば、“Memorandum of Conversation with His Excellency, Liang Tun-Yen, Minister of Communication, October 1, 1914.” (The Papers of Paul Reinsch, Historical Society of Wisconsin, Madison, Wisconsin, cited hereafter as Reinsch Papers) の一部が、ほぼそのまま、Reinsch to Bryan, November 28, *ibid.* に使われている。Scanlon, *op. cit.*, pp. 103–104.

（26） MacMurray to Mother, March 3, 1915. (The Papers of John V. A. MacMurray, Mudd Library, Princeton University, cited hereafter as MacMurray Papers). この文書の使用を許可されたマクマリ令嬢、Mrs. George W. B. Starkey に感謝したい。

（27） 以上、Mordechai Rozanski, “The Role of American Journalists in Chinese-American Relations, 1900–1925,” Ph. D. dissertation, University of Pennsylvania, 1974, pp. 207–208. なおラインシュとジャーナリストとの関係については、Earl Albert Selle, *Donald of China* (New York: Harper & Brothers, 1948), ch. 15; Paul S. Reinsch, *An Americam Diplomat in China* (Garden City: Doubleday, 1922), ch. 13. をも参照。

（28） 大正四年四月一九日付加藤宛日置（『外文』四―三―上、三三四―三三五頁）。同前によればタイムズのフレーザーも同様であった。なお、ムーアはこののち、中国政府から数千ドルをもらって報道をなし、それが発覚して罷免されている。Rozanski, *op. cit.*, p. 241, n. 62.

（29） *Ibid.*, pp. 211–212.

（30） Reinsch to Bryan, Jan. 23, 24, 26, USDS 793. 94/209, 793. 94/210, 793. 94/211. これらはいずれも *FRUS 1915.* にも収録されているが、かなりの省略がある。

（31） Rozanski, *op. cit.*, pp. 209–210.

（32） たとえば、Reinsch, *op. cit.*, p. 130.

（33） Reinsch to Bryan, Feb. 10, 1915, USDS, 793. 94/225.

（34） Reinsch, *op. cit.*, pp. 132–134.

（35） 日本の邪悪さについては、たとえば、提出された要求書には、軍艦の透かしが入っていて、日本の武力行使を示唆し、威嚇していたというエピソードが記されている(*Ibid.*, p. 131.)が、これは事実に反する(李毓澍『中日二十一条交渉』上巻(台湾、中央研究院近代史研究所、一九六六年)二二三—二二四頁)。また中国の無垢・無力については、たとえば、要求を突きつけられた袁世凱は、その衝撃に口もきけなかったとある(*Ibid.*, p. 132.)。加藤宛日置報告(一月一九日付、『外文』四—三—上、一一五頁)にある、袁世凱は極めて謹厳なる態度を以て終始熱心に傾聴したというのと、言葉を発しなかったということ以外は全く異なる。どちらが事実だったかは言うまでもない。ラインシュ版のストーリーは、百戦練磨の大総統に対する明らかな過小評価である。ジョーダン公使は、二十一カ条要求が明らかになったとき、こういうことは、イギリスが日本に参戦を要請した時点で自明だったと言ったが、それが外交官の常識というものである。Lowe, *op. cit.*, p. 237. なお、青島問題で若干触れたように、ラインシュは日本の「一貫した野心」という見方を既に持っていた。これと、「想像を絶する過酷な要求」という見方とは、論理的に矛盾する。しかし、この二つは、ラインシュの心理の中では矛盾しなかったのである。

(36) 王芸生『六十年来中国与日本』全七巻(天津、大公報、一九三四年)。近年北京から出版された版には、断りなしに削除されている部分が多い。なお、この著作は今日なお重要な資料ではあるけれども、引用または依拠している重要資料の相当部分が偽資料であることが、李前掲書の徹底した考証によって明らかにされていて、使用する場合には十分な注意が必要である。

(37) Reinsch to Bryan, February 1, 1915, Arthur S. Link, ed., *The Papers of Woodrow Wilson*, Vol. 32 (Princeton: Princeton University Press, 1980. Cited hereafter as *PWW* 32), pp. 169–171.

(38) ウィリアムズについては、”Dimitri Daniel Lazo, “An Enduring Encounter: E. T. Williams, China, and the United States,” Ph. D. dissertation, University of Illinois at Urbana-Champaign, 1977 を参照。なおワシントンにおける政策の形成については、他にランシングが Councilor として果たした役割、およびウィルソン大統領の役割が重要であるが、これらについては、それぞれ、Beers, *op. cit.* および Arthur S. Link, *Wilson: the Struggle for Neutrality* (Princeton: Princeton University Press, 1960), ch. 9. が詳しい。

(39) 国際紛争に巻き込まれることへのブライアンの強い懸念については、日本の大戦参戦に際してマクマリ駐華代理公使に宛てたいくつかの電報を参照。*FRUS 1914, Supplement*, pp. 163–174.

(40) 直接の証拠はないが、一月二六日のブライアン宛ラインシュ電報は、否定的にではあるが、中独提携の噂を伝えている。*FRUS 1915*, p. 80. この噂の文脈では、ラインシュの行動は当然親独的ととらえられる訳である。

(41) 二月八日珍田大使と会談した際ブライアンは、「新聞紙ノ報道ハ……頗ル誇大ニ吹キ立テ居リ其ノ不正確ナルニハ困ル」と述べている(『外文』四—三—上、五五八頁)。なお、当時の新聞記者の国務省における取材ぶりとこれに対するブライアンの強い警戒が、二月一八日付大統領宛書簡に見られる。*PWW*, pp. 245–246.

(42)「中国に対して直接アドヴァイスをすることも、中国のために直接現在の交渉に干渉することも、日本の嫉妬と敵意をかきたて、それが中国に向けられる可能性を考えると、むしろ弊害の方が多いように思われる」というのが大統領(および国務長官)の判断であった。Wilson to Reinsch, February 8, 1915, *ibid.*, pp. 196–197.

(43) The Japanese Embassy to the Department of State, *FRUS 1915*, pp. 83–84; Guthrie to Bryan, Feb. 9, 1915, *ibid.*, pp. 84–85. 大正四年二月八日付加藤宛珍田、同九日加藤・ガスリー会談記録(『外文』四—三—上、五五七—五六一頁)。

(44) 二月八日珍田メモに第三号第二条、すなわち漢冶萍公司に対して一種の独占権を与え、同公司を保護するための条項が含まれなかった理由は明らかではない。おそらく、この条項の背景が極めて複雑であり、また門戸開放に抵触する可能性があったため、その疑惑と説明の煩わしさを避けるため、これを除くという姑息な手段をとったものと思われる。

(45) ブライアンの安堵の様子は、二月一四日付加藤宛珍田(『外文』四—三—上、五六八頁)。

(46) Guthrie to Bryan, Feb. 11, 1915, *FRUS 1915*, p. 83; Department Memorandum, Feb. 16, 1915, *ibid.*, p. 92. なお、二月一五日付のウィリアムズのメモランダムの末尾に、「私は日本大使を信じる」と、ブライアンは書き込みをしている。USDS 793. 94/225.

(47) Reinsch to Bryan, Feb. 12, 1915, USDS 793. 94/227; Rozanski, *op. cit.*, pp. 219–220. 大正四年二月一二日付加藤宛珍田(『外文』四—三—上、五六三頁)。

(48) Reinsch to Bryan, Feb. 15, 1915, USDS 793. 94/231. 秘密漏洩に対するブライアンの懸念については、次註所引書簡参照。

(49) Reinsch to Bryan, Feb. 20, 1915, USDS 793. 94/236; Bryan to Reinsch, Feb. 22, 1915, *ibid.*

(50) The Chinese Minister to the Secretary of State, *FRUS 1915*, pp. 93–94; Bryan to Reinsch, Feb. 18, 1915, *PWW*, pp. 246–247; Bryan to Guthrie, Feb. 18 (2 telegrams), *ibid.*, pp. 247–248.

(51) Guthrie to Bryan, Feb. 21, 1915, USDS 793. 94/237. 大正四年二月二〇日加藤・ガスリー会談記録(『外文』四—三—上、五七七—五八一頁)。

(52) 大正四年二月二三日付加藤宛珍田(『外文』四—三—上、五九一—五九二頁)。

(53) たとえば、警察官雇用における important places, a majority of Japanese, 顧問における influential, 武器における at least half などの点。

(54) Reinsch to Bryan, Feb. 15, 1915 (telegram), USDS 793. 94/231; Feb. 15, 1915 (despatch), *ibid.*, 793. 94/259.

(55) Bryan to Wilson, Feb. 22, 1915, *PWW*, pp. 269–270.
(56) Williams to Bryan, Feb. 26, 1915, *ibid.*, pp. 319–322; Lansing to Bryan, Mar. 1, *ibid.*, pp. 322–324.
(57) Link, *op. cit.*, p. 282; Beers, *op. cit.*, pp. 38–39.
(58) Wilson to Bryan, Mar. 4, 1915, *PWW*, p. 319. なお、移民問題とのリンケージについては、本書序章参照。
(59) *FRUS 1975*, pp. 105–111; Link, *op. sit.*, p. 283.
(60) 大正三年三月一五日付加藤宛珍田、大正三年三月一六日加藤外相・米国大使会談記録（『外文』四—三—上、六一三—六一八頁）。
(61) たとえば、大正四年一月一一日、二六日、二八日付日置宛加藤（同前、一一一、一二二—一二三頁）。
(62) 大正四年二月一六日付日置宛加藤（同前、一六四—一六八頁）。
(63) 大正四年三月七日付加藤宛日置（同前、二〇九—二一〇頁）。
(64) 北岡前掲書、第一章第一節一、第二章第一節二の一、第三章第一節二の一参照。
(65) 『外文』四—三—上、六四二頁。なお、福建問題に関してではあるが、日置は曹汝霖に対し、四月九日、「『ウィルソン』政府ノ存在スル今日ニ於テ此問題ヲ決定シ置クハ東洋平和維持ノ為緊要」と述べている（大正四年四月一〇日付加藤宛日置、同前、三〇六—三〇七頁）。ここにも、一六年振りに登場した民主党政権の政策が、ドル外交を展開した共和党のそれと大きく異なるものであるとの認識が示されている。
(66) 大正四年三月一九日付珍田宛加藤、三月二〇日加藤外相・米国大使会談記録、三月二二日付加藤宛珍田、三月二五日付加藤宛珍田公信（『外文』四—三—上、六四一—六四四、六四六—六四九、六五四—六六四頁）。
(67) 大正四年三月二八日付加藤宛珍田、三月二九日加藤外相・米国大使会談記録（『外文』四—三—上、六六八—六七〇頁）。このうち後者では、たとえば警察問題について見ると、ガスリー大使は「警察ノ件ハ満蒙ノミニ限リ且ツ日本人ノ住居スル区域ニ限ルコトナラバ米国政府ニ於テ異存ナシト云フ趣旨ナリ」とまで明言している。なお、アメリカ側の資料では、Bryan to Guthrie, Mar. 26, 1915, *FRUS Lansing Papers*, Vol. 2, p. 414; Guthrie to Bryan, Mar. 30, 1915, USDS 793. 94/273. が重要である。このうちの後者でガスリーは、加藤との会話は most cordial であったと述べており、日本側資料が伝える雰囲気と符合している。
(68) たとえば、大正四年三月二三日付加藤宛日置電報と二五日付日置宛加藤電報を対比せよ（『外文』四—三—上、二五一—二五三、二五七—二五九頁）。
(69) 大正四年四月一一日付加藤宛日置、四月一二日付日置宛加藤、四月一四日付加藤宛日置（同前、三〇九—三一一、三一四—三一五、三二一―三二二頁)。

(70) 大正四年四月一五日付加藤宛日置(同前、三二一―三二四頁)。もっとも加藤は、第五号をどの程度撤回するかは、東部内蒙古や第二号第二・三条問題でどの程度中国が譲歩するかによるので、もう一押しすべきだという感触で受け止めている。四月一六日付日置宛加藤(同前、三二五―三二六頁)。

(71) Reinsch to Bryan, Feb. 8, 1915, USDS 793. 94/245.

(72) 日置は三月三日付加藤宛電報で、「第二号第一条〔とくに満鉄および安奉線〕討議ニ際ニ於ケル支那側ノ与ヘタル説明ハ……我ニ於テ最重要トスヘキ第二号ノ進行上憂慮ニ耐エザルモノアリ、将来適当ナル問題ヲ切掛ニ強力ナル威嚇手段ヲ講ズルニアラズバ本号殊ニ第二条第三条ノ如キハ到底我主張ノ貫徹ヲ期スベカラザルヤニ感ゼラル」と述べている(『外文』四―三―上、一九七―二〇〇頁)。

(73) Reinsch to Bryan, Mar. 12, 1915, USDS 793. 94/249; Williams to Bryan, Mar. 12, 1915, *PWW*, p. 368; Wilson to Bryan, Mar. 10. 12(1), 12(2), 1915, *ibid.*, pp. 353, 367–368.

(74) Reinsch to Bryan, Mar. 17, 1915, USDS 793. 94/252; Bryan to Reinsch, Mar. 18, 22, 1915, *ibid.*; Rozanski, *op. cit.*, pp. 217–218. このうちのブライアンの電報には、いずれも北京公使館における秘密保持に関する強い懸念が述べられていて、ラインシュに対する不信が暗示されている。実際、秘密漏洩に関する危惧が、二二日メモが送られなかった理由である。この点については、Bryan to Wilson, Feb. 22, 1915, *PWW*, pp. 269–270.

(75) Reinsch to Bryan, Mar. 30, 1915, *ibid.*, pp. 459–460.

(76) Bryan to Reinsch, Mar. 31, 1915, *ibid.*, pp. 460–461; Link, *op. cit.*, pp. 289–290.; Wilson to Bryan, April 12, 1915, *ibid.*, pp. 508–509. なお、この宣教師からの電報は、七〇〇〇ドルを超える費用を要したが、それは中国政府から供給されたという。細谷前掲論文、四二頁。

(77) Reinsch to Bryan, April 14, 1915, *PWW*, pp. 519–520; Wilson to Bryan, April 14, 1915, *ibid.*, pp. 520–521.

(78) Reinsch to Bryan, Mar. 6, 1915, USDS 793.94/292; Williams to Bryan, Mar. 13, 1915, *ibid.*; Wilson to Bryan, April 16, 1915, *PWW*, p. 531.

(79) Bryan to Wilson, April 15, 1915, *ibid.*, pp. 524–525; Bryan to Reinsch, April 15, 1915, *ibid.*, p. 520. なおこのラインシュ宛電報は、当初ブライアンによって起草されたものを、ウィルソンが遥かに強い調子のものに訂正したものらしいのであるが、ブライアンの草稿は、発見されていない。*Ibid.*

(80)　大正四年五月六日加藤外相・米国大使会談記録(『外文』四—三—上、七三七—七三八頁)。なお、ここでの加藤は、「特ニ厳格ナル態度ニテ」、「語気ヲ改メ」て中国の態度変化について語っている。つまり明らかにアメリカに責任があると考え、これを批判しているのである。もっとも、ガスリー大使はそれを十分理解しなかったようである。

(81)　たとえば、日置公使は三月六日の第七回会議の冒頭で、「支那側ノ態度ハ両国々交ノ危機ヲモ来サントスルカ如キ最モ重大ナル案件ヲ議スルノ誠意アルモノトモ認ムルヲ得ス、殊ニ前回ノ如キハ故ラニ此感ヲ深クセリ」と警告しており、前回紛糾したのは満鉄および安奉線の期限延長問題であった。彼等が第二号第一条を如何に重視していたかの一例である。大正四年三月七日付加藤宛日置(『外文』四—三—上、二〇七—二〇九頁)。

(82)　Link, *op. cit.*, p. 290.

(83)　タイムズとの関係については、大正四年二月二一日付加藤宛井上(『外文』四—三—上、五八七頁)を参照。

[追記]　本稿執筆以後に刊行された二十一カ条に関する研究の中では、川島真「二十一箇条要求と日中関係・再考——中国側の対応を中心に」(同編『近代中国をめぐる国際政治』(中央公論新社、二〇一四年)所収)が多くの新しい事実を掘り下げていて、示唆に富む。

第三章　ワシントン体制の崩壊とマクマリ・メモランダム

はじめに

国務省の中で孤立感を深めていたジョージ・F・ケナンがワシントンを去ってプリンストンの高等研究所に着いたのは、当初の予定より二カ月ほど遅れた一九五〇年九月一〇日のことであった。六月二五日朝鮮戦争が勃発し、いま少し在職して危機処理に協力するよう求められたためであった。ケナンが国務省を離れてまもなく、九月一五日には国連軍は仁川に上陸して反撃を開始した。さらに一〇月初めには、三八度線を越えて北進が開始された。これは六月以来ケナンが一貫して反対し続けていた政策であった。はたして一〇月二五日には中華人民共和国義勇軍が鴨緑江を越えて参戦し、戦争は長期化することとなった。ケナンはこのような事態の推移を深い憂慮の念をもって見守っていた。彼は「現役の外交官生活において許されるよりも、より深くまたより組織的な思索」を行うためにプリンストンに来たのであったが、その思索の主な対象の一つは、東北アジアの問題とならざるをえなかった(1)。

国務省を離れたケナンのもとへは、著述・講演等の様々な依頼が多数舞いこんでいた。彼が受諾したものの一つが、五一年四月のシカゴ大学における六回連続講義であった。その第二回と第三回とが極東問題の分析のために費やされたのも、彼の関心と当時の国際情勢からして極く自然なことであった。六回の講義はケナンの別の論文二つとともに五一年秋出版された。今日に至るまで、アメリカ外交全般を論じた著作の中で、この『アメリカ外交五〇年』以上に幅広く読まれたものはないであろう(2)。

さてケナンはこの本の第三章で、当時まだ存命中ながらほとんど忘れられた存在であったある人物、ジョン・マクマリをとりあげて「我々の中で最も消息通の職業外交官」と呼び、彼が一九三五年に著したメモランダムを「極めて思索的で予言的」と讃え、約一ページにわたって引用した。それはマクマリが真珠湾に先立つこと六年にして日米戦の蓋然性について述べ、のみならず、その帰結を次のように推論した部分であった。すなわちマクマリは、(1)日本を敗北させても、活力ある国民は敗戦などによって御しやすくなるものではなく、極東問題から日本を排除することはできない、(2)仮に日本を排除しえても、それはソ連の進出を招くだけであって、事態はむしろ悪化する、(3)しかも、国家や民族は感謝の念に動かされるものではなく、中国が日本から救われたことに感謝して親米的になることはありえず、むしろ勢力を増大させたアメリカに抵抗するであろう、と述べていた。ケナンは長い引用のあとただ一行、「今日我々が朝鮮で直面している事態をみる時、これらの言葉に論評は不要である」と記している。たしかに五一年の国際関係の中で、マクマリの三五年のメモランダムはこの上もなく「予言的」であった(3)。

このメモランダムは、バルト三国駐在公使であったマクマリが休暇帰国中、長い極東外交経験を基にした極東情勢分析を提出するよう国務次官補スタンリー・ホーンベックから依頼され(4)、一九三五年一一月一日完成したもので、約一万七〇〇〇語の長大な文書である(5)。しかしマクマリはそのメモランダムの大半を、現状分析や政策提言にではなく、現状がもたらされた理由と経緯の分析に費やし、危機の起源をさかのぼってワシントン体制の崩壊に求め、しかもそれが三一年の満州事変等によってではなく、二五年から二九年にかけて起こったとしたのである。マクマリはかつて国務省極東部長(一九一九—二五)としてワシントン会議(一九二一—二二)に参画し、まさにこの二五年から二九年にかけて中国駐在公使の地位にあった人物であった。それゆえこのメモランダムは、ワシントン会議の成果に対する自負と、その崩壊に対する無念の思いとをこめた、マクマリのワシントン体制崩壊論なのである。

あらかじめ一言で要約すれば、マクマリはワシントン体制を国際協調のシステムであるとし、国際協調の精神の喪失がその崩壊をもたらしたとする。一見したところそれははなはだ陳腐な命題にすぎない。ワシントン体制を国際協調のシステムと見るのはごく一般的に行われているところである。しかし、一体国際協調とは何なのか。それは何故に必要なのか。こうした点を追究した研究はこれまで存在していない。

マクマリの中国公使時代がこれまで研究されてこなかったわけではない。しかしそれらはいずれもマクマリを、中国ナショナリズムを十分理解し対処しえなかった人物として、低い評価しか与えていない(6)。しかし三五年に極東国際関係について鋭く将来を予言したマクマリが、予言の基礎をワシントン体制とその崩壊の分析に置いたのであれば、我々は彼のワシントン体制崩壊論にいま少し真剣に耳を傾けてもよいのではなかろうか。ワシントン体制期を「協調の精神の喪失」というただ一つの命題で説明しようとしたマクマリの議論を検討することにより、この時期の極度に複雑な国際関係を分析するための、これまでになかった一つの分析枠組を獲得することが可能であるように思われる。それを通じてさらに、日本外交についてもいくつかの問題提起をすることができるかもしれない。以上が本章の目的とするところである(7)(8)。

マクマリ・メモランダムを論ずる前に、次に、まずマクマリの経歴を検討することとする。

一　マクマリの経歴

マクマリは一八八一年、ニューヨーク州イサカに、姉二人の三人兄弟の末子として生まれた(9)。父はコーネル大学教授、軍人から軍事史研究に進んだ人物で、とくにインディアン研究の権威であった。母はニューヨークの初期オランダ人植民者にまでさかのぼる名門で裕福な家の出であった。

マクマリは名門のプレップ・スクールであるローレンスヴィル・スクールからプリンストン大学に進み、一九〇二年に卒業した。ローレンスヴィル・スクール在学中に父が死んだが、母の財産は、その後の勉学のみならず、卒業後一年間ヨーロッパでのいわゆるグランド・トゥアーにも十分であった。

帰国したマクマリはコロンビア大学ロー・スクールに学び、一九〇六年学位（LL. B.）をとった。ロー・スクールの一年後輩に、後の大統領フランクリン・ローズヴェルトがいた（ただし彼は学位をとれなかった）。しかしマクマリは法律に深い興味を覚えるに至らず、研究者となることを考えるようになった。そしてロー・スクール卒業の前から、プリンストンでプリセプター[10]（一種のティーチング・アシスタント）を勤め始め、かたわら研究を続け、エリザベス朝演劇に及ぼしたルネサンスの影響をテーマに、一九〇七年英語の修士号を得た。しかしマクマリはいま一度考えを変えて外交官となることを決意し、学長ウッドロウ・ウィルソンの推薦によって、一九〇七年国務省に地位を得ることとなった。

就職後直ちにシャム公使館付三等書記官となったマクマリは、同年末ロシア大使館付二等書記官となった。そこに一九〇九年、前駐清公使であり、著名なシノローグでもあったウィリアム・ロックヒルが大使として赴任して来た。マクマリはロックヒルに傾倒し、彼を Big Chief と呼び（身体面でもロックヒルは六フィート四インチの長身であった）、終世その尊敬は揺るがなかった[11]。早く父をなくしたマクマリにとって、ロックヒルは第二の父ともいうべき存在となった。しかも当時の大使館の主要な任務の一つは、満州におけるドル外交のために、ロシアの同意をとりつけることであった。こうしてマクマリは中国問題に対して深い関心を持つに至った。

一九一一年マクマリはワシントンに戻り、国務省情報部副部長、次いで近東部副部長、さらに同部長となった。この間マクマリは中国勤務を強く希望するようになった。その機会は一九一三年に到来し、彼は新任のポール・ラインシュ公使の下で、北京公使館付二等書記官、やがて一等書記官となった。彼の極東滞在は、短期間の東京大使館付参事官時代をあわせて一九一九年まで続いた。

マクマリにとって中国在勤時代は「黄金の日々」であった[12]。しかしそれはマクマリが中国に魅せられたということであって、彼が仕事の上でも幸福であったということではない。この時期のアメリカの中国外交は、日本の進出に対抗し、これを抑制することを課題としていたが、その点で成功であったとは決して言えない。マクマリと上司ラインシュの関係も良好ではなかった[13]。中国問題について、彼の上司は依然としてロックヒルでなければならなかったのである。なおロックヒルは、袁世凱の顧問に任ぜられ、中国に向かう途中、一九一四年一二月に没した。その後まもなく、一九一五年六月、もう一人の袁世凱顧問であり、コロンビア・ロー・スクール（マクマリの母校でもある）教授から、ジョンズ・ホプキンス大学の学長となったばかりのフランク・グッドノウが中国を訪問した[14]。その時グッドノウが伴った娘にマクマリは恋をし、翌一九一六年二人は結婚する。第二の「父」を失ったかわりに岳父を得たわけである。

一九一九年、帰国したマクマリは国務省極東部長に任ぜられた。このころマクマリはすでに国務省内の職業外交官中のスターとなりつつあった。彼の名声をまず同僚の間に最初に高めたのは一九一三年、ウィルソン大統領から、ブライアン国務長官を通じてシャム公使のポストを提供された時、これを辞退し、北京公使館付二等書記官の地位を望んだことであった。マクマリの決断——というよりは咄嗟の反応というべきものであったが——の理由の一つは、尊敬するロックヒルがブライアンによって引退させられたことへの憤りであった[15]。しかし彼が表向き理由として国務長官に告げ、また実際彼の決断を背後で支えたものは、職業外交に一生を捧げるためには、次の政権において職を失うことにつながるような、あまりに急速な昇進は受けるべきでないという判断であった[16]。これは当時のアメリカでは——おそらくは今日でも——驚くべきことであった。このニュースはたちまち世界中に在勤する国務省官僚に伝わった。ベルリンにいたジョゼフ・グルーは、やはりブライアンを嫌っていたこともあって、次のようにマクマリに書き送った。「バンコク行き……の拒絶によって示されたあなたの仕事への忠誠ほど嬉しいものはありませんでした。この高貴な決断、主義のために一万ドルのポストを拒み、国務長官を脳出血で驚死せしめた話は、将来子供たちの歴史の本の全てに載せられるべきだと思います。……この話はここでは誰でもが知っています……。いつか、あなたの口からまたはペンか、タイプライターか――このエポック・メイキングなインタヴューのありのままを……聞きたいものです。あなたのような人がもう二、三人出てくればアメリカのパブリック・ライフも、我々の望むようになっていくでしょう。その動きはもう始まっています。[17]」マクマリへの賞讃と期待の大きさが理解できよう。

さて、マクマリの名声をさらにより広い範囲にまで高めたのは、極東部長就任後しばらくして出版された『中国関係条約及び協定集――一八九四―一九一八』であった。[18]これは一九〇四年にロックヒルの編集によって出版された著作[19]を改訂・増補し、かつ一九〇四年以後の分をつけ加えたものであった。周知のように一八九四年は、日清戦争によって中国の対外関係が一変した年であった。列国の中国への進出は、中国の弱体が暴露されたことと、対日賠償金を契機として列強に対する金融面での依存が強まったことにより、一段と激しいものとなった。それは、単に政府レヴェルのみならず、各国の銀行や企業やシンジケートなど、民間の主体との契約という形をとって行われることが多かった。しかもこれらの行為は、他の列強をあざむくため、しばしば秘密にされたり、改竄して発表されたりした。中国側でも、様々の契約から生じる義務を少しでも免れるため、秘匿や改竄を行ったし、またそもそも資料の保存は完全ではなかった。したがってロックヒルやマクマリの編著は、中国外交において最も基本的なものでありながら、容易ならざる辛苦の上にようやくでき上がったものであった。マクマリはこの作品を、公務のかたわらではあったが、約一〇年を費してほとんど独力で完成させたのであった。[20]したがってこの『条約・協定集』の出版とともにマクマリの極東専門家としての名声が一挙に高まったのは当然であった。

なお、先に述べたような列国の競争と秘密外交は、もちろん一九〇四年、つまり日露戦争以後も続き、むしろ一層強化された。それは第一次大戦後、秘密外交その他の旧外交が否定されるまで続いたと言ってよい。その意味でマクマリの著作は、時期的にも一貫性を持った一六年間を取り扱い、この時期の中国の対外関係を研究する上で、今日でも不可欠の文献となっている。それは、この本が一九七三年復刻されていることからも知ることができる。

さてマクマリの名声を高めた第三のものは、ワシントン会議の成功であった。これを指導したヒューズ (Charles Evans Hughes, 1862–1948) 国務長官は、ロックヒルとともにマクマリが最も心服した人物であった。長身で、学者肌であり、超然とした態度、やや気難しい人物であったところまで、ヒューズはロックヒルに似ていた。このヒューズを補佐して、先の著作によって中国をめぐる国際法的諸関係についての卓越した知識を示していたマクマリが、ワシントン会議で大きな役割を果たしたことは想像に難くない。[21] 会議の成果についてはのちに譲ることとして、ここでは、九カ国条約が上院で反対ゼロで批准されたことに見られるように、ワシントン会議が大きな成功であったと受けとめられたことを指摘するにとどめよう。

以上に述べた三つのできごとによってマクマリの極東専門家、専門外交官僚としての名声は頂点に達した。一九二五年彼は国務次官補に任ぜられたが、専門外交官僚でこの地位に到達したのは彼が最初であった。さらに彼は同年四月駐華（中国）公使に任ぜられたが、この任命は各方面から一致した賞讃を博した。彼自身「自分は……一九一九年から二五年にかけてアメリカ極東政策の源泉であった[22]」と述べていることは、多少の誇張はあるにせよ、必ずしも真実に外れたものではなかったであろう。

にもかかわらず、マクマリは中国公使として成功を収めることができなかった。詳細はのちに論ずるが、一言にして言えば、彼の提言はケロッグ国務長官や、マクマリのあとをついで極東部長となったネルソン・ジョンソンおよびスタンリー・ホーンベックに容れられなかった。そのギャップは次のスティムソン国務長官の就任（一九二九年）によっても解消されず、むしろ拡大し、ここにマクマリは辞職を申し出ることとなったのである。

マクマリの経歴はその後二度と往年の輝きを取り戻しえなかった。二九年からしばらくの間、マクマリはジョンズ・

ホプキンス大学に新設されたウォルター・ハインズ・ペイジ・スクール（Walter Hines Page School of International Relations at The Johns Hopkins University）のディレクターを務めた。岳父グッドノウの斡旋によるものであろう。その後三三年から三六年までは、前述のようにバルト三国駐在公使であった。これは、当時米ソ国交が樹立されていなかったため、対ソ関係で重要なポストであった。マクマリはその後、最初の駐ソ大使となることを期待していた。しかし期待に反して、彼はソ連にではなく、一九三六年トルコに大使として派遣されることとなった。そこに四三年までとどまった末、マクマリはワシントンに戻り、国務長官補佐という名の閑職につき、四四年六二歳で引退した。そして一九六〇年まで全くの隠遁のうちに生き、生涯を終えた。

今日マクマリのことを知る人は少ない。しかしケナンの『アメリカ外交五〇年』がなければ、マクマリはもっと知られざる存在であったろう。そして同書の発想の一つの源泉となったのがマクマリ・メモランダムであった。マクマリとケナン、さらにこれにロックヒルを加えた三人の半ば偶然的、半ば必然的結びつきについてはのちに再びふれることとして、メモランダムの検討に入ろう。

二　ワシントン会議の成果

マクマリ・メモランダムは一九三五年一一月一日付、極秘扱いの文書で、タイトルは、「アメリカの政策に影響を及ぼすべき極東における情勢の変化」とされている。

当時の極東情勢をここに詳述する必要はないであろう。ごく簡単に要約すれば、一九三一年満州事変以来の日本の政策は、それまでの日中関係を一変させていた。両国間の緊張は塘沽停戦協定（一九三三年）で一旦緩和されていたが、一九三五年北支駐屯軍および関東軍の工作のもとに日本は華北に進出し、まもなく一一月に冀東防共自治委員会、一二月に冀察政務委員会が成立することとなる。これは、中国にとってほとんど受容しえぬ状況であって、日中間には真に一触即発の危機が生じるに至っていた。いま一つの大国ソ連も、満州においては北満鉄道譲渡によって日本との衝突を回避したが、極東シベリアでは急速に武力を充実させて対日戦に備え[23]、他方でコミンテルンを通じて中国への影響力を強めていた。

マクマリはこの情勢を簡単にスケッチしたのち、このような緊張は、一九二一―二二年のワシントン会議において成立した諸条約・諸決議の実際的または規範的有効性がまだ存続していたとすれば、何分か緩和されたかもしれないと論ずる。しかるにそうした有効性は一九二五年から二九年にかけて、つまりマクマリの公使時代に、満州事変が到来する以前に失われてしまったという[24]。

ではワシントン会議の成果とは何であったのか。マクマリによれば、アメリカの伝統的政策は、中国を将来の原料供給地ならびに製品の市場として確保するため、中国貿易における公正なる参加――機会の均等を追求することであった。この政策を、列強の進出に対抗して提示したのが、中国における門戸開放と領土的行政的保全を結びつけたジョン・ヘイの宣言であった。それは、長年の宣教師その他の文化活動でつちかわれた親中国感情に支えられ、アメリカの極東政策の中心を、日本でもフィリピンでもない中国に、その現実的重要性とは比較にならぬほどのウェイトで以て、置くこととなった。それは自然かつ正しい政策であり、そうした政策の頂点がワシントン会議であったとマクマリは述べる[25]。

ワシントン会議の成果は、彼によれば、何よりも中国に関するものであった[26]。四カ国条約の成立も、中国との関係で好ましくない日英同盟を、無難に終了させるためのものであった。海軍軍縮も、中国に関する合意が基礎となって初めて成立したものであった。ワシントン会議によって、門戸開放や中国の保全（integrity）などの原則に、これまでにない明確な意味内容が与えられた（九カ国条約）。太平洋地域における安全と平和のシステムを構築する上で、建設的な成果をあげるための大きな機会が、会議によってもたらされたのである[27]。

このようなマクマリの解釈は、同時代の他の人々のそれとどのように異なっていたのか。彼はワシントン会議についての誤解をただすという方法によって、自らの見解を一層明らかにしている[28]。その第一は、九カ国条約第一条の「中国の主権、独立、領土的・行政的保全の尊重」の意味についてである。それは重要な義務ではあるが、本質的に消極的な性格のものであって、条約調印国に何らかの積極的な義務を負わせたものではなかった。列国は中国を保護監督の下に置いたのでも、中国に何らかの保証を与えたのでも、防衛を引き受けたのでもなかったとマクマリは述べる。

第二に、アメリカはたしかに中国のいくつかの主張を支持し、中国に有利な諸原則の形成のリーダーシップをとったけれども、それはアメリカが中国の利益の擁護を信託されたということを意味しなかった。実際会議期間中、中国はこの点でアメリカのコミットメントを自明のものとして議論することがあり、そのたびにアメリカは、アメリカが中国を支持したのは、中国に対する何らかの義務感とか中国の利益への何らかのコミットメントからではなく、それが啓発された自己利益（enlightened self interest）にかなうと考えたからであり、アメリカの愛他的意図をあてにすると幻滅するしかないであろうと、明白に反論していた。マクマリによれば、アメリカを中国の利益の被信託者とする誤解は、メモランダム執筆の一九三五年にも広く流布していたという。

第三に、条約調印国は、中国におけるいくつかの不平等な条件の修正に同意することによって、それまで形成されてきた特殊な体制全体が不正であると認めたわけではなかった。そのような主張は中国側から持ち出されることさえなかった。彼等は、最も主要な点である治外法権と関税自主権について、修正を行うための条件について合意したのであり、条約体制の他の点については、変更を求めはしなかったのである。

このようにいくつかの謬見に関して自己の見解を明確化したマクマリは、ワシントン諸条約・諸決議の目的と効果について次のように断言する[29]。すなわちそれは、条約調印国をして、他国の権利と利益（とくに中国の統一性〔entity〕）を尊重し、特殊な権利を要求せず、問題が生じた時には直ちに率直な協議を行うことで合意する、そのような共存共栄（live and let live）の政策をとることで協力しあうことが自国の利益にかなうと考えせしめる、そのための諸原則を打ちたてることであった。ここで国際協調とは、単なる法的・形式的なものではなく、相互の善意と協力の精神による、関係国全てによって実際的な解決に到達するための衷心よりの努力を指すものであった。その中には中国自身が以夷制夷の政策を放棄して協力することが、まず第一に必要とされていた。またこの協力は、個々の問題について関係国の間でのみなされるのではなく、全てを含む協調でなければならなかった。

ワシントン会議についてのマクマリの以上のような理解は、国際協調と中国問題とを極度に重視する度合においてやや特異であるが、それ以外、とくに関係国の権利義務については、今日の研究水準に照らして非常に正確なものであると言ってよい(30)。にもかかわらず彼のような見方が当時のアメリカで広く受け入れられていたものでなかったことは、彼の反論が示すところである。以上のようなマクマリのワシントン体制観がたどった運命を、次に、中国情勢の推移に照らして検討していきたい。

ワシントン会議以後中国に生じた主な変化の一つは、中国がいくつかの国々と対等の関係を結んだことであった。ドイツなど第一次大戦の敗戦国は、従来の特殊権益を失い、新条約の締結によって新たな通商関係に入った。またソ連は、反帝国主義の立場から、カラハン宣言（一九一九年）に謳ったほどではなく、中東鉄道などで特殊権益を残したものの、一応平等の関係に入った（一九二四年）。こうして中国には、これら平等の国際関係と、ワシントン会議参加国との不平等条約関係との二つの国際システムが成立することになったのである(31)。

いま一つの主要な変化は、ソ連の革命外交により南方で第一次国共合作（一九二四年）が成立し、ソ連の軍事援助とイデオロギー的影響力のもとで、南方が実体的な力となりはじめたことであった。

他方で列国の承認を受けた北京政府は、第一次奉直戦争（一九二二年）、第二次奉直戦争（一九二四年）にみられるように、軍閥間の対立抗争が続いたため、安定した力を持ちえなかった。南方とは異なり、またワシントン会議以前とも異なり、北京政府に対しては外国からの援助も与えられなかった。単独の行為はワシントン会議の協調の精神に反するからであった[32]。列国一致共同の支持は、関税会議を召集し、そこで関税率を引き上げることによって与えられるはずであった。しかるに中国とフランスとの間には、北清事変賠償金をどの通貨で支払うかという、いわゆる金フラン問題が発生し、このためフランスは三年間にわたってワシントン諸条約を批准しなかったのである[33]。したがって条約は一九二五年七月まで発効しえず、批准発効後三カ月以内に開かれることになっていた関税会議は、一九二五年一〇月まで開かれなかった。もし中国ナショナリズムが急進化する以前に関税会議が開かれ、関税引き上げが実現され、北京政府が財政的に安定化していたら、その後の中国情勢は大きく異なっていたかもしれないとは、しばしば指摘されるところである。

このようなワシントン条約調印諸国の無為――少なくとも不作為――に対するいらだちと、国民党や共産党によるプロパガンダとから、やがて中国にはナショナリズムの強い盛り上がりが生まれてきた。それは一九二五年に一つのピークを迎えた。上海における五・三〇事件、広東における沙面事件、これらの事件に抗議して行われた対日英ボイコット、香港のゼネストなどがそれである[34]。

前述の金フラン問題が解決し、九カ国条約その他の諸条約が発効したのはこのころ、一九二五年八月のことであった。これより先、北京政府は六月二四日ワシントン会議参加国に通諜を送り、五・三〇事件の原因は現存条約中の様々な不平等性や特殊権利にあることを指摘し、条約の改正を提議した。これに対し列国は九月初め同文の回答を寄せ、ワシントン会議参加国が同会議で調印された諸条約の定める手続きに従って関税と治外法権の問題を討議すべきであると述べた[35]。

その一つであり、ワシントン体制の運命を左右するほどの重要性を持ったのが、一〇月から開かれた北京関税会議であった。しかし、会議は、翌一九二六年七月、何等の成果もなく休会することとなってしまった。日英米三国の主張がくい違い、その調整に手間どっていたところに政変が起こり、北京政府が消滅してしまったのであった。

さて、ワシントン会議から北京関税会議までをマクマリは一つの時期とし、そこにおける各国の政策を、ワシントン会議の精神を尺度として評価を加えている。まずベルギー、ポルトガル、オランダの比較的利害の小さかった三国は、条約義務に完全に忠実であったとしている。次いでフランスとイタリアも、時に財政問題で頑固に自国の利益を主張することはあったが、条約に忠実であったというのがマクマリの評価であった[36]。それは彼が金フラン問題を重要視していなかったことを意味しない。少なくとも一九二五年当時、マクマリはフランスによってもたらされた関税条約発効の遅れを遺憾としていた[37]。したがって彼は、一九二五年以後に見出された様々のケースにおける他国の責任に比べ、金フラン問題におけるフランスの責任は必ずしも大きくないとの結論に、一九三五年には到達したのであろう。

さらに日本についてもマクマリは、単にこの五年間のみならず一九三一年までの一〇年間について、当時中国に在勤していた全ての国の外交官の意見として、ワシントン会議諸条約の条文と精神に完全に忠実であったと評価する。これはフランスについての評価以上に異色のものと言ってよい。マクマリが日本国内の様々な主張を知らなかったわけではもちろんない。彼は軍部や大陸浪人といった政府の意見と一致しない部分の言動について、日本には奇妙な二元的対立が存在したと述べ、若干の例外はあるとしつつも、先の評価を下したのであった[38]。その例外については、二六年以降の分析にゆずり、さしあたり二六年までについては彼の評価をあげるにとどめたい。

さて、したがって問題は英米中三カ国であった。これらはマクマリによれば、ワシントン体制の維持に最も明白な利害を持ち、ワシントン会議で密接に協力しあった国々であった[39]。ここに日本が含まれていないことを見落としてはならない。すなわち、日本がワシントン体制打破に利害を感じる可能性があったこと、したがってワシントン体制は日本を封じ込める機能を持つものであったことが含意されているのである。

英米中三カ国のうち、マクマリが最大の責任を帰しているのは中国であった。一九二五年、諸条約が発効した頃における中国の態度は、ワシントン会議に「嘆願者」としてあらわれ、心から感謝して立ち去った中国のそれとは全く異なっていた。マクマリは孫文を好まなかったが[40]、孫文が二五年三月北京で没した時、「愛国的殉教者」として反帝国主義ないし排外主義の巨大な感情的力のシンボルとなったことを認めないわけにはいかなかった。その力が五・三〇事件から香港ボイコットへと爆発したのであった[41]。

他方の北京政府は、一見穏健ではあったが、その背後にも条約義務についての「反抗的無関心」が存在していたとマクマリは言う。先にもふれたように北京政府は六月二四日条約改訂を提議し、列強は九月四日これに好意的回答を与えたが、そこには次のような条件が付せられていたことをマクマリは強調する。「(アメリカ合衆国は) 中国政府の諸条約改訂の提案について、中国当局がその義務を履行し、既存諸条約中の特殊な条項によって現在保護されている外国の権利と利益を保護する任にあたる意思と能力とを証明する程度に応じ、この提案を考慮する用意がある。合衆国政府が中国政府に対し、外国人の生命財産に対する尊重を現実のものとし、……排外扇動や無秩序を克服することを強調するのは、我々が中国の希望に沿いたいと考えるからである」。「関税率と治外法権の問題……を取り扱う最も現実的な方法は、(ワシントン) 会議において定められた義務の完全にして絶えざる履行であるというのが (合衆国) 政府の信念である」[42]。

ところが、マクマリによれば、中国側の関税会議における態度は、以上に表明された期待と全く異なっていた。彼等は「関税自主権」を要求するだけで、たとえば条約が定めていた二・五%の関税付加金を認めず、関税増加の条件であった釐金廃止を認めようとしなかった。つまり中国は、ワシントン会議が条件つきで認めたものを全て無条件に当然のものとし、同時に、ワシントン諸条約を、覚醒しつつある中国の必要と希望に沿わぬものとして否認した。ワシントン諸条約は、中国に健全な国民生活をもたらし、特殊な対外関係を清算する機会を与えるべく工夫されたものであったのに、中国はそのパラグラフの一つ一つを全て否認し、軽侮することになったとマクマリは嘆いた[43]。

しかしマクマリは、中国こそワシントン体制崩壊の端初を開いたと批判したものの、その批判は、特定の中国の政派に向けられていたわけではなかった。全ての政派の政治的意見の集積、その全体が批判されていた[44]。後にふれるようにマクマリは、中国各政派が反帝国主義を旗印に掲げて相互に競争する傾向に何度か言及している。つまりマクマリは中国が全体として無責任なシステムとなることを危惧し、これを全体として批判していたわけであった。

それゆえ、中国を含む国際協調はもはや困難であり、中国以外の諸国間の協調が一層重要となる。この列強諸国の中で、マクマリはイギリスを最も強く、次のように批判している。中国の反帝国主義の鉾先が主としてイギリスに向けられていたことに同情すべき点はあるにせよ、イギリスの対応は極度に保守的であった。彼等は国際協調の何たるかを理解しなかった。それは、イギリスが最善と考えることに他国が同調することでしかなかった。その好例は一九二三年孫文が広東の海関を接収しようとした時の対応で、この時アメリカが共同武力示威のため数隻の軍艦を派遣したにもかかわらず、最大の利害関係国であり、最初に示威を提唱したイギリスは一隻を派遣したのみであった。一九二五年の中国の条約改正要求に対する列国共同の回答書も、イギリスの反対で遅れることになった。また同年の五・三〇事件の解決が遅れたのも、イギリスがこの事件をあたかもイギリスの私的な事件であるかのように扱い、他の国々が当然必要だと最初から考えた譲歩について、数カ月間も不同意であったことが大きかった。二五―二六年の関税会議でもその態度は同様であった。中国側の強硬な態度によって列強は、死活的な利益を犠牲にすることなくいくつかの微妙な調整と妥協をする必要があったにもかかわらず、イギリスは絶えず付随的な争点を持ち出し、会議を混乱させた。さらに一九二六年夏、中国側代表が国内的混乱によって消滅してしまった際、他の列強は会議続行の準備をしておくことを主張したにもかかわらず、強く会議中止を主張して、中止に至らしめたのもイギリスであった(45)。

このようにイギリスは視野が狭く、非現実的な態度をとった。しかしそれでも、全体としてみる時、イギリスの行動は一応思慮の範囲の内にあり、少くとも国際協力の義務を否定したりはしなかったとマクマリは言う。前に掲げたかなり激しい対英批判からするとやや唐突ではあるが、ともあれこれが二二―二六年におけるイギリスの政策に対するマクマリの評価であった(46)。

なおマクマリの対英批判の中で注目すべきは、マクマリがイギリスの保守性を批判していたことである。彼はイギリス公使マクリー（Sir Ronald Macleay, 1870–1943）を批判し、「中国の中に、イギリスの優位に挑戦する思想やこれを否定する運動が発展していたことを認識しなかった」と述べている。(47) つまりマクマリはこのような思想や運動の発展を少くとも事実としては認め、これに柔軟に対処すべきだと考えたのであった。のちにマクマリは中国駐在列国公使中で最も保守的な政策を主張することとなるが、それは、この対英批判からみて、中国ナショナリズムに対する認識の欠如とか、保守性・反動性などでは説明しにくいものであることを、あらかじめ指摘しておきたい。

残る一国アメリカは、ワシントン会議以来のリーダーシップを維持したとマクマリは述べる。アメリカは中国を含む他国全てと良好な関係を保った。中国が関税会議で示した態度は決して誠実なものではなかったが、それでも中国はアメリカを最も頼りにしていたのである。他の諸国とアメリカとの関係も、少くとも北京駐在外交使節団の間では良好であった。なかでも日米の関係は、率直で、相互に助けあう関係であった。とくに幣原外相の腹心佐分利貞男参事官は高く評価されている。彼がくり返し、アメリカが中国に対して、日本が許容しえぬほど過度の好意を示すことの危険を説いたことは、マクマリに強い印象を与えた。(48)

かくして、マクマリによれば、一九二六年秋までは、中国を含む国際協調という理想こそ破れたものの、他の条約締結国の間では、高度の一致協力がみられた。それは中国の公正にして合理的な要求に対決するような性格のものではなく、ワシントン会議で一致をみた計画と希望に向けての一致であった。(49)

以上の二二—二六年についての評価は、いささか甘すぎるようにも思われる。それは、この時期主として彼が極東部長としてアメリカ外交を指導していたからであろうか。それとも後の時期に情勢がもっと悪化したからであろうか。二六年以降をみてみよう。

三　ワシントン体制の崩壊

1　国際協調からの離脱

北京関税会議が無期延期となったのとほぼ時を同じくして、一九二六年七月、国民党の北伐が開始された。それは二重の意味で中国情勢を流動化させた。その第一は、もちろん北―南関係であった。すなわち北京の抵抗にもかかわらず北伐軍は進撃を続け、二七年二月には浙江省を押さえ、上海・南京をめざすこととなった。彼等の南京進入によって南京事件が勃発したのは三月二四日のことであった。

このような北伐の成功は、第二に、南内部の左右対立を激化させることとなった。一方で北伐成功によって蔣介石の勢力が増大し、他方でこれへの反発と革命イデオロギーの浸透とによって左派の力も強まったからである。二七年二月に国民政府は広東から武漢に移転したが、蔣介石はこれを嫌い、二七年四月上海で反共クーデタを起こし、同月南京に国民政府樹立を宣言した。

このような北伐の進展は列国の対中国政策を一層困難なものとした。それは単に中国国内をヨリ不安定にし、アクターを増大させただけではなかった。問題は北―南、右―左をとわず、全ての党派が反帝国主義を標榜していたことであった。如何なる党派も、その力を維持・強化するためには、その旗印を一層高く掲げる必要があった。中国国内の内部対立は、したがって反帝国主義の競争となり、全体として中国をますます反帝国主義的とすることとなった。

南京事件は列強が直面していたディレンマの好例である。この事件は共産党ないし左派の挑発によるものと考えられた。しかし当地の責任者は蔣介石であって、要求と交渉とは彼あてに行わねばならなかった。蔣に強硬な要求をつきつければ、それは右派の没落・左派の台頭をもたらすであろう(50)。しかし蔣に対し柔軟な方針をとれば、やはり反帝国主義の立場を、蔣自身のそれをも含めて、強化することになってしまうのであった。

宥和政策の逆効果という点では後述する二六年一二月のイギリスのクリスマス・メッセージや二七年一月のアメリカの対華新政策表明も、同様の例であった[51]。これらはいずれも、中国に対する譲歩によって、ナショナリズムを宥和することを主目的としていたが、かえってナショナリズムの勢いをあおることになったのである。

さて、一九二六年夏、北京政府が「消滅」してしまった段階で、マクマリは中国について次のように考えていた。すなわち、北方の中心にあったのは張作霖であって、列強に対する敵対性は比較的弱かった。しかし彼が中国国民を代表しているとはとても考えられなかった。他方南方は、たしかに中国世論の支持を受けていたが、列強の側からみる時、あまりに排外主義的であった。しかもこのいずれにおいても、自らが「政府」として決定したことを実行に移す能力は、ごく周辺の地域に限られていた。さらに彼等はその弱体性ゆえに、世論に不人気な政策を打ち出すことはできず、したがって対外関係では外国権益の否認以上の政策は期待しえなかった。要するにマクマリの見るところ、北も南も到底主権国家を代表する政府ではなかった。列強はこうして、交渉相手の選択という中国問題の第一歩において、極めて困難な問題に直面せざるをえなかったのである[52]。

ところが、そのような状況であったにもかかわらず、列強諸国において南方派に対して同情的な世論が生まれてきたとマクマリは指摘し、この問題を次のように論ずる[53]。すなわち、マクマリによればこの現象はアメリカでとくに顕著であった。独立革命の歴史を持つアメリカ人にとって、中国の主張は自然なものと思われた。それは伝統的な親中国感情に支えられ、また宣教師の意見によって強められていた。この世論は最初「クリスチャン・ジェネラル」馮玉祥への期待・好意となってあらわれた。そして馮が一九二六年ソ連に亡命してその期待を裏切ると、今度はキリスト教に改宗した蔣介石へとその好意は向けられた。つまり蔣介石はジョージ・ワシントンに、中国ナショナリズムは一七七六年の愛国の精神にと読みかえられたのである。この世論の一つの表現が、一九二七年一月アメリカ下院外交委員長スティーヴン・ポーターによって上程されたポーター決議案であった。それは大統領に、全中国を代表する資格を持つ者と、中国との新条約締結のための交渉に入ることを要求するものであった(54)。ここにアメリカ政府は世論に対し受動的とならざるをえなくなったのである。

マクマリによれば、このような考え、すなわち、他国の動向にかかわらずアメリカは無条件で中国の要求に応ずべきであり、他の列強との協調は反動的・利己的であるとする考えは、ワシントン会議における協調の精神を否認するものであった。マクマリはこうした論者を、アメリカの忠実な市民にして中国に対する頑固なまでの友人たちと呼んでその主観的善意を評価しつつも、彼等はその意見がアメリカと極東にとってどのような不利益をもたらすかを予測しえなかったと批判したのであった(55)。

マクマリはこのような心情的南方派支持にもちろん反対であった。彼がこのころ提案していたのは（たとえば一九二六年一一月）、列強が一致して、いずれの政府をも支持せず、承認をさし控え、各地方との実務関係のみを領事館によって処理していく方針に転換することであった。そうすることによって、各派が承認による利益をめざし、妥協統一に向かうことを彼は期待したのであった(56)。この時期、もしこの政策が実施されたとして、各派が妥協統一へと向かったかどうかは何とも言えない。しかし少なくとも、党派対立と反帝国主義とが相互に強めあう悪循環を、ある程度抑制する効果はあったであろう。

実際党派対立と反帝国主義とは分かちがたく結びついており、その破壊的効果は強大であった。関税会議が中止された後、北京では呉佩孚と張作霖との連合による政府が、二・五％の付加関税を得ようと交渉に動き出したところ、これは北伐で勝利を収めつつあった南方の強い反発を招き、彼らは二六年一〇月初頭広東において独自にこの二・五％付加関税を、中国人による海関行政を以て実施する方針を打ち出したのであった(57)。

マクマリはこの問題をきわめて深刻に受けとめた。なぜならこれは、条約の一方的廃棄であって、既存条約全てに対する挑戦であったからである。したがってマクマリは、米英日三国間で直ちに緊密な協議を行い、広東海関の保護、海上封鎖を含む実力行使を以てしてでも、阻止すべきだと上申した。そしてこのような強硬な態度を示すことによって、現実には武力行使に至らぬうちに国民党は軟化すると考えた。日本もまた広東付加税には反対し、ワシントン会議諸国による会議を望んだ。しかし国務省は事態はさほど切迫していないとしてマクマリの提案を斥けたのである。[58]

この間イギリスは、一応列国協同の抗議には加わったものの、広東においてはストライキの中止を条件に、広東政府の付加税を黙認する態度に出た。これはワシントンにおける関税条約と、そのために開かれ、厳密に言えばまだ存在中であった北京関税会議を無とする行為であり、国際協調政策に対する最初の明白かつ意図的な無視であったと、マクマリは総括する。[59] ただマクマリはイギリスが五・三〇事件以来蒙っていた打撃については同情的であり、またイギリスの対応が全く予想外とは言えなかった。それゆえにこそ、つまりイギリスの逸脱を阻止するために、条約国の一致した断固たる決意が必要であったのであり、それを不可能ならしめた者として、国務省の責任が問われているように思われる。

イギリスの独自の政策は、次いで、二六年一二月の有名なクリスマス・メッセージとなってあらわれた。そこでイギリスは、中国における事態がワシントン会議当時から根本的に変化したこと、中国人が自らの手で新しい政府を樹立した時には条約改正その他あらゆる問題について交渉する用意があること――つまり北京政府の没落と国民党権力の台頭に対処する用意――を述べ、より具体的には付加関税の即時実施――日本は増収分を債務返済にまず充当することを要求していた――などを認めた。

すでに指摘されているように、この声明の内容はとくに新しいものではなく、すでにイギリスが部分的に着手していたものであった。マクマリもまたこの内容については、「極めて健全かつ実際的」と評価していた。しかしマクマリは第一にその提示方法を批判した。すなわち、これは一二月中旬列国に共同政策案として一旦示され、しかし協議の時間もなく一〇日ほどのうちに、イギリスの政策として発表されてしまったのである。第二にそれは、イギリスのみが他の列国に比べて正義であるという、全く事実に反するようなトーンで貫かれていた。第三にそれは、中国の歓心を買うためのほとんど世辞追従に類する言葉を含んでいた。たとえば「中国の条約改正の主張の本質的な正しさ」とか、「抗議は、国際的義務の全面的な否認の試みや、外国人の合法かつ死活的な利益への攻撃の時にのみ限られるべきである」という部分にマクマリはとくに不快を感じた。ともあれ、列国の一致による中国ナショナリズムの抑制をねらったマクマリにとって、クリスマス・メッセージは全く遺憾なものであった(60)。クリスマス・メッセージは、すでに知られているとおり、中国に大きな影響を与えることはできなかった。メッセージの直後に、漢江におけるイギリス租界が実力で奪取されたことは、その明白な例であった。マクマリは、イギリスの声明が果たして中国の行動をさらに過熱させたことを嘆きつつも、他方で、イギリスに対して秘かに溜飲を下げたかもしれない。

しかしマクマリにとってさらに遺憾であったことは、クリスマス・メッセージがアメリカに大きな影響を及ぼしたことであった。ケロッグ国務長官が二七年一月二七日発表した対中国新政策は、ポーター決議案の上程によって受身となっていたアメリカ政府が、イギリスに対抗し、中国においてリーダーシップを回復しようとするものであった。ここでもまたマクマリは、実質的内容は是としつつも、声明が自己正当化的トーンで、中国のより良き友であることを示したいという意図をのぞかせている点を問題とした。すなわち、「合衆国政府は、中国の国民的覚醒を同情的関心を以て注視してきた」とか、「中国国民が自らの政府組織を形成することに向けてなすあらゆる努力を歓迎する」とか、「合衆国政府は中国を最も寛容《リベラル》な精神で取り扱いたいと考える。我々は中国に租借地を持たず、また中国に対して帝国主義的態度を表明したことがない」などが、その部分であった(61)。

このようにイギリスとアメリカがともに中国の好意を求めようとする態度は、結果として中国の「無責任と暴力のムード」をかきたてることとなったとマクマリは判断する。すなわちマクマリは、この間進行中であった北伐の成功のかなりの部分は、北伐軍の進行に先立った反帝国主義プロパガンダ、つまり北伐軍は農民を外国の支配から解放する勢力であるとの宣伝によるものと見ていた。国民党内の左右対立は、反帝国主義シンボルを奪いあうものとなり、排外主義は一段と強まった。北伐の成功は国民党をますます「傲慢」にした。アメリカのみならず各国の在中国使節は、こうした危険な情況で、本国政府が「願望思考」にとらわれ、「愚者の楽園」に遊んでいることを嘆かざるをえなかったと彼は言う(62)。

そこに起こったのが二七年三月の南京事件であった。北伐軍の入城に際して外国人に対する襲撃、暴行が起こり、日英米人など約一〇人が死亡したのである。ここにおいて、マクマリによれば、中国国民党の運動は単に理想主義的諸原則を追求しているというものではなく、その扇動によってモラルの崩壊や外国人に対する憎悪——指導者によって統制不能なほどの——をも造り出したことが理解されはじめた。二七年を通じて多くの在中国外国人は上海や北京に移り、北京公使館の守備力は強化され、上海その他の武力も強化された。南京事件はこれまで国民党の宣伝に反応しなかった中国人にまでモブ・スピリットをかきたてたからであった(63)。

南京事件に関する要求は四月一一日、関係国（米英日仏伊）の同一の文言を以て、漢口政府および北伐軍の司令官であった蔣介石に提出された。しかし漢口政府の回答は全く不十分なものであったし、蔣介石の方は回答を寄せなかった。ここに関係国が共同の圧力をかけようとした時、ワシントンはこれに参加することを拒んだ。この行為はマクマリにとって、法的にはともかく政治的・道義的に疑問の多いものであった。それまで他国と共同で行動してきた——示威を示唆した抗議・要求において——アメリカが突然態度を変えたことは、単にアメリカの方針転換にとどまらず、他国の方針をも挫折せしめ、方針転換を強いることになったからであった(64)。

その後交渉はランプソン（Sir Miles Lampson, 1880–1964）英公使によって行われ、次いでこれを引き継いだマクマリ自身によって解決がもたらされた。マクマリの事件処理は成功として当時高く評価された。マクマリ自身も、その状況では最良の成果を得たと自認している。しかしマクマリはその結果を満足すべきものとは考えなかった。共同示威からのアメリカの離脱は大きな打撃であった。南京事件によって国民政府は、アメリカがきわめて寛容であって、それゆえ、暴力に訴え、帝国主義列強を威嚇し辱めることが不利ではないと考えるようになってしまった。これがマクマリの評価であった(65)。

以上のように、関税会議の中止から南京事件にかけて、イギリス、次いでアメリカが協調から離脱して中国に好意を示しはじめた。しかしそれはまだしも離脱であった。これに続いて次に、国際協調の明白な否認の段階があらわれることになる。

2　国際協調の否認

反帝国主義は、何度も述べたように、中国国内の権力闘争にとって不可欠のシンボルとなっていた。南方における反帝国主義は、今度は北方のそれを強化することとなり、中国による条約の一方的廃棄という、条約体制に対する根本的な挑戦が、二六年秋以降登場することとなる。

中国・ベルギー通商航海条約は、一九二六年一〇月、何度目かの改訂期限を迎えることとなっていた。ベルギーの態度は和解的であり、旧条約を期限満了後無効として新条約の交渉に入ることに、この間他国と同等の待遇が保障されるような満足すべき暫定協定が結ばれることを条件として、同意していた。二六年八月ベルギーが暫定協定の条件に関して英米の支持を求めた際、両国はベルギーに同情を表明したが、新条約成立までは旧条約が有効とみるべきで、暫定協定方式は戦術的に不利ではないかと指摘した(中国側はベルギーの暫定協定の提案を、条約が期限において失効する証拠とみなした)。はたして暫定協定の交渉は行き詰まり、北京政府は一一月六日に至って条約廃棄を宣言したのであった。この間、またこののち、ベルギーは国際司法裁判所の仲裁をあおぐことを提唱したが、中国はこれを拒絶した。

マクマリはこの問題を条約体制の根幹にふれるものとして深刻に受けとめ、一一月一二日ケロッグ国務長官に対し、ベルギーを支持するよう要請した。ところがケロッグは、マクマリ提案に理解を示さなかったのみならず、すでに一一月八日には新聞記者に対し、中国・ベルギー間の条約問題に関して、ベルギーを支持し中国に反対すべき理由を承知しないと語っていた。かくしてベルギーは、他国の非協力どころか公表された無関心の中で、孤独な戦いを強いられることとなった。結局ベルギーは天津共同租界の放棄その他大幅な譲歩をして屈服することとなったのである。この事件、そして国務省の対応はマクマリの深く遺憾とするところであった。(66)

ところで、同様の問題は日本との間にも生じていた。すなわち日中通商航海条約は二六年一〇月に満了することとなっていた。北京政府は一〇月二〇日、日本に対して条約改訂交渉を提起し、六カ月以内にそれがまとまらなければ条約全体を廃棄することを示唆した。日本は廃棄云々は認めなかったが、条約改訂交渉には応じた。交渉は何度も交渉期限を更新して若槻内閣、次いで田中内閣と北京政府、次いで南京政府と行われた。ところが南京政府は二八年七月一九日、七月二〇日を以て条約を廃棄し「臨時弁法」を施行する旨通告した。日本はもちろんこの措置を認めなかったし、また中国もこの方針を日本に対して強行しうる位置になかったので、これが直ちに日中関係の破局をもたらしたわけではなかった。にもかかわらず、これはやはり深刻な事態であった。とりわけ国際協調の原則を重視するマクマリにとって、関係国がベルギーというワシントン会議中のいわば周辺的参加国ではなく、主要参加国日本であっただけに、この問題に対する他国の対応は、ワシントン体制の試金石たる重要性を持つものであった。彼は日本の立場を是とした上で、これに対するアメリカの対応を詳細に検討する。

といっても、日本が直ちにこの問題をアメリカに向けて持ち出したわけではない。ベルギーのケースが好ましくない先例としてあったためであろう。しかし日本は、不戦条約調印のため全権としてパリに赴いた元外相内田康哉（当時枢密顧問官）をさらにアメリカに派遣し、アメリカの態度を探らせた。マクマリが注目したのはこの内田ミッションである。結論的に言えば、アメリカの態度は無関心かつ猜疑的であった。その理由の一つは、田中内閣成立（一九二七年）以来の中国政策であった。そこで一旦、二八年夏までの田中内閣の政策とそれに関するマクマリの評価にふれることにする。[67]

二七年四月成立した田中内閣についてマクマリがとくに好意的であったわけではない。彼はこの内閣を「反動的」と呼び、それまでの「リベラル」な内閣と区別している。彼はまた田中が長く日本の膨張政策の指導者であったこと、前内閣の「軟弱」外交を批判して「積極政策」を打ち出し、それによって権力の座についたことをも指摘している。さらに、一九三五年当時すでに知られていた田中上奏文については、その信憑性は疑問としつつも、その後の日本の政策と上奏文の内容の類似性を指摘するという通俗的中間的立場をとっている。いずれにせよ田中内閣についての好意は見られない。[68]

しかしマクマリは田中内閣の政策評価においては、以上の田中への批判的評価から全く独立してこれを行っている。山東出兵についてマクマリは次のように考える。山東省に多くの日本人が住み、大きな権益があり、それが北伐の進行によって脅かされたのは事実である。そこで日本は、英米が他の地域でしたような居留民の引き揚げという手段でなく、これを守るための兵力を派遣するという手段をとった。それは口実とか挑発とかいう側面も持っているが、条約の文言に忠実な行為であって、それだけで非難することはできない。実際英米等他の列国の外交官にとっては、日本がこのような選択をなしうるのは羨むべきことであった。もっともこの行為が中国にとっては、干渉であり北伐の妨害行為であったことはマクマリも承認している。[69]

二八年五月の済南事件は、マクマリによれば、最悪の可能性が現実に起こってしまったということであった。この結果中国の反帝国主義の鉾先はイギリスから日本へと転じ、日本はボイコットによって大きな打撃を受けることになるわけである。済南事変は、他の列強にとっても、たとえば上海や天津あたりで起こりえたことであったとマクマリはみる。日本が北伐を妨害しようとしたのかどうか、また衝突の真の責任はどちらにあったか、それは結局のところわからない。現場に最も近くあってこれを目撃した外交官は、どちらかと言えば、日本軍は任務に忠実であったように感じた。少なくとも責任の所在は明白ではなかった。しかし日本は常に新聞——とくにアメリカの——によって非好意的に扱われた。そして国務省も日本が事件を挑発し、北伐を意図的に妨害しようとしたと考えるようになった。アメリカが支援する中国ナショナリズムと、これに敵対的な日本という図式が、国務省の中にできてしまったとマクマリは述べる(70)。

田中内閣にとって対米関係におけるいま一つの不幸は、アメリカが二八年七月二五日、南京政権と新関税条約を結んだことであった。アメリカが、中国に責任ある政府が樹立された場合には関税自主権を与える方針であることは、それ以前から明らかであった。その方針はまた関係国にも伝達されていた。しかし二八年七月の条約締結は、国務省の指示により、他国への連絡なしに行われ、とくに日本に対しては完全な不意打ちとなった。しかもそれは国民政府を事実上正統政府として承認する行為であった。一九日の通商航海条約廃棄の直後のこの行為は、中国をめぐる日米の正反対の立場を広く示すことになってしまったのである(71)。

先に述べた内田康哉がワシントンを訪れたのはこのような状況においてであった。内田は九月二九日国務省に覚書を示し、中国の一方的条約廃棄に関し、これは中国に存在する全ての合法的権益に関わる問題で、全ての国の関心事であるとして、「協調の精神」を以て率直な協議をワシントン条約署名国間に持つことの必要性を強調した。ケロッグ国務長官が内田に簡単に答えたところ、同席した日本側代理公使は重ねて協調政策について意見を求めた。これに対しケロッグは、協調政策は中国に現存する政府を強化する方向で行うべしとするのがアメリカの世論であるように思うと答えたのみであった(72)。

このようなスレ違いは、さらに、新しく着任した出淵勝次大使とジョンソン国務次官補との間でくり返された。二八年一二月二九日の会談で、出淵が中国が権利主張のみで義務履行の面で十分でないと述べたところ、ジョンソンは、オフレコの私的な意見として、中国の義務にはかつて中国がその意に反して押しつけられたものが多いと述べた。また国際協調に関してジョンソンは、建設的手段における協調にのみ関心を示した。この際出淵が残したエイド・メモワールへの国務省の回答書(一九二九年二月一九日)はこの点をさらに明確にした。すなわち、一定の目的のためには共同の努力が望ましいけれども、あらゆる場合に個別的行動を控え、相互協議を行うべしとする条項は存在しないと指摘されたのであった。さらに具体的に、中国をして条約を守らせるための列国の協調については、合衆国は中国国民政府が国際慣行の最も高い水準に従おうとしていることを確信し、それが事実において示されることを希望していると述べたのみであった[73]。

内田および出淵に対する国務省の応接ぶりを、マクマリは実に八ページにわたって論じている。そしてその最後に、国務省の応待が日本に与えたであろう印象について次のように結論する。すなわち、アメリカがワシントン会議に及ぼした道徳的影響力が、事理弁別能力を備えた正しいものであるのか、あるいは単に親中国の立場に味つけをほどこしただけの空虚で偽善的なものであるのか、それを日本は知ろうとしたのであった。しかしその答は、アメリカ人は親中国であって、中国の側に立って自己利益を追求しようとしているにすぎないというもの以外ではありえなかったのだ、と[74]。

この後協調は二度と回復されなかった。中国は次の目標を治外法権の回収と定めて交渉を進めた。しかし交渉といっても、中国は治外法権問題委員会の勧告した条件を全て否定した無条件回収のみを主張した。列国は治外法権の無条件放棄を好まなかったが、一致してこれに対応することもできなかった。その理由の一つは、アメリカ政府の不決断であったとマクマリは言う。列国間の足並の乱れをみた中国は、ついに、二九年一二月二九日に、三〇年一月一日より治外法権関係条項を廃棄する旨宣言するに至ったのである[75]。

マクマリが注目しているもう一つのエピソードは、一九二九年夏から秋にかけての、中東鉄道をめぐる中ソ紛争であった。周知のように、中国が同年七月、中東鉄道におけるソ連権益を実力で奪取しようとし、ソ連は軍事力によってこの試みを粉砕したのであった。常識的にみて、この事件は日本に三つの教訓を与えたといってよいであろう。第一に、それまでの革命外交のコンテクストからみて、中国が外国の権益を実力で奪取することがありうること、第二に、それは優越した軍事力によってのみ阻止されうること、第三にソ連の軍事力が著しく強化されていること、の三点がそれである。マクマリはこの中ソ紛争について、事実を述べたのみで何等コメントを付していない[76]。しかしマクマリが、日中通商航海条約廃棄問題に関する日本の対米打診の失敗に続けて、この中ソ紛争にふれていることの意味は明らかなように思われる。すなわち、対米打診によって列国協調が破綻したことを痛感した日本が、中ソ紛争を目撃した時、満蒙権益の擁護、さらに満蒙問題の解決を実力でも行うことを決意したとしても不思議ではなかったと、マクマリは示唆したのであった。

一九三一年九月の満州事変の勃発は、したがって、マクマリにとって何等驚くべきものではなかった。それは、予想された事態が、より早く、またよりドラスティックな形で到来したにすぎなかった。といってもマクマリが満州事変以後の日本の行動を是認していたわけではない。彼は日本の「激しく攻撃的な」コースに同情したり、これを看過することは否定しつつも、それはかなりの程度、国民政府の挑戦の結果であって、中国が「自ら求めた」ものであったと考えたのであった。マクマリによれば、このような破局は、「協調の政策」によって防止しえたかもしれなかった。しかしそれは、中国によって軽侮され、英米によって無視されて力を失い「お笑いぐさ」となってしまった。ここに日本は、その「正当な立場」を擁護するためには、この協調路線ではなく、自らの実力に頼るほかないと確信することになってしまった。これが、マクマリ・メモランダムのワシントン体制崩壊論と呼ばれるべき部分の結論であり、結語である[77]。

四　マクマリ外交の特質

マクマリが分析した一九二五年から二九年にかけての中国において、日本、中国、アメリカ、イギリスの四カ国が基本的な行動主体——それにソ連を加え、さらに中国を二つ以上に分けてもよいのであるが——であった。このうちマクマリが最も重視したのは日本の政策であった。事実としてマクマリが提唱した政策は日本のそれに最も近かった。ほぼ日本の政策のラインで日英米が共同歩調をとり、中国の政策を押さえこんでいくこと、これがマクマリの政策の基調であった。それは、少なくとも当時のアメリカの極東外交担当者の中では、明らかに少数派に属する、ほとんど孤立した主張であった。

このような主張は、それでは、どのような背景から生み出されたのか。すでに明らかなように、中国ナショナリズムへの無理解ないし敵意にその起源を求めるべきではないであろう。マクマリは一九二六年末のイギリスのクリスマス・メッセージについても、また二七年一月のケロッグ国務長官の新政策についても、その内容については異議がなかった。中国がいずれ完全な主権を回復していくことを、彼は当然と考えていた。逆に、マクマリの政策を、彼の親日性から説明することもできない。彼は何人かの日本人外交官には好意を持っていたが、マクマリ文書からの印象では、日本や日本人一般に好感を持っていたとは思えない。少なくとも一九一〇年代の極東勤務時代には、マクマリは明らかに中国と中国人の方がヨリ好きであって、北京から東京に移った時には、大きな幻滅を覚えている(78)。

それでは、マクマリのユニークな議論を成り立たせたものは何であったのか。その第一は彼の中国政策における地理的な視野の広さである。彼にとって、米中関係はそれだけ単独で存在するものではなく、日本、イギリス、ソ連その他の諸国との関係の中に存在するものであった。マクマリはその公使時代、何度もケロッグ、スティムソン両国務長官や、ジョンソン、ホーンベック両国務省極東部長と意見を異にしたが、その主な原因の一つは、彼等とマクマリの間には政策の視野の広さにおいて大きな違いがあったことであった。すなわち、ワシントンの上司や同僚達は、アメリカの中国政策が中国に及ぼす影響についてはそれなりの——かなり楽観的なものであることが多かったが——予測をしていたが、それが他の関係国に及ぼす影響については比較的無神経であった。彼等が米中二国間関係しかほとんど考えていなかったのに対し、マクマリはアメリカの政策が、東アジア国際関係という一つのシステムに投入され、それを動かすものであることを熟知していた。

このようなマクマリの視野の広さを準備したのは、彼の日本およびロシア勤務の経験であった。彼が外交官として著した長大なメモランダムのおそらく最初のものの一つは、米露関係を論じたものであったが（一九一一年七月三日付）、そのなかで彼は、ロシアの満州政策の背後にあるのは、沿海州に至る細長い線に対する不安感であると指摘している[79]。これは、アメリカの満州におけるドル外交を推進するため、ロックヒル駐露大使の下で働いたマクマリにして為しうる指摘であったように思われる。同様のことを日本についても言うことができるであろう。第一次大戦末期から直後にかけて日本に勤務したマクマリは、日本人の目に映ずる中国が如何なるものかを知ったであろう。彼がその中国政策立案にあたってこのようなロシア（ソ連）や日本における中国認識を配慮し、計算に入れるようになったのは全く当然のことであった。ちなみに、ジョンソンやホーンベックは、マクマリ同様に極東問題の専門家とみなされてはいたが、日本やロシアにおける経験をほとんどもっていなかったのである。

このように、国務省官僚の多くが中国政策の目標を、米中友好と中国におけるアメリカの利益の発展と定義したのに対し、マクマリは東アジア・太平洋地域がアメリカとの友好関係の中で平和的に発展することと定義したということができる。マクマリが、中国に関する九カ国条約の中に太平洋地域の平和と発展の可能性を見出していたことは、すでに述べたとおりである。米中友好や中国におけるアメリカの利益の発展も、マクマリにとってもちろん重要であったが、それらは、より広い地域における国益の一部でなくてはならなかったのである。

さて、以上のようなマクマリの課題を脅かすものがあるとすれば、それは何よりも日本であった。第一に、日本が中国との関係に、アメリカなどとは比較にならぬほど重大な、死活的利益を感じていること、第二に、日本の強みは、地理的な近さとそれに基づくこの地域での軍事的優位であって、日本が中国における利益を貫くためこれに依拠しようとする誘惑が常に存在すること、第三に、それゆえ、ワシントン会議以来の日本の穏健な政策は、国内的基礎の脆弱なものであること、これらをマクマリは熟知していた。

彼は一九一〇年代の極東勤務時代に、日本が膨張主義にはしる可能性を、二十一カ条やシベリア出兵を通じて現場で知っていた。またワシントン会議においては、彼は日本が譲歩する時の困難性を目撃した。当時与党は絶対多数であり、山県と原という強力な指導者が存在し――原はワシントン会議直前に暗殺されたが、彼のワシントン会議に対する方針はまだ政友会をおおっていた――、ともに対米協調路線を支持していたにもかかわらず、日本の譲歩は容易でなかった。一九二五―二六年の北京関税会議の際、マクマリは何度も佐分利貞夫と話し合い、日本が許容しうる以上にアメリカが中国に対して譲歩することに、佐分利が強い不安を表明していたことに、深い印象を受けていた。当時憲政会は少数与党であって、軟弱外交の強い批判にさらされており、しかも山県・原のような強力な指導者は存在していなかった。

幣原外相のあとに登場して首相兼摂外相となった田中義一に対し、マクマリは必ずしも好意をもたず、むしろ不安を感じていた。これは、一見マクマリの田中外交に対する好意的な評価と矛盾するが、田中の参謀次長時代に日本や中国にいたマクマリが、田中をこのようにとらえたのは当然であったろう。むしろ田中に不安をもっていたがゆえに、現実の田中外交に安堵していたというべきであろう。しかしマクマリは、かつて田中の周辺に存在したような過激な膨張主義勢力が、当時もなお存在し、田中の「軟弱外交」を脅かす可能性をみとめていた。

要するに、アメリカが対象とすべき東アジアには、不安定な中国のみならず、不安定な日本が存在していた。国際協調路線は結局日本の中国政策にとって不利である、そのように考える勢力が日本を支配したとき日本は実力行使に出るであろう、その可能性は決して低くない、そしてそれは中国にとってもアメリカにとっても、また日本にとっても大きな不幸となるであろう、何とかそのような事態を未然に防ぐべく、日本を国際協調のワクの中に引き止めておかなければならない。これがマクマリの基本的な考えであった。

ではそのための方法はあるのか。マクマリによれば、それは、ワシントン諸条約の条文と精神を忠実に守ることであった。当時の中国のように安定した秩序が期待できない地域をめぐる外交で、結局頼りになるのは諸国家が同意して締結した条約や協定しかない、中国の主権の回復はもちろん望ましい、しかしそれはワシントン会議で定められた手続きにしたがって行われるべきだ。これがマクマリがメモランダム中に何度となくくり返した主張であった。一見したところ、それは如何にも皮相な主張のように見える。その意味でこれは、ケナンが批判したリーガリスティック・アプローチの典型のように見える。しかし日本という危険な要素をかかえこんだ国際関係の中で、たとえば事情変更の原則を持ち出し、条約の効力をゆるがせた場合、東アジアは実力の争いの世界になってしまうのではないだろうか。日本をつなぎとめておくための、また、それぞれ利害を異にする諸国が一致していくための結節点はワシントン諸条約の中にしかない、これがマクマリの主張であった。

マクマリがこのような考えに到達したことについては、まず『中国関係条約協定集』の編纂の経験を指摘したい。この編纂によって、マクマリが中国をめぐる条約関係に通暁するようになったことは改めて指摘するまでもないであろう。編纂の初期、二十一カ条問題の当時マクマリがこの問題について著したメモランダム（一九一五年）と大戦終了後山東問題について著したメモランダム（一九一九年）とを比較すると、マクマリの条約関係に対する認識には格段の深化が見られる。[80]さらに、編纂過程においてマクマリは上司ラインシュ公使と編纂方針をめぐって一時対立したことがあり、これが彼の認識を一層明確なものとしたように思われる。すなわちラインシュ公使は、中国が列強の圧力に屈して、またはその不注意から結んでしまった条約は、その効力に疑義があり、このうちとくに、中国やアメリカに不利なものは掲載すべきでないと主張したことがあった。これに対してマクマリは、重要なものは全て掲載すべきだと主張し、ついにその主張を押し通したことがあったのである。[81]もしラインシュ案のように協定の存否まで自国の利害で左右するとどうなるであろうか。結局相互不信が高まり、実力の争いとなって、たとえば日本の実力行使を批判する論拠が消滅してしまう恐れがあったように思われる。

次のステップはもちろんワシントン会議であった。そこにおける二十一カ条問題や山東半島還付問題は、もちろん最終的には政治的な判断によって解決されたのであるが、それは厳密な法解釈を基礎としてはじめて可能であったのである。日本は、日本側の解釈が受け入れられたがゆえに政治的に譲歩したのであって、その逆ではなかった。そしてマクマリは自ら、事実認定および条約解釈の両方で、中立的な立場から発言し、日本の議論を支持したことがあったのである。

要するに、ワシントン諸条約は、利害を異にする諸国の間にかろうじて成立した一致点であって、いわばパンドラの箱の如きものであった。これを不用意に開けたとたんに、あらゆる不幸が飛び出してしまったのであった。日中戦争勃発後、一九三七年には九カ国条約関係国によるブリュッセル会議が開かれたが、日本は参加を拒否した。そのとき日本が、極東国際状勢の根本的変化を理由としたことは、マクマリの立場からすれば、はなはだ皮肉なことであったにちがいない(82)。

さて、他方で、マクマリ外交にもいくつもの弱点があったことは言うまでもないであろう。そのうちの一つだけ、最大の欠点と思われるものを指摘しておきたい。それは、彼の政策提言がアメリカ国内で受け入れられる可能性が果たしてあったかどうかということである。アメリカの政治はすでに大衆民主主義化しており、政府は世論の圧力の前に無力であった。そのことは、マクマリ自身メモランダムの中に、ポーター決議案に関連してふれていた。その政府に、一見したところ反中国的なマクマリの政策を受け入れさせることは一体如何にして可能となるであろうか。たとえば日本の満州権益という要素を如何にして政府さらには国民に理解させることができるであろうか。

一つの方法は、アメリカを日本の満州経営にコミットさせておくことであったろう。たとえば満鉄の社債を保有するという形でアメリカが日本の満州経営にコミットしていたとすれば、日本の満州権益という要素を計算にいれたヨリ現実的な中国政策を立てることは、アメリカ政府にとっていま少し容易であったろう。ところが、一九二三年、当時進行中であった満鉄米貨社債発行問題について消極的態度を取り、結局その実現を阻んだのは極東部長マクマリであった[83]。マクマリのこのような消極的態度は様々な局面において見られたものであった。一九三五年のこのメモランダムにおいて、マクマリはアメリカが戦争に巻き込まれぬよう徐々に極東から後退することを提唱しただけで、積極的に介入して問題の解決を図るべきだとは考えなかった。一九二〇年代の中国における内部抗争についても、マクマリはただ中立を守り、全てのグループから距離をとることを主張しただけで、いずれかの党派を支持して積極的に問題の解決にあたるというようなアプローチをとろうとはしなかった。このような、消極・非介入のアプローチの一因は彼の性格それ自体であった。しかし他の一因は彼のキャリアにあった。すなわち、職業外交官のフロント・ランナーであったマクマリが人並み以上に官僚的になり、政治的アプローチを排するようになったのは、ある程度止むをえないことであった。

そのような弱点にもかかわらず、マクマリが提唱した日米英三国の緊密な協調を中心とするアプローチは、二〇年代後半以降の東アジアにおける悲劇を阻止するための有力なオルタナティヴであったように思われる。国際協調の破綻は、マクマリの予測したとおり日本の満州侵略を招き、それはさらにマクマリの予測どおり日中戦争、そして太平洋戦争を招いてしまった。このコースが必然的であったとは言えないであろうが、日本および中国の国内政治システムの不安定性を考慮に入れる時、このコースはかなりの程度に蓋然的であった。マクマリの政策は、三国間の協調の維持それ自体を主たる目的としており、中国ナショナリズムの圧殺を目的としたものではなかったけれども、機能としては中国ナショナリズムに対して敵対的であった。筆者はそのことを否定しようとは毛頭思わない。しかし、その後の歴史における犠牲の膨大さを考える時、マクマリの政策をその反動性その他の単純な規定によって斥けることはできないように思われる。

第一次世界大戦終了後、全く新しい世界が始まったという主張がしばしばなされた。国家利益に立脚した闘争の時代は終わり、国際道義に立脚した平和の時代が到来したと多くの人々は主張するに至った[84]。これに対し、まもなく、世界は根本的には何も変わっていないという主張があらわれた。世界を動かしているのは依然として国家の自己利益にすぎず、平和とは、持てる者の支配をカムフラージュする美名にすぎない、と別の人々は論じた。啓発された自己利益を中心にすえたマクマリの議論は、この理想主義と現実主義の中間に存在し、両方の要素をあわせ持っていたけれども、前者ほど美しくも後者ほど力強くもなく、目立たぬ主張にとどまった。その結果、以上のような理想主義と現実主義の対立が一九二〇年代の核心的問題であるように見えた。今日までの一九二〇年代研究にもこの見方が基本的に継承されている。

しかしながら、以上のような単純な二文法が、問題の本質をよくとらえていたとは思えない。先に述べたような理想主義が世界中に強い影響力を持っていたのは一九一八年末から半年ほどのごく短い期間であったのではないだろうか。そしてそれ以後は、如何にしてこの理想主義を生かし、露骨な国家エゴイズムのぶつかりあいを防ぐかが問題であった。啓発された自己利益を中心とするマクマリの国際協調論は、そのための一つの解答案であった。啓発された自己利益か、むきだしの自己利益か、これが問題の核心であった。そのことは、しかし、マクマリの場合がそうであったように、当時十分理解されなかったし、今日もまた十分理解されていないように思われる。

おわりに

マクマリの事実上最後のポストは、偶然にも彼の師ロックヒルと同じ駐トルコ大使であった。二人の経歴の類似はそれだけではなかった。ロックヒルは、中国問題の専門家であり、門戸開放宣言の起草者であって、門戸開放政策を進展させるべく中国とロシアに派遣された。しかしこの間国務省の同政策に関する解釈は大きく変化し、その結果彼の活動の余地は甚だ限られたものとなってしまったのである。(85) マクマリもまた、中国問題の専門家であり、ワシントン体制の構築者の一人であって、ワシントン体制を守るべく中国に派遣された。しかし国務省は間もなくワシントン体制について異なった理解を持つようになり、マクマリの活動もまた失敗に終わらざるをえなかった。

いま一つの偶然は、マクマリがこのメモランダムを著したバルト三国駐在公使時代の彼の部下のひとりに、プリンストン大学の二〇年余り後輩のジョージ・ケナンがいたことである。そしてケナンもまた、ソ連専門家として駐ソ大使に起用されて挫折するという、ロックヒルおよびマクマリと同様のコースをたどることとなった。

ケナンは大使として赴任するに先立ってワシントンに行き、国務長官およびその主要な政策助言者と会合を持った。ケナンは、しかし、彼等との間の深い政策的差異を見出して落胆せざるをえなかった。その失望は一九五二年四月二二日の日記に次のように記されている[86]。

> 極度の孤独感を抱いて、私はプリンストンに戻った。もはやワシントンには共通の見解や了解を背景にして、十分に、率直に、また期待をもって話し合える人が残ってはいないようだ。もちろんモスクワにもいないことは確かである。私の心に刻みつけられた疑惑は余りに深く、どのような形であれ、それをモスクワ大使館の部下に明らかにすれば、彼等はたちどころに失望し、意気消沈するだけであろう。どうやら、自分としては勝つことのできないゲームをするために、私は派遣されようとしているらしい。私の果たすべき義務の一部は、勝つ見込みのない事実を、世界の目から懸命に蔽いかくすことなのだ。もしそれに失敗すれば、その重い責任は私がとらされることになろう。外交という風変わった職業にあっては、こうしたハンディキャップの下で苦労したのは私が最初ではあるまい。それにしても、今日のような時点において、世界における外交任務の中でも間違いなく最も重要で微妙な任務に、このような空手で、なんらの指示もなく、不確かな状態で出かけるのは、この上もなく気の重いことであった(傍点北岡)。

このようにケナンが記した時、彼はかつてのリガでの上司、一九三五年メモランダムの作者を思い出していたのではないだろうか。少なくともマクマリが中国に出発する前母親に書き送った次の言葉は、ケナンのそれと驚くほどよく似ている。「今日中国は、何かをなしとげうるような場所ではありません。……それは、男らしくやりとげても、きっと失敗に終わりそうな、しかしなおかつやりとげねばならない仕事です(87)」。

このように困難を自覚しつつ、しかも自らの方針をまげることなく、マクマリは与えられた課題に取り組み、そして予想通りに失敗した。このメモランダムに記されたマクマリの敗北は、ロックヒルやケナンのそれとともに、アメリカ外交におけるリアリストの挫折の系譜をなしている。しかしこの際リアリストや敗北者という言葉を、皮相な意味で用いることは差し控えるべきであろう。

(1) ケナン(清水俊雄・奥畑稔訳)『ジョージ・F・ケナン回顧録——対ソ外交に生きて』(読売新聞社、一九七三年)下巻、一〇頁、上巻、四五五頁、下巻、二六—二八、一〇頁。

(2) 同右、下巻、一四、六七—七一頁。George F. Kennan, *American Diplomacy, 1900–1950* (Chicago: The University of Chicago Press, 1951). 近藤晋一・飯田藤次訳『アメリカ外交五〇年』(岩波書店、一九五二年)。

(3) *Ibid.*, pp. 51–52.

(4) Janet Sue Collester, "J.V.A. MacMurray, American Minister to China, 1925–1929: The Failure of a Mission," Ph.D. dissertation, Indiana University, 1977, p. 235.

(5) Memorandum by MacMurray, November 1, 1935, The Papers of John V.A. MacMurray deposited at the Seeley G. Mudd Manuscript Library, Princeton University. Cited hereafter as MacMurray Papers.

(6) この時期の米中関係についての研究は、Dorothy Borg, *American Policy and the Chinese Revolution, 1925–28* (New York: MacMillan, 1947). によって代表される。マクマリを主人公とした Collester, *op. cit.* と Thomas Buckley, "John Van Antwerp MacMurray: The Diplomacy of an American Mandarin," in Richard Dean Burns and Edward M. Bennett, eds., *Diplomats in Crisis:*

United States-Chinese-Japanese Relations, 1919–1941 (Santa Barbara: ABC-CLIO, 1974). とは、いずれもマクマリの公使時代を中心としている。以上三点は、マクマリに対する低い評価を共有しているといってよい。

(7) マクマリの外交を論ずるための最も正統的な方法は、言うまでもなく彼が外交当局者として行った活動と著した文書の分析である。本章のように事後数年を経た回顧的文書を分析の中心に置くことには若干の危険が伴う。事後的な正当化や、記憶違いが含まれうるからである。にもかかわらず筆者があえてこのような方法をとるのは、何よりもマクマリの基本的な考え方が完結した明確な形でこのメモランダムの中に表現されており、このマクマリの外交思想が本章の主な対象であるからである。もっともこのメモランダムはマクマリが当時の記録をもとに、随所に引用しつつ記したもので、記憶違いや正当化はあまり見られない。また筆者も、MacMurray Papers や *Foreign Relations of the United States* によって、一応チェックはしてある。

(8) 本章の基礎となっているのは前掲の MacMurray Papers である。この文書の利用を許可された、マクマリ令嬢、George W. B. Starkey 夫人、および筆者がプリンストン大学に滞在してこの文書を研究していた際、マクマリに関する議論の相手となってくれた Arthur N. Waldron 博士（現ペンシルヴァニア大学教授）に深く感謝する次第である。

(9) 以下に述べる伝記的事実は、とくに断らぬ限り Register of the Collection, MacMurray Papers; Collester, *op. cit.*; Buckley, *op cit.* による。

(10) ウッドロウ・ウィルソンがプリンストン大学改革の一環として一九〇五年に開始し、今日まで続いている制度がプリセプト (precept, preceptorial method) である。これは、オックスフォードのテュートリアル・メソッドを近代化し、小集団を対象として行うようにしたものであった。当時のプリセプターの地位は助教授 (Assistant Professor) であった。Alexander Leitch, *A Princeton Companion* (Princeton: Princeton University Press, 1978), pp. 374–375.

(11) Letter from MacMurray to Paul Varg, quoted in Varg, *Open Door Diplomat: The Life of W. W. Rockhill* (1952; rep. Westport: Greenwood, 1974), p. 3.

(12) Buckley, *op. cit.*, p. 29.

(13) マクマリはラインシュ公使が、思いつきの個人プレイに走り勝ちであり、公使館をティームとして活動させえず、その結果首尾一貫した外交を展開しえていないことをしばしば非難している。たとえば、MacMurray to Mother, March 3, 1915, MacMurray Papers. もっとも、その手紙にも述べられているように、ラインシュは自分のやり方が部下に好まれていないことを十分自覚していなかった。それゆえラインシュはマクマリに対しさほど悪い感情を持っていなかったようである。Paul Reinsch, *An American Diplomat in China*

(Garden City: Doubleday, Page & Co., 1922), pp. 50–51, および Tape Recordings by Horatio B. Hawkins and Hildred "Daisy" Hawkins, Tap. 9, Paul S. Reinsch Papers, The State Historical Society of Wisconsin, Madison, Wisconsin. なお彼等はラインシュの義弟と義妹であり、ラインシュの手足となって中国で活動したことがあった。

(14) この中国訪問の際グッドノウは、共和制と君主制のいずれが中国に適するか意見を求められ、留保つきながら君主制を可とした。これが袁世凱に利用され、袁帝制運動のきっかけとなったのである。Reinsch, *op. cit.*, pp. 172–173. なお、一九〇三年アメリカ政治学会が創立された時、グッドノウは会長、第一副会長がウィルソン、第二副会長がラインシュであった。Noel H. Pugach, *Paul S. Reinsch: Open Door Diplomat in Action* (New York: KTO Press, 1979), pp. 13–14. 彼等がその約一〇年後に揃って、それぞれ中国政府顧問、大統領、駐華公使として中華民国初期の政治に深く関与することとなったのは興味深い事実である。アメリカのナショナリズムの根底に自国の建国の理想や政体への誇りがあった (Hans Kohn, *The American Nationalism: An Interpretative Essay* (New York: MacMillan, 1959).) ことを考えれば、当時アメリカの第一級の政治学者が、建国過程の中国にコミットしていったのはある程度自然なことであったのであろう。

(15) MacMurray to Mother, Aug. 15, 1913, MacMurray Papers.

(16) MacMurray to Woodrow Wilson, Aug. 15, 1913, *ibid.*

(17) Joseph Grew to MacMunray, Jan. 25, 1916, *ibid.*

(18) *Treaties and Agreements with and concerning China, 1894–1919*, 2 vols. (New York: Carnegie Endowment for Interantional Peace, 1921).

(19) William W. Rockhill, *Treaties and Conventions with or concerning China and Korea, 1894–1904, together with Various State Papers and Documents affecting Foreign Interests* (Washington, D.C.: U. S. Government Printing Office, 1904).

(20) マクマリがロックヒルの著作の増補改訂を最初に提案したのは一九一一年一〇月一二日のことであった。MacMurray to Bryan, Mar. 25, 1913, MacMurray Papers. 以後数年間のマクマリの書簡の中には、この編集作業への言及が無数に見られる。とくに一九一八年以後の書簡は、その校正作業が如何に困難であったかを示している。

(21) ただし、Collester, *op. cit.*, ch. 2. は、マクマリの会議における役割を、ヒューズや、ルート四原則を起草したエライヒュー・ルートに比べ、小さいものであったとしている。しかしこれは、政治家レヴェルの役割と官僚としての役割とを混同した議論であるように思われる。たとえば幣原喜重郎は、山東をめぐる日中会談で、傍聴していたマクマリが公正な発言をし、デッドロックを打開してくれたと回想しているが（幣原『外交五十年』〔一九五一年。原書房復刻、一九七四年〕七九頁）、それはマクマリの役割を象徴している。技術的な専門家として名声のある極東部長が、アメリカ側の準備や交渉の進展で大きな役割を果たさなかったはずがない。後に論ずるように、こうした技術的な問題についての争う余地のない知識こそ、このように錯雑した国際関係で決定的に重要であったのである。

（22）MacMurray to Willys Peck, Feb. 12, 1927, MacMurray Papers.

（23）この点については、北岡伸一「陸軍派閥対立（一九三一―三六）の再検討」（近代日本研究会編『年報・近代日本研究1　昭和期の軍部』〔山川出版社、一九七九年〕所収）を参照されたい。

（24）Memorandum, pp. 1–2.

（25）*Ibid*, pp. 2–4.

（26）このようなとらえ方は必ずしも一般的ではない。ワシントン体制成立過程研究のパイオニアである麻田貞雄は、“Japan and the United States, 1915–25,” Ph.D. dissertation, Yale University, 1963. 以来数多くのワシントン体制に関する論文を発表しているが、最近の見解では、同体制には海軍問題をめぐるシステムと中国問題をめぐるシステムの二つが併存していたと指摘している（麻田「ワシントン会議」、「ワシントン体制」、外務省外交史料館日本外交史辞典編纂委員会編『日本外交史辞典』〔大蔵省印刷局、一九七七年〕所収）。Roger Dingman, *Power in the Pacific: The Origins of Naval Arms Limitation, 1914–1922* (Chicago: The University of Chicago Press, 1976). は、さらに、ほとんど中国問題にふれることなしに海軍問題のみを扱っている。マクマリのように中国問題、すなわち九カ国条約をワシントン諸条約の中心に置く考え方はその後の研究に十分とり入れられていないように思われる。

（27）Memorandum, p. 4.

（28）*Ibid.*, pp. 4–5.

（29）*Ibid.*, pp. 5–6.

（30）ワシントン体制を国際システムとしてとらえ、その特質を論じたのはまず、Akira Iriye, *After Imperialism: The Search for a New Order in the Far East, 1921–1931* (Cambridge, Mass.: Harvard University Press, 1965). 入江昭『極東新秩序の模索』（原書房、一九六八年）であった。その後の研究の発展の新段階を示すものとして、細谷千博・斎藤真編『ワシントン体制と日米関係』（東京大学出版会、一九七八年）がある。

（31）北岡伸一「外交指導者としての後藤新平」近代日本研究会編『年報・近代日本研究2　近代日本と東アジア』（山川出版社、一九八〇年）八四―八五頁参照。

（32）入江前掲書、二九―三六頁。

（33）すでによく知られてはいるが、中仏両国は、北清事変賠償金は如何なる通貨で支払わるべきであるかをめぐって対立した。中国は各国通貨で、フランスは中国の両銀貨で支払われるべきだと主張した。大戦中の金本位制からの離脱によってフランの価値は下落しており、もしフラン払いとなれば、フランスの得る額は八分の三程度になる可能性があったという。フランスはベルギーおよびイタリアの支持を得て強硬な態度をとり、結局中国側が譲歩した。入江前掲書、三七頁。

（34）これらの事件に関する最も標準的な説明は、Borg, *op. cit.*, ch. 2–3. 日本側では臼井勝美『日本と中国』（原書房、一九七二年）一九六―二二八頁。

（35）この過程についても、やはり Borg, *op. cit.* が詳しい。

（36）Memorandum, p. 7.

（37）MacMurray to Hughes, Nov. 17, 1925, The Papers of Charles Evans Hughes, Manuscript Division, Library of Congress.

（38）Memorandum, p. 7. もちろん、山東出兵や張作霖爆殺事件が直ちに例外として想起されるであろう。しかし後に述べるように、マクマリは山東出兵に対して比較的同情的であり、済南事変についても少くとも中立的であった。張作霖爆殺事件については、不可解としているが、田中の意思でないことは知っていたようであり、田中内閣の責任を追及してはいない。そして不可解とみる理由も、張作霖のあとを襲うのが張学良であり、学良の方が日本にとって危険であるのは予測できたからであったとしている。それゆえ郭松齢事件では、日本の内政干渉的張作霖支持は理解できると述べている。*Ibid.*, pp. 41–43. 要するにマクマリは、日本政府はワシントン会議の成果に対して忠実であったとみていたのである。

（39）*Ibid.*, p. 7.

（40）マクマリは孫文を「中国のウィリアム・ジェニングズ・ブライアン」と呼んでいる。MacMurray to Frederick A. Sterling, Nov. 6, 1924, MacMurray Papers. ちなみに、マクマリはブライアンが大嫌いであって、一九一五年ブライアンが国務長官を辞したことを知った時は、母親あてに次のように書き送ったほどであった。「……ブライアンは本当に辞めたのですね？　アメリカの外交に職を奉じる我々の自尊心は、これで大いに高められるというものです」。MacMurray to Mother, June 21, 1915, *ibid.*

（41）以上、Memorandum, pp. 8–9.

（42）*Ibid.*, pp. 9–10.

（43）*Ibid.*, pp. 10–11.

(44) *Ibid.*, p. 11.

(45) *Ibid.*, pp. 11–13. なお北京関税会議については、Borg, *op. cit.*, 入江前掲書、臼井前掲書の該当部分が参照されるべきである。

(46) Memorandum, p. 13.

(47) *Ibid.*, p. 11. なおメモランダムの草稿には、これ以外に、「……リベラル・アイディアからは、いかなるものからも、善き結果が生じうるとは想條もできないトーリー・タイプの人物」という表現もあるが、最終的にはこの部分は削除されている。

(48) *Ibid.*, pp. 13–14. ただし北京関税会議における日本の行動についてのマクマリの評価には若干問題がある。同会議における幣原外交については、たとえば馬場伸也「北京関税会議にのぞむ日本の政策決定過程」(細谷千博・綿貫譲治編『対外政策決定過程の日米比較』〔東京大学出版会、一九七七年〕所収)のように、会議冒頭の中国関税自主権回復要求支持声明に重点を置いて成功とみる立場と、関税改定条件の細部に幣原が拘泥したことが、会議の成功を困難ならしめたとしてその失敗の側面を強調する入江前掲書などの立場がある。しかし、幣原が関税自主権支持方針によって、個々の条件を有利にしようとしたことは間違いないところである。その意味で幣原の立場は、のちにマクマリがイギリスやアメリカを批判した、中国に対する好意提供競争の一部をなしていたように思われる。

(49) Memorandum, p. 14.

(50) このような認識を最も明確に所有していたのは日本であった。入江前掲書、一二五—一四三頁。

(51) これら英米の新政策や、それを含む二六年から二七年初頭にかけての展開については、古いものであるが、Arnold J. Toynbee, *Survey of International Affairs, 1926* (Oxford: Oxford University Press, 1928). の該当箇所が依然として参考になる。またクリスマス・メッセージについては、最近の研究に河合秀和「北伐へのイギリスの対応——『クリスマス・メッセージ』を中心として」(細谷・斎藤編前掲書所収)がある。中国革命に対するイギリスの対応全般については、William James Megginson, III, "Britain's Response to Chinese Nationalism, 1925–1927: The Foreign Office Search for a New Policy," Ph.D. dissertation, George Washington University, 1973. が詳細で参考になる。アメリカの新政策については Borg, *op. cit.*, ch. 9.

(52) Memorandum, pp. 14–15, 17.

(53) *Ibid.*, pp. 15–17.

(54) ポーター決議案については、Borg, *op. cit.*, ch. 12.

(55) Memorandum, p. 17.

(56) *Ibid.*, pp. 17–18.

(57) *Ibid.*, p. 18. この問題についてはさらに、Borg, *op. cit.*; Toynbee, *op. cit.*; Megginson, *op. cit.*

(58) Memorandum, pp. 18–19.

(59) *Ibid.*, p. 19.

(60) 入江前掲書、一〇〇頁、および Memorandum, p. 20.

(61) *Ibid.*, pp. 20–21.

(62) *Ibid.*, pp. 21–22.

(63) *Ibid.*, pp. 22–23.

(64) *Ibid.*, pp. 24–25.

(65) *Ibid.*, pp. 25–26.

(66) *Ibid.*, pp. 26–28; Borg, *op. cit.*, pp. 135–136. さらに詳細なものでは、John Patrick Martin, "Politics of Delay: Belgium's Treaty Negotiations with China, 1926–29," Ph.D. dissertation, St. John's University, 1980. がある。

(67) Memorandum, pp. 28–29.

(68) *Ibid.*, pp. 29–30.

(69) *Ibid.*, p. 30.

(70) *Ibid.*, pp. 30–31.

(71) *Ibid.*, pp. 32–32, 38–40. しかしながら、Borg, *op. cit.*, ch. 18. や Collester, *op. cit.* でみる限り、マクマリがこの新関税条約締結で果たした役割は少なくなかった。つまり、マクマリは国務省が極秘裡に交渉し、また突然公表に踏み切ったことを批判しているが、それは彼の活躍によって可能となった面もあったのである。したがってこの部分のマクマリの国務省批判には若干釈然としないものがある。このメモランダムの中で、事後的自己正当化による歪曲が感じられる数少ない部分の一つである。

(72) Memorandum, pp. 32–33.

(73) *Ibid.*, pp. 34–37.

(74) *Ibid.*, pp. 38–39. なお田中外交と列国との関係については、その対英協調的側面がすでに研究されつつある。J・B・クラウリー「日英協調への模索」（細谷・斎藤編前掲書所収）はその一つであり、内田ミッションの訪英にもふれている。しかし対米協調の側面では、満州への米資本導入計画について三谷太一郎「ウォール・ストリートと極東」（同右書所収）があるほかには目立つ研究はなく、全体的な考察が今後行われるべきであろう。またマクマリの田中外交評価からみても、田中外交全体の親英米的ないし国際協調的性格が、先に述べた幣原外交のアジア主義的性格とともに（註48）、いま少し検討されるべきである。

(75) Memorandum, pp. 38, 40–41.

(76) *Ibid.*, pp. 42–43.

(77) *Ibid.*, pp. 43–44.

(78) C・E・ニュウ「東アジアにおけるアメリカ外交官」（細谷・斎藤編前掲書所収）はアメリカの外交官が中国や日本での生活をどのように感じていたかを対比して、その多くが中国の方をはるかに好んでいたことを明らかにし（マクマリもその一人としてあげられている）、それが彼等の対日および対中政策に影響を及ぼしていたことを示唆している。しかしこのようなとらえ方には問題がある。外交官の政策判断はあくまで本国の総合的国益によってなされるべきものであり、本人の選好によって左右されるべきものではない。事実としてもちろんそのような好みは少なからぬ意味をもつのであるが、第一義的重要性は当人の情勢判断と国益の定義にある。ある人物がたとえば親中的であることと、政策が中国寄りないし親中的であることとは一応区別して論ずるべきだと考える。実際アメリカの当時の中国通の中で、マクマリは個人的には親中であったが政策的には日本寄り、ジョンソンは個人的に親中であって政策的にも中国寄り、ホーンベックは個人的にはとくに親中とはいえないが（もちろん親日でもない）政策的には中国寄りであった。なおジョンソンについては、Russell D. Buhite, *Nelson T. Johnson and American Policy Toward China, 1925–1941* (East Lansing: Michigan State University Press, 1968).; Herbert J. Wood, "Nelson Truster Johnson: The Diplomacy of Benevolent Pragmatism," in Burns and Bennett, *op. cit.* またホーンベックについては、Rishard Dean Burns, "Stanley K. Hornbeck: The Diplomacy of the Open Door," *ibid.* を参照。入江昭「幣原喜重郎」（『中央公論』一九六五年五月号）が、マクマリが幣原に影響されて極端な反日論者から極端な親日論者になったと述べているところにも、同様の問題が感じられる。

(79) Memorandun on Relations with Russia, The Papers of William W. Rockhill, Houghton Library, Harvard University.

(80) MacMurray to Woodrow Wilson, April 5, 1915, MacMurray Papers, Memorandum on Shantung, July 21, 1919, *ibid.* なお前者は書簡の形式を借りたメモランダムであり、ダブル・スペースで一二頁にのぼるものである。

(81) Reinsch to MacMurray, Jan. 12, 1918, *ibid.* MacMurray to Reinsch, Jan. 29, 1918, Reinsch Papers.

(82) 外務省編『日本外交年表並主要文書』下巻（原書房、一九六六年）三七二—三七五頁。

(83) 三谷前掲論文、三三三—三三四頁。なおこの時期の中国借款と国務省との関係については、Roberta Albert Dayer, *Bankers and*

Diplomats in China, 1917–1925: The Anglo-American Relationship (London: Frank Cass, 1981). が参考となる。

(84) 細谷千博「牧野伸顕とベルサイユ会議」同『日本外交の座標』(中央公論社、一九七九年) 所収、Akira Iriye, "The Failure of Economic Expansionism," in H.D. Harootunian an Bernard S. Silberman, eds., *Japan in Crisis: Essays on Taisho Democracy* (Princeton: Princeton University Press, 1974). などは、このような新外交との対照を際立たせた例であるように思われる。

(85) ロックヒルの活動については、Varg, *op. cit.* を参照。

(86) 前掲『ジョージ・F・ケナン回顧録』下巻、一〇〇頁。

(87) MacMurray to Mother, April 4, 1925, MacMurray Papers.

第Ⅱ部

日米外交の交錯

第四章　明治中期の海洋国家思想

——初期『太陽』に見るアメリカ像と日本外交——

はじめに

本章は、日清日露戦間期、雑誌『太陽』の外交論において、アメリカがいかに報じられ、捉えられていたかを検討することにより、日本外交の一つの流れを明らかにしようとするものである。

『太陽』が創刊されたのは、明治二八（一八九五）年一月のことである。そのころ、日清戦争は日本の勝利のうちに終わろうとしていた。そして日本の勝利は、東アジアの国際関係全体に大きな変化をもたらそうとしていた。清国の弱体が明らかになった結果、列強が露骨な領土と権益の獲得に乗り出し、清国解体の可能性が現実化し始めたからである。

それまで一〇年余り、日本は朝鮮半島に対する影響力をめぐって清国と対立していた。ところがその課題を解決した結果、日本は列国による清国解体の可能性に直面することとなった。それは、「唇亡びて歯寒し」という論理によって、日本にとって深刻な危機だと認識され、「支那保全」が強く主張されるようになった。そして、清国分割の最大の推進者であるロシアとの対抗が、日本外交の最大の課題となるのである。

その中で新たに登場した重要なパワーがアメリカであった。一八九八年の米西戦争においてスペインに勝利したアメリカは、同年末アジアにおいてフィリピンを獲得し、一八九九年には門戸開放宣言を発して、中国に関して発言するようになった。

このような時期において、『太陽』は東アジアの国際情勢をどのように認識し、どのような政策を打ち出していたのか。そしてとくにアメリカという要素をどのように考えていたのだろうのか。

ところで、『太陽』発刊については、次のような経緯が知られている。すなわち、発行元の博文館は明治二〇（一八八七）年六月創立以来、七年半のうちに二六種類一〇七九冊の雑誌を発行し、大きな成功を収めていた。とくに日清戦争さなかに発刊した『日清戦争実記』は、写真銅板の初の活用、地図を交えた巧みな戦局報道、そして月三回という速報性によって、爆発的に売れ（第一編が三十余万冊、第一三編までで三百余万冊という）、博文館の経営基礎を強固なものとしていた[1]。

こうした雑誌編集の経験と財政的基礎の上に、博文館が総力をあげて取り組んだのが『太陽』であった。『太陽』発刊にあたり、それまで刊行していた多種多様の雑誌を大部分整理したことに、その意気込みはあらわれていた。『太陽』発刊のねらいは、文化において世界と競争することであった。日清戦争直前に欧米を旅行して新聞雑誌事情を調査した博文館社主の大橋佐平は、「彼邦に譲らざるべき大雑誌を発行せん」という決意を持ち帰った。そして『太陽』創刊号には、佐平の息子である発行人大橋新太郎が、「太陽発刊の主意」と題する一文を掲載し、次のように述べている。

皇師一び出征してより、向ふ所前なく、……欧米列国皆帝国の勇武に歎服せさるなし。……然りと雖も我か帝国の進歩せるもの、豈啻だ陸海軍のみに止まらんや、技芸、学問、生活、皆絶大の進歩をなし、……程度に於ては殆んと欧米列国に〔ママ〕凌駕すべきものあり、……欧米国人未だ洽ねく之を知るに至らざるは我国民の遺憾に耐えざる所、今や我か帝国の武名世界に轟くと同時に我文明の真光輝を発揚するは豈目下の急務に非さらんや。

さらに大橋は、「夫れ征清の盛挙は我か帝国をして一躍して世界一等国の地位に登らしめしのみならす、又実に第二の維新のなすの機なり、乃ち我が新聞雑誌も亦進んて世界一等の地歩を占め、第二の維新をなさん、蓋し至当の順序なり」(傍点北岡、以下断らない限り同様)と述べ、日本が第二の維新に向かって進む上でも、新聞雑誌が世界第一等に進めることが重要だと指摘したのである。

大橋が目標としたのは、『当代評論』(*Contemporary Review*——注記北岡、以下、断らない限り同様)、『イジンバラ評論』(*Edinburgh Review*)、『ハーヴァード月報』(*Harvard Monthly*)、『北米評論』(*North American Review*)、『観察』(*Spectator*)、『フィガロ』(*Figaro*)、『反響』(*Echo*)、『小天地』(*Cosmopolitan*)、『評論之評論』(*Review of Reviews*)など欧米の一流雑誌であった(2)。

要するに『太陽』は、武の日本と並び立つ文の日本をリードすべき雑誌であり、強く世界を意識した雑誌だったのである。そして、彼らが念頭においた雑誌のうち、フランスの二点を除く九点が英米のものであり、そのうち『ハーヴァード月報』、『北米評論』、『コスモポリタン』の三誌がアメリカのものであった。『太陽』は当初からアメリカに注目するところが少なくなかったといってよいであろう。本章が『太陽』のアメリカ観にとくに注目する理由の一つである。

一 外交大国アメリカの発見

1 初期アメリカ像

ところが、創刊からしばらくの間、『太陽』にアメリカはあまり登場しない。より正確には、国家として姿をあらわすことは少なかった。取り上げられたのは、都市のアメリカであり、産業のアメリカであり、自然のアメリカであった。都市のアメリカの例としては、「桑港繁盛記」(明治二八年二月五日)があり、咸臨丸以来日本にもなじみの深いサンフランシスコの発展ぶりが報じられている。また産業のアメリカの例としては、「米国の鉄道事業」(明治二九年七月五日)など、典型的なものと言ってよい。また『太陽』は写真を売り物としていたので、ナイアガラのような雄大な自然は、格好の被写体であった。

もう一つ、しばしば登場するものに、アメリカの大学、アメリカの女性、女性教育などがある。「米国の婦人」(明治二八年三月五日号)、「ブリンモーア女子大学」(明治二九年一月五日号口絵)などはその例である。こういうものが掲載されたのは、読者に西洋志向のアッパー・ミドルが多かったからではないかと推測される。

国家としてのアメリカがあまり登場しないのは何よりも、アメリカがまだワールド・パワーとしての行動を開始していなかったからである。しかしそれだけではなく、今日に比べ、外交というものが、卓越したリーダーと不可分のものと認識されていたからだったように思われる。一九世紀を代表する外交家といえばビスマルクであろうが、ビスマルクは一八九八(明治三一)年まで存命であった。やはり一九世紀を代表する政治家の一人であるグラッドストーンも、同じ年に没している。このようなリーダーは、確かにアメリカにはまだ見当たらなかったのである。(3)

2　モンロー主義の発見

外交大国としてのアメリカが注目されたのは、一八九五年七月、ヴェネズエラと英領ギニアの国境紛争に、モンロー主義の名において介入する態度を明らかにしたときであった。ヴェネズエラは、一八四〇年代からオリノコ川流域の国境線をめぐってイギリスと対立しており、アメリカの好意的干渉を期待していた。一八九五(明治二八)年五月、アメリカ上院は、両国に対して問題解決をアメリカの仲裁に委ねるよう求める決議を行い、これにもとづいて七月二〇日、クリーヴランド大統領はモンロー主義を援用し、両国にアメリカの仲裁にゆだねるよう、申し入れた。

この申し入れは、新任直後で外交経験に乏しい国務長官オルニー(Richard Olney, 1835–1917)が、国内法的感覚で起草した文書を、若干緩和したものであったが、それでも、その中には、「アメリカ合衆国はこの大陸において事実上主権を持つ存在であり、この大陸への干渉とみなす事柄については、アメリカの命令（fiat）は法である」という強硬な文言が含まれていた。しかもその根拠として、アメリカは無限の資源を持ち、地理的に他から遠く離れているので、いささかも弱みを持っていないことが挙げられていた。つまりこの申し入れは、アメリカがその力ゆえに権利を主張したものであって、驚くほど率直かつ傲岸な宣言であった[4]。

これに対しイギリスは、熟慮のうえ、一一月二六日、拒絶の回答を送った。イギリスは、調停に付することについては一般的に同意しつつも、アメリカに限らず第三国がこうした問題に介入しうるのは、その国の重大な権益が侵されたときか、重大な国際法違反があったときであり、モンロー主義は国際法ではなく、アメリカの介入の根拠たりえないと述べていた。

これは、今から見ても妥当な法解釈であった。しかしアメリカの世論は激昂し、クリーヴランド大統領はイギリスとの対決を辞さず、一方的に国境の調査に乗り出す決意を明らかにし、議会は、そのための費用の支出をただちに認めるなど、強硬方針を支持した。

一八九五年といえば、モンロー宣言が発出されてから七三年目であった。しかも、相手は世界第一の大国であり、かつアメリカと従来から利害関係が一致することの多かったイギリスであった。こうしたアメリカの態度は世界を驚かせたのであった。

その後、一八九七（明治三〇）年二月二日に至って、イギリスはアメリカの仲裁を求めることに同意し、一八九九（明治三二）年一〇月三日、ヴェネズエラとイギリスとの間で最終合意が成立した[5]。アメリカの調停の結果は、イギリスの主張に近く、しかしヴェネズエラがもっとも重視したオリノコ川河口についてはヴェネズエラの主張を認めた、公平なものであった。イギリスは体面にこだわることなく、アメリカとの友好関係を重視したのであって、アメリカ外交の勝利といってよいものであった。

この問題は、日本の朝野の関心を集めたものであった。明治三〇（一八九七）年一二月六日、議会で初めて答弁に立った大隈重信外務大臣は、外交問題が当事者間関係を超えて拡大する傾向が強まっているとして、第一にこのヴェネズエラとイギリスの対立にアメリカが参加したこと、第二にボーア戦争に対するドイツなどの関心、第三に日清戦争における三国干渉をあげている。ある意味で、ボーア戦争や三国干渉と並ぶほどの関心を集めた事件だったのである(6)。

『太陽』が示した関心も強かった。蒼篁子「ヴェネズエラ国及其国境問題」（明治二九年五月二〇日号）は、この問題に触れ、モンロー主義について解説している。さらに加藤主計「モンロー主義」（明治二九年五月五日号、二〇日号）は、かなり詳細に問題の背景と経緯について報告している。また明治三〇（一八九七）年一月五日号では、大統領の演説も紹介されている。

重要なことは、アメリカのモンロー主義援用が、日本自身にはねかえってきたことである。加藤主計は前掲論文の続きにおいて、「今や東洋の形勢日に非にして到る処白人の跳梁するの時に当り東海の表に国を建て世界列国の間に新勝国として畏敬さるる我が国の士人は、不知、果たして全亜細亜保護策を提起して東洋より碧眼児の足跡を絶たしむるの意気あるや否や、想ふて是に至れば為に憮然たらずんばあらず」（明治二九年五月二〇日号）と論じ、アジアにおける日本の無為を難じている。

3　ハワイ問題批判

ところで、このときすでに日米間には大きな外交問題が発生していた。ハワイ問題がそれである。

ハワイ在住のアメリカ人がクーデタを起こし、王政を覆したのは一八九三（明治二六）年一月のことであった。彼らは、ただちにアメリカによるハワイ併合へと進もうとしたが、アメリカ政府がこれを拒んだため、暫定共和政府が続くこととなった(7)。

日本は同年一一月、軍艦浪速を派遣している。それは、ハワイ在住の日本人を保護し、また日本人に欧米人と対等の権利を確保する（たとえば他国の移民には認められていた参政権が日本人移民には認められず、争いとなっていた）ことを目的としており、ハワイの独立回復を目指していたわけではなかった。アメリカとの正面からの対立は回避されていたのである。

しかし、この日本の示威行動が日本の脅威と受け止められ、アメリカ人の併合派に利用された。当時日本人の人口は全人口の四〇%を占めて最大勢力となっており、こうした懸念にはある程度客観的な根拠があったのである。

日本とハワイとの間に具体的な紛争が起こったのは明治三〇（一八九七）年二月のことである。神州丸でハワイに行った移民六六五名中、契約移民以外の四六三名が上陸を拒絶され、送り返されたのであった。これまで日本人は、ハワイ側の要請による契約移民以外にも、一人あたり五〇ドルを持参すれば、自由に移住することができた。その自由移民に対し、ハワイ側が突然、日本移民百人につき欧米人一〇名を伴わなければならないという無理な条件を突きつけて、こうした行動に出たのであった。これに対して日本は再び軍艦を派遣し、日本人保護にあたった。

これに対して『太陽』では、伊藤博文と近い関係にあった小松緑が、次のように論じている（「布哇事件の真相」、第三巻二一号、明治三〇年）。ハワイ側の対応は言語道断であり、日本が軍艦派遣などの態度をとったのは当然である。昔なら、どこかの島を占領くらいしてもおかしくないほどの事態である。しかし、日本は柔軟な対応に出て、仲裁裁判を受け入れ、損害賠償だけを求めている。こうした態度は正しい。立場を変えてみれば、すでに日本人は二万五〇〇〇人、原住民は三万人、白人が三〇〇〇人という人口分布である。日本人が大挙して押しかけるのに不安を感じるのは理解できる。「仮に地を代へ吾人をして布哇の大臣たらしめば袖手傍観して止むべしとも云ひ難かるべし」。彼らの行動はアメリカを頼んでのことであるが、ともかく、こうしたことで大騒ぎをすべきではない。小松の議論はそのようなものだった。

ハワイ王国はがんらいアメリカの影響力を抑えるため、日本に対して好意的だった。それゆえ日本人移民はこれほどの割合に達していた。アメリカ人のクーデタはもちろん不当なものであったが、日本人の増加を抑えようとする政策には、条約上はともかく、政治的には多少の理由がなかったわけではない。小松の議論は、このように考えると、アメリカとの対立の愚を避けようとした、バランスの取れたものであった。後にも触れるとおり、その他にも、『太陽』はハワイ問題では概して冷静な態度で一貫していたと言ってよい。

こののち、一八九七（明治三〇）年六月に至り、アメリカとハワイの間に併合条約が結ばれ、それは米西戦争の興奮のさなか、九八年七月に上院で批准された。そして一九〇〇（明治三三）年、併合は実現された。

なお、ハワイ併合が一つの副産物をもたらしたことにも触れておくべきだろう。それはハワイ在住日本人のアメリカ本土への渡米であり、それが日米移民問題を発生させることになる。問題が顕著になるのは一九〇〇年のことであるが、在米の野間五郎なる人物による「太平洋沿岸における日本働《ママ》労者問題」（第六巻九号）によれば、昨年野間が上陸して以来、日本人排斥の声を聞かないことはなかったという。その理由として野間は、カナダのブリティッシュ・コロンビアにおける選挙、アメリカ大統領選挙、一九〇〇年四月以来、日本人が大量に上陸したこと、労働賃金の低下、帝国主義、をあげている。

とくに重要なものは、移民の急増であって、それまで太平洋岸には、カナダとアメリカをあわせて四〇〇〇人から五〇〇〇人程度であり、流入は年平均五〇〇人以下だった。ところが、一九〇〇年四月と五月だけで、一万五〇〇〇人を超える日本人労働者が上陸したのであった。これほど多数の移民が一挙に上陸すれば問題が生じるのは当然だった。これが、やがて日露戦後に日米関係のとげとなっていくのである。

4　日米の相互認識

このころ、アメリカの将来はどのように見られていたのか。

島田三郎は「来世紀の三大勢力」（『太陽』第二巻一七号、明治二九年八月二〇日）において、米露そして中国が三大勢力となるという興味深い予言をしている。しかして、その最たるものはアメリカであった。「米国天然の形勝によりて力を養うこと百余年、人民漸く威を外に延べんとするの野心を生ず。近時ベネズエラの件にて英国を抑制し、キューバの事に於て西班牙を度外視す。西班牙の衰運を以てして隆盛の米国に蔑視せらるる怪しむに足らずと雖も、英国の強大を以て尚ほ米国の反発に逡巡するは、豈世界の機運大変の前兆にあらずや。米国の富今既に英国を圧す、唯従来内地の発達に専らにして、雄強を外方に争ふに意なく、超然欧州政争域外に居れり、故を以って唯富国として敬重せられたり、然るに其国民一旦雄を世界の舞台に争ふの心を生ぜんか、其富力は堅艦巨砲利鏃奇機大凡敵を制する所以者、左右に之を取ると唯意の欲する所、英仏独墺何ぞ在らん、……米にして雄を輿国の上に争ふに至らば世界焉ぞ今日の均衡を保つを得んや」とまで述べている。

ところで、日本は日清戦後に積極的な軍備拡張を進めていたが、それは列国からどのように見られていたのか。そして当時の日本は列国の目をいかに意識していたのか。

説剣生「我軍備拡張と欧米列強」（第三巻二二号、明治三〇年）は、列国は日本の陸軍の拡張にはほとんど関心を持っておらず、もっぱら海軍拡張に関心を持っているとして、さらに次のように分析している。

まず英国は、かつては日本の海軍軍拡を警戒したが、最近では態度を変え、もちろん準備は怠らないものの、「寧ろ日本海軍の拡張を喜び、暗に日本を以てその爪牙とせんとするの意あるが如し」と述べている。一方、もっとも警戒しているのはロシアで、日本海軍の拡張がロシアの東洋権益を害するものと見て、これに対抗するための海軍拡張に努めている。フランスは、ロシアほどではないが、露仏同盟ゆえに、東洋でロシアに協力するため、東洋での海軍拡張に積極的に取り組んでいる。ドイツは、皇帝が海軍拡張に熱心であり、国民がこれを容易に支持しないので、むしろ日本を利用している、そして日本海軍にドイツが遅れをとっているというようなことをいい、要するに日本を利用して海軍拡張に努めている。またアメリカはハワイやキューバの問題もあって海軍拡張に進んでいるが、全体としては、さほど注意を払っていない。しかし、一部の「杞憂家」は日本に備えるべしといい、また「海軍熱心家」は日本を口実に海軍拡張を図っていると述べている。簡にして要を得た分析であるといってよい。

こうした分析から、この論文は、陸海両方の拡張は無理だとしつつ、陸軍拡張は多数の人員を必要とするので、労働力の点で不経済だと論じている。明らかに海軍に好意を持っていたのである。

5　米西戦争

外交大国アメリカが本格的な注目を浴びたのは、言うまでもなく米西戦争においてであった。

米西戦争の経緯をまずまとめておこう。キューバのハヴァナ港でアメリカの戦艦メイン号が謎の爆沈をとげ、アメリカとスペインの間で著しく緊張が高まったのが、一八九八（明治三一）年二月一五日、そしてアメリカが宣戦を布告したのが四月二五日のことであった。六月一一日、米軍はキューバに上陸し、七月二六日、スペインは休戦を申し出、アメリカは八月一二日、休戦に応じた。

この間、戦争はアジアにも飛び火し、五月一日、米極東艦隊はマニラ湾でスペイン艦隊と遭遇し、これを撃滅した。陸上でも、五月一九日から、米軍はフィリピン独立運動家のアギナルドを支援して、スペインと戦い始めた。そして六月一二日、アギナルドは独立を宣言し、大統領に就任した。

しかし、一八九八（明治三一）年一二月、アメリカがスペインとの条約によって、フィリピン、プエルトリコおよびグアムを獲得すると、独立をめぐるアギナルドとの戦争が始まった。独立勢力の抵抗は、一九〇一（明治三四）年三月、アギナルドが逮捕されるまで続いた。

この戦争は、日本の強い関心を引いた。『太陽』では、戦争が始まる直前、明治三一（一八九八）年一月（第四巻第二号）の海外彙報において、「米国及西班牙海軍の比較」なる記事を掲載している。アメリカ理科雑誌（『アメリカン・サイエンス・レヴュー』か）の記事の紹介である。それによれば、一等戦艦においてアメリカは4、スペインは1、しかも質もアメリカが上である。二等戦艦ないしそれに近いものとしてはアメリカ2、スペイン2、装甲巡洋艦は、アメリカ2、スペイン2、海防艦アメリカ6に対し、スペインが老朽艦2などであると、艦の数、大きさ、速度、大砲の大きさと数を含め、かなり詳しく比較している。その結論として、スペインはアメリカにとってあなどることのできない敵であり、スペインがアメリカの大艦との衝突をさけて略奪行為に出れば、アメリカはかなり苦戦するだろうと述べている。この予測は当たらず、戦争はアメリカの圧勝に終わったが、日本の関心の所在を示しているものとして興味深い。

このように目覚しい勝利を収めたアメリカであったが、フィリピンへの進出は、アメリカの建国の理念に反する行動であるという批判が、アメリカにもあったし、日本にもあった。

明治三二（一八九九）年三月五日号の匿名の論説「北米合衆国の国性如何」は、アメリカの変化を厳しく批判したものである。記者によれば、アメリカは自由と人権の神聖によって建てられた国家である。脅迫と征服によってではなく、自由と人権の共同の利害によって建てられたものである。これを政治上の綱領として発表したものがモンロー主義である。そう考えれば、南北戦争も、インディアンに対する迫害も、非アーリア人種に対する迫害も、モンロー主義の国家が一九世紀の文明に対応するものと言えないことはない。ハワイの合併もキューバの占領も、モンロー主義と抵触はしない。しかし「独り非律賓群島の掠奪に於て吾人は北米合衆国の国性如何を問はざるを得ず」と記者は断ずる。フィリピンを獲得したのがドイツやロシアなら、何ら驚くべきことではない。しかしあのアメリカがこの挙に出るとは驚きであり、アメリカの国柄がここに大きく変化したと言わざるをえないと、記者は批判している。アメリカの理想主義に共鳴する立場からの透徹した批判であった。

ただ、こうした批判は全体としてそれほど強くはなかった。なかには、中村弥六「軍備拡張と三税復旧を併行する案」(第五巻二一号、明治三二年)のように、アメリカのフィリピン制圧に日本が協力することを説いた異色の論文もあった。それによれば、日米は親善であり、アメリカはフィリピン制圧に苦戦している。その経費は月三〇〇〇万ドル(六〇〇〇万円)を要し、それはさらに高騰しようとしている。それは、兵士一人に月二〇〇ドル(四〇〇円)という、日本の海軍中将の給料よりも高い給料を払い、一万五〇〇〇人を投入しているからである。しかもその人員もさらに増加せざるをえない模様である。これを日本が請け負えば、はるかに安い経費で成し遂げることが出来る。それでアメリカは大国の威信を傷つけずにすみ、経費を節減し、また日本は収入を得ることが出来、日米関係も安定する、というのである。いささか驚くべき意見であるが、少なくとも、アメリカのフィリピン進出に対する反感がそれほど強くなかったということはいえるだろう。

二　中国分割の進展と日米関係

1　極東情勢の深刻化

さて、この間、極東情勢はどのように推移していたか。日清戦争後の事態をふりかえっておこう。

明治二八(一八九五)年、日清戦争が終わり、三国干渉が行われたあと、積極外交を展開したのはロシアであった。明治二九(一八九六)年、李鴻章がロシアを訪問したとき、露清密約が結ばれ、ロシアはシベリア鉄道から満州を通って沿海州に至る東清鉄道の敷設権を獲得した。

明治三一(一八九八)年は清国分割がドラスティックに進んだ年である。ドイツは一八九七(明治三〇)年一一月、ドイツ人宣教師が殺されたことを口実に、膠州湾を占領していたが、三月六日に至って、膠州湾を租借し、かつ膠州―済南間に鉄道を敷設する権益を獲得することに成功した。これと前後して、ロシアは旅順、大連の租借を要求し、三月二五日に至って、その租借権と、旅順・大連とハルピンを結ぶ東清鉄道南部支線を建設する権利を獲得した。四月九日にはフランスが広州湾租借と雲南鉄道敷設権を獲得し、イギリスはこれらの進出に対抗するという名目で、六月一日、広州に近い九龍を、そして七月一日には旅順と膠州湾に近い威海衛を租借することに成功した。極東はまことに騒然としてきたのである。

これに対して中国でも改革の動きが起こった。六月一一日、光緒帝が変法自強を宣布し、改革の断行を宣言した。しかし、保守派の反対で、わずか百日でついえてしまった。その他、義和団事件が始まったのもこの年である。これは、列強の進出に対する非合理的な反発とも言うべきものであった。先の米西戦争を含め、一八九八(明治三一)年は実に劇的な多事の年であった。

2 膠州湾租借の衝撃

こうした情勢は、とくにドイツの動きから急速に進みだした。『太陽』も当然、無関心ではいられなかった。川崎紫山「膠州湾占領事件を論して東邦の局勢に及ぶ」(第四巻四号、明治三一年二月)は、ドイツの進出がもたらす影響について論じたものである。

川崎は、三国干渉を行ったドイツ、フランス、ロシアの三国を「三国同盟」と呼び、ドイツをその「謀主」と呼んでいる。実際、行動のきっかけを作った点では、その評価は正しい。そしてドイツがこの「謀主」となったのは、ヨーロッパ情勢からきたのではなく、アジアにおいて日仏英露と競争するためだと考えた。かつてドイツは福建省の「三砂嶋」を獲得しようとしていたが、イギリスとの利害衝突のため、難しかった。それで今回、ロシアとの対立を覚悟して、膠州湾にねらいを定めたと考えた。

川崎によれば、真に重要な進出をしているのはロシアであった。遼東半島、東清鉄道南部支線の建設権の獲得だけでなく、ロシアは清国の対日賠償金支払い問題でフランスとともに清国に対して資金を提供し、清国との関係を深めていた。さらに長年イギリスが占めてきた清国の海関総税務司の地位をうかがっていると指摘している。

したがって、川崎によれば、東アジアの情勢はイギリス対ロシアであり、ドイツはその中間にあるに過ぎなかった。そしてもしドイツが三砂嶋を獲得しようとするなら、これは日本の南進にとって重要な土地なので、断固として阻止すべく、イギリスと組めばそれは困難ではない。「我は、英国と共に三国同盟の中堅を破ることを得べく、機会に乗じ、清国扶翼の策を実行することを得べき也」という。他方で、ドイツが膠州湾に進めば、ロシアとの対立が顕在化する。それゆえ、川崎は、ドイツの膠州湾租借に一喜一憂せず、対露包囲網を作ることが重要だと論じる。「我日本帝国にして、果たして能く我勢力の消長盛衰、ただ一に太平洋上の競争場裏於て判決せられることを認識し、自ら信ずる所の長策を執りて、日本国民の真正利益と真正責任とを明らかにし、東邦均勢の機を制せんと欲れば、英独を連ねて、以て露国の野心陰謀を未萌に制せざるべからず」。

また、進歩党の領袖、肥塚龍は、「東洋平和問題の解釈如何」（明治三一年五月二〇日号）において、ロシアとドイツの進出に関連して、次のように論じている。現在、二つの案が論じられている。第一は、日本は清国の賠償金支払いが終わるまで威海衛占領を継続しているが、ロシアとドイツの進出に対抗して、これを継続するという案であり、第二は、台湾の眼前、澎湖嶋前岸の土地を占領し、不慮の場合に備え、また通商の便宜にそなえるべきだとするものであった。

第一案に対し、肥塚は、それが年額二〇〇〇万円を要するという点を指摘し、経済的負担において反対し、また日本が保証占領を終えたあとはイギリスが租借することとなったのに、それを行えば、イギリスとの関係が悪化するとして反対した。また第二案については、他日清国を分割する準備というなら論理的には一貫しているが、東洋平和策というのは、「耳を掩《おお》いて鐘《かね》を盗む」の類である、東洋の平和と清国の分割が不可避というならともかく、そうでないなら、あくまでこれを防ぐ政策をとるべきであるとして反対した。

こうして肥塚は、関係国を召集して会議を開くことを提唱する。そこで関係国は、清国の開発誘導を目的とし、いかなる名義を以てしてもその領土を毀損することを許さず、鉄道工事を外人が請け負うことはあっても外国が所有することは許さず、もしこれを破る国があれば、会盟諸国一致して其不法を禁遏するという内容の約款を結ぶ、というものであった。

もちろん、露仏独が調印済みの条約を白紙に返して、こうした領土と鉄道に関する権利を返還するはずがないという見方もあるだろう。しかし、イギリスがその先鞭をつければ、まったく不可能でもない。もしだめなら、「日本は宜しく英米二国と相結んで東洋平和の護持者たる任務を尽すの覚悟を為すべし」というのであった。

同じころ、陸羯南は、これまで日本が占領していた威海衛を明け渡すべきではないと論じている。東洋の平和を名目に三国干渉を行ったロシアやドイツがこうした行動に出たことはもちろんであるが、イギリスの行動もやはり許しがたいものであった。それゆえ陸は、「我政府は宜しく一面に異議を北京に提出し他の一面には、独英露の行為を否認し以て将来進為の端を啓くべし、否らずんば速かに軍備拡張の計画を止めて東亜の局面より今後永く退却すべきのみ」と論じ、威海衛に居座って渤海湾でドイツ、ロシアと対峙するか、それが出来ないなら軍備拡張など止めてしまえとまで論じたのであった(8)。これに比べると、川崎や肥塚の議論は、より親英的であり、より平和的であり、より現実的な冷静さを持っていた。

3　日英米同盟論

肥塚が提唱した英米との提携は、これ以後、『太陽』において強く提唱されるようになる。「平和主義の三国同盟」(明治三一年六月五日号)は、その中でも注目すべきものである。記者は、露・仏・独つまり三国干渉を行った三国が、中国の分割をめざす提携であることを指摘すると同時に、中国の分割に反対する、当時の言葉で言えば支那保全の三国の提携、すなわち日英米の提携を主張している。

こうした情勢に刺激を与えたのが、イギリスの海軍少将でありまた下院議員でもあったチャールズ・ベレスフォード（Charles William de la Poer Beresford, 1846–1919）が、一八九八年秋から一八九九年の一月にかけて、イギリス連合商業会議所の委嘱を受けて極東旅行を行い、日本にも立ち寄ったことであった。（補注）

明治三二（一八九九）年二月五日号の「英国外交の原本」は、ベレスフォードが日本でしきりに四国同盟論を唱えていたことに注目している。それは、日英米独の四カ国が提携して清国における現状を維持し、もってイギリスの清国における商業上の利益を守ろうとするものであった。そしてその商業上の同盟をさらに外交上の同盟へと進めようというものであった。

「英国外交の原本」は、日本で商業会議所が外交的に活動したことのないことを指摘し、イギリスに学ぶべきことを主張しつつ、次のような点でベレスフォードの意見に賛成している。すなわち、清国では、領土を分割し、それぞれの港を封鎖し、あるいは関税政策を実行する可能性が生まれている。これに対し、貿易の増進のためには清国内地の開放が望ましく、そのためには清国の分割を防ぐことが必要であるとしている。すなわち、商業的利益の増進、門戸開放、そのために領土保全という論理を、『太陽』は展開していた。

ただし、イギリスの政策がベレスフォードと同一だったわけではない。ソールズベリー内閣は、清国の統一を維持するための巨大なコストを考えれば、むしろ勢力圏を確定し、それによってロシアとのバランスを取ることによって、清国の分裂を回避したいと考えるに至っていた。(9) 一八九八（明治三一）年九月、イギリスはドイツと、揚子江流域はイギリス、黄河流域はドイツの勢力圏とすることで合意しているし、一八九九（明治三二）年三月には、長城以北の鉄道建設はロシア、揚子江流域においてはイギリスとする協定を結んでいる。こうした政策に対し、ベレスフォードは一九〇一（明治三四）年の議会で、清国の独立よりも勢力範囲の確定に動いていると批判している。[10] 日本では、こうしたイギリスの動きもフォローされており、「英国の対清政策」（第五編第一七号、明治三三年九月五日号）などは、支那保全のコストの大きさを指摘し、ソールズベリー内閣の方向に学ぶべきだとしている。それでも全体としてみれば、『太陽』の記事には支那保全論が強かった。

ベレスフォードの極東旅行は、ジョン・ヘイ国務長官の門戸開放宣言の少し前のことであった。門戸開放宣言も、通商の拡大を意図し、そのための門戸開放を求めたものであったが、その一方で、巨大なコストの負担にはどの国も消極的であった。この時期のイギリスの政策の曖昧さは、ヘイ・ノートの曖昧さと同じであった。

三　海洋国家論の提唱

1　義和団事件と日英同盟

イギリスとアメリカの門戸開放政策の曖昧さ——これを断固として無視する国があるとき、それを阻止するために行動するのか——に対して、決定的な挑戦となったのが、明治三三（一九〇〇）年の義和団事件と、その後に起こったロシアの満州占領だった。すなわち、ロシアは満州の秩序維持という名目で一〇万を超える大軍を送りこみ、事件が平定されたあとも撤兵しようとはしなかった。首都に近く、かつ広大な満州の危機は、これまでの沿岸部の租借とはレヴェルの違う危機であった。そこから生まれたのが、日英同盟であった。明治三五（一九〇二）年二月のことである。

義和団事件の終結に際し、『太陽』第七巻一号（明治三四年一月五日号）の政治評論において、國府犀東は「極東の危機」という一文を著し、日本が強硬策を取ることに反対している。とくに台湾総督府から福建省に向かってことを起こそうとした福建事件については、「正義を国際に主持すべき我邦が、野心ある一二強国の態度を学び、邯鄲の歩を倣はんとせしは、迂愚の局、褊狭《〔ママ〕》の極、最も卑しむべき処措なりき」と述べ、「拭ふべからざる汚点」とまで糾弾している。福建事件だけでなく、武力を行使して行う強硬外交全般に反対だったことが分かる。

2　「海の日本」

日英同盟締結後まもなく、明治三五（一九〇二）年六月一五日、『太陽』は臨時増刊号を刊行した。それには、「海の日本」と名づけられていた。これは、初期『太陽』の方針および日本のジャーナリズムの方向を考える上で重要なものである。

『太陽』臨時増刊「海の日本」の冒頭に、森山守次（法学士）が「海之日本発行之趣旨」を書いている。そこで森山は、「海権の推移は文明の変遷を示し海の歴史は頓て文明の歴史となる」と、マハン流の議論を展開している。すなわち、一国の繁栄は貿易に依存し、貿易の発展は制海権に依存するというのである。

森山によれば、近年これが顕著なのはアメリカである。「西方の電雷となついて到底欧州の市場を脅かさんとする米国の如きも天佑人力併せ存じて世界第一の富国になれるに不拘、輓近の政策はほとんど帝国主義に傾き、遺法を改めモンロー主義を覆へして頻りに掠奪を布哇、玖馬、比律賓に試み、大にあせって海軍力を膨張せしめん事を企図す」とその変化を指摘し、「米国は人道を敵とするものを敵とするに非らずして、商業を私せんとするものを敵とする也」と述べている。

そうした世界の海権の争いは、いろいろな海で行われた。しかし、近年はアジアと南洋に注目が集まっていると、森山は言う。ロシアが東清鉄道を建設し、アメリカがフィリピンを経営し、英独は中国で鉄道建設に従事している。それは、東洋と南洋の商権に注目が集まっているということである。「此の時に当りて海国たる日本が、手を延ばせば達すべき支那を控え、足を伸ばせば及ぶべき印度豪州を据えて、此日本海と此太平洋の海権を遠来新入の客に譲らんとす、仁慈厚情ほとんど推知すべきに非る也」と述べて、為政者の不作為を嘆いている。そして、「創業十五周年紀念の為めに当館ここに海の日本を発行し以て太陽の臨時増刊となる。意他なし蓋し海事思想を注入して国民の元気を鼓吹し、漸く推移し去らんとする東洋の海権をひきとめんとする吾人一片の微衷に外ならざる也」と結んでいる。

ちなみに、当時アメリカのみならず世界最大の大海軍主義のイデオローグだったアルフレッド・セイヤー・マハン（Alfred Thayer Mahan, 1840–1914）は、日本にも大きな影響を及ぼしていた。マハンによれば、マハンの著書をどこよりも早く、多く翻訳していたのは日本であった。[11] 日本海軍は、もとイギリスに学んだが、アメリカからも多くを学び取ろうとしていた。その俊秀をアメリカに送り、マハンのもとに学ばせた。秋山真之が海軍大学に学び、マハンに教えを受けて、米西戦争を現地に見ることができたのは、すでに知られている。[12]

しかし、一見したところ明白なネイヴァリズムの主張であるが、『太陽』の立場は実はマハンのそれとは、かなり異なるものであった。

実は、この号から裏表紙に英文タイトルや目次などが書かれるようになった。そのタイトルは、*The Sun Trade Journal* となっている。さらに続けて、次のようなことが書かれている。

The Oldest & Best Journal in Japan
International Peace & Prosperity Depend Upon Enlightened Commerce & Industry
Circulation 10,000 Copies
Established 1887
Published Monthly in English and Japanese: a Faithful Exponent of Oriental Affairs, Especially Devoted to Commerce and Industry

すなわち、『太陽』はみずからを貿易雑誌と自己規定していた。そして、国際的な平和と繁栄は文明的な貿易にかかっていると主張していたのである。

また、英文頁の冒頭には、「この雑誌の刊行の目的は、東洋と西洋の間の貿易を促進し、西洋のすべての文明的な国々と相互的な貿易を確立することをめざし、以って、より緊密な通商関係を推進する一歩たらしむるにあり」と述べられているのである。

こうした方針は、たとえば鳥谷部春汀「軍国と商業政策」（明治三五年一二月五日号）にも貫かれている。鳥谷部は、近来、列国が軍備とくに海軍軍備の増強に全力を入れていることを指摘し、その傾向はとくにアメリカにおいて著しいと述べる。「従来軍備を不生産的として殆ど之れを度外に置きたる米国すらも、遽かに意を海軍拡張に用ひ、政治家も、実業家も、新聞記者も、皆異口同音に海軍拡張の必要を説かざるなく、軍艦の増築、海軍士官の要請は、目下米国の最大問題と為れり。」「海軍拡張は実に列国の流行病なりと謂ふべし」。

しかし、「文明列国の海軍拡張は、皆一個明白の主義の上に立てり」と鳥谷部は言う。「曰く土地侵略に関する政策を基礎とせずして、商業上の拡張を目的としたる主義是れなり」。もちろん、なかには土地侵略を目的とするような国もあるが、それでも終局の目的は商業の拡張であり、また、土地侵略を目的としても、列国の反対によって、大体は失敗に終わる。つまり、海軍拡張は商業の拡張の手段であるから、商業政策があって初めて海軍政策があるべきである。それゆえ日本の海軍政策も、商業政策に深い理解を持つ人物によって指導されるべきだと主張したのであった。

鳥谷部はあらためて述べるまでもなく、明治を代表する評伝の大家であり[13]、また明治三六（一九〇三）年一月から四二（一九〇九）年一月まで、『太陽』の編集責任者であった。それゆえ、彼の議論は『太陽』の論調を代表するものということができる。

3　日露戦争への道

日英同盟の締結は、ロシアに対して一時、効果を発揮した。四月八日、満州還付に関する露清協約が結ばれ、一〇月、ロシアはこれにもとづく第一期撤兵を履行した。しかし、三六（一九〇三）年四月には、その月が期限となっていた第二次撤兵を実施しなかった。そして同月、清国に対し、撤兵のための新条件を提出したが、清国はこれを拒絶した。以後、日本がロシアとの交渉に乗り出したが、進展は見られず、重苦しい雰囲気が立ち込めていったのである。

その中で、『太陽』のロシアに対する論調は、比較的穏健であった。中田敬義「列強の実勢と日露の親交」（明治三六年一月一日号）はその代表的なものである。中田はロシアの進出を脅威とのみ見る見方を退け、日本にとって有利な市場が開けつつあることを指摘している。シベリア鉄道、東清鉄道の建設、そして大連の建設は進んでいるが、商工業の建設は進んでいない。ロシア人はその方面は得意ではなく、むしろ日本に機会をもたらすものである、日露を対立関係だけで捉えるのは誤りであり、ましてロシアと一戦交えるべきだという議論は、「全く軍備国力の平衡を無視し、殆んど常識を欠き、心神を喪失したる狂妄者の言たらずんばあらず」だと、中田は口を極めて批判したのであった。

こうした見方は、ロシアとの関係が緊迫するにつれて比重が低下していく。しかし、世論一般と比べて、『太陽』の論調はロシアと対決的ではなかった。

明治中期の「支那保全論」については、次のような特質が指摘されている。すなわち、中国の分割に対する危惧は、対外硬派の結集を促した。それは「支那保全、朝鮮扶掖」をスローガンとしていた。しかし、中国に対する保全論は、中国の分割に日本が乗り出す力を持たないからであり、もし分割論となる場合には日本も乗り遅れてはならないという主張であった。朝鮮については、より露骨にこれを支配しようとする主張であった(14)。こういう言説の文脈の中に置くとき、『太陽』の議論はかなり異なった支那保全論であったと言うべきだろう。

おわりに

個人雑誌以外の雑誌に明確な主張があると考えることは現実的ではない。しかし、ある程度の幅を持ちながら、一定の方向を持っていることが普通である。初期の『太陽』の場合、明らかに一つの方向があった。

それはまず、中国分割に反対する議論であった。しかし、それは他の支那保全論と比べ、保全が不可能なときにただちに分割に参加するという議論ではなかった。より非軍事的な、より一貫した保全論であった。

第二に特徴的なのは、その親英米的姿勢である。『太陽』では、清国分割の推進者がロシアついでドイツであると判断し、イギリスおよびアメリカが友好国であるという明確な判断があった。イギリスの清国に対する政策に対しては比較的理解を示し、また帝国主義としてアメリカが勃興してくるのに対しても、より理解を示し、中国の分割に基本的に反対する勢力として、位置付けていた。

日本とアメリカとは、一方は清国、他方はスペインという、ともに老帝国を破って台頭した新興勢力であった。しかもその場所は、太平洋、とくに台湾とフィリピンという、ごく近いところで接していた。それゆえ、両国の対立を重視する考え方も少なくなかった(15)。しかし『太陽』の立場は、そうではなかった。

日英米の結びつきは、いわば海洋国家の結びつきであった。しかしそれはネイヴァリズムというよりは、通商に基礎をおいたものであった。通商が平和をもたらすというイデオロギーを、「海の日本」特集以後、『太陽』は掲げていた。これが第三の特徴である。

もちろん、門戸開放政策がたどった運命が、はなはだ不明確であったように、通商に基礎をおいた海洋国家論というのが、ロシアの脅威に対して、簡単に貫けたとは思えない。しかし、こうした思想が、当時最大の総合雑誌に色濃くあらわれていたことは興味深い。

日露戦争当時、若き日の吉野作造は、戦争を支持していた。日本がロシアに対して勝利を収めれば、中国の領土分割が阻止され、ロシア国内の被抑圧階級に対する抑圧がゆるみ、ロシア周辺の被抑圧民族に自由をもたらすと、吉野は述べた。そのように、日露戦争の世界史的意義を信じたがゆえに、吉野は、日本がのちに領土膨張的な方向に進んだとき、これを厳しく批判するようになったと考えることが出来る。(16)

また、アメリカにあって日露戦後の日本の満州政策を厳しく批判した朝河貫一は、日本が門戸開放原則から逸脱していくことの重大性を、指摘したのであった。(17) こうした吉野や朝河の主張は、日露戦前の『太陽』の主張に連なるものであったということが出来る。

そうした思想は、日露戦後、日本が満州権益を神聖視し、大陸国家となっていったことによって、影をひそめたように見える。(18) しかし、満州権益の整備が一段落した明治末から大正初期において、非大陸主義は息を吹き返している。『太陽』が大正二（一九一三）年、「南進か北進か」という特集号を出したのは、それと無関係ではなかった。そうした方向に、再び打撃となったのは、第一次世界大戦の勃発であって、これを大陸進出の好機と捉えた陸軍およびこれに近い勢力が、再び大陸へのコミットを深めていった。しかし、第一次大戦後には、三度、非大陸的発展論は勢いを増す。(19) そして一九三〇年代に崩壊していく。

このように、通商主義に基づく海洋国家論と大陸発展論は交互に日本外交を彩った。言い換えれば、大陸膨張論は、日本外交の唯一の流れでは決してなかった。大陸発展論は第二次大戦で最終的に挫折し、戦後日本は経済主義の道を歩むが、それは日本外交の中に色濃く存在した遺産の復活であった。本章で見た日清日露戦間期の『太陽』は、その最初の充実した議論を提供した媒体として、記憶されるべきだろう。

(1) 鈴木正節『博文館『太陽』の研究』(アジア経済研究所、一九七九年)七頁。

(2) 日本近代文学館編『『太陽』総目次』(八木書店、一九九九年)二三―二四頁。

(3) 『太陽』第四巻第一五号(明治三一年)は、「独逸国皇帝ビスマルク公の訪問」と「故英国大宰相グラッドストン氏肖像」の写真を掲載し、第一六号は「故ビスマーク公」と「故グラッドストーン氏」の写真を掲載している。また一六号には、奥村不染「グラッドストン」を掲載するなど、強い関心を払っている。

(4) この問題の経緯についての要領のよい概観として、Walter LaFeber, *The Cambridge History of American Foreign Relations, Vol. 2, The American Search for Opportunity, 1865-1913* (Cambridge and New York: Cambrigde University Press, 1993), pp. 121–126. が優れている。またこの時のとくにアメリカ世論の動きについては、Thomas A. Bailey, *A Diplomatic History of the American People*, 9th ed. (Englewood Cliffs: Prentice-Hall, 1974), pp. 436–450.

(5) オルニー国務長官のこの問題についての対応については、Montgomery Schuyler, "Richard Olney," in Samuel Flag Bemis ed., *The American Secretaries of State and Their Diplomacy*, Vol. 8 (New York: Cooper Square Publishers, Inc., 1963), pp. 303–310.

(6) 大津淳一郎『大日本憲政史』第四巻(原書房、一九七〇年〔一九三七年原刊〕)七一九頁。

(7) ハワイ問題については、中嶋弓子『ハワイ　さまよえる楽園』(東京書籍、一九九三年)第二章を参照。

(8) 「進退の決」(『日本』明治三一年四月六日)、西田長寿・植手道有編『陸羯南全集』第六巻(みすず書房、一九七一年)五四―五五頁。

(9) William L. Langer, *The Diplomacy of Imperialism, 1896–1902*, 2nd ed. (New York: Alfred A. Knopf, 1951), p. 684.

(10) Parliamentary Debate, June 9, 1899, *ibid.*, p. 498.

(11) マハンについての優れた分析として、麻田貞雄「歴史に及ぼしたマハンの影響――海外膨張論を中心に」(同編『アメリカ古典文庫8　アルフレッド・マハン』〔研究社出版、一九七七年〕所収)がある。

(12) 海軍が選んでアメリカに学ばせた若手の俊才に、秋山真之があった。アメリカにおける秋山については、島田虔次『アメリカにおける秋山真之』上・下(朝日新聞社、一九七五年)が精しい。

(13) 明治文学における人物評論の登場と、その中における鳥谷部の位置については、木村毅「解題」(『明治文学全集第九二巻　明治人物論集』〔筑摩書房、一九七〇年〕所収)を参照。

(14) 坂井雄吉「近衛篤麿と明治三〇年代の対外硬派――『近衛篤麿日記』によせて」『国家学会雑誌』第八三巻第三・四号参照。

(15) Akira Iriye, *Pacific Estrangement: Japanese and American Expansion, 1897–1911* (Cambridge, Mass.: Harvard University Press, 1972) を参照。

(16) 北岡伸一「吉野作造の国際政治思想」三谷太一郎他編『吉野作造選集』第五巻（岩波書店、一九九五年）（本書第七章）参照。

(17) 朝河貫一『日本の禍機』（講談社、一九八七年〔一九〇九年原刊〕）。

(18) この点については、北岡伸一『日本陸軍と大陸政策――一九〇六―一九一八年』（東京大学出版会、一九七八年）第一章を参照。

(19) これについては、Akira Iriye, "The Failure of Economic Expansionism," in Silberman, Bernard S. and Harootonian, H.D., eds., *Japan in Crisis: Essays on Taisho Democracy* (Princeton: Princeton University Press, 1974) が興味深い。

（補注） Charles William de la Poer Beresford (1846–1919) は、イギリス海軍の実力者で、のちにジョン・フィッシャーと海軍改革をめぐって対立したことで知られている。当時海軍少将であり、下院議員であったベレスフォードは、イギリスの商業会議所の委嘱を受け、一八九九年秋、中国を訪問した。そのあと一九〇〇年一月、日本を訪問し、さらにアメリカを経由して帰国している。彼は、ロシアを中心として中国の分割が進行し、それがイギリスの通商に大きな打撃を与える可能性について、あくまで門戸開放を貫くべきであって、イギリスも対抗的に勢力圏建設に進むべきだという主張に反対していた。そしてそのために日英米独同盟を提唱し、また日本ではとくに門戸開放による日英提携を力説し、日本の強い賛成を得ていた。なおベレスフォードは若いころ、日本を訪問したことがあり、日本の発展とくに海軍と産業の発展に目を見張っている (Charles Beresford, *The Break-up of China: With an Account of its Present Commerce, Currency, Waterways, Armies, Railways, Politics, and Future Prospects* (Wilmington: Scholarly Resources Inc., 1972. First published in 1899 by Harper & Brothers) および *Memoir of Charles Beresford*, Vol. 2 (Boston: Little Brown, and co., 1914), pp. 557–559.)。

なお、ベレスフォードの訪日を日本側は極めて重視し、伊藤博文枢密院議長、山県有朋首相、青木周蔵外務大臣らと会見させたのみならず、彼のために浜離宮で鴨猟を行っている。一月二三日の謁見においては、明治天皇は次の勅語を与えている。「卿が東洋漫遊の大志は、當に世界の耳目を一変するに足るべし、卿の来航は、朕及び朕が国民の斉しく歓迎する所にして、日英両国の交際は之に因りて益々親密を加ふべきを思ふ、但恨む、卿の我が国に滞在することの甚だ長からざるを」（『明治天皇紀』第九巻〔吉川弘文館、一九七三年〕、五八二―五八三頁）。なお、『明治天皇紀』は、ベレスフォードについて、「当時東洋の平和を保持せんには、須く日英独米の四国同盟せざるべからずとの説を主張せる者なり」（同右）と解説を加えている。日本側の関心は、まさにここにあったのであろう。

第五章　海洋国家の戦略思想
――福沢諭吉から吉田茂まで――

はじめに

本章のタイトルは、一見して分かるとおり、高坂正堯『海洋国家日本の構想』[1]を念頭に置いたものである。高坂の著書は、戦後の論壇を風靡した非武装中立論を批判し、日本は海洋国家・貿易国家として発展するべきであり、そのためには必要最小限度の防衛力が必要であって、日米安保体制は、そのための有効な選択肢であると論じたものであった。このような、海洋国家論・貿易国家論は、もちろん戦前から存在した。ただ戦前については、現実主義と理想主義、膨張主義ないし帝国主義と小日本主義ないし反帝国主義、あるいは陸主海従論と海主陸従論を対比させることが多く、海洋国家論・貿易国家論は、その中に埋没してしまい、単発的な研究はあっても、十分系統的に考察されることが少なかったように思われる[2]。

本章では、幕末明治以来、日本は海洋国家・貿易国家として発展すべきだと説いた主張の系譜を探り、そのためにどのような軍事戦略が提唱されたかを検討することを目的としている。そして、その延長線上に、その議論が今日どのような意義を持つかということにも、若干触れたいと考えている。

一　幕末維新期における海軍力の意味

幕末における西洋の衝撃は、何よりも近代海軍力の衝撃だった。黒船が軍事的に優れていることは、客観的な事実であった。[3] しかし、そのことを、自国の安全保障にとっての深刻な脅威であると、誰でもが認識するわけではない。実際、清国や朝鮮では、そのような認識が生まれ、広がるのは遅かった。それに比べて、日本がただちに黒船の脅威を認識したのは、第一に、日本が黒船に対して脆弱な自然的経済社会的条件を持っていたからであり、第二に、当時の指導者が武士であって、軍事的なフレームワークでものごとを見る習性を持っていたからである。

当時の日本は、すでに高度に統合された全国市場を有していた。全国は、大坂を中心に沿岸航路で一つに結び付けられていた。それゆえ黒船は、日本全国に対して直接の脅威となった。また黒船は江戸湾深く侵入して、政治の中枢を脅かすことが出来た。

これに比べれば、中国では西洋の脅威といっても概して南方の問題であった。アヘン戦争（一八四〇―四二）も南京以南の戦争であり、アヘン戦争の敗北によって開港させられた港も、すべて上海以南であった。北京が脅かされ、占領されるのは、アロー号戦争（一八五六―六〇）の時であった。中国経済全体が沿岸貿易に依存する比率も低かった。朝鮮では、ソウルは漢江で海につながってはいたが、その河口は遠浅で、外敵の侵入は容易ではなかった。攘夷政策の朝鮮政府によって、フランスの艦隊が一八六六年に、またアメリカの艦隊が一八七一年に、それぞれ撃退されたのも、こうした地理的条件が大きかった。朝鮮経済全体の統合の度合いや沿岸航路への依存も、低かった。

当時の日本の武士は、しかも、黒船の実力をよく認識した。ロシアのプチャーチンの応接掛を命ぜられた川路聖謨は、はるばる地球を半周して日本にやってきて、日本人には到底出航できない嵐の中を平然と船出し、しかもクリミヤ戦争のさなかに優勢な英仏軍の船に挑もうとするプチャーチンの勇気に感嘆し、大豪傑であると讃えた[4]。日本の武士に比べ、清国と朝鮮の指導者は文官であり、軍事的な枠組みでものごとを見る習性に乏しかった。

このような条件のもとで、日本は近代的な艦船の購入と建造に力を入れた。日本は、ペリー来航までまったく保有していなかった西洋式艦船を、維新まで一五年ほどの間に、一九〇隻程度保有することとなったのである。そのサイズや性能は様々であり、最初にオランダから贈られた観光丸が四〇〇トン、太平洋をわたった咸臨丸が二五〇ないし三五〇トンだったが、幕末も最終段階の開陽丸は二七〇〇トンにまで達していた[5]。

それらが、十分な戦闘能力を備えていたかどうかについては、議論の余地がある。しかし、その海運力は幕末の政治過程にも決定的な影響を及ぼした。薩摩藩が全国政治に大きな影響を持ちえたのは、多数の兵士を輸送する船を持っていたからであった。また幕府側の度重なる上洛も、海上輸送によってであった。榎本武揚が函館によって最後の抵抗を試みたのも、海軍力では優勢だという認識があったからであった。

近代艦船は、明治初期の政治過程でも重要だった。明治七（一八七七）年、日本は最初の海外遠征である台湾出兵を行った。それは相当の艦船があって初めて可能であった。また、西南戦争における政府軍の優位をもたらしたのも海上輸送能力だった。陸軍において、もちろん政府軍は圧倒的に優勢だったが、もし圧倒的な海運力がなければ、西郷軍は九州全土を席巻し、新政府の政治的な立場は相当に困難なものとなった可能性があった。なお、台湾出兵や西南戦争で活躍したのが三菱であり、三菱はこれで巨利を得たことはよく知られている。

ここからも分かるとおり、明治政府は近代海軍の建設のみならず、その背景として海運、貿易、産業を重視していた。政府は海運においては三菱を優遇し、その結果、三菱は沿岸航路から外国船を駆逐し、さらにアジア航路に進出した。他方で、明治政府は直輸出を奨励し、貿易の利益を日本側に得られるよう努めた。大久保利通はまた、西南戦争のさなかに第一回内国勧業博覧会を決行したが、それは大久保が国内平定に満足せず、殖産興業政策に強い関心を持っていたことを証明する事実である。

二　明治中期における海洋国家論と海軍拡張論

一八八〇年代になると、日本は朝鮮問題で清国と対立するようになった。しかし、明治一五（一八八二）年と一七年、日本は朝鮮における清国との勢力争いに遅れをとった（壬午事変と甲申事変）。その最大の理由は海軍力における劣勢であった。当時、清国は鎮遠、定遠などの七〇〇〇トン級の戦艦を持っていた。それらは、世界の最新鋭艦であったが、日本は最大で四〇〇〇トン級であった。これらを擁する北洋艦隊は、明治一九年に日本を訪れ、水兵が暴行を働いて外交問題となったのである。

それまで、日本は松方デフレの中で、海軍建設を抑制していた。しかし、以上のような清国に対する劣位が明らかになるとともに、積極的な海軍建艦を開始した。初期議会（明治二三―二四）の最大の争点は軍備増強であり、とくに海軍軍備の増強であった。

明治二三（一八九〇）年一一月の第一回帝国議会において、山県有朋首相が施政方針演説を行い、日本は主権線を守るだけではなく、利益線に対する影響力の確保にも努めなければならないと述べたことは有名である。興味深いのは、山県が陸軍のリーダーであり、利益線確保の最大の課題は海軍拡張だったことである。

日清戦争は日本の勝利に帰したが、三国干渉の結果、遼東半島は清国に返還することとなった。その後、一八九八年には、三国干渉を起こしたロシア、フランス、ドイツが中心となって、清国からの租借地獲得競争が行われ、清国の分割が間近に迫ったように思われた。

このような清国との海軍拡張競争、ついでロシアとの競争を、もっとも強く支持した知識人は福沢諭吉であった。福沢は明治一五年、壬午事変後から、軍備増強を強く主張するようになった[6]。そして陸軍よりも、海軍の拡張をとくに重視した[7]。その後、日清戦争を熱狂的に支持したことはよく知られている。日清戦争に対して、福沢は一万円の私財を寄付したが、それは全国で三番目の金額であり、元大名でも財閥でもない一私人の寄付としては異例の金額であった[8]。

日清戦争が終わり、三国干渉が起こると、福沢はやむをえないとしてこれを受け入れるとともに、さらなる海軍拡張を説いた。福沢によれば軍備においては平均（バランス）が重要であり、大陸国家においては隣国の軍事力がその標準となるが、日本は海に囲まれており、東洋で優位を占めること、とくに露仏独に対して優位を占めることが必要だと主張した。そのため、清国からの賠償金はすべて海軍拡張にあて、さらに増税をもってしても増強を図るべきだと述べていた[9]。

ただ、福沢は単独での優位を説いたわけではない。日本が同盟国を持たないために三国干渉を受けることとなったとして、何らかの同盟国を持つことが望ましいと考えた。その相手国として、一部に清国との同盟を説くものがあったが、福沢はこれに反対し、イギリスと組むべきだと論じた。イギリスがそうした同盟を結ぶ気があるかどうかについては、トルコと結び清国と結んだイギリスが日本と結ばないはずがないと論じた[10]。

福沢がイギリスとの提携を望んだのは、たんなる勢力均衡の発想から来たものではなかった。福沢は早くから、日本が貿易国家として発展することがもっとも必要であるとしていた。そして、世界の貿易の中心は英米であるということから、福沢は英語を第一に習得すべきだと主張していた[11]。福沢はまた、日本の比較優位がどこにあるか、常に注意を怠らず、早期に米作中心を脱して養蚕へ、それも高品質のそれへ中心をおくように主張していた。さもなければ労賃の低い中国との競争に勝てないと考えたからであった[12]。

ロシアとの緊張も高まり始めていた明治三一（一八九八）年、福沢は清国に対する政策について、次のように述べている。「本来吾々の目的は支那の土地に非ず、其土地は何人の手に帰するも、商売の自由に差し支えなからんには毫も頓着せず、望む所は只商売の一事のみ。相手は四百余州幾億の人民にして、一たび国を開くときは満世界の品物を引受けて多々ますます弁ず可し。単に支那の一面に於てするも日本商売の前途亦多望なりと云ふ可きなり。[13]」

このような議論をしていたのは福沢だけではなかった。その頃もっとも影響力の大きかった総合雑誌『太陽』も、同じような論調であった。前章にも述べたとおり、一八九九年初め、日本を訪問したイギリスの海軍少将であり下院議員であったチャールズ・ベレスフォードは、日本で盛んに四国同盟論（日英米独）を説き、これら四国で清国の現状を維持することを主張していた。それによって、イギリスの通商の利益を守ろうとしたわけである。『太陽』は、このベレスフォードの意見に強く注目し、イギリスにおける日英米同盟論を歓迎し、支持していた。[14]

その後、『太陽』は一九〇二年に、「海の日本」という特集号を出している。その裏表紙には英文で、“International Peace and Prosperity Depend Upon Enlightened Commerce & Industry”という標語を掲載し、また自らの紹介として、“Published Monthly in English and Japanese: a Faithful Exponent of Oriental Affairs, Especially Devoted to Commerce and Industry”と記している。また同誌の編集責任者であった鳥谷部春汀は、「軍国と商業政策」の中で、列国が海軍増強に力をいれていることを指摘し、それは「皆一個明白の主義の上に立てり」と述べている。それは、鳥谷部によれば、「曰く土地侵略に関する政策を基礎とせずして、商業上の拡張を目的としたる主義是れなり」であった。

以上のように、福沢にしても『太陽』にしても、明治中期における海軍拡張論は、貿易国家論と強く結びついていた。それはまた、日英米協調論とも結びついていた。アメリカの唱える門戸開放・機会均等の主義は、日本の支那保全論と結びついていた。日露戦争前の東アジアは、日英米と独仏露が対立する構図となっていた。それは、海洋国家と大陸国家の対立であった。

ところで、海洋国家論・貿易国家論は、当然に海軍の強化を必要としたであろうか。また、海洋国家論・貿易国家論は、朝鮮半島へのコミットメントを要請しただろうか。

山県が第一議会の演説に述べたように、日本が朝鮮半島に対する影響力を確保できなかったとすれば、言い換えれば、朝鮮政府が日本に敵対的な第三国の影響下に入ったり、あるいは朝鮮半島の南岸に日本に敵対的な列強が租借地を得たとすれば、日本の行動はかなり厳しく制約されることとなったであろう。

それは必ずしも杞憂ではなかった。幕末にはロシアが対馬を占領するという対馬事件があったし、甲申事変後には、一八八五年四月より二年間、イギリスはロシア勢力の拡大に対抗する意味から、全羅南道の巨文島を占領した。そして一八九六年二月から、高宗と皇太子は王宮を出てロシア公使館に入り、一年間をそこで過ごした。朝鮮政府は完全にロシアの影響下に入ったのである。さらに一九〇〇年三月、ロシアは馬山に租借地を獲得しようとした。ウラジオストックに軍港を持ち、一八九八年に旅順の租借に成功したロシアにとって、この二箇所を結ぶ航路の安全を確保するために朝鮮半島南岸に軍港を獲得することは、軍事的にはきわめて合理的な行動であった。のちの日露戦争の初頭、日本と大陸との間の輸送がしばしばロシア海軍によって脅かされたことを考えれば、馬山租借は日本海軍にとって決定的な打撃を与えた可能性がある。要するに、当時の国際関係を前提として考えれば、貿易国家として発展するためには、山県の言うとおり、朝鮮半島南部が他の強国の手に入らないようにすることは、極めて重要だったのである。

三　日露戦争後における陸海対立

ところで、ここで、近代日本におけるシヴィリアン・コントロールについて少し述べておきたい。シヴィリアン・コントロールとは、がんらい英米の観念であると私は考えている。海によって外敵から隔てられ、隣接する外敵から急襲される恐れがないところで、この観念は発展したものであるように思われる。

そして、シヴィリアン・コントロールが確立しているためには、政治体制が安定していることが、もう一つの条件であろう。もし政治が不安定で、軍部が政治に介入する余地がある場合に、力を握るのは陸軍である。陸軍は兵員の数が、まず決定的に多い。他の政治家や官僚と接触する機会も、首脳が海上にある海軍より多い。そして何よりも、権力を奪取する最終的な決定力は陸軍だからである。

幕末以来、あるいは明治維新以来、日本の政治過程の中では、陸軍の政治力が強かった。しかし、現実に海軍の建設が後回しにされることはなかった。それは、藩閥指導者という軍民未分化の勢力によるシヴィリアン・コントロールがあったからだと私は考えている。彼らは、薩摩と長州、陸軍と海軍などに分かれて激しく争ったが、明治国家の建設を担ってきたという自負と責任感から、いざという場合には協力することを忘れなかった。しかも彼らの大部分は元武士で、維新革命の中を潜り抜けてきた経験を持っていたため、大久保利通や伊藤博文のような文官でも、軍事に対する偏見もためらいもなかった。陸軍の山県が海軍建艦に努力することは、藩閥型のシヴィリアン・コントロールの表れであったのである。

日露戦争以後、そうした藩閥の勢力が下り坂に向かうとともに、陸海の対立が激化したのは、不思議ではなかった。日露戦争の結果、日本は大陸に大きな権益を獲得した。それを守ることが、国家目標となった。明治四〇（一九〇七）年帝国国防方針は、陸軍の立場からして、それを定めたものであった(15)。

しかし海軍は従属的な地位に甘んじることを拒み、ドレッドノート型戦艦の登場とともに、技術革新への対応を強硬に主張し、むしろ海軍拡張が先行することとなった。しかも日露戦争後に獲得した満蒙権益は、明治四四（一九一一）年頃にほぼ完成していた。雑誌『太陽』が大正二（一九一三）年に、「南進か北進か」という特集号を出したのは、そのような事情と関係していた。一方、陸軍が明治四五年から二個師団増設を提起したのは、海軍軍拡先行に対する反撃だった。大正初期には陸海の対立が何度も内閣を危機に陥れ、あるいは実際に崩壊に導いた。これは藩閥の統合機能の低下がもたらしたものであった。

大正三年の第一次世界大戦勃発の結果、この対立は、中期的には陸軍優位、大陸帝国論の勝利に終わった。日本は二十一カ条要求を始めとする一連の政策によって、その大陸権益を強化することとなった。

四　戦間期における貿易国家論

海洋国家論が優位に立ったのは、一九二〇年代であった。その典型は、石橋湛山であった。石橋は、貿易の量から見て、朝鮮も台湾も関東州も樺太も、決して日本の利益になっていないとして、大日本主義は幻想であると説いた。このように国境線を押し広げようと考えるのは、つまるところ、国境線の中にとどまる考えだからであり、むしろ小欲である、国境の外に貿易で発展することこそ、むしろ大欲であると論じた。安全保障においても、前線の朝鮮・台湾・満州でこそ争いが起こりやすく、国防の一線は日本海で十分であるとして、これらの植民地の放棄を提唱したのである(16)。こうした石橋の思想は、とくに貿易の高で国家にとっての利益を測定するというのは、福沢につながる貿易国家の思想であった。

他の人物では、清沢洌をあげることが出来る。清沢は、日本の満州や朝鮮における権益は、政府の保護なしに自立しえない脆弱なものであることを批判し、日本が満州にこだわることによって、より重要な貿易相手国である中国との関係を悪化させ、それによって、さらに重要な貿易相手国であるアメリカとの関係を悪化させていると、日本の満州政策を批判していた(17)。

一九二〇年代の日本は、幣原外交の全盛期であった。加藤高明内閣は、日本の大陸権益は南満州・東部内蒙古だけであると考えた。石橋ほど徹底してはいないが、幣原の考えも、合法権益の堅実な把握と、貿易を主眼とする発展を説くことにおいて、これと類似していた。

こうした貿易国家論の隆盛を可能としたのは、当時の国際情勢だった。ロシア革命後の混乱によって、伝統的な日本陸軍の仮想敵国であるロシア（ソ連）は、当面の脅威ではなくなっていた。中国もまた弱体だった。アメリカとの間では、ワシントン会議（一九二一―二二）の結果、合意が成立しており、日本は主力艦の比率においてアメリカの六割にとどめられたが、アメリカもまた西太平洋の基地の現状維持などによって、日本を直接脅かすほどの海軍力は持っていなかった。

しかし、一九二〇年代後半になると、中国革命の進展が、貿易国家論に影響を及ぼし始める。帝国主義権益回収をとなえる中国に対し、強硬な主張をしたのが、吉田茂であった。吉田はその点で、外務省の中で幣原からもっとも遠い存在だった。幣原外交を批判して成立した田中政友会内閣で、吉田が外務次官に起用されたのは、それゆえであった。吉田は、満州の権益を実力をもってしても守るべきだという陸軍以上の強硬論であった。[18]

しかし、吉田は一方で、権益の中でもっとも利益の多いのは貿易の利益であると断じている。[19]これは貿易商の家に育った吉田として、まことに自然な主張であった。ただ、満州などで貿易を発展させるためには、日本の権益を定めた条約の遵守が必要であり、そうした法的基礎なしには貿易の発展はありえないと吉田は考えた。そして、そうした不平等条約体系は、当時は、イギリスの認めるところであり、イギリスも必要とするものであった。吉田の強硬外交は、このように、条約遵守、対英協調と密接に結びついたものであったのであり、貿易国家論の中に位置づけることが可能であった。

五　昭和の戦争と吉田茂

一九三一年の満州事変は、日本を国際協調の絆から決定的に切り離した。その前に起こった大恐慌は、英米の保護主義的政策によって日本の国際派に打撃を与えていた。満州事変においても、資源の確保が重要な論拠とされた[20]。その後も、自給自足を理想とするアウタルキーの思想が台頭していった。

重要なのは、それ以後において、貿易を国策の中心においていたかどうか、ということである。満州権益に強い関心を持っていた吉田茂は、満州事変には必ずしも同調しなかった。少なくとも英米の意向を無視して進むことには批判的であった。その後、日中戦争が勃発するとイギリスを媒介とする和平を構想し、ドイツとの提携に反対するなど、英米との関係改善にこだわった。

その結果、かつて吉田より協調派であった多くの外交官が、吉田よりも強硬論者となった[21]。吉田と幣原の距離は小さくなり、かつての小日本主義者であった清沢洌や石橋湛山が吉田と親しくなった[22]。それは彼らが、満州事変以後の日本の外交を基本的に受け入れないとする点で、対英米協調からの逸脱を批判する点において、また貿易の利益を重視する点において、共通の立場にあったからである。

吉田や石橋の立場は必ずしも孤立したものではなかった。『東洋経済新報』の主催する経済倶楽部の講演会は、全国で支持されていた。三〇年代に次第に言論の自由を奪われていった清沢の生活は、それに支えられるところが少なくなかった。経済活動の自由を求める経済人は、声を潜めながらも、全国に存在していた。吉田や石橋が、第二次大戦後、GHQの財閥解体に反対し、財閥は平和勢力だと考えたのは、こうした経験にも裏付けられていた。

こうした貿易を重視する思想は、軍の中にも存在した。海軍省軍務局長として三国防共協定の強化に反対した井上成美はその一人であった。井上は一九四一年、当時の海軍の方針を根本的に批判した新軍備計画論を著している。まず井上は、そもそも自給自足や絶対的安全というのは、超大国にのみ可能な目標であって、日本のような国には不可能であると考え、たとえば南方の資源が必要なら、平和的にこれを貿易で入手すればすむことであるとして、アメリカとの紛争を確実に引き起こす、力による膨張に対して批判的だった。そして井上は、日本はアメリカと戦っても地理的経済的条件から勝利を収めることの出来ない国であり、ただアメリカに負けないようにすることしかない、しかるにアメリカから見て日本の弱点は中国大陸および東南アジアからの輸送ルートにあり、これを防衛することがもっとも重要であると論じた。したがって大艦巨砲主義は何の役にもたたず、航空戦力と潜水艦が重要であり、また潜水艦の攻撃に備えるための護衛艦が重要であると論じた。[23] 実際、日本の死命を制したのは、海上護衛戦の敗北であり、海上交通の途絶であったことは、よく知られているとおりである。[24]

このように考えるとき、貿易国家論と海軍の強化とは同じではないことがわかる。貿易国家論はたしかに海軍の充実を要請する。しかし、それが、もっとも重要な貿易相手国との対立をあおり、また貿易の擁護に役立たないような海軍では仕方がない。

明治中期に、貿易相手国であるイギリスやアメリカを後ろ盾とし、これと反対の立場にある清国やロシアやフランスやドイツを相手に海軍を充実させることは、意味のあることだったかも知れない。しかも、その場合、仮想敵国の海軍はいずれも近くにあって、艦隊決戦が行われる可能性はかなり高かった。しかし太平洋を隔てたアメリカとの間で艦隊決戦が起こる可能性ははるかに低かった。昭和の大艦巨砲主義は、貿易国家論とも海洋国家論とも矛盾する政策だったのである。

このように考えると、戦後の吉田路線の意味が、より明確に理解できる。日本の経済復興と経済的繁栄のためには、誰でもアメリカとの協調を模索したであろう。しかし吉田の思想と経歴は、そのためにもっともふさわしいものであった。

軍事に即して言えば、吉田は、アメリカの再軍備要求を拒み続けたことで知られている。しかし、それは理由のないことではなかった。第一に、当時、完全な軍隊を建設したなら、それを朝鮮戦争に投入される可能性があった。第二に、近年の研究が明らかにしているように、アメリカが制海権と制空権を確保しているならば、日本にさほど大きな陸軍力は必要ないというのが、吉田の考えであった[25]。

言い換えれば、アメリカの再軍備要求は、バーデンシェアリングの議論としては意味があったが、日本を占領してその基地を利用し、制海権と制空権を確保したうえで、なお日本に三〇万人以上の陸軍が必要だという議論は、説得力に欠けていた。この点、通常戦力でソ連が優位であるヨーロッパとは事情が異なっていた。アメリカの再軍備要求が最終的に挫折したのは、そのような日本の地政学的位置によることがもっとも大きかったのではないだろうか。

他方で、吉田は海軍については協力的であった。朝鮮戦争のときに、吉田が秘密のうちに海上保安庁を掃海作業に従事させた[26]。海上の自由は、吉田にとって極めて重要なことだったのである。

おわりに

吉田によって始められた、軽武装、経済重視の路線は、のちに吉田路線と呼ばれた。それがいつまで続いたのかについては、議論のあるところである。吉田自身が、日本はより積極的に世界の安全保障に貢献すべきだという立場に、一九六〇年代初頭には転じている。

吉田路線がもう一度取り上げられたのは、七〇年代末からの新冷戦の頃である。永井陽之助が、吉田路線を評価して、そこからの逸脱を批判したのであった。

八〇年代前半には、レーガン大統領と中曽根首相が、同盟関係を強化した。中曽根首相は、日本を浮沈空母にたとえたことがある。たしかに、日本を守ることは、それ自体、ソ連の第二撃能力を封じ込める意味を持っていた。

しかし、それを言い換えれば、日本は中曽根時代にも、日本を遠く離れて行動する必要はなかった。イラン・イラク戦争の時に掃海艇を派遣することが問題となり、結局、派遣はなされなかった。

それゆえに、九〇年に湾岸戦争が勃発したとき、多国籍軍に協力するか否かは、新しいチャレンジだった。結局、九一年に日本は掃海艇を派遣し、また九二年からPKOに参加するようになった。しかし、それらはいずれも当事者の間の合意のあるものだった。

さらなる変化は、二〇〇一年九月一一日の同時多発テロのあと、日本がアメリカのアフガニスタン攻撃に協力したことであった。それでも、それはアメリカに対する海上における後方支援であった。二〇〇三年一二月のイラクへの陸上自衛隊の派遣決定は、通商の利益を守るという点では、吉田路線の延長線上にあるということも、なお可能であろう。

ともあれ、日本の戦略を貿易を中心として考えること、そしてその目的にとって適切な軍事力を備えること、こうした点から考えれば、福沢諭吉から吉田茂まで、英米との貿易を重視し、それを守るための海軍軍備の充実という一つの線で結ぶことが出来る。それは、軍事か平和か、膨張主義か小日本主義か、陸主海従か海主陸従かといった従来の二分法よりも有効な概念として用いることが出来るのではないだろうか。

(1)　高坂正堯『海洋国家日本の構想』(中央公論社、一九六五年)。

(2)　入江昭「平和的発展主義と日本」(『中央公論』一九六九年一〇月)を、その例外としてあげることができる。

(3)　C・M・チポラ(大谷隆昶訳)『大砲と帆船』(平凡社、一九九六年)。

(4)　佐藤誠三郎「川路聖謨」同『〈死の跳躍〉を超えて』(都市出版社、一九九二年)一五四―一五五頁。

(5)　朴栄濬「幕末期の海軍建設再考――勝海舟の『船譜』再検討と『海軍革命』の仮説」『軍事史学』第一五〇号(第三八巻第二号〔二〇〇二年九月〕)所収。なおこれは、幕末の艦船に関する前提とされている勝海舟の著作を再検討することから出発し、日本の海軍研究に重要な問題提起を行った、優れた論文である。

(6)　「東洋の政略果して如何せん」(『時事新報』明治一五年一二月七日―一二日)『福澤諭吉全集』第八巻(岩波書店、一九六〇年、以下『全集』と略記)四二七—四四三頁。
(7)「兵備拡張」(『時事新報』明治一八年一二月一一日)『全集』第一〇巻、四八七—四九〇頁。
(8)富田正文『考証　福澤諭吉』下巻(岩波書店、一九九二年)六八九—六九一頁。
(9)「唯堪忍す可し」(『時事新報』明治二八年六月一日)、「日清同盟到底行はれる可らず」(同六月六日)、「日本と英国との同盟」(同六月二一日)、「軍艦製造の目的」(同七月一六日)。いずれも『全集』第一五巻所収。
(10)たとえば、「日本と英国との同盟」(『時事新報』明治二八年六月二一日)同右、二〇三—二〇五頁。
(11)「我国普通の洋学は英語に帰す可し」(『時事新報』明治一六年一二月二八日)『全集』第九巻、三三四—三四三頁。
(12)「日本の養蚕家は支那の競争を忘るべからず」(『時事新報』明治二〇年八月五日)『全集』第一一巻、三一七—三一九頁。
(13)「商工立国の外に道なし」(『時事新報』明治三一年二月二五日)『全集』第一六巻、二五六—二五九頁。
(14)北岡伸一「初期『太陽』に見るアメリカ像——日清日露戦間期日本外交に関する一考察」鈴木貞美編『雑誌『太陽』と国民文化の形成』(思文閣出版、二〇〇一年)二二五—二四九頁(本書第四章)。
(15)北岡伸一『日本陸軍と大陸政策——一九〇六—一九一八年』(東京大学出版会、一九七八年)九—二〇頁。
(16)石橋湛山「大日本主義の幻影」松尾尊兊編『石橋湛山評論集』(岩波文庫、一九八四年)一〇一—一二一頁。
(17)北岡伸一『清沢洌——日米関係への洞察』(中央公論社、一九八七年)五二—六三頁。
(18)そうした側面で吉田をとらえる通説的立場の例として、馬場伸也『満州事変への道——幣原外交と田中外交』(一九七二年、中央公論社)、およびジョン・ダワー(大窪愿二訳)『吉田茂とその時代』上・下(TBSブリタニカ、一九八一年)。
(19)大正五年七月二五日付牧野伸顕宛書簡、吉田茂記念事業財団編『吉田茂書翰』(中央公論社、一九九四年)六〇九—六一一頁。
(20)吉野作造「民族と階級と戦争」(『中央公論』一九三二年一月号)岡義武編『吉野作造評論集』(岩波文庫、一九七五年)二六四—二七九頁。
(21)北岡伸一「吉田茂における戦前と戦後」近代日本研究会編『年報・近代日本研究16　戦後外交の形成』(山川出版社、一九九四年)一〇五—一三一頁(本書第十章)。
(22)北岡前掲『清沢洌』一六七—一六八頁、および北岡伸一「吉田茂と清沢洌」同『政党政治の再生』(中央公論社、一九九五年)一八三—二二一頁。
(23)井上成美伝記刊行会編『井上成美』(井上成美伝記刊行会、一九八二年)二八三—三〇三頁。

(24) 大井篤『海上護衛戦』(学習研究社、一九九二年)。
(25) 坂本一哉『日米同盟の絆――安保条約と相互性の模索』(有斐閣、二〇〇〇年)第一・二章。
(26) ジェームズ・E・アワー(妹尾作太郎訳)『よみがえる日本海軍――海上自衛隊の創設・現状・問題点』上巻(時事通信社、一九七二年)一一九―一二七頁。

第六章　日米外交の非対称性

はじめに

第二次世界大戦前の日米関係、とくに日露戦争から満州事変に至る時期のそれを特徴づけるのは、日本側が満州権益の維持・強化をはかり、アメリカは門戸開放原則を主張するという図式であった。そして満州事変期以後には、日本は満州国の安定を確実にするため華北に進出し、日中戦争が勃発すると華中から華南へと戦線を拡大し、さらに東南アジアへの進出を開始した。ここにアメリカはさらに対日批判を強め、ついに戦争に至ったのである。満州事変以後のプロセスも、それまでの対立の構造がさらに拡大していったものであった。

ところで、ここで気付かされるのは、日米関係の著しい非対称性である。たとえばアメリカがメキシコに膨張していった場合（実際、ウィルソン大統領はメキシコに干渉戦争を行っている）、日本がこれを批判し、介入し、ついには戦争に至るようなことがありうるだろうか。太平洋の彼方の問題に、日本が真剣に介入することなど、まず考えられない。普通は、それほど遠くの地域に重要な国益があると考える国は多くないし、そのためにリスクの大きな批判や介入を繰り返すことはありえない。

それは、アメリカが超大国であって、世界中の問題に常に関心を持っていたからだというわけではない。第一次世界大戦前には、イギリスの方がアメリカよりも大国だったが、日本の満州政策や中国政策に対するイギリスの批判や介入は、アメリカよりもはるかに抑制されたものだった。要するに、門戸開放政策を基礎とするアメリカの極東政策は、極めてユニークなものであった。

他方で日本の方も、アメリカのような超大国、とくに日本にとって資源供給国としても市場としても重要な国が対日批判を強めていたのに対し、短期的にはともかく、中長期的には大きな譲歩をしようとしなかった。これまた相当にユニークな一貫性を持っていたと言ってよい。

そしてこのように大きく異なったスタイルゆえに、相互の理解は難しい。アメリカは自らの思考と行動の枠組み（概念レンズ）で日本を見ることが少なくない。序章で述べたとおり、アメリカはツィンマーマン・テレグラム事件において、ドイツがメキシコおよび日本と結んでアメリカと対抗させようとしたことに強く反発したが、それはアメリカが中国と結んで日本と対抗するという自己イメージを投射したものであったのかもしれない。また一九二三年の排日移民法の審議の際、日本の埴原正直大使が、このような法律が通過すればgrave consequencesが生じると述べたことがあったが、この時一部上院議員は、これは戦争の可能性を示唆してアメリカを恫喝するものだと煽動して、かえって法案は成立してしまった。これも、自らの思考の枠組みで日本を見た結果だったかもしれない。

本章では、日米関係の非対称性、そして日米におけるそれぞれの一貫した外交スタイルに注目し、それを、両国における外交問題の位置、および外交官や外交関係者が国内政治で占める位置から説明しようとするものである。

一　満蒙権益の追求

1　目標の拡大

一九〇五年九月、ポーツマス講和会議において、日本は遼東半島（旅順・大連）の租借権を獲得した。また東清鉄道南部支線の南側約三分の二を獲得した。前者はやがて関東州となり、後者は満鉄となった。これが日本の満州権益の起源である。

しかし、その頃、日本ではこの鉄道を日本が単独で経営するのは難しいという見方が強かった。したがって、桂太郎首相はアメリカとの共同経営を考え、一〇月一二日、鉄道王ハリマンと仮協定を結んでいる。すなわち、この時点では、日本が独占すべき権益はただ遼東半島だけだったのである。

しかし小村寿太郎外相が帰国すると、この方針に強く反対し、その結果ハリマンとの契約を放棄することとなった。この時点で、日本が排他的に独占すべき権益は関東州プラス満鉄となったと言うことができる。(1)

ところで、この満鉄には鉄道付属地があり、その行政権は日本のものであった。また鉄道の長さに比例する駐兵権を持っていた。それ以外に、もうひとつ重要な権利があった。併行線禁止協定であった。

満州の輸送は南北を基本としていた。奥地から南へ送られる大豆と小麦、そして海から北へ送られる綿糸布が、貿易の重要部分であった。古くから、これは遼河を行き来するジャンク船によって行われていた。これに代わったのが東清鉄道南部支線、そして満鉄であった。その利益は莫大なもので、満鉄初期の収支係数（一〇〇円の収入を得るのに必要な経費）は一八だったと言われる。(2) これを維持するためには、満鉄と競争する鉄道が出現しないことが重要だった。このことを知っていた小村は、一九〇五年一二月の北京での交渉で、日本が満鉄を経営している間は、その近くに満鉄と併行する鉄道は建設しないという約束を、北京条約付属協定秘密文書の中に盛り込むことに成功した。同年九月には、関東州だけであった日本の勢力範囲は、一二月にはかなり拡大していたのである。

しかし、このような利益の多さゆえに、また日本が満州を勢力圏化することに対する抵抗として、何度も併行線の建設計画が起こった。

まず、最初が、奉天の西約五〇キロの新民屯より、その北東の法庫門にいたる新法鉄道の計画であった。これは当初八〇キロ程度の計画であったが、いずれ北に延長されて満鉄に併行する大鉄道となる予定であった。これは併行線禁止協定には違反するものであったが、一九〇七年に予備協定に調印したのはイギリスのポーリング商会という会社であった。それゆえ日本としては同盟国であり、最大の外資供給国であったイギリスに配慮しながら、外交を進める必要があった。イギリスは結局日本の立場を支持し、同商会を支持せず、その結果、同計画は進展しなかった(3)。

このように、日本は新法鉄道は協定違反だという認識を持っていたが、その法的権利を行使するにおいては慎重であった。やがて一九〇九年八月、日本は中国との間で満蒙諸案件に関する条約を結び、同鉄道を建設する場合にはあらかじめ日本と商議するという一項を盛り込み、新法線を日本の意思に反して建設しないという約束を取り付けた。こうして、日本は一層明白な権利化に成功したのである。

次に生じたのが一九〇九年の錦斉鉄道問題であった。これは錦州からチチハルに至る鉄道の建設計画だった。閣議は、これは満鉄には打撃だが、満鉄付近にあるとは言えない（西方約一八〇キロ）ので、併行線禁止協定を援用するには難しいと考えた。この錦斉鉄道が、さらに延長されて錦愛鉄道計画となったが、日本の判断は同じであった。しかし、これらの計画は、日本と同じ利害を持つロシアの強い反対によって葬り去られた。この間、日露は接近し、一九一〇年の第二次日露協約において、満洲の特殊権益の境界線を約し、それぞれの特殊権益に関して随時協議することを約するに至ったのである(4)。

ところが、一九一一年、アメリカは清国との間に、満州開発および幣制改革借款予備協定を締結した。そしてそれは、英仏米独の四国借款団の契約となった。その中には、日本の満州権益に触れる可能性のある問題が三つあった。それは、①満州におけるいくつかの税金が担保になっていること、②事業目的のいくつかが日本の権益を害する恐れがあったこと、③事業目的の借款のためには四国の銀行団がまず招致されるという優先権の規定があったこと、であった。日本は、

①はやむをえない、②は調整を図る、③は反対という態度だった。

四国借款団は、一九一一年の辛亥革命の勃発と清朝の崩壊、新政府への資金援助の必要などによって、その活動を拡大することになり、日露も参加することになった。その過程で、両国は、満州地域への投資は、借款団の共通の目的とはしないという留保を盛り込もうとした。日本は南満州を考えたのに対し、ロシアは北満州、蒙古、トルキスタンの広大な地域について留保を主張した。当時、第三次日露協商の交渉が進展しており、その中で日露の満州における勢力圏分割線は蒙古にまで延長されていた。それゆえ、日本は南満州に加えて東部内蒙古についても留保することとした。

一九一二年、日露が参加して六国借款団が形成された時、日露両国の銀行団は以上の留保を宣言し、他国銀行団はこれに留意するという形で、弱いながらも、日露の主張は事実上認められた。一九〇七年には、満鉄の西方わずか五〇キロの鉄道について併行線禁止協定を主張できなかった日本が、いまや東部内蒙古についてまで、排他的投資圏を主張するようになったのである。

これをさらに明確化する好機となったのが、一九一五年のいわゆる対華二十一カ条要求であった。その中で日本は、満鉄・関東州などの租借起源の延長、いくつかの開市、鉱山、鉄道敷設権利を求めたのみならず、東部内蒙古についての投資を独占主張した。そして条約と交換公文において、そのいくつかが認められた。とくに、南満州と東部内蒙古について、鉄道の敷設を計画し、外国資金を導入する時にはまず日本に相談すること、同地域の税金を担保とする外国借款を起こそうとする時にはまず日本に相談すること、という優先権が規定された(5)。

こうした日本の行動に対し、強く反対したのは外国ではアメリカであった。このアメリカとの関係を改善し、日本の満州特殊権益を承認させようとしたのが石井・ランシング協定であった。一九一六年、寺内内閣は前外務大臣石井菊次郎をアメリカに派遣し、隣接国には特殊の関係が生じること、とくにその近接地域において然りとする内容の協定を締結した。要するに日本と中国との間には特殊密接な関係があり、とくに日本は満州で特殊の立場に立つということであって、（アメリカはこうした具体的な意味を認めたことはないが）アメリカが大戦に参加し、日本と立場を同じくするに至ったことを利用し、日本の特殊権益を承認させたものであった(6)。

満州権益については、事実上の後退が第一次大戦以後生じた。一九二〇年の新四国借款団の成立において、日本は満蒙全体を共同投資地域から除外することはできず、満蒙の主要な権益を列挙して投資団の範囲から除くという方式がとられた(7)。一九二二年のワシントン会議では、九カ国条約において、アメリカの主張する門戸開放の内容が厳密に定められ、日本が満蒙を特殊地域と考える根拠は狭まった。ワシントン会議における協議にもとづいて、一九二三年、石井・ランシング協定も廃棄された。満州に関する意識も、大正末から昭和の初めにかけて、必ずしも強いものではなかった(8)。

ところが、一九三〇年末には、中国ナショナリズムの北上にともなって、再び強い感情が生まれ始めた(9)。そして満州事変勃発とともに、全満州を掌握することとなった。これまで日本は北満州について主張をしたことは一度もなかった。しかし、わずか数カ月の内に、北満州は日本の手に入り、その正当性を疑うものは稀であった(10)。

一九三二年夏、内田外務大臣は議会で演説して、満州事変の成果は国を焦土としても守るという、いわゆる焦土演説を行った。ここで、満州全体が、譲ることのできない日本の権益だと考えられたわけである。そして、翌一九三三年三月に、日本は国際連盟を脱退した。そのきっかけとなったリットン報告書は、柔軟なものであって、満州が中国の一部であることは認めつつ、日本の権益を大幅に認めるものであった。これを拒絶することによって、日本は満州の完全な掌握を求めたのである。かつて関東州の確保に始まり、せいぜい満鉄併行線禁止を求めたにすぎなかった日本は、二六ないし二八年ののちに、傀儡国家という形ではあったが、満州全域の完全な掌握を目指し、実現したのである。

2　特質と評価

以上のように、第一次世界大戦後の若干の後退を例外として、日本の満州権益は拡大を続けた。この間の歩みは、決して力強いものではなかった。明治後期における膨張は、かなりの程度、ロシアに助けられた幸運によるものであった。しかし、いったんある成果が達成されると、それは当然のこととして、次の政策担当者に受け継がれることとなった。そして、その政策の妥当性・必要性について、根本的な議論はほとんど行われなかった。二十一カ条要求について、その内容は物足りないという批判は存在したし、あるいは方法が乱暴で不穏当であるという批判はあったが、内容が過大であるという批判はほとんどなかった。加藤外相も、これらの要求の大部分は、すでに現実化している日本の権利を確認しようとするものにすぎないと考えた。

しかし、それは中国から見れば明らかに拡大であった。たとえば日本人は、土地所有権は持っていなかったが、すでにさまざまな便法によって、事実上の土地所有は可能となっていた。二十一カ条で加藤はこの土地所有権を要求し、途中で妥協して、長期の租借権である土地商租権という形で条約の中に盛り込むことに成功した。しかし、日本が享受していた権利は、多く、条約上の権利の上に派生した慣習的な権利であった。この慣習的な権利を条約の中で正式に認めれば、その上さらに慣習的な権利が発展する可能性があった。中国が抵抗したのは、その意味で当然であった。そのような、相手側からどう見えるかという視点は、日本の漸進的膨張の外交には、存在しなかった。

若干の意図的な検討が行われ、しかも後退の方向で政策が修正されたのは、原内閣の時だけであった。それは、原敬の強力なリーダーシップと、これに協力する田中義一という新しい陸軍のリーダーと、それに日本の立場に理解を持つトーマス・ラモントのようなリーダーがあって、初めて可能となったことであった。

しかし、それは一時のことであって、全体的には無自覚的な漸進的拡大が、日本の政策の特徴だった。一九三三年八月、焦土演説を行った内田康哉は、一九一一年に外相に就任し、一九一八年に再び外相となってヴェルサイユ条約とワシントン諸条約の締結にあたった人物であった。それは、日本の政策の無自覚的膨張の象徴とも言える事実であった。

このように、当事者は同じ意識で行動しているのに対し、結果的にもとの政策と大きく違った政策になってしまうというのが、日本の政策目標設定における特徴だと言ってよいだろう。
つぎにアメリカ側の検討に移る。

二　門戸開放の追求

1　目標の変化

一八九九年、ジョン・ヘイ国務長官は列国に通牒を送り、中国における門戸開放・機会均等の主義を提起した。これに対し、列国は、多くの留保の付いた消極的な賛成の回答を寄せた。ロシアの回答などは事実上拒絶に近かった。宣言の事実上の作者、ロックヒルは、こうした返事に失望した。しかしヘイ国務長官は、一九〇〇年三月、各国から「完全にして満足すべき回答を得た」と発表した(11)。

翌一九〇〇年七月、ヘイは二度目の通牒を発している。そこでは中国で起こっていた義和団事件に関連して、中国の領土的・行政的保全ということが付け加えられたが、中心は依然として商業的な門戸開放であった。これに対しては、列国の回答は求められず、アメリカの一方的なサーキュラー・ノートであった。

ヘイの宣言のわずか三カ月後、ロシアは義和団事件の影響が満州に及ぶのを防ぐという目的で、満州に大量の兵力を送り込んだ。これに対し、アメリカは単独にせよ他国との共同にせよ、反対行動を起こす意図はないことを明らかにしている。したがって、領土的・行政的保全といっても、さほどコミットした政策ではなかったのである。

さらに同年一一月、アメリカは、福建省の三都澳を租借して海軍基地としようとした。これは、アメリカ自身が四カ月前の第二次通牒の中で、義和団事件を利用して勢力圏の拡大を図るべきでないと述べていたことと矛盾していた。福建省を勢力圏とみなしていた日本は、アメリカに対し、ヘイの通牒との矛盾を指摘し、その希望を拒んだ。こうして、門戸開放でアメリカは何をしたいのか、この時点で、はなはだ不明確になっていた。一八九九年の商業的な門戸開放・機会均等だけが、ようやく残ったメッセージであった。

しかし、日露戦争後、門戸開放政策は顕著な変化を示す。一九〇七年頃から、アメリカは満州に鉄道を建設することに関心を持ち始めた。そしてその政策を門戸開放原則の名によって要求するようになった。当時、鉄道は政治的な意味を持ち、勢力圏の中心であった。鉄道建設を開放することは、当初の門戸開放と矛盾し、また当初の門戸開放が勢力圏の継続を自明の前提としていたことと、はっきり異なっていた。

何度もこのアプローチを試みたのは二人の国務省の中級の外交官、すなわちハンティントン・ウィルソン（のちに国務次官）と、また奉天総領事その他を歴任したウィラード・ストレイトであった。彼らはアメリカにとっていかに満州が重要な市場であるかを力説し、辺境防衛を望む中国の期待に応え、この市場をこじ開ける梃子として、鉄道建設を行うべきだと主張したのである。(12)

しかし、アメリカ外交における中国の地位は、現実には極めて小さなものであった。アメリカはそもそも貿易依存度の低い国である。しかも中国市場の価値は、未来はともかくとして、決して大きなものではなかった。その中の満州であるから、現実の経済的価値は限られたものであった。それに、アメリカが中国の好意を得たからといって、中国市場がアメリカに開かれるというものではない。市場がアメリカに向かって開かれるか否かは、もっぱら経済の論理によるのである。(13)

にもかかわらず、彼らが中国の価値を極めて重大だと強調したことについては、彼らがアメリカ政治の中でどのような位置にあったのかを考える必要がある。

誰しも、自分が従事している仕事が価値あるものだと考えたい。したがって、その仕事の重要性を強調する傾向がある。この傾向は、普段恵まれていない立場にいるほど強いと推測して間違いないだろう。日本の官僚は、ただ官僚というだけで世間の尊敬を集める存在である。これに比べ、アメリカの官僚はそうではない。アメリカは元来国内指向の強い、対外問題への関心の薄い国である。加えて、アメリカはデモクラシーの国であって、官僚は尊敬される存在ではない。したがって、官僚は、自分の仕事が有意義である所以を強調し続けなければならない。

アメリカでは国務省は小さな役所であり、日露戦争の頃までは仕事の分担はアルファベット順という原始的な組織であった。これでは中国で多くの権益を持ち、優れた専門官僚を抱えた他の列強に到底対抗できなかった。こうした現場の強い希望で、国務省極東部が成立したのが一九〇八年であった。この新しい組織の有意義さを是非とも証明しなければならない。こういう心理が、ハンティントン・ウィルソンやウィラード・ストレイトのドル外交の背景にあったと考えて間違いはないだろう(14)。

しかし、それはアメリカ政治の正統な伝統に立つものではなかった。一九〇八年末、セオドア・ローズヴェルト政権末期において、ルート・高平協定が成立している。これは、一九〇七、八年の親中国的極東政策と一転した親日的な協定であった。これは、極東部の意見をまったく聞くことなく決定されたものであった。大統領とそのセクレタリーが、専門官僚の意見を無視することは、アメリカの政治文化の中ではまったく正統なことであったのである(15)。

ところが、一九〇九年、タフト政権が成立すると、大統領からの強いリーダーシップがなくなり、彼らのドル外交が全面的に展開されることになる。これがロシアを挑発し、次々と失敗に終わったため、かえって日本の満州権益を広げてしまったことは、すでに述べた通りである(16)。

しかるに、三年ほどするうちに、彼らの意見は変わり始めた。日本と対立して満州に食い込めないなら、日本と折り合って食い込むことを考えるようになったのである。六国借款団が成立した際、日露両国銀行団は満州と蒙古について重要な留保をしたが、それがともかくも受け入れられたのは、当時国務次官であったハンティントン・ウィルソンが、性急な対日批判の立場を離れつつあったためである。また、ウォール・ストリートの銀行家となっていたストレイトも、第一次世界大戦中には、アメリカは日本と協力してアジアに進出すべきだという主張をなすに至っている[17]。

ところが、一九一三年に大統領に就任したウッドロウ・ウィルソンの下で、アメリカの中国政策は転換することになる。まずウィルソンは、六国借款団の政策は、担保の設定その他で過酷であり、中国の主権を犯すものであるから、政府はこれを支援しないとしたのである。この結果、アメリカ資本団は六国借款団を脱退した。苦労してアメリカ金融界の関心を中国に引きつけてきたハンティントン・ウィルソンは、これに抗議して国務省を辞職している。また、ウィルソン政権は、久しぶりに成立した民主党政権として、ポピュリスト的な指向を持ち、芽生えつつあった専門外交官制度に敵対的とは言わなくとも、同情を持たなかった[18]。

ウィルソン政権も、しかし極東政策で首尾一貫することはできなかった。そのひとつは独占の追求である。アメリカは中国で何度か独占的な権益を追求したことがある。それは門戸開放政策から逸脱することが明らかだった。しかし、独占的な権益でなければ、アメリカの資本家を中国に向けることはできなかった。それは、つぎの二つの理由によって正当化された。第一に、アメリカの意図は善意であるので、その経済進出は中国の害にならないということであった。また第二に、アメリカの独占は、日本の独占を破る効果があるということであった。

これらの政策を指揮していたのは、中国では、ポール・ラインシュ公使、国務省ではE・T・ウィリアムズ極東部長であった。このうちラインシュはウィルソニアンであり、またウィリアムズは宣教師出身であって、アメリカの政策の善良さについて疑いを持たない人々であった[19]。もうひとつの逸脱は石井・ランシング協定であったが、すでに述べたので、ここでは触れない。

アメリカがその門戸開放政策を国際規範にまで高めることができたのが、ワシントン会議で成立した九カ国条約（一九二二）においてであった。皮肉なことに、それ以後、アメリカの中国への進出は停滞することとなった。中国は経済的にはリスクが大きすぎ、政治的意図抜きでは進出の難しい国であった。対中国借款の政治的性格の払拭を目指した新四国借款の成立によって、対中国借款はストップし、アメリカ資本は日本へと向かうことになるのである。[20]

門戸開放が危機に瀕したのは、言うまでもなく満州事変によってであった。当初、スティムソン国務長官は若槻首相、幣原外相、井上蔵相らへの信頼から、日本政府による収拾を期待して批判を抑制した。しかし、一九三二年になると、不承認宣言を発し、アメリカの権利や門戸開放を傷つけるものは認めないとした。これは、一九一五年、二十一カ条交渉に際してブライアン国務長官が発した不承認の宣言と似たものであった。一九三七年、日中戦争が始まった年の秋、ベルギーで九カ国条約会議が開かれた。中国の要求によって、日本の条約違反を取り上げたわけであった。しかし、アメリカは国内経済問題に追われ、積極的な立場を打ち出さなかった。また同年一二月、日本軍の攻撃によってアメリカの軍艦、パネー号が沈められるという事件が起こった。しかし日本の速やかな陳謝によって大事件には至らなかった。

ところが一九三八年、日中戦争が二年目に入った年の秋、アメリカは日本に対し、戦争に際し日本の軍がアメリカの門戸開放を傷つけていると非難した。これは、日本にとってある種の驚きであった。満州事変でも強い態度を示さず、自国の軍艦を沈められても強い態度を示さなかったアメリカが、門戸開放という原理（現実の経済的理由は大きくない）を理由に強硬な抗議をしてきたからである。この時、日本は一一月、東亜新秩序の追求を宣言するとともに、すでに東亜の事態が一変した今、九カ国条約や門戸開放のような事変以前の原則は適用されないと答えた。これはアメリカの強い反応を引き起こした。同年一二月、アメリカは事実上の中国援助を開始した。そしてその半年後の一九三九年七月、通商条約の廃棄を日本に申し入れた。事実として、門戸開放は、アメリカの極東政策の核心をなす強い原則だったのである。[21]

2　特質と評価

アメリカの門戸開放政策で特徴的なのは、その首尾一貫性の欠如である。当初は勢力圏の存在を前提とした通商上の門戸開放という主張であったのが、いつしか投資を含む門戸開放となった。諸外国が様々な留保付きの返事をしたのを、無条件の確約のように扱った。またみずから、勢力圏の獲得に等しい主張をしたことがあった。これを恣意的と言うこともできるし、組織体としての記憶力が悪いと言うことも可能であろう。

しかし、そのためか、常にアメリカ外交は門戸開放の原則に立ち返っている。日本が、それまでに成立した結果を前提としてそれに積み上げる方式の外交であって、連続性・漸増性を特色としており、その結果、長期的にはかなり違ったものとなるのに対し、アメリカはまさにその逆に、短期で揺れ動き、長期で首尾一貫したものとなっていると言うこともできるだろう。

すでに述べた通り、アメリカの専門外交官は、みずからが有用な存在であることを示さなければならない、いわば挙証責任を負った存在なのである。それゆえ、彼らは自分の現場の重要性を過度に強調することとなる。また彼らにとって、たとえば国務省は人生の全てを捧げるところではない。一時期の活動の舞台である。みずからに相応しい舞台でないとなれば、その舞台を簡単に去ってしまう。彼らの思想的政策的インテグリティを国務省官僚という点に求めては誤りである。今日でも見られるような、USTR（アメリカ通商代表部）の官僚が一夜明ければ日本企業のロビイストというのは、さほど不思議なことではないのである。

もうひとつ、アメリカはやはり選挙で選ばれた大統領と、その大統領が選んだ国務長官が重要である。専門知識では優れていても、大統領や国務長官がこれに反対することはまったく普通のことである。しかも国民の付託を受けた大統領にとって、前政権の政策を変更することはまったく正統なのである。

こうしたアメリカの政策の変転ただならない諸側面を縛っているのが、実は理念なのである。アメリカという国は、内向きの国であり、これを外に向けるには、強い力が必要である。それは、しばしば理念の力である。そして変転する政策は常にこの理念に立ち返ってくるのである。アメリカは理念の国であるということは、様々な意味で、外交に決定的な刻印を残しているのである。

おわりに

二十一カ条を提出した加藤高明外務大臣は一八九四年から一九〇〇年まで駐英公使であり、一九〇八年から一九一三年まで駐英大使であった。他方で加藤公使時代のアメリカの駐英大使がジョン・ヘイであった(一八九七—九八)。一般に、アメリカの大使は任地の政府に対して友好的であり、腰も低い。宮廷外交では、アメリカの外交官の地位はさほど高くない。加藤はヘイに対してさほど引け目は感じなかったであろう。

そして一九〇〇年一〇月、加藤が外務大臣になった直後、ヘイ国務長官は三都澳の租借を提起して、加藤に峻拒されている。ヘイの門戸開放宣言に加藤はさほどの重要性を認めなかったのだろう。

一九一五年、四度目の外務大臣として二十一カ条の交渉にあたっていた加藤は、しばしばアメリカのグリスコム大使と会っている。その際、外交文書によれば、加藤はほぼ完全に大使を説得している。また加藤は古典外交の技術を尽くして、大使をほとんど翻弄している。ブライアン国務長官から来る電信も、加藤から見ればレヴェルの低いものであった。加藤のアメリカ批判は、アメリカの文書が外交文書として体裁をなしていない、外交用語らしからぬ俗語を使っている、などの点にまで及んでいた。アメリカが後になって二十一カ条をあれほど問題にするとは、想像もできなかっただろう。以上に、日本側のアメリカ認識の根本的な誤りがあるように思われる。アメリカでは外交官よりも大統領がはるかに地位が高い。それは大統領の外交に対する知識の有無と無関係である。そして外交官と大統領とを結ぶ絆は一般に弱いのである。また、アメリカは普通の古典外交はしない国なのである。その根本は、要するにアメリカはデモクラシーの国家であるということであった。そのアメリカときちんとした約束をするためには、アメリカの外交理念にそくした明確な約束を取り付けること以外にないのである。

人はみずからを基準に考える。自分を見るレンズを通して人を見る。外交も例外ではない。それどころか、そういう面が最も大きな意味を持つ世界である。日本とアメリカとの外交スタイルの差異は、今後とも折に触れて注目する必要のある問題であることは間違いないようである。

（1）これらの協定の正文については、外務省編『日本外交年表並主要文書』上・下（原書房、一九六五年）を参照（以下、断らない限り同様）。また、明治末期の満州問題に関する参考文献としては、角田順『満州問題と国防方針』（原書房、一九六七年）が最も詳細で信頼出来る。
（2）北岡伸一『後藤新平――外交とヴィジョン』（中央公論社、一九八八年）。
（3）北岡伸一『日本陸軍と大陸政策――一九〇六―一九一八年』（東京大学出版会、一九七八年）。
（4）明治後期、大正初期の日露関係については、吉村道男『増補・日本とロシア』（日本経済評論社、一九九一年）。
（5）二十一カ条交渉については、細谷千博「二一条要求とアメリカの対応」『一橋論叢』四三号（一九六〇年一月）、および北岡伸一「二十一カ条再考――日米外交の相互作用」近代日本研究会編『年報・近代日本研究7　日本外交の危機認識』（山川出版社、一九八五年）（本書第二章）。また、二十一カ条問題を含め、大正期の日中関係については、臼井勝美『日本と中国――大正時代』（原書房、一九七二年）を参照。
（6）石井・ランシング協定については、既掲の文献のほか、Burton F. Beers, *Vain Endeavor: Robert Lansing's Effort to End the American-Japanese Rivalry* (Durham: Duke University Press, 1962).
（7）新四国借款団の形成過程については、三谷太一郎『日本政党政治の形成――原敬の政治指導の展開』（東京大学出版会、一九六七年）を参照。
（8）陸軍中堅層は、一九二〇年代半ばにも、国民の意識をいかに満州に向けるか、むしろ苦慮していた。木戸日記研究会・日本近代史料研究会『鈴木貞一氏談話速記録』（日本近代史料研究会、一九七一年）参照。
（9）当時の世論の変化の様子については、後藤孝夫『辛亥革命から満洲事変へ――大阪朝日新聞と近代中国』（みすず書房、一九八七年）。

(10)　吉野作造は、「民族と階級と戦争」(『中央公論』一九三二年二月号) において、日本が北満州に進出し、事変の性格が到底自衛とは言えなくなったのに、そのことに関する指摘が少ないことに驚きを表明している。それほど、北満州への進出は、自然に受け入れられたのである。

(11)　門戸開放政策の形成と初期の変容については、A. Whitney Griswald, *The Far Eastern Policy of the United States* (New Haven, 1935) および Raymond Esthus, "The Changing Concept of the Open Door, 1899–1910," *Mississippi Valley Historical Review*, 46: 3, December 1959.

(12)　ハンティントン・ウィルソンについては、Francis M. Huntington-Wilson, *Memoirs of an Ex-Diplomat* (Boston: Bruce Humphries 1945) および、Richard J. Eppinga, "Aristocrat, Nationalist, Diplomat: The Life and Career of Huntington Wilson," Ph.D. dissertation, Michigan State University, 1972. を参照。また、ストレイトについては、Herbert Croly, *Willard Straight* (New York: Macmillan, 1924) および、Helen Dodson Kahn, "The Great Game of Empire: Willard D. Straight and American Far Eastern Policy," Ph.D. dissertation, Cornell University, 1968. を参照。

(13)　中国側の意図、アメリカ側の意図、そしてそれらの現実的な評価について、最も優れた分析を提供しているのは、Michael Hunt, *Frontier Defense and the Open Door, Manchuria in Chinese-American-Relations, 1895–1911* (New Haven: Yale University Press, 1973).

(14)　当時の国務省の状態と極東部の成立については、Waldo Heinrichs, Jr., "Bureaucracy and Professionalism in the Development of American Career Diplomacy," in John Braeman, Robert H. Brenner, and David Brody, eds., *Twenty-Century American Foreign Policy* (Columbus: Ohio University Press, 1971) を参照。また、その組織・心理的側面については、北岡伸一「国務省極東部の成立——ドル外交の背景」近代日本研究会編『年報・近代日本研究11　協調政策の限界』(山川出版社、一九八九年) (本書第1章)。

(15)　ローズヴェルト政権末期の対日政策については、Raymond Esthus, *Theodore Roosevelt and Japan* (Seattle: University of Washington Press, 1967) および Charles Neu, *An Uncertain Friendship: Theodore Roosevelt and Japan, 1906–1909* (Cambridge, Mass.: Harvard University Press, 1967) を参照。またルートについては、Phillip C. Jessup, *Elihu Root* (New York: Dodd, Mead & Company, 1938).

(16)　タフト政権の対外政策全般については、Walter V. Scholes and Marie V. Scholes, *The Foreign Policy of the Taft Administration* (Columbia: University of Missouri Press, 1970).

（17） 北岡前掲「国務省極東部の成立」。

（18） Rachel West, *The Department of State on the Eve of the First World War* (Athens: University of Georgia Press, 1978). また、ウィルソンの専門外交官軽視に対して若手専門外交官が受けた衝撃については、北岡伸一「ワシントン体制と『国際協調』の精神——マクマリ・メモランダム（一九三五年）によせて」『立教法学』二三号（一九八四年）（本書第三章）を参照。

（19） ラインシュの活動および大戦中のアメリカの中国政策については、Noel H. Pugach, *Paul S. Reinsch: Open Door Diplomat in Action* (New York: KTO Press, 1979). またE・T・ウィリアムズについては、Dimitri Daniel Lazo, "An Enduring Encounter: E. T. Williams, China, and the United States," Ph.D. dissertation, University of Illinois at Urbana-Champaign, 1977.

（20） 三谷太一郎「国際金融資本とアジアの戦争」近代日本研究会『近代日本と東アジア』（山川出版社、一九八〇年）。

（21） 北岡伸一『清沢洌——日米関係への洞察』（中央公論社、一九八七年）。

第Ⅲ部　門戸開放と日本の知識人

第七章　吉野作造の国際政治思想

はじめに

本章の課題は、吉野作造（一八七八―一九三三年）が広い意味で国際政治を論じた文章のうち、第一次世界大戦終了以前のものについて、吉野が国際政治を把握し、分析し、論ずる際に、どのような特質があったかを検討することである。言い換えれば、広い意味における吉野の国際政治観ないし国際政治思想を、それがほぼ完成の域に達したと考えられる第一次大戦終了までの時期について、その発展の過程に則して明らかにすることである。

吉野は、国際政治に関するまとまった理論的著作を残していない。しかし国際政治の思想と言っても、個々の国際問題を離れて存在するわけではない。むしろ、個々の問題に直面し、具体的な判断を迫られて、明確な形を取るものである。優れた思想家の場合、そうした時論の中にむしろ本物の思想が現れると言っても過言ではないだろう。

あらためて言うまでもなく、第一次世界大戦は人類史上未曾有の大事件であった。この大事件に遭遇して、なお吉野の思想が何ら変化しなかったと考えるのは非現実的であろう。他方、吉野が思想的に白紙のままで世界大戦を始めとする諸事件に直面したわけではない。吉野には若くして形成された思想と分析の枠組みがあり、それが国際政治上の諸事件と出会ってさらに発展する、そのような相互作用を経て、吉野の国際政治思想は完成されていったと見るべきだろう。

以下、吉野の外交評論をほぼ年代順に追い、吉野がどのような問題に関心を持ち、どのように論評したかを追うという形で叙述を進めることとする。そしてその中で吉野がアメリカの台頭をどのように予測し、またその観点から日本の外交をどのように批判したかを明らかにして、第一次世界大戦後の吉野の対米関係を中心とする国際協調論がどのように準備されたかを明らかにしたい。

一　日露戦争

吉野が直面した最初の大きな国際問題は、日露戦争であった。開戦時二六歳、東京帝国大学法科大学の学生であった吉野は、『新人』の一九〇四年三月号に、「露国の満洲占領の真相」を始めとする一連の文章を発表した。[1]『新人』は、海老名弾正の主宰する雑誌で、吉野がそれ以前から編集を手伝っていたことは、よく知られている通りである。

そこで吉野はまずロシアの膨張の理由について、第一に海港獲得の宿願、第二に経済上の必要を挙げ、とくに第二点を重視して、以下のように説明する。ロシアはその経済を発展させるため、巨額の資金を導入して産業を起こしているが、国内市場は狭隘であり、外国市場が必要不可欠である。その標的となったのが満州である。しかしロシア製品の品質は国際競争力を持たず、いきおい門戸閉鎖とならざるをえない。ロシアが満州市場を閉鎖すれば日本には大きな打撃であり、またロシアが満州を支配すれば、必ず朝鮮を目指すだろう。ロシアの領土拡張は、このように、「必ず非文明的なる外国貿易の排斥を伴ふ」、それゆえ日本は、「猛然として自衛の権利を対抗せざるべからざる也」と吉野は結論する。要するにロシアは「平和的膨脹の敵」であり、「自由進歩の敵」であるというのである。

しかもロシアの行動は、その国内政治体制と密接な関係を持っている。世界の政治的進化の中にあって、ロシアだけは専制政治を行い、自由を圧迫している。そして専制政治は必ず武断政治、侵略政治であり、周辺諸国を恐怖せしめている。したがって、日本の勝利は欧州にも平和をもたらし、ロシア国内の自由主義者を力づけることとなる。こうして吉野は、ロシアを膺懲するのは日本の「天授の使命」であると断ずる。

吉野の期待と予測は的中する。一九〇五年一月、サンクトペテルブルクでは血の日曜日事件が起こる。そして政党組織の動きが始まる。このような動きに注目した吉野は、『新人』の五月号に、「露国に於ける主民的勢力の近状」など二つの文章を書き、戦争における日本の優勢が専制の圧力を弱め、ロシアにおける自由化の動きを促していると述べている。(2)「主民的勢力」という言葉を使っているのも、興味深いところである。

その後のロシアの敗戦が、ロシアの周辺のみならず、世界の被抑圧民族の解放を促す意味を持ったことは、よく知られている通りである。吉野は日露戦争が終わった翌年、袁世凱の長男・克定の家庭教師として中国に赴くが、「日露戦争の直接の影響として起った中国の立憲運動の旺盛なるに驚いた」と述べている。(3)吉野は何よりも、日露戦争は専制に対する自由の戦いであるとしてこれを支持したのであるが、その意義は、吉野の予測以上に大きかったのである。

以上のような吉野の議論は、日清戦争を文明の野蛮に対する戦争であるとした福沢諭吉のそれを想起させる。両者は同じ系譜の上にあったと言ってよいだろう。しかし当時にあっては、吉野のような捉え方は一般的ではなく、日本の生存や発展という観点から戦争を支持する者が圧倒的に多かった。

それにしても、以上の日露戦争論を読むと、まだ二六歳だった吉野が、すでに確固とした座標軸を持ち、それに基づいて、国際経済と国際政治の両方、さらに国際関係と国内政治の両方をカヴァーする視野の広がりを持っていたことに驚かされる。

ただし、後の吉野とあえて比較するなら、ロシアの満州閉鎖が日本にとって致命的な痛手であるという判断は、後の吉野ならしなかったかもしれない。また、ロシアは満州支配の後に必ず朝鮮にまで手を伸ばすという予測もしなかったかもしれない。さらに、後年の吉野なら、日露戦争の必要は説いても、それに伴う犠牲やコストについても、もう少し分析を加えたかもしれない。たとえば、のちにシベリア出兵計画を批判した「所謂出兵論に何の合理的根拠ありや[4]」で、吉野は、出兵に関しては、その目的を確定し、それに伴う犠牲の程度を測定し、それが目的に照らして合理的かどうかを判断し、さらに出兵の結果として将来生じる財政、国際関係についても計画しなければならないと述べている。その点で、吉野はやや無批判的に日露戦争を支持したと言えるかもしれない。そこにはやはり若き日の吉野のナショナリズムの高揚があったように思われる。

二　日米関係

一九〇四（明治三七）年、大学を卒業した吉野は、前述の通り、一九〇六年より三年間中国に滞在し、一九〇九年一月、帰国した。そして同年二月、東京帝国大学法科大学助教授（政治史担当）に任ぜられ、翌一九一〇年四月、欧米に留学し、一九一三（大正二）年七月に帰国した。この間の見聞が、吉野の国際政治を見る目を養う上で重要な経験であったことは言うまでもない。

帰国してまもない一九一三年末、吉野は「学術上より見たる日米問題[5]」を著している。そのきっかけは、同年五月のカリフォルニアにおける外国人土地所有禁止法（実際は日本人を標的としたものだったため、排日土地法とも呼ぶ）の成立であった。のちに吉野の主たる活動の場となる『中央公論』によせた最初の本格的論文であった。

吉野はこの排日問題を、五つの要素ないし局面について分析している。まず第一段階は、日本人労働者の低廉な労働力が、アメリカの労働者と労働運動を脅かしたことである。この段階で、移民問題は労働問題であった。第二に、土地を購入して農業を巧みに営み、成功する日本人が現れた。こうした企業家としての成功に対する批判が出てきた。排日は農村にまで広がり、ここに問題は労働問題から経済問題へとなったのである。

ところが第三に、移民問題は社会風紀の問題となった。同化しない日本人の急速な流入は、アメリカの道徳的社会的品位の維持と衝突すると考えられたのである。第四に、人種的見地が入り込んだ。日本人は劣等で、白人の理想を理解しえないと批判された。たしかに、移民の多数は下層階級であり、アメリカ人からすればだらしない風俗もあった。そして第五に、日本人の不同化が国家の統一に有害だという議論が出てきた。アメリカへの移民は多くアメリカ市民たるを目的とするが、日本人はそうではなかった。こうした大量の異分子の混在は、アメリカの統一を脅かすという議論であった。その背景には、日露戦争に勝利して勃興する日本に対する警戒があった。

したがって、移民問題の根底は深いと吉野は言う。アメリカの一部野心家の動きであるとか、正論をもって説得すれば道は開けるなどという説は、みな誤りだと吉野は言う。

ではどのような解決策があるのか。その第一は、帰化権の獲得である。しかし、これは問題が第一、第二段階のうちはともかく、現在は効果が大きいとは思えない。第二はアメリカに対する啓蒙活動であり、その誤解を解くことであるが、これも万能ではない。

もっと根本的な解決策として、吉野は、第一に移住しないこと、第二に日本人の品位を高めること、第三に白人との交際を深めること、そして第四に仏教関係者が積極的な宗教活動を行うことを挙げている。そして最後に、移住の観念を変え、金を稼いで帰るのではなく、同化することを挙げている。アメリカ精神と没交渉な「個人的国家的利己心」からする移住が歓迎されないのは当然である、「米国が日本を以て、偏狭なる利己的国家主義を執るものと見るは其根底決して浅くない。之を打破するのは容易の事でない。而かも之を打破しなくては、日本人の発展は到底期し難いのである」と述べて、吉野は国家あることしか知らない日本人という存在が、移民問題の根底にあることを指摘する。今日でもなお通用する言葉と言ってよいであろう。

吉野の立場は、やはり自由主義者で、より若い世代に属した石橋湛山が同じ頃に著した「我に移民の要なし」(6)や、や

は り自由主義者で自身が移民であった清沢洌の立場とよく似ている。(7) 他方で対照的な議論としては、内村鑑三のアメリカ批判を挙げることが出来る。かつて日露戦争に対して根底的な批判を加えた内村は、移民問題に関連してアメリカの独善を厳しく批判する論者となったのである。

日露戦後以来の日米関係の悪化は、移民問題と中国問題とくに満州問題から発していた。満州問題については、のちにも触れるように、日本の門戸閉鎖傾向に対し、吉野は批判的であった。その点、ロシアを批判したのと同じ視点が貫かれていた。そして移民問題においては、一見理不尽に見えるアメリカの態度の背後に、日本の偏狭なる国家意識に対する批判を見いだしていた。アメリカの存在は、日本のあり方を映し出す鏡として、吉野の議論の中に早くから重要な位置を占めていたと言ってよいであろう。

三　世界大戦の勃発

一九一四年七月二八日、セルビアに対するオーストリアの宣戦布告によって、第一次世界大戦が勃発した。八月四日、イギリスはドイツに宣戦を布告し、七日、太平洋におけるドイツ武装商船団の行動に関し、日本に協力を依頼してきた。それは必ずしも参戦の要請ではなかったが、日本は参戦を決定し、二三日、ドイツに宣戦を布告した。九月、日本は中国におけるドイツ勢力を一掃するため、山東省に上陸した。一〇月に赤道以北ドイツ領南洋諸島を占領し、一一月に青島を占領して、その軍事作戦は一段落を遂げた。

世界大戦は、国際政治の観察者にとって、その真価を発揮すべき絶好の機会であった。数年来ヨーロッパの国際関係を研究し、各国の政治社会情勢を観察してきた吉野ほど、相応しい観察者は日本にはいなかったと言っても過言ではないだろう。

吉野は戦争の行方について、熱心な観察と論評を続けたが、その主要な発表の場は、『中央公論』と『新人』であった。このうち、『新人』では、読者がキリスト教徒ないしその理解者だったため、より率直な議論が見られる。他方、『中央公論』の場合は、より広範囲な読者を前提として、より客観的、より堅固に議論は構成されている。しかし、全体として、掲載する雑誌によって、吉野の議論に大きな違いはなかったと言ってよい。

まず吉野は、戦争の根本的な原因はドイツの現状打破の動きだと考える。ドイツ民族の統一を実現し、その発展を図るために、ドイツは随分無理を重ねた。その過程で権謀術数も当然とする風潮を作りだした。ビスマルクまではまだ止むをえなかったかもしれない。しかし統一完成後も、植民地獲得その他を目指し、この方針は続いた。吉野は、ドイツの挑戦とその過程におけるマキアヴェリズムの傾向を、戦争の根本原因と考えた(8)。

そこには、日本外交に関する不安が見て取れる。日露戦争に至る日本の発展を支持した吉野は、日本が過度の権謀術数で世界の各方面に信用を失い、孤立することを危惧していた。

第二に、戦争の帰結について、吉野は連合国側の勝利を確信していた。連合国の完勝、部分的勝利、その他いずれの場合にせよ、連合国の優位は疑いないとした。そしてさらに戦争が国際的民主化の方向を加速し、また世界を平和主義に動かすであろうことを信じて疑わなかった。したがって、日本もたんに連合国に加わるだけではなく、そうした大勢に合致する方向で行動しなければならないと考えた。

さて、こうした論点を、もう少し詳しく見ていこう。

吉野は「国際競争場裡に於ける最後の勝利(9)」において、国際関係における力と道義の関係について論じている。戦争勃発以来、世間には武力一辺倒の主張をなすものが多い。しかし武力によって起こり、武力によって滅んだ国も少なくない。滅んだ国は、吉野によれば、いずれも武力偏重で国際道徳を無視し、傍若無人に振る舞って、他国の信を失った国であった。

国際関係と個人関係とは、たしかに違う。しかし、歴史的に世界の大勢を見れば、「個人と同様に道徳律に支配さる、方向に向ひつ、ある」ことは確かな事実である。したがって、大体の国是としては「養力」と「道徳尊重」の両方が肝要である。

これまで、国際社会において正義人道を唱えるのは、ベルギー、スイス、オランダなどの小国が多かった。大国は正義人道を唱えなくとも、力によって、その主張を実現することが出来るが、そういう力がない小国は、正義人道を唱える。しかし、もし力のある大国が正義人道を唱えれば、その影響力は巨大なものとなるであろう。たとえばドイツが、もう少し国際道徳を尊重していれば、もっと多くの味方を獲得できただろうと言う。

それは日本にとっても「一大警告」であると吉野は言う。白人が有色人種を劣等視するのが誤りであるのと同様に、日本人が朝鮮・台湾の人々を「継子扱い」するのは誤りである。是非、真の兄弟として遇さなければならない。中国民族に対しても、「尊敬と同情とを以て其民族性を啓発し、共に立って東洋の安全を保持する」ことが必要である。そのためには、自国の利益だけを念頭に置いてはならない。日本の政治家は、ややもすれば功名心を急ぎ、国民はまた熱狂的愛国心の勃発に任せて、対朝鮮、対中国政策を誤り、東洋永遠の大計を誤っていないだろうか。我が国の外交論は、常に余りに利己的ではないだろうか。日本の青島攻略を見て、喝采している国も、戦後は必ず猜疑心を以て日本を見るだろう。こう述べて吉野は、国際政治における道義と力の関係を見据え、世界史の大勢を見通して、日本人の外交思想を根本的に改革しなければならないと主張したのである。

そのような国民思想の改革を考える場合、重要なのは中流階級であると吉野は言う。健全なる中流階級の世論は、一方で少数の政治当局者を指導し、他方で一般下民の精神的嚮導者となる。これに反し、健全なる中産階級がなければ、極端に走って革命時のフランスや昨今のメキシコのようになるだろう。ドイツでは権威主義的な宗教勢力が強く、自由な中産階級というものが乏しいのに対し、イギリスでは健全な中産階級がある。日本の中産階級は幸い比較的健全なので、是非、ここに働きかけねばならないと吉野は論じた。

ところで、以上のような国際的民主化を戦争がもたらすとすれば、それは大国の圧政下にある小国や植民地にも当然及ぶことが予想された。

大戦勃発後、吉野はただちに「欧洲戦局と波蘭民族の将来」(10)を書き、連合国が勝利を収めれば、おそらくポーランドはロシアに渡され、ロシアの保護の下に、統一独立のポーランドが出来ると予測する。

もしそれが実現されれば、さらに次のような効果があると吉野は予測する。第一に、ロシア、ドイツ、オーストリアなどで直接国境を接する部分が減って、軍備負担が減る。第二に、ポーランドが刺激になって、フィンランドが独立し、これによってスウェーデンやノルウェーも軍備を減らすことが出来る。第三に、ポーランドとフィンランドを自国の側につけるために、ロシアは以前のような武断主義の外交を控えるだろう。

こうした吉野の予測は、戦間期の中欧諸国の独立となって現れた。それはヒトラーとスターリンの間で、いったん崩壊してしまったが、第二次大戦後の五〇年を考えれば、吉野の指摘は正鵠を射ていたのではないだろうか。

四 総力戦の行方

戦争勃発から数カ月が経過し、長期戦の予想が出始めた頃、吉野は『新人』一九一五年四月号から六月号にかけて、「戦後に於ける欧洲の新形勢」「戦後欧洲に於ける社会的新形勢」「戦後欧洲の趨勢と日本の態度」という、連続した三つの論文を書いている。(11)

そこで吉野は、戦争が未曾有の総力戦になったという事実を中心として、議論を展開する。まず、戦後には平和主義ないし四海同胞主義が興隆すると、吉野は断言する。まだ敵の侵略を受けて国内で戦ったことのない日本に比べ、ベルギーなどでは、家を焼かれ、財産を奪われ、一家離散し、外国に放浪するという悲惨な事実が起こっている。またヨーロッパ各国は経済その他の絆で深く結びついていて、戦争から受ける傷は極めて大きい。こうした悲惨ゆえに、戦後の平和主義の勃興は不可避であると言うのである。

また吉野は、総力戦が、必然的に労働者と婦人の地位を高めると断じる。日本では戦争で軍人と金持ちが台頭するが、それは戦争の規模が小さいからである。今回の戦争は、とくに各国の上流階級にとって死活問題である。しかし労働者は国家の運命にそれほど深い利害を持たない。したがって、各国政府は労働者の協力を得るために必死になっている。一方、労働力の不足を補うため、婦人は職場に出ざるをえない。そこで婦人は社会公共の問題に興味を深めることになる。この趨勢は戦後に逆転する筈がない。労働者と婦人は大いに社会に進出し、その結果、戦後の平和主義の台頭は間違いないという。

日本の行動は、したがって、こうした趨勢に合致するものでなければならない。いくら軍備を充実しても、日本は独力では欧米に対抗出来ない。彼らの同情・共感が不可欠である。彼らの理想を理解し、ともに世界文明のために貢献する姿勢が必要である。そのためにも、東洋の覇者となるのではなく、精神的な意味で東洋の指導者となり代表者とならなければならない。欧米に対抗して偏狭な民族主義や国家主義を持ち出すのではなく、「彼等と同じ抱負、同じ使命を抱いて協同して世界文運の進歩を図らうと云ふ大抱負」を持って、より根本的な世界政策を採らねばならないというのである。

なお、以上にも見られる通り、当時の日本においては、英仏露を相手に孤軍奮闘するドイツに対し、高い評価があった。吉野はこれに関し、「独逸強盛の原因を説いて我国の識者に訴ふ」(12)において、ドイツの強さの所以を論じ、実は日本との間には大きな違いがあると論じている。

第一に、ドイツで挙国一致が実現されているのは、適材適所、能力主義が貫かれているからである。その最たるものが君主の能力であり、ホーエンツォレルン家の教育熱心は有名である。そしてその根底には宗教がある。同家は、代々プロテスタントの保護者として知られ、これを機軸とした教育を行ってきたと指摘する。

第二に、軍隊の組織統一がよい。何よりも将校の統率が適切であり、国民も軍人を尊敬している。これらは実は日本と違う点である。日本では、貴族富豪の子と言えば、無能と決まっている。また国民は本当は軍事を敬遠してきた。軍隊内部における規律にしても、ドイツにあっては「心服」、日本では「盲従」というのが実態ではないかと指摘する。

第三に国民精神の健全なことを吉野は挙げ、その根底は宗教であると述べる。また第四にドイツの工芸の偉大な発展についても、その根底に学問を尊重する気風があるのであって、日本とは大きな違いがあると言う。

吉野の指摘は、宗教を基盤とする社会の気風に重点を置くところに特色がある。とくにエリートのあり方や、軍事に対する態度に関する日独の対比は、のちにサミュエル・ハンティントンが、プロイセンのプロフェッショナリズムと日本におけるその欠如とを対比したのと似ていて、興味深い(13)。吉野が平和の考察のみならず、軍事についても鋭い観察力を持っていたことを示す一例である。

五　大戦外交の諸問題

さて、戦争の長期化とともに、国際関係には様々な変化が生じるようになってきた。主要な交戦諸国の中で最初に危機に直面したのは、ロシアであった。

「露西亜の敗戦」(14)において、吉野は、兵力において優位にあるロシアがなぜ敗北しているかを、もっぱら戦争が必要とする桁外れの軍需物資という点から説明している。当時、日露同盟論が一部で唱えられ、また日本からロシアへの物資の供給が論じられたが、吉野はそれがいかに空論であるかを明らかにしている。

他方で、ロシアがこれほど弱いのだったら、この年議会を通過した在朝鮮二個師団増設は不要だったと言う者もあった。しかし吉野は、対独戦には数百万の兵力が必要だが、対日戦なら数十万の兵力で可能だとして、ロシアは日本にとっては弱い国ではないと述べている。そして、増師を弁護する意図はないが、「不徹底なる政論の流行を喜ばざるが故に茲に敢て之を一言する」と、その文章を結んでいる。吉野の知的廉直の一例である。

ともあれ、ロシアの苦戦は、日本に具体的な選択を迫ることとなった。かつて日英同盟を外交上の機軸としてきた日本は、一九一〇年頃から、満州権益の擁護という点で、日露関係を少なくとも同程度に重視するようになっていた。また、ロシアを援助することによって、中国とくに満州における日本の地歩をさらに強化することも考えられた。

しかし吉野は、日露関係の親密化には賛成したが、同盟には反対だった。相互的軍事援助を内容とする同盟は、共通の敵なしには成立しえないというのがその理由であった。他方で吉野は、共通の敵がなくても、すでに存在している同盟の存続は可能だと述べて、日英同盟無用論を退けている。この頃、中国における日英の対立に注目し、日英同盟よりも日露同盟という論者があったが、それは、部分的な日英の対立だけを見て、日本がいかに多くを日英同盟から得ているかを理解しない謬論だと、厳しく批判したのである。

同盟ならぬ日露新協約は一九一六年七月に結ばれた。吉野はこれについて「新日露協約の真価」(15)を書き、協約はロシアの戦争継続の意欲を支えるもので、価値があると述べ、とくに独露提携の可能性を防ぐ点を評価している。ただ、日露がその中国における特殊権益を擁護しあうとした点については、一応評価はしながらも、中国を始め、多くの国が懸念を持っていると指摘する。日露はたしかに理論的には特殊地位を持っているが、これを経済面で現実化するための努力に欠けていたとしている。こうした権益を力で守ることに対する批判は、日露戦争以来一貫したものであった。

さて、大戦期日本外交の最大の問題は中国であった。元老井上馨が世界大戦の勃発を「大正新時代の天佑」と呼んだのは、中国政策に大きな機会が開けたことを指していた。

すでに述べた通り、吉野は青島作戦の成功について、英仏などは当面歓迎しているが、やがて日本に対して警戒の目を向けるであろうと述べていた。それに続いて日本が行い、大いに関係国の不信を招いたのが、いわゆる対華二十一カ条要求であった。

よく知られているように、一九一五年一月、大隈内閣は中国に対し、全二十一カ条に及ぶ要求（一部は request とされた）を提出し、最後通牒を突きつけて、五月九日、これを受諾せしめた。中国はこの日を国恥記念日として、その屈辱を忘れまいとした。

ところが吉野は、二十一カ条が日中関係を混乱させたことについては批判したものの、要求の内容は概ね妥当だと考えた。そして、第五号（顧問の傭聘、警察合同、武器協力など）を最終段階で撤回したのは遺憾であると考えた。吉野は後年、自身の中国研究は第三革命の前後から始まったと述べ、二十一カ条当時の中国理解が不十分だったことを認めている。(16) 先にも述べた通り、吉野は中国との提携を欲していたが、その具体的な方法について、まだ明確な展望を描けなかったのである。

ところで二十一カ条後の中国では、袁世凱が共和制を廃止して帝制を復活し、自ら帝王となろうとしていた。この計画は一九一五年夏から始まり、秋になって本格化した。日本には袁世凱を支持して、代償としていくつかの懸案を解決しようとする一派と、袁世凱は本質的に反日であり、この機会に打倒すべきだという一派があった。大隈内閣の政策も、最初は両方の最大公約数的なものであり、帝制について慎重な態度を要請し、その延期を求めた程度だった。しかし、年末に雲南で蔡鍔らが挙兵すると、陸軍参謀本部は袁世凱の打倒に傾斜し始め、内閣も三月には袁世凱の打倒を決定し、中国各地で強引な反袁活動を展開することとなった。

この間、吉野は反袁勢力の動きを中心に、中国の情勢を克明に追い、『中央公論』誌上に解説していた。中国情勢に関し、吉野の持っていた情報と判断とは、当時の日本にあって、屈指のものであった[17]。その過程で、日本が中国と提携する際の相手について、吉野は一つの結論に到達した。学生を中心とする「若き支那」ないし「青年支那党」(ヤング・チャイナ)が、未来の中国の担い手であり、日本外交はこの人々を目指さなければならないと考えるようになった。吉野の中国政策における最大の転換は、この第三革命への観察から生まれた。そして彼等「青年支那党」は、アメリカの影響に強く反応する存在であった。こうして吉野にとって、アメリカはさらに重要な存在となるのである。

六　アメリカの参戦とロシア革命

A・J・P・テイラーは、『第一次世界大戦[18]』において次のように述べている。もしナポレオンが一九一七年の初頭に生き返ってきたとしても、理解出来ないことは何も無かっただろう。かつてと同じような列強が、同じような戦いをしており、ツァーや皇帝や自由主義者が活動していることを認めただろう。しかし、もしナポレオンが一九一七年の末に生き返ったとしたら、彼は当惑しただろう。ボルシェヴィズムが生まれ、アメリカ合衆国が台頭し、レーニンとウィルソンが、伝統的な政治からは考えられないユートピアを説いていた。そこに、現代が始まっていた、と。

アメリカがドイツと国交を断絶したのは、一九一七年二月三日、宣戦布告は四月六日であった。それは、大戦の大きな転機となった。アメリカの軍事力、物質力もさりながら、戦いはデモクラシー対軍国主義の争いとしての性格を、一段と鮮明にしたのである。

しかも、この間、三月にはロシア二月革命が起こる。連合国の中で最も異質であった軍国主義専制政治のロシアが変容を遂げたことにより、ますます戦争はデモクラシーを旗印とすることになる。その結果、日本は微妙な位置に置かれることとなったのである。

米独関係の断絶の直後、吉野は「欧洲戦局の現状及戦後の形勢を論じて日本将来の覚悟に及ぶ[19]」において、アメリカの参戦が国際関係に及ぼす影響について考察し、戦後の最も著しい特色は、平和的競争が激烈になることだと予測する。そこでは、本当に根底ある発達を遂げた者が勝ち残るのであり、武力で勢力範囲を守る方式は、もはや通用しない。このような広い意味における門戸開放主義が、つまりアメリカの主義が世界を席巻することを吉野は予測し、日本国民の覚悟を促したのである。

なお、アメリカがドイツに対して宣戦を布告した結果、日米は同じ陣営に属することとなった。しかるに日米間には多くの摩擦が存在していたので、こうした関係を改善するため、寺内内閣は前外務大臣石井菊次郎をアメリカに派遣して、ランシング国務長官との間で協定を結ばせた。これが石井・ランシング協定である(一一月)。

この協定では、日米が門戸開放・機会均等の主義を守ること、両国は相互に隣接する国と国との間には特殊な関係があることを認めること、とくに国境を接する地域においてそうであることを認めること、が主な内容であった。これは、日本が長年主張してきた満蒙特殊権益論に、アメリカが最も近づいた瞬間であった。日本の満州経営に常に障害となったアメリカが日本の立場を認めた、大きな外交的成果だと考えられた。

吉野も「日米共同宣言の解説及び批判[20]」において、その事実は承認する。満蒙において、「日本其物の安静を擁護するといふ消極的目的の範囲内に於て、支那の内政に干与する事を承認せらるゝといふ特別の地位」を得たと指摘する。それはたしかに成果ではある。しかし、同時に、日本が中国の主権と門戸開放・機会均等主義の尊重を、これまで以上に強く誓ったことを重視すべきである。今や世界は、国際協約は一片の紙屑であるというドイツ流儀と、あくまで道義の尊重を求める英米流儀との対立になっている。日本はそのいずれに属するのか、真価を問われている。この日米共同宣言は、「不知不識の中に日本をして英米側の思想の流の中に一層深く足をふみ入れしむるに至つた」ことを象徴するものである。日本は、中国の主権と門戸開放の原則を本気で尊重しなければならない。こう述べて、吉野は石井・ランシング協定の帝国主義的な解釈と利用を戒め、中国政策の根本義を建て直すよう説いたのである。

またロシアについては、「露国革命の真相と新政府の将来」[21]において、革命の直接的要因は食料の欠乏であるが、根本的には、長年の官僚閥族による民間勢力の抑圧であると指摘する。日露戦争以来の持論であった。また「露国の前途を楽観す」[22]において、ロシアの将来は必ずしも悲観すべきではないと述べつつ、その中心勢力は「社会党」であり、その提唱する無賠償・無併合の原則が、戦争終結に向けて有力なものとなることを予測している。

なお吉野は、ロシア革命がドイツに及ぼした影響にも注目し、「独逸に於ける自由政治勃興の曙光――選挙法改正の議」[23]において、同年三月以来のドイツにおける選挙法改正の動きについて述べている。吉野によれば、ドイツ憲法には、(1)帝国議会の選挙区制度が古く、都市部が過少代表となっていること、(2)行政府が議会に対して責任を負わないこと、(3)連邦参議院におけるプロイセンの力が大きく、単独で憲法改正を阻止する力すら持っていること、(4)プロイセン議会の選挙制度が極端に保守的であること、などの特徴があると指摘し、選挙制度こそドイツ官僚政治の根本問題であると述べ、その改正がいかに画期的なことであるかを力説している。

こうした選挙制度に関する論議は、われわれには、ヴェーバーの政治論集によって馴染み深いものであるが、吉野もこの点を重視していたわけである。そして吉野の関心が、のちの普通選挙権問題へと繋がっていったことは、言うまでもない。

七　講和への道

長かった戦争も、一九一七年末には、ようやく終わりに近づいたことが感じられた。一一月の革命で成立したソヴィエト政権は、連合国にドイツ・オーストリアとの講和を提唱し一二月二二日には、単独でドイツ・オーストリアとの講和会議に入り、ソヴィエト政府代表のヨッフェは、無賠償・無併合・民族独立の三原則を打ち出した。そして一九一八年一月五日には、ロイド・ジョージ首相が戦争の目的と講和の条件について演説をし、また同月八日には、ウィルソン大統領が十四カ条の平和原則を発表した。その中に、公開外交、海洋の自由、経済障壁の除去、軍備縮小、民族自決、そして国際連盟の設立など、画期的な諸原則が含まれていたことはあらためて言うまでもない。

吉野は、ロシア革命とアメリカの参戦が、講和条件を主義原則の形で提示する風潮をもたらしたと評価する。従来講和条件といえば、領土や賠償金に関する取り決めであった。つまり利害の調節が講和条件の本質であった。ところがアメリカはそのような利害をドイツとの間に持たず、ロシアの労働者も戦うべき重大な利害を持たない。こう述べて吉野はアメリカとロシアの構想を大いに評価する。また吉野は、国際連盟の構想について、人類多年の夢であったとして高く評価する。「平和の風潮が凡ての利己的利害問題に頭を擡げしめず、極めて公明なる正義の光に照されつゝ、表はれ来るの事実は、我々の歓喜満悦を以て特に注目を要する点である」という表現の中に、吉野の率直な喜びを見て取ることが出来る(24)。

十四カ条のうち、外交の公開も、また吉野の歓迎したところであった。総力戦がデモクラシーを要求し、デモクラシーは外交の公開を当然に要求する筈であった。吉野はウィルソン大統領が、新聞記者のウォルター・ハインズ・ページを駐英大使に任命したことに触れ、外交そのものが秘密から公開へと移行し、外交担当者が貴族から平民になり、すべての国際交渉が「直截簡明なる手続き」によって進められることが、現代の動かすべからざる趨勢だと論じている(25)。

ところが、その一方で、戦争の最終局面を、もっぱら権力政治的観点から捉える動きも少なくなかった。一九一七年末から、とくに一九一八年三月三日にブレスト・リトフスク講和条約が結ばれ、ロシアがドイツに屈伏したかのように見えて以来、シベリア出兵論が台頭していた。この講和は、連合国が単独不講和を約したロンドン宣言に反しており、連合国は東部戦線を失い、ドイツが西部戦線を強化する可能性が生まれていた。ここに、ロシアの救援と東部戦線再建を目指す出兵論が、フランスを中心として強まったのである。また日本には、これによって北満州や東部シベリアへの膨張の手掛かりを摑もうとする動きや、また中国との懸案をこれによって解決しようとする動きがあった。

吉野は「所謂出兵論に何の合理的根拠ありや」[26]において、出兵論に対して徹底した批判を加えている。

シベリア出兵の第一の根拠は、ロシアがドイツに降伏し、ドイツ勢力が東に及んでくるので、これに対し備えるべしというものであった。しかし吉野は、ドイツの影響力なるものを、より正確に検討し、ロシア全体がドイツとともに東に膨張することはありえないと断言する。またドイツ・オーストリアの捕虜が独墺側に立って戦争に参加するという説についても、十分な武装と組織化はありえないと断ずる。さらに、ドイツにしても、東に発展する余裕はありえないことを明らかにする。それ以外に、ドイツの東漸は、経済的な発展としてはありうる。しかし、それに対して軍事で備えることは無意味であると言う。

出兵論の第二の論拠は、ロシアの救済ということであった。これについて吉野は、ロシアの何を救おうとするかを問い、ロシアの上層部は決してロシア全体を代表しておらず、ロシア民衆はソヴィエト政府に比較的支持を与えているとしている。ロシアを救おうとしてロシア民衆を敵に回すとすれば、これほどの愚行はないわけである。

これらの議論における吉野の魅力は、具体的な数字や根拠を挙げて問題の本質を突き、ほとんど反論の余地のないまでに論じていることである。吉野が筋金入りの理想主義者であったことに疑問の余地はない。しかし、同時に吉野は優れたリアリストでもあった。

このような愚かな出兵論の中心にあるのは、軍閥であった。「軍閥の外交容嘴を難ず」[27]において、吉野は述べる。従来も日本の対外政策の大方針は、外務省や内閣だけでなく、元老その他の「政府以外の先輩政治家」の採決を仰ぐのが常であった。それは、全然政治上の経歴と見識のない人によるものでないから、まだましであった。しかるに、今や「陸海軍省並びに参謀本部の一角」にある勢力が、「軍事上の見地のみから立てた無謀な献策をする」ことが目立っている。

大隈内閣の中国政策の背景にはそうした勢力があった。一九一六年一〇月の寺内内閣の出現は、あれほど不満を買ったにもかかわらず、こうした勢力を抑えることについては希望を託した人もあったと述べている。

シベリア出兵論は、いったん下火になるが、五月末、ロシア内部を西進して東部戦線に加わろうとするチェコ軍団がソヴィエト政府と衝突すると、チェコ軍団救出、東部戦線再建の議論が再び起こった。そして、これまで日本の出兵に対して最も強く反対していたアメリカが、七月八日、ウラジオストックへの共同出兵を提議してきた。日本には、積極的な出兵論者と、アメリカの同意する小規模な出兵なら構わないとする消極的な出兵論者がいたが、その妥協の結果、アメリカの要請を受け入れる形で、しかし出兵の兵力と地域は限定しないという決定を行い、七月一七日、アメリカに回答した。

吉野の「浦塩出兵の断行と米国提議の真意」[28]は、これを厳しく批判したものである。その結果、この論文には厳しい検閲が加えられ、一二個所、約二八〇〇字の削除が加えられたのである。

まず出兵の理由として、講和会議で有利な地歩を占めるためという説に対し、吉野はその視野の狭さを批判する。こうした観点こそドイツ流であり、むしろ領土的野心なきことを明らかにすることこそ、日本が講和会議で重きをなす所以であると指摘する。

また仏英両国の出兵論と、日本のそれとの間には大きな差異があると指摘する。日本の目的は、東シベリアへの出兵と、そこにおける穏健派政権の樹立に過ぎない。しかし仏英は、全ロシアの穏健化と東部戦線の再建を目的とし、日本に対してウラルまでの出兵を要請していた。それは日本の到底受け入れられないところであった。

さらにアメリカについては次のように指摘する。アメリカは従来「過激派」に対し好意的だった。しかし、チェコ軍団救出も、アメリカの歴史に根ざした主張である。シベリアへの利権への野心を言う者があるが、それは枝葉末節である。アメリカの態度が得手勝手であると批判する人があるが、過激派擁護とチェコ軍団救出の両方を、アメリカは真剣に考えており、その点で一貫している。アメリカを知らない者、あるいは自らの「狭き了見を以て他人の腹を採り得たりと自負する者」が、アメリカの得手勝手と見るに過ぎない。こう述べて吉野は一知半解のアメリカ論を一蹴している。

こうして吉野は、ウラジオストック派兵は、軍需物資が過激派に奪われないようにするためには必要であるが、それ以上に踏み込んではならないと、強く反対した。鉄道沿線の派兵ならともかく、それ以上の出兵は、必ずロシア国民と衝突し、不幸な失敗に終わるだろうと断言した。果たして吉野の危惧した通り、出兵はやがて大規模長期間のものとなり、アメリカ、ロシアとの関係を悪化させ、巨額の資金を費やしてほとんど得るところなかったのは、よく知られる通りである。

このようなシベリア出兵に見られるように、戦争は末期に入ったがゆえに、かえって苛烈となり、軍国の主張は盛んとなった。

こうした傾向に関し、吉野はデモクラシーと軍国主義の関係について論じている(29)。民本主義の対極にあるのは官僚主義であって、軍国主義ではない。もちろん民本主義は平和主義と結びつきやすいものであるが、いまや民本主義の英米が大軍国主義となっている。それは平和を守るために軍事に努力することが、必要だからである。

軍国主義か平和主義かという対立の根本にあるのは、国家と国家の関係や個人と個人の関係を競争で捉えるか、協同で捉えるかという違いである。軍国主義だから平和を問題にしないとか、平和主義だから軍事を問題にしないわけではない。こうして吉野は絶対平和主義を次のように否定する。

> 絶対的平和主義は世界の総ての国乃至人類が残りなく協同の確信を有するに至れる時に云ふ可きである。一人でも競争の主義を奉ずるもの丶ある以上は、世界は常に不安に襲はる丶。例を軍備制限の問題に採らんか、軍備の制限は差当り世界の平和を保障するに足る最も有力な方法であるけれども、併し斯くの如きは全員一致でなければ実行

は出来ない。一人でも制限の拘束を奉ぜざる者ある以上、誰しも皆不安を感じ制限を断行する事は出来ない。否彼等は更に進んで其全体と歩調を合せざる者に向つて強制の手を加ふるの必要を見るだらう。

しかるに、日本の軍国主義は軍国主義そのものを目的とする嫌いがある。日本では、すべての発想の根底に競争主義が強いとして、大いに懸念を述べている。

一九一八年八月、寺内内閣は米騒動で大きな傷を負い、九月には原内閣が成立する。そして一一月には、長かった戦争も終わった。論文「何ぞ進んで世界改造の問題に参与せざる」[30]は、その直後のものである。

吉野がここで批判するのは、大戦後の世界に対するニヒリズムである。日本は東洋の事柄に専念し、欧米のことには口を出さないでおこう、というのが当時の日本では支配的な見解だった。なるほど細部にまで日本の注意と知識は及ばない。しかし日本は世界の問題に発言しなければならない。今度の戦争は領土や小さな問題を争ったのではない。正義と侵略の戦争だったはずであり、また主義主張を争った戦争だったはずである。

今後の課題は、恒久平和の保障を目的とする世界改造の問題である。これを空想として退けるべきではない。日本は立って大いに発言しなければならない。その批判は日本人の間の「世界的同感の極めて浅薄なること」に向けられている。世界大戦は日本人をさほど成長させなかったのである。

おわりに

吉野の広い意味における国際政治思想について、ほぼ時代を追って、第一次世界大戦の終わりまでについて論じてきた。冒頭に、吉野の思想が、世界大戦の勃発以後も変化しなかったと考えるのは非現実的だと述べたけれども、事実として、吉野の思想の骨格は、ほとんど変わっていない。その一貫性は驚くべきものである。吉野の議論を貫いていたものは、世界が平和主義、協調主義へと向かっているという強い確信であった。世界大戦という巨大な悲劇さえ、その確信を揺るがせなかった。いや、この悲劇ゆえに、世界はますますこの方向への努力を続けるだろうと考えた。

そうした世界史的必然の中に、日本の方向は見いださねばならなかった。ドイツのように自国の国益を無条件で優先させることは、結局世界の不信を買って国益に反すると考えた吉野は、中国問題で日本の権益を強引に追求する態度を、強く戒めたのである。他方で国内の民主化も急務であった。ドイツの欠点もまたそこにあった。

吉野が優れた国際主義者であったことに疑問の余地はない。しかし、それは、日本の行動が長期的に世界の趨勢に合致する合理的なものであって欲しいとする希望と矛盾するものではなかった。むしろ、日本がアジアで模範を示すことへの期待と結びついていた。世界を吉野の期待する方向に動かすためには、なお主要な国々の積極的な行動が必要であることを、吉野は熟知していた。その国際主義は、いわばナショナリズムを媒介としたものであった。

吉野の平和主義も、たんに理想として唱えられたのではない。平和のために平和的手段以外は認めないというものではなかった。そこに、宗教から独立した政治学の姿がある。ただ、その軍事的手段が必要な場合には、出来るだけ冷静、合理的な計算の下に、世界の大勢に合致する形で、必要最小限度の行使が認められるだけであった。吉野の平和主義は、その現実主義的考察に支えられて、その価値を増していた。

以上のように、吉野における平和主義や国際主義の理想は、リアリスティックな計算と健全なナショナリズムへの期待と、不可避的に結びついていた。

そしてそれらを支えるものは、中産階級の健全なる精神でなければならなかった。その精神を発揮させるためには、選挙法の改正を始めとする政治参加の方法に関する様々な改革が必要であり、また中産階級の精神そのものに対する、とくに偏狭なナショナリズムを脱するための教育が必要だった。吉野においてそれを提供したのは、やはりキリスト教であって、そこに日本の難しさがあった。

国家あるを知ってそれ以外を知らない日本、現実を知ってそれを越える理想を知らない日本。平易で楽観的な表現の中で、吉野が何とか克服したいと考えた日本は、その晩年に至っても、その没後においても、克服されなかった。その帰結が太平洋戦争であった。今日に至っても、位相を異にしながらも、なお問題は解消されていない。リアリズムに媒介されない理想論、理想主義に導かれない現実主義、ナショナリズムに媒介されないインターナショナリズム、そしてインターナショナリズムに導かれないナショナリズム。今日なお随所に見られるそうした議論が、吉野を継承するものでないことは確かだろう。

(1)『吉野作造選集』第五巻（岩波書店、一九九五年、以下『選集』と略記）所収。
(2)同右所収。
(3)「民本主義鼓吹時代の回顧」『選集』第一二巻所収。
(4)『選集』第五巻所収。
(5)同右所収。
(6)『東洋経済新報』一九一三年五月一五日社説、松尾尊兊編『石橋湛山評論集』（岩波書店、一九八四年）所収。
(7)参照、北岡伸一『清沢洌――日米関係への洞察』（中央公論社、一九八七年）。
(8)たとえば「欧洲動乱とビスマークの政策」『六合雑誌』一九一四年一〇月、『選集』第五巻所収。
(9)『新人』一九一四年一二月、同右所収。
(10)『基督教世界』一九一四年一〇月二二日、同右所収。
(11)いずれも『選集』第五巻所収。
(12)『新人』一九一五年一二月、同右所収。

(13) Samuel P. Huntington, *The Soldier and the State: The Theory and Politics of Civil-Military Relations* (Cambridge, Mass.: Harvard University Press, 1957).
(14) 『中央公論』一九一五年一〇月、同右所収。
(15) 『中央公論』一九一六年八月、同右所収。
(16) 「『三十三年の夢』解題」『選集』第一二巻、三一四頁。
(17) 参照、北岡伸一「支那課官僚の役割」『年報政治学一九八九年　近代化過程における軍』（岩波書店、一九九〇年）所収、のち北岡『官僚制としての日本陸軍』（二〇一二年、筑摩書房）所収。
(18) A・J・P・テイラー（倉田稔訳）『第一次世界大戦——目で見る戦史』（新評論、一九八〇年）。
(19) 『新人』一九一七年三月、『選集』第五巻所収。
(20) 『中央公論』一九一七年一二月、同右所収。
(21) 『新人』一九一七年五月、同右所収。
(22) 『中央公論』一九一七年一〇月、同右所収。
(23) 『中央公論』一九一七年五月、同右所収。
(24) 「平和の機運を促進しつゝある三大原則」『新人』一九一八年二月、同右所収。
(25) 「秘密外交より開放外交へ」『中央公論』一九一八年七月、同右所収。
(26) 『中央公論』一九一八年四月、同右所収。
(27) 『中央公論』一九一八年五月、同右所収。
(28) 『中央公論』一九一八年八月、同右所収。
(29) 「民本主義と軍国主義の両立」『中央公論』一九一八年七月、同右所収。
(30) 『中央公論』一九一八年一二月、同右所収。

第八章　新渡戸稲造における帝国主義と国際主義

はじめに

新渡戸稲造（一八六二―一九三三年）は、戦前期日本を代表する国際主義者であった。日本人が外国語で書き、広く世界で読まれた本と言えば、最近の著作まで含めても、新渡戸の『武士道』（一九〇〇年）、内村鑑三の『余は如何にして基督信徒となりし乎』（一八九五年）、岡倉天心の『茶の本』（一九〇六年）の三冊を越えるものはないだろう。なかでも、日本に関する包括的な説明としての影響力を考えれば、『武士道』を第一に挙げるべきであろう。新渡戸はまた、国際連盟創設から七年間（一九二〇―二六年）、その事務局次長として活躍したことでも、世界に名を知られた人物であった。

他方、新渡戸は、台湾総督府拓殖局長心得を務め、台湾における製糖業の改革に大きな役割を果たした人物であった。また、日本の大学で最初に植民政策を講義した人物であった。これらを通じ、新渡戸は、日本きっての植民地経営者と言うべき後藤新平と深い関係を持っていた。また最晩年の新渡戸は、アメリカに赴いて満州事変以後の日本の行動を弁護し、その活動のさなか、カナダに没したのであった。

このような帝国主義者と国際主義者という少なくとも表面的な矛盾は、いかにして同一人物の中に可能となったのであろうか。まず、それは矛盾だったのか、そうではなかったのか。矛盾だとすれば、何ゆえ新渡戸はその両面を持っていたのか。そして、新渡戸の両面は、近代日本思想史の中で、どのように位置付けられるだろうか。以上のような点を考察することが、本章の課題である(1)(2)。

一　生い立ちと農学

新渡戸稲造は、一八六二年九月一日(文久二年八月八日)、盛岡に生まれた。新渡戸家は南部藩の名門で、曾祖父・伝蔵は儒者で兵学の大家であり、父・十次郎は勘定奉行を務めた敏腕の才人であった。なかでも重要な人物は祖父・伝であり、十和田湖からの疎水によって、不毛の三本木原野を沃野とすることに成功した人物であった。稲造の幼名は稲之助といったが、それは稲生川の水利によって初めて籾四〇俵が取れたことにちなんで命名されたものであったという(3)。

一八六八年、五歳の時、新渡戸は戊辰戦争に遭遇している。同じ岩手県出身の原敬や後藤新平と同様、敗者としての屈辱を味わわなければならなかった。ただ、六歳上の原、五歳上の後藤と比べ、その屈折ははるかに小さかったであろう。

その頃、すでに新渡戸の父は没しており、まもなく祖父も亡くなった。その祖父の遺志により、稲造は父の弟で、すでに東京に出ていた太田時敏の養子となり、兄とともに東京に出て、叔父の世話になることとなった。一八七一年のことである。

太田は、戊辰戦争に参加し、深い屈辱を味わった人物であった。家名を辱めぬよう、南部藩の恥とならぬよう、薩長を見返すよう、叔父は稲造を叱咤激励してやまなかった。私塾で頭角を現した稲造を、叔父は一八七三年、東京外国語学校(のちの大学予備門——第一高等学校)に入学させた。経済的な余裕は乏しかったし、叔母は稲造兄弟につらく当たりがちであったが、叔父は稲造兄弟の勉学に真剣であった。

稲造が熱中したのは英語であった。そこにはいくつもの理由があった。まず、方言の問題があった。上京した頃、新渡戸は東京弁がわからなかった。東北なまりで話すと軽蔑されて悲しくなり、ホームシックとなることがあったという。英語は、そうした悩みから稲造を解放してくれた。のみならず、英語と一体化することは、薩長が牛耳っている日本より、さらに高次の文明と一体化することであった。それによって、日本における辺境コンプレックスも、朝敵コンプレックスも解消することができた。それに、藩閥の背景なしに出世するためには、技術を身につけることが重要であり、文明開化のこの時期、語学は極めて有利な技術であった。東北出身の少年は概して他の生徒よりはるかに上手に、先生の言葉の抑揚を聞き分けてまねることができたと新渡戸は書いている。そこには音声学的な理由もあったかもしれないが、彼らが英語にかける情熱が、他を上回っていたのだろう。実際、新渡戸を始めとして、東北出身者で国際派という人物ははなはだ多い(4)。

なお、新渡戸の世代は、教育を外国語で受けたわずかな世代である。冒頭に挙げたように、外国語（いずれも英語）で日本について書き、大いに読まれた本の著者、内村、新渡戸、岡倉の三人は、内村が一八六一年生まれ、新渡戸と岡倉が一八六二年生まれで、ほぼ同年であるのは、決して偶然ではない。新渡戸は、二〇代までは英語の本を読む方が楽だったと回想している。これはたぶん本当だろう。そして、その後もそうだったかもしれない。新渡戸はその反対に、国語の勉強は好まなかった。新渡戸の日本理解にやや皮相なところがあるのは、そのせいもあるだろう(5)。

新渡戸が大学予備門で学んでいた一八七六年、明治天皇は東北に行幸し、三本木の新渡戸の家に立ち寄った。そして稲造の祖父が開墾に尽くした業績をたたえ、その伝統を守るようにとの言葉を与えた。これは新渡戸にとって啓示のように響いた。ちょうど札幌に農学校が開かれ、生徒を募集していた。これに応じ、七七年、稲造は大学予備門を退学し、札幌農学校に第二期生として入学した。

農学校時代の新渡戸は、農学やその関連の学問よりも、英語・文学・哲学に熱中し、青年期特有の悩みを仲間と語り合い、その中からキリスト教に帰依していった。当初快活だった新渡戸は、やがて強度に内省的な性格となり、モンクというニックネームを得た。それゆえ、一八八一年、農学校を卒業して開拓使で働くようになった後にも、その仕事に十分な興味を持てなかった。自分が役に立っているという実感もなかった。そしてついに八二年には開拓使を辞し、上京して東京大学文学部に入った。農業経済と英学——ひいては「太平洋の橋となりたい」という希望は、この時、外山正一に対して述べた言葉であった。

ところが、新渡戸はすぐに東京大学の学問のレベルの低さに失望してしまう。そして本場における勉学のために渡米し、アレガニー大学に入ったが、農学校の先輩である佐藤昌介の勧誘により、すぐにジョンズ・ホプキンス大学の大学院で学ぶこととなった。

ボルティモアにおける新渡戸は、ふたたび行きづまっていた。古矢旬の研究によれば、学資の不足に加え、学問のレベルの高さに十分ついていけなかったらしい。当時ジョンズ・ホプキンスでは、セミナー中心の高度の大学院教育を導入しており、学生は「教授を刺激する」に足る積極的な参加を求められていた。また同大学では農業経済学を学ぶ機会もなかった。新渡戸がクェーカーの信仰に入ったのも、疎外された新渡戸の逃避とは言わなくとも、安らぎを求めてのことであった。新渡戸がようやく安定したのは、一八八七年、やはり佐藤昌介の努力によって札幌農学校の助教授に任命され、ドイツにわたって農学を研究し始めてからであったようである(6)。ボン、ベルリン、ハレで学んで学位を得た新渡戸は、一八九一年、ボルティモアで知り合っていたメアリー・エルキントンと結婚し、帰国して札幌農学校教授となる。二八歳であった。

新渡戸は、以上のように、何度もその志望を変え、コースを変えた人物であった。その過程で、猛烈な勉学とその反動としての病気がしばしば繰り返された。先にも触れたように、藩閥の背景のない若者は、技術を身につけなければ世に出ることはできなかった。しかし、学問を出世の手段と割り切って打ち込むには、新渡戸はあまりに誠実でありすぎたのだろう。新渡戸の本来の関心は、農学よりも英学——「太平洋の橋」だったらしい。しかしそれはただちに職業となるようなものではなかった。自己の存在意義を、社会との関係で確認しえなかった新渡戸は、それを求めて長い模索の年月を過ごさなければならなかったわけである。

ところが、新渡戸はそのようなアイデンティティを求めての模索を、早速もう一度繰り返すこととなる。札幌農学校教授時代の活動と、一八九七年の辞職、渡米しての静養がそれであった。

一八九一年からの農学校での新渡戸の負担は、膨大なものだった。かつての特権を失った農学校の再建のため、新渡戸は校長心得（九四年より校長）の佐藤昌介を助けて奮闘した。講義科目は、農政、農史、農学総論、植民論、経済学、ドイツ語、それに予科の英語と倫理など、合計週二〇時間を越えたという。加えて図書館主任、寄宿舎々監、予科主任、教務部長などの仕事があり、それ以外に課外の講義をしばしば行い、道庁の仕事があり、私立の北鳴学校の校長となり、遠友夜学校を創立し、教会での活動に積極的にかかわるなど、ほとんど想像を絶する活動ぶりだった[7]。この間、長男遠益を失い、妻メアリーは病気となってアメリカに一時帰国するという具合で、新渡戸が病気にならない方が不思議なほどであった。

一八九八年三月、病気で農学校を辞職した新渡戸は、アメリカにわたって静養することとなった。そして一年あまりの休養で健康を回復する。この間に、新渡戸の農政学の主著である『農業本論』が出版され、また *Bushido: The Soul of Japan* が書かれている（出版は一九〇〇年）。

『農業本論』の序文において、新渡戸は一八七七年、明治天皇の行幸によって農業を志したと述べている。それゆえ、この本は新渡戸が農業研究を志して以来の学問の集大成であったと見ることができる[8]。この本に見られる新渡戸の農学の特色は、合理的・資本主義的な農業経営を説き、イデオロギー的な農本主義とは一線を画しながらも、全体として小農に対する穏やかな愛情に貫かれていることであった[9]。そのような資本主義化は、必然的に農民の階層分化を促すことになりそうであったが、新渡戸はこの問題に関する突っ込んだ議論をしていない。資本主義化の必然を理解しつつも、農民への愛情から、新渡戸はその帰結を見たくなかったのではないだろうか。鶴見俊輔は新渡戸の思想を「折衷主義」としてとらえているが、それはこの『農業本論』にもよく現れている(10)。

その結果、新渡戸の議論はつねに中途半端で、常識的であった。より小農に傾斜した議論も、より合理性を重視した議論も存在する中で、新渡戸はそのどちらにも徹しきれなかった。新渡戸の農業経済は、日本における農学の先駆的業績と数えられているが、その内容に触れられることがまれであるのは、おそらくそのためである。

新渡戸の農学は、むしろ農村社会学的なものへと傾斜していた。『農業本論』も、農村社会学の先駆的業績というべき本で、分類と現実の把握が中心となっている。後年、新渡戸は地方《じかた》の研究や民俗学に興味を持ち、大正の初めには柳田国男らを自宅に集めて研究会を行っていた。また晩年の新渡戸は共同組合に強い関心を持っていた。それは、失われゆくものへの同情と、小農の地位維持への関心からきていた。

がんらい、『農業本論』は、農業政策への序論として書かれた。しかし、新渡戸は結局農業政策を書くことができなかったのではないだろうか。大規模化・資本主義化しかないと新渡戸は考えていたが、他方で小農の没落を招く政策を打ち出すことはたぶんできなかったのだろう。そこに、新渡戸という知識人の矛盾と限界、それに魅力が、よく現れているように思われる(11)。

二　台湾と拓殖

一八九九年の末、アメリカにいた新渡戸は台湾総督府からの招請を受けていた。当初、札幌に戻るつもりで、これを辞退していた新渡戸であったが、度重なる要請によって、決心を変更し、台湾行きを決意した。同郷の後藤が強く望み、また新渡戸も以前から後藤という人物に強い興味を持っていたからであった。

台湾に赴任するに先立ち、新渡戸はヨーロッパ行きを希望し、台湾総督府嘱託の身分で約一年間ヨーロッパを視察し、一九〇一年一月、日本に帰国した。そして二月、台湾総督府技師、五月、民政部殖産課長となり、一一月には、新設の殖産局の局長心得となった。また、一九〇二年六月に臨時台湾糖務局が新設されるとその局長を兼ねた。そして一九〇三年一〇月からは、京都帝国大学法科大学の教授を兼ね、翌一九〇四年六月、その専任となり、台湾を去っている。

新渡戸の台湾との関係は、ヨーロッパ視察時を含めれば四年四カ月、これを除外すれば三年四カ月である。しかし、その間、一九〇一年一二月からジャワ、マニラ、オーストラリアに視察旅行に行っており、一九〇二年五月にはその旅行から呼び戻され、後藤新平の欧米旅行に随行し、台湾に戻ったのは一九〇三年一月のことであった。京都帝国大学教授兼任時代もだいたい京都にいたから、台湾にいたのは、最初の九カ月と欧米から帰ったあとの九カ月程度に過ぎない。[12]

台湾における新渡戸の最大の業績は製糖業の革新であった。新渡戸と親しく、また製糖業に精通した東郷実によれば、新渡戸が台湾で糖業に注目した理由は、(一)伝統と経験がすでにある、(二)外国の植民地でも商品作物に力を入れている、(三)技術上、発展の余地が大きい、(四)内地に需要もある、という四点であったという。[13]これは、しかし誰でも気づく理由であって、新渡戸の独創とは言えない。砂糖が重要だというのは、新渡戸を待たずして、すでに明らかだった。

具体的に新渡戸の功績とされているのは、一九〇一年九月に提出された「糖業改良意見書」である。[14]その中で新渡戸は、台湾製糖業の不振を、品種の劣悪、労働力の不足、資本不足、肥料使用の習慣の欠如、機械化の未発達などに分けて、詳しく論じている。独創性の有無は別として、世界各地の実情を把握し、その知識を背景として台湾の欠点を指摘した点は、説得力を感じさせる。そして、(一)改良品種の導入、(二)肥料の導入を中心とする耕作方法の改良、(三)灌漑、(四)水田からの耕地の転換、(五)新耕地の開拓、(六)工場組織の変更、(七)新式機械の導入による圧搾方法の改良、の七点を提案している。

最大の問題は、保守的な農民に新しい苗や新しい技術を取り入れさせることであった。新渡戸はこのため、フレデリック大王がプロイセンの馬鈴薯の普及のために実力行使を辞さなかった例を引き、進歩を強制することを主張した。要するに新渡戸は児玉源太郎や後藤新平に台湾の啓蒙専制君主たることを勧めたのである。新渡戸の提案をもとに、台湾糖業奨励規則が作られ、外国からの新品種の甘蔗の苗の導入が進められ、その甘蔗の苗と肥料の購入費用、開墾費用、灌漑または排水費用、製糖機械器具費用について、総督府が奨励金を支出することを決めた。このような事業を進めるため、臨時糖務局が作られ（新渡戸局長）、全体を指導することとなった。

新渡戸の提案はきわめて合理的なものであった。その実現のためには、説得や教育よりも、直接的な補助金が重視されていた。田中耕太郎が、新渡戸のことを「わりあいマテリアリスチック」だと述べているのは、首肯できるところである。また、岡実が、新渡戸の学問の性格は、むしろドイツ学ではないかと指摘しているのも、うなずける。以上の政策は決して自由主義的なものではなかった(15)。

この意見書には、ある程度、後藤の思想も反映していた。「糖業改良意見書」の提出にあたって、新渡戸がもう少しじっくり調査してからにしたいと述べた時、後藤と児玉は、現実に妥協したものではなく、世界を見た高い視線の意見書がほしいと言い、大胆な意見を望んだ。大規模な計画を断行することを支持したのも彼らであり、わざわざ臨時糖務局というような組織を作るのも、いかにも後藤流儀であった(16)。

ただ、少なくともひとつ、新渡戸の意見が実現されなかった点があった。当時、砂糖製造工場は、糖廍と呼ばれる小さな原始的な工場で行われていた。これを近代化するか、それとも一挙に新式の工場を作るかが、大きな問題であった。新渡戸は両者を同時並行して発展させることを望み、また、糖廍との関係では、甘蔗農家を保護することを重視していた。そのため、農家に共同組合を作らせ、糖廍に対抗させ、その利益を維持させようとした。しかし、砂糖産業は予想以上に発展し、新式近代工場が中心となっていった。その中で、蔗農はたんなる原料提供者とされるようになった。要するに、砂糖産業近代化過程における蔗農の地位を、新渡戸は組合組織などで擁護しようとしたのであったが、その効果はなかったのである。かつて農学について見たのと同様の矛盾が、そこには存在したわけである[17]。

一九〇四年五月二〇日、兼任教授として京都にいた新渡戸は、後藤に書簡を送り、次のように述べている[18]。

……老台之御好意今に始まりたる事に無之、三年以前始めて御面唔仕候より山出しの一寒生御引出被下、公私之御配慮を賜はり御礼之申方も無之候。実は小生台湾赴任之事決心致したる最大理由は兼而老台の人となりに就きいさゝか耳にせる事ありしを以て意を確めたる次第なりしが、其後御親しみを得て小生の予期の誤らざるを認め、暗黒社会に人を発見したる心地致し、心中誠に満足を覚え候。

……唯々遺憾に堪え難きは小生就職後三ケ年の星霜を経たるも其半外国或は内地に在りて台湾の事情に精通するを不得、在台中は兎角身体病理的にして存分の奮発も不叶、万事意の如くならず、心に期せる計画の四分一をも果たし兼ね、総督並に老台之御厚意に対し此を思へば恥ちて背に冷汗を覚ゆるのみに御座候。自己の無能は疾くに覚り職を辞せんと思ひしこと一回二回にあらず。

要するに後藤には（そして児玉にも）完全に満足し、感謝していた。しかし新渡戸は自分自身に対して不満であった。

新渡戸の不幸はまず健康であった。それだけでなく、新渡戸の拓殖政策に内在するものであったのではないだろうか。新渡戸のアイディアは、おそらく後藤系の優秀な官僚群の中でとくに傑出したものではなかっただろう。製糖の改革は、押し進めれば結局自身の理想を裏切るものとならざるを得なかった。もはや台湾にいても何もできないと新渡戸は感じ

たように思われる。(19)

三　植民政策と植民地政策

新渡戸の京都行きは、後藤の配慮によるものだった。後藤は新渡戸の健康が台湾での生活に耐えないことを案じ、またその名声が台湾に埋もれることを惜しみ、深い関係のあった京都帝国大学法科大学学長・織田萬を通じてこれを実現したと推測される。その際、木下広次総長との間で、新渡戸に法学博士の学位を授与することも約束されていた。

新渡戸が京都で植民政策の講義を始めたのは一九〇四年五月である。五月二〇日付の後藤宛書簡において新渡戸は、「先週より大学に於て殖民論を開講致候。其題目は、一、近時殖民思想発達の理由、一、殖民の類別、一、殖民する国民の性質、一、熱帯殖民、一、殖民地の母国に及ぼす影響、の五章に有之候。諸種の書籍参考仕候処、却て面白く相成、五章はさて置き、拾章が弐拾章位も講じ度く相成候。只々残念なるは筆不自由なる為め世に公けになし不能ざる義に御座候」と述べている。この構成は、東京帝国大学での講義をもとにした『植民政策講義』とよく似ているので、その内容も類似したものであったに違いない。新渡戸はこの直後に専任の京都帝国大学教授となり、一九〇六年に第一高等学校校長になった後も、東京帝国大学教授を兼ね、植民政策の講義を担当した。この講義は、新渡戸が連盟事務次長となる一九一九年まで続けられたわけである。(20)

新渡戸の植民政策の講義は、それではどのような特色を持っていたのか。

新渡戸によれば、植民地とは新領土のことであり、植民とは故国から新領土への移住のことであった。極めて単純であるが、実用にはこの定義で十分だとして、それ以上の概念の精緻化は行わなかった。これは、矢内原忠雄が、植民、植民地、植民政策のうち、植民を中心に据えたこととも、アカデミックなスタイルを重視したこととも、大いに異なっていた。ただ、矢内原の厳密さは、時にその学問を自縄自縛に陥らせたが、新渡戸の粗さは幅の広さ、包容性につながっていたということは言えるだろう。(21)

新渡戸の学問は、農学の場合と同様、分類が中心であった。たとえば、なぜ植民地獲得が起こるのかという決定的に重要な問題についても、様々な理由を検討しながら、最終的な答は出していない。むしろ、ソールズベリーの「膨張的国民は生きる国、非膨張的国民は死ぬ国である。国家はこの二者中その一に居る」という言葉を肯定し、活力ある国民は必ず膨張し、新領土を獲得するということを、そのまま認めていたように思われる。

ただ、その膨張を、もっぱら経済的利益の獲得、安全保障、過剰人口の排出といった目的のために行うことは、肯定されていなかった。膨張がそうした目的を満たすかどうかは一概には言えないし、またそうした目的は膨張を正当化するものではなかった。新渡戸によれば、「植民は文明の伝播」であり、膨張の究極の目的は、文明化でなければならなかった。

したがって、植民地は熟せば落ちるものであった。イギリスの植民政策の最高の成果はアメリカ合衆国を生み出したことであった。植民地の保持に汲々としたり、自治を与えるのを惜しんだりするのは正しいことではなかった。文明の進んだ国は植民によって文明を伝え、最終的には世界を人類のコミュニティにすることが究極の目的でなければならなかった。(22)

新渡戸の植民政策は、客観的には日本の支配を正当化する論理であった。しかし、その観点から、日本の植民政策に対していくつかの批判を持っていたことも確かである。

その一つは文明を目指す志の低さである。アメリカやドイツが中国に大学を建設したのに対し、日本にはそのような試みはなかった。もう一つ足りないものは、「公の良心」であった。寄付金を出すくらいのことでなく、「一身を投じて原住民の為に尽くす」人がいないことが、日本の植民政策の大きな欠点であると新渡戸は考えていた。(23)

新渡戸が先住民に対し、深い愛情を持っていたことは確かである。札幌農学校教授時代から、新渡戸はアイヌの境遇に深い同情を持っていた。台湾では、児玉の後に総督となった佐久間左馬太が、児玉・後藤の方針を一変し、「高砂族」弾圧に転じたことに、深い憤りを表明し、講義のさなか、机をたたいてこれを非難したという。さらに下って、一九三〇年一一月、霧社事件が起こった時、新渡戸はその原因を佐久間以来の弾圧政策に求め、次のように述べている。

鬱積した悲しみと不平は、どこかにその吐け口《ママ》を見出さずにはいない。でなければ、容れ物自体を粉々にしてしまう。台湾の「原住民政策」は、安全弁を許さないほど厳格に構成された。佐久間総督が、仮借なき抑圧というばかげた空想に取りつかれて以来、高貴なる「野人」は、恨みの感情を蔵してきた——それもきわめて当然である。政府は、未開人が理性よりは感情に影響され易く、法律よりは親切に支配されやすいという事実を認めなければならぬ。(24)

しかし、ともあれ、新渡戸の評価基準を満たすのは、台湾の方であった。一九一一—一二年にアメリカで講演旅行を行った新渡戸は、その講演をもとにして、*The Japanese Nation: Its Land, Its People, and Its Life* を著している。その中に、「植民者としての日本」という章があるが、その内容は、主として台湾統治の実績についての誇らしい紹介であった。(25)

これに対し、朝鮮の方はどうであったか。少し時代は下るが、一九一九年一二月、新渡戸はロンドンの日本協会で「日本の植民」という講演を行い、朝鮮問題に触れている。(26)

この中で注目されるのは、日本の膨張が主として安全保障上の配慮から行われてきたことを強調していることである。そして朝鮮の不安定こそ日本の大きな不安であったことを強調している。「どの国民であれ、隣国に及ぼす結果を顧慮しもせず、したい放題にふるまう権利があるとは思わない」、力だけを持つ国に、他国を征服する権利がないのと同様に、秩序を保てない国が絶対的独立の権利をほとんど持たないとしている。

新渡戸は、かつて韓国統監時代の伊藤博文と会い、日本人農民を移植する必要を説いたことがあった。これに対し伊藤は、朝鮮民族は自ら発展しうる民族だとして反対したが、新渡戸は現実の人口減少傾向などを挙げ、朝鮮の発展のために日本人の移植が必要だと力説して譲らなかったという。朝鮮を停滞社会と見る新渡戸の見方は、一〇年後にもさほど変わっていなかったわけであり、それは三・一事件の勃発を知る第一次世界大戦後の知識人としては、かなり古めかしいものであった。統監の伊藤が日本人の進出の弊害を知り、新渡戸の方がそれに鈍感だったことがうかがわれ、興味深い。

新渡戸は自ら朝鮮民族の友と言っている。朝鮮民族に対して愛情深い人物であったことは、おそらく事実であろう。かつて人力車に乗っていた時、日本人車夫が余りに侮蔑的な言動をするので、車から飛び降りて車夫を突き飛ばしたことがあったという。温厚な新渡戸であるから、その怒りはよほど強かったのだろう。

植民地統治はしょせん被治者の同意を得られない統治であると新渡戸は認める。その正当性は、ただ統治が被治者の利益のために行われているかどうかにかかっていると新渡戸は述べる。しかし、新渡戸個人がどれほど理想主義的であったとしても、日本の政策が全体としてそのような統治でありえたのだろうか。新渡戸の植民地政策講義は、ついにその点を突くことはなかった。農政学と製糖業で見たような、論理的客観的な帰結と心情的理想との矛盾は、ここでも免れなかったように思われる。

四　学者から教育者へ

一九〇六年、新渡戸は請われて第一高等学校校長になり、東京帝国大学教授を兼ねた。当初、新渡戸は農科大学で植民政策を講義したが、冷遇されたため、一九〇九年より法科大学に移っている。これも、後藤が中心となって児玉源太郎を記念する植民政策講座を寄付し、その担当者に新渡戸の起用を求めたものであった。このように、後藤との関係はまことに強いものであった(27)。

新渡戸の植民政策については、すでに述べたが、全体として見ると、通俗的で深みに欠けており、当時としてもかなり物足りないものだったように思われる。新渡戸の講義を学生は「お話」であると感じるものが少なくなかった。新渡戸自身、自分の講義は本筋がないから脱線もないと言い、またその講義録の出版を容易に許可しなかったことも、学問的な批判に耐えるものではないことをよく知っていたからではないだろうか。また新渡戸は、真理は行間にありと言い、専門センスよりコンモン（コモン）・センスと言ったが、格別の専門知識があったかどうか、疑問にすら思われる(28)。

後述のように、新渡戸が『実業之日本』にしばしば執筆したことに対し、小野塚喜平次などはきびしく批判的だったというが、それは雑誌への寄稿それ自体だけでなく、新渡戸の学問の浅さに向けられた批判だったのではないだろうか。小野塚は明治二八（一八九五）年卒業で、明治二八年は、高等文官試験が本格的に定着した最初の年である。その同級生に、浜口雄幸、幣原喜重郎、伊沢多喜男らがある。つまり、明治二八年は日本において政府と学問が一応の分離を遂げた年であって、小野塚が日本の政治学者第一号であった。その小野塚が新渡戸批判の急先鋒だったとすれば、象徴的な事実と言うべきだろう。学者と行政官とが未分化な時代に学者となった新渡戸の時代は、終わりつつあったのである。

新渡戸が本領を発揮したのは、教育者としてであった。一高校長時代は、その意味で新渡戸の黄金時代であった。新渡戸の誠実で愛情に満ちた態度に、未来の多くのエリートが強く惹き付けられた。新渡戸が教えたものは、武士道ではなく、武士道における社交性の欠如にはむしろ批判的であった。紳士であること、誠実であること、ノーブレス・オブリージの大切さ、愛情の大切さを新渡戸は学生に教えて倦まなかった(29)。

第一高等学校の学生は、かつて天下の秀才を自負する鼻もちならないエリート集団であった。そこに新渡戸は新風を吹き込んだ。すでに日露戦争も終わり、立身出世を無目的に信じる時代は過ぎていた(藤村操の自殺は一九〇三年のことである)。紳士教育を重視し、国際的な視野の必要を説いた新渡戸の教育は、強い影響をもたらした。そこには、世俗化されたキリスト教を基礎とした適度の理想主義があった。あらためて言うまでもなく、倫理的なエリートは近代化の不可欠な要素である。新渡戸が残した最大の遺産はそれであったのかもしれない。

新渡戸の教育者としての第二の側面は、非エリートに対する教育であった。『実業之日本』などへの活発な執筆がそれである。大学教授が通俗的な文章を書くことへの批判は強かったが、新渡戸はまったく意に介さなかった。一九〇九年の友人宛の書簡の中で、新渡戸は次のように述べている(30)。

僕が実業の日本に関係せるは果たして如何なる動機なりしかは僕の身辺を知る者はよく理解す、ア、君、未知未見の人々より謝辞、感謝の言を得れは自ら理解すべし。山深き寒村の少女、都会の最中に迷う男子等が一人二人十人二十人僕の拙論を読んで失望の間に気をとり直し、罪の生涯をやめて光明に赴き、前非を悔ゆる等の書面を送りて呉る。すれば「新聞屋の悪口抔は何んの苦痛も僕に与えぬ」と唯々神に感謝するよりは外ない、実際今朝も「羽前、若き妻」よりの一書、昨夕「熊本県下の某」より壱通抔、僕にとりては誠に感謝の種子なり。

新渡戸の教育者としての第三の領域は、国際文化交流における活躍である。一九一一年八月より一二年五月まで、新渡戸は第一高等学校校長のまま、第一回日米交換教授として訪米し、実に一六六回の講演をしている。太平洋の橋としての使命感と、若くからそれを志して磨いた語学力、そして幅広い知識なしには不可能な偉業であった。

新渡戸は、この時、校長の職をおろそかにしたと批判され、一高校長を辞職し、東京帝大専任教授となった。しかし、新渡戸の影響力は人格的・永続的であり、その周囲には新渡戸宗ともいうべき若者の一団が形成されていた。そのうちの有力者であった鶴見祐輔を中心に、新渡戸を囲むある会は、ウィルソン倶楽部と自称していたという。大戦中のアメリカの勃興は目覚ましく、そのアメリカを率いていたのは、ジョンズ・ホプキンス時代の新渡戸の学友、ウッドロウ・ウィルソンであった。学生も、おそらく新渡戸自身も、親米、キリスト教、道徳主義の新渡戸を、ウィルソンと重ね合わせていた(31)。

その後の、国際文化交流における活動としては、ヘボン講座における講義がある。一九一八年二月、東京帝国大学法科大学に「米国憲法、歴史及外交」講座、通称ヘボン講座が寄付された時、吉野作造（外交）、美濃部達吉（憲法）とともに歴史部門の講義を担当したのは新渡戸であった。講義の記録は、翌年、『米国建国史要』として出版された。それは、アメリカのデモクラシーが、植民地社会そのものに起源を持つと主張するところが特色である。新渡戸はかつてウィリアム・ペンの小伝を著したことがあり、かねての関心に基づく新渡戸らしい力作であったという。なお、新渡戸は、一高に清国留学生を入学させようと考え、努力したが、これを実現できなかった。新渡戸が明治四二（一九〇九）年、辞職を考えた理由のひとつは、この問題であった。高等教育の国際化は、新渡戸の思想の当然の帰結だったわけである(32)。

五　国際主義とその限界

一九一九年、後藤新平とともに欧米を視察していた新渡戸は、そのままロンドン――次いでジュネーヴ――に残り、国際連盟事務次長として活動することとなった。

新渡戸はかつて、国際紛争解決のための仲裁裁判条約という構想に、強い期待を抱いたことがあった。英米間の条約締結について、アメリカ上院が反対していた頃、「結局は仲裁条約の勝利に帰す可きこと疑いを容れず」とまで述べていた。[33] その希望は実現せず、また第一次世界大戦によって平和の夢は破られていたけれども、日本のウィルソニアンとして、新渡戸は国際関係における進歩を信じ、連盟に強い期待を抱いたのである。

連盟時代の新渡戸は、ジュネーヴで最も人気のある人物であったという。国際連盟に対する理解を深めるための講師として、ドラモンド総長の希望により、最も頻繁に派遣されたのは新渡戸であった。実際、国際連盟の意義をヒューマニスティックに諄々と説く点で、新渡戸はまことにふさわしい人物であった。ヨーロッパの問題では、新渡戸は客観的な立場を取りえたし、しかも主な活躍の場は知的交流委員会であった。[34]

しかし、言い換えると、新渡戸の連盟での活動は、知的・道徳的・精神的・啓蒙的なものであって、政治的なものではなかった。一九三一年二月一一日の「連盟活動の拡大」という文章において、新渡戸は、連盟が時間的・空間的に拡大したことを評価し、最初の六年は戦争の残骸の除去に忙殺されたが、その後、社会的・経済的・道徳的な役割を果たすようになり、最近では中国の保健・阿片・財政再建問題にまで取り組んでいると評価している。連盟の政治的な役割への注目は、割合低かったのである。[35]

連盟時代、新渡戸は国際関係について、ナショナリスティック・マインドとインターナショナル・マインドという言葉を対比して、次のように論じている。前者は、「マイ・カントリー、ライト、オア、ロング」の思想である。旧幕府の頃、津軽藩と南部藩とは互いの道路の接続をわざと不便にして、対立を人為的にあおりさえした。連盟においても、外交官は、自国の利害となると一歩も引かないものである。しかし、より高いところから、あるいは一歩下がってみると、津軽と南部の対立はいかにも愚劣である。こうして、全体的の利害から偏狭なナショナリズムを戒める議論を、新渡戸はしていた[36]。

ただ、新渡戸には、国際関係を当事者の心構えに還元してしまうところがあった。主要国の自制と協調以外に、秩序を維持する方法はなかった。したがって、新渡戸が望んだのは、まず軍縮であった。一九二二年のワシントン海軍軍縮条約の成立は、道徳的勝利として評価され、一九三〇年のロンドン海軍軍縮条約をめぐる論争においても、熱心にこれを支持している[37]。

しかし、かりに大国が自制をしなければどうなるのか。一九二四年の排日移民法問題はその例であった。新渡戸はこの法律の成立を深く悲しみ、法律が改正されるまでは二度とアメリカの土を踏まないと宣言した。夫人の母国であり、第二の祖国であるアメリカに行かないと言った時の新渡戸の失望は、まことに深いものであった。

しかし、それが外交的に適切な方法だったかどうかは別問題である。外交評論家の清沢洌は、かつて移民であった経験からも、この問題に深い関心を持っていた。しかし、アメリカには日本人移民排斥反対を唱える勇敢な人々が存在することを指摘し、大局的な利害判断と、長期的にアメリカが態度を変える可能性への期待から、冷静な対応を呼びかけた。石橋湛山も、移民問題で単純にアメリカを批判できないと考えた[38]。

石橋・清沢と新渡戸とが最も対照的な議論を展開するのが、植民地問題についてであった。新渡戸は植民地を認めつつ、その支配は文明を目的とし、被治者に利益をもたらす温情的なものでなければならないとした。他方で石橋や清沢は、日本にとっての合理的な打算から、植民地を持つことは不利だとして、これを否定した[39]。個人の道義や理想の高さで、はるかに徹底したはずの新渡戸の論理は、文明と温情を媒介することによって、植民地を是認する議論となりえたのである。

最も面倒な問題は、大国でも植民地でもない国であった。中国の問題がそれであった。新渡戸においては、国際関係の主要なアクターは、自ら自国の問題をマネージできる国であった。一九一二年、新渡戸は辛亥革命後の中国に関する講演において、共和制の難しさについて語っている。第一に中国にはリーダーがいない、第二に国民に政治的訓練が足りない、第三に中国は大き過ぎる、などがその理由であった。その後の新渡戸は、満州事変まで、あまり中国を論じていない。一九二八年の太平洋問題調査会京都大会では、日本の立場の主張が不十分だと副島道正に批判されるほど中国批判を控えていたし、一九三二年二月には松山で日本を滅ぼすものは軍閥だと軍を批判したように、日本の自制を説くことはあった。しかしながら、中国に対する好意的な発言も、がんらい少なかった。そして、満州事変の前には、新渡戸の中国批判はかなり厳しいものになっている。満州事変勃発直前に書かれた『日本――その問題と発展の諸側面』は、大戦以来の中国の外交に対する皮肉な言葉に満ちている[40]。

事変以後になると、それが極めてはっきりしてくる。三三年九月二九日のコラムにおいて、新渡戸は国家の平等という観念について次のように述べている。すなわち、人がすべて平等であるというのは、国家に対する奉仕、公用、価値は等しく重要だということである。重要性の尺度は、彼らが祖国の防衛と全般的福祉のために果たす義務である。そして「国家はすべて平等であるという虚構の基礎は、国家は皆良い政府と法律と秩序とをそなえているから、どの国家もそれぞれに、人類の全般的進歩に寄与できるのだ、という想定にある。慢性的混乱状態にある国は、虚構をどう拡げてみても、平等を要求することはできない」と述べている。要するに主権国家としての責任を果たせない国はその権利を要求できないと新渡戸は考えていた。新渡戸が中国人を蔑視していたわけではない。むしろ民族としては高く評価していた。中国人には、卓越した知性、深い精神的洞察、高邁な道徳的性格の人々が多い。剛健で多芸、愛想がよく無邪気、苦労に耐え、よく働く。結束しさえすれば、こういう民族にできないことはないと新渡戸は考えていた[41]。

新渡戸の批判は、とくに中国の若者に向けられていた。一九三二年一月七日のコラムにおいて、新渡戸は学生が政治に口出しすることに懸念を表明している。彼らはそれを外国の教科書から学んだばかりなのだ。国というものは見習い共和国ではない。教育も半ばの青年達が実際勢力をふるうところでは、中国であれインドであれエジプトであれ、その国は最善の国家形態を持つことはできず、また良い実務行政組織を持つこともない。彼ら青年には時節を待たせよう、その時はやがて来るだろう。その間成熟した人達には、結束して他国に対しては約束を守り、国内では秩序と安全を維持するという、基本的義務を守らせようと、新渡戸は述べている。[42]

このようにして新渡戸は満州事変以後、国際主義者らしからぬ変貌を遂げていった。松山事件以来、国際主義者らしい発言は聞かれなくなり、積極的な事変擁護の発言だけが際立つようになる。三二年三月の満州国建国にあたっては、これを民族自決と呼び、故ウィルソンも満足するだろうと述べたことなどは、どう考えても行き過ぎであった。かつてそのために働いた国際連盟についても、三三年三月そこから脱退するや、連盟は政治機関なのに法的機関であるかのような過ちに陥ったと述べて日本の行動を弁護した。[43]

しかし、新渡戸が完全に転向したとか、当時の風潮に埋没してしまったとは、言えないだろう。日本では、満州事変を当初は自衛と言いながら、のちには自給自足圏の建設などと言う者が多かったが、新渡戸が経済的必要を理由に挙げることはほとんどなかった。また新渡戸は、世論が反米に傾く中で、アメリカの公正さを強調することを忘れなかった。スティムソンの演説に対し、実に二六分にわたって述べる放送時間を与えられたこと、反日で知られる人物が、新渡戸のために講演の場を作ってくれたことなど、新渡戸は強調してアメリカの公正さをたたえている。[44]

また、新渡戸の事変弁護の論調は、主として外国人に向けられたものであり、日本人に向けられたものではなかった。そこには、外国のある程度の理解を得ることによって、早期の紛争解決をめざそうとする意図があったのかもしれない。

しかしながら、このような「転向」を可能にする内在的な条件が、新渡戸の思想の中に存在したことを軽視してはならない。新渡戸の思想の特色は、道義が全面に出ることであった。また国家を擬人化してとらえることであった。国家の道義、名誉を重視する新渡戸は、中国の「対日侮蔑」には強く反発した。中国の青年に対する批判は、実は彼が一高の生徒に対して行った訓示と似ていた。新渡戸は道義的なアプローチであったが故に、相手が道義に反する（と新渡戸が信じる）行動をした時、反発する以外の方法を持たなかったのである。清沢は外交を算盤に乗せよと言ったが、新渡戸は外交を倫理化することを主張した。その場合、二つの正義が衝突する時、解決の道はなかったのである。

おわりに

新渡戸が国際主義者であったことに、疑問の余地はない。しかし、それは国家間の平等を前提としたものではなかった。国家の間には、文明の度合において差があり、国際社会において自己の責任を果たすことができる国のみが、一人前の権利を主張することができるということであった。もちろん強者は弱者に対して寛大でなければならない、しかしそれは、弱者が謙虚であることを条件としていた。

国際関係の基礎は、人間関係のそれと同様、道義であった。その意味では、石橋湛山や清沢洌の小日本主義は、新渡戸の国際主義と、一見似てはいるがまったく違った、おそらく最も対極的な思想と言うことができる。石橋や清沢の議論は、道義よりも利益に、ただし長期的に考え抜かれた利益に基礎を置くものであった。

代表的な国際主義者である新渡戸の「転向」は、彼を知るものを悲しませた。田中内閣の中国政策に対する批判から、満州事変と国際連盟脱退への支持までは、それにしても大きな距離があった。そのことを、彼自身も感じていたに違いない。

新渡戸が英文毎日に書き続けた「編集余録」（Editorial Jottings）の中には、時々オキナという架空の人物が登場する。オキナは八〇歳近い人物で、新渡戸の尊敬する友人であり、新渡戸に対して飄々と意見を述べるのである。要するにこれは、新渡戸の分身であって、まことに不思議な彩りをこの文章に与えている。このオキナが最後に登場して言うのが、「中国をあまり押しつけるな」「謙虚になれ」という言葉であった。新渡戸自身も、本来の立場から離れ過ぎたことに、不安を感じていたに違いない[45]。

今日、われわれが新渡戸の国際主義の限界を指摘することは難しいことではない。新渡戸は理想主義者として国際主義者であった。しかし、国際主義の理想が現実によって傷つけられる時、これを克服する手段を持たなかった。新渡戸は理想で一貫できたとしても、その理想で日本を律することはできることではなかった。

それでも、新渡戸を批判することは、本当はそれほど易しいことではない。途上国が混乱している場合、先進国はどう対応すべきか、実はきわめて難しい問題である。新渡戸の問題は依然としてわれわれの問題でもあるのだろう。

(1)　本章の基本的な資料は、言うまでもなく新渡戸自身の著作である。それらは、とくに必要のない限り、新渡戸稲造全集編集委員会『新渡戸稲造全集』全二三巻＋別巻一（教文館、一九六九—七〇年、八四—八七年、以下『全集』と略記）から引用する。また英文著作も、とくに必要のない限り、同全集所収の翻訳から引用することとする。

(2)　新渡戸の帝国主義者ないし帝国主義擁護者としての側面を本格的に検討した著作として、太田雄三『〈太平洋の橋〉としての新渡戸稲造』（みすず書房、一九八六年）があり、筆者も教えられることが多かった。ただ、新渡戸が帝国主義擁護者となった思想内在的理由の解明はなされていないように思われる。その点に筆者は最も強い関心を持っている。

(3)　新渡戸に関する伝記的事実については、『新渡戸稲造——生涯と思想』（キリスト教図書出版社、一九八〇年）や、全集月報などに収められた佐藤全弘の諸研究に負うところが最も大きい。

(4)　新渡戸『幼き日の思い出』『全集』一九巻、六二三頁。

(5)　新渡戸・岡倉・内村の共通の教育的バックグラウンドについては、故・前田陽一教授よりかつてご教示を得たことがある。その他、新渡戸門下の同教授から新渡戸に関して教わったことははなはだ多い。他に、太田前掲書、一一—一五頁。

(6)　Jun Furuya, "Nitobe Inazo in Baltimore,"『上智大学国際学論集』一九八五年七月号所収。

(7)　加藤武子「祖父の日記」『全集』二一巻「月報」二一、八頁。

(8)　『全集』第二巻所収。

(9)　参照、蓮見音彦「新渡戸博士の農業論」東京女子大学新渡戸稲造研究会編『新渡戸稲造研究』（春秋社、一九六九年）所収。

(10) 鶴見俊輔「日本の折衷主義――新渡戸稲造論」『鶴見俊輔著作集』第三巻（筑摩書房、一九七五年）所収。
(11) 新渡戸は後年、農業を専門に選んだのは失敗だったと語ったと言われている。矢内原忠雄「新渡戸先生の学問と講義」『矢内原忠雄全集』第二四巻（岩波書店、一九六九年）所収。
(12) 田中慎一「植民政策と新渡戸」札幌市教育委員会文化資料室編『新渡戸稲造』（北海道新聞社、一九八五年）二七七頁。
(13) 東郷実「新渡戸先生を憶ふ」『全集』別巻、一二九頁。
(14) 『全集』第四巻所収。
(15) 田中耕太郎「新渡戸先生の人」『全集』別巻、二八八頁、岡実「八方無碍の大人格者」同右、四九五頁。
(16) 北岡伸一『後藤新平――外交とヴィジョン』（中央公論社、一九八八年）五八頁参照。
(17) 伊藤善市「新渡戸稲造の経済思想」東京女子大学新渡戸稲造研究会編、前掲書、二五二頁。
(18) 『後藤新平関係文書』後藤新平記念館（水沢市）所蔵、マイクロフィルム版、所収。
(19) むしろ新渡戸には、後にも述べるように、通俗教育の才能があり、それは台湾時代の殖産政策にも十二分に発揮された。台湾には、「台湾名物何々ぞ／砂糖に樟脳に烏龍茶／そしてお米が二度取れる／山には黄金の花が咲く」という歌が全島に流布していたというが、芸妓が三味線にあわせて歌うようこの歌を作り、広めさせたのは新渡戸だと言われている。鶴見祐輔『後藤新平』第二巻（勁草書房、一九六五年新版）二六七―二六八頁。
(20) 前掲後藤宛新渡戸書簡。
(21) 矢内原忠雄編『新渡戸博士植民政策講義及論文集』『全集』四巻、五七頁。
(22) 同右、二一、二三、一二一、一六七頁。
(23) 同右、一四八、一六七頁。
(24) 「原住民の統治」（一九三一年一月一四日）『編集余録』、『全集』二〇巻、二〇七頁。
(25) 『全集』一三巻所収。
(26) 『全集』二一巻、四八八―四九〇、四九二頁。
(27) 北岡前掲『後藤新平』六八頁。
(28) 「編者序」前掲『新渡戸博士植民政策講義及論文集』、『全集』四巻、七―九頁。
(29) 教育者としての新渡戸を賛美した数多い文章の中で、とくに森戸辰男「教育者としての新渡戸先生」（『全集』別巻所収）を挙げておきたい。小野塚の新渡戸批判についても、同右、三〇七―三〇八頁。
(30)　明治四二年六月二八日付佐伯理一郎宛新渡戸書簡、東京女子大学新渡戸稲造研究会編、前掲書、五三七頁。
(31)　北岡寿逸「鶴見祐輔さんの思い出」同編『友情の人鶴見祐輔先生』(一九七八年)七頁。
(32)　斎藤眞「戦前期日本におけるアメリカ建国史研究」同『アメリカ革命史研究――自由と統合』(東京大学出版会、一九九二年)所収、および前掲佐伯宛新渡戸書簡。
(33)　「仲裁条約」(一九一一年九月二日)『随感録』、『全集』五巻、三一五頁。
(34)　原田健「ジュネーブにて」『全集』別巻、四二〇頁。
(35)　『編集余録』『全集』二〇巻、二二九頁。
(36)　『西洋の事情と思想』『全集』六巻、五二一頁。
(37)　「国際主義における日本の訓練」『英文大阪毎日』一九二九年一一月二〇日、『全集』二二巻、一二三頁。
(38)　北岡伸一『清沢洌――日米関係への洞察』(中央公論社、一九八七年)四八―四九頁。
(39)　同右、五三―五九頁。
(40)　「中国は共和制になれるか」『全集』二一巻所収、副島道正「再び太平洋会議に就て」『外交時報』一九二九年一一月一五日号、『日本――その問題と発展の諸側面』『全集』一八巻、一六二、一七〇、一七三頁など参照。
(41)　「個人と国家の平等」『編集余録』、『全集』二〇巻、七一三頁。
(42)　「中国民族の偉大な資質」(一九三二年五月二二日)、「青年の理想主義に対するチェック」(同、二四日)、「中国の新政府」(同、一月七日)、ともに同右、四七九―四八〇、三八九頁。
(43)　「連盟の誤り」(一九三三年四月六日)同右、六〇七―六〇八頁。
(44)　「米国の対日態度に就て」『改造』一九三三年五月、『全集』四巻、四六一―四六四頁。
(45)　「オキナの別れの言葉と助言」(一九三三年九月九日)『編集余録』、『全集』二〇巻、六九九頁。

第九章　清沢洌におけるリベラリズムとナショナリズム

はじめに

一九三七年九月二四日、清沢洌（一八九〇―一九四五年）は日本を発ってアメリカ経由でヨーロッパに向かった。一一月一日からロンドンで開かれる予定の国際ペン・クラブ理事会に出席するためであった。国際ペンは非政治的な団体ではあったけれども、七月に勃発して以来本格化していた日中戦争は、この会にも深い影響を及ぼすことが予測された。招待状の中にも「日支の不幸な衝突にもかかはらず、両国の知識人の協力が失はれないやうに」という一節があった。日本ペン・クラブは、前年アルゼンチンで開かれた国際ペン・クラブ大会には島崎藤村と有島生馬を送っていたが、今回は純粋の文学者よりも、国際問題に詳しく、外国語にも堪能で、外国に対して日本の立場を説明することが出来る人物を派遣することが望ましいと考えられた。日本ペン理事の中では比較的新参の外交評論家・清沢が選ばれたのは、そうした事情によるものであった。招待状が届いたのが九月中旬、理事会で清沢派遣を決定したのが二〇日、出発が二四日という慌ただしさであった(1)。

清沢が長期の海外旅行に出たのは、一六歳の時に移民として渡米し、一二年間滞在したことを別とすれば、一九二九―三〇年の欧米旅行、一九三一―三二年のアメリカ旅行に続き、三度目であった。しかし日本をめぐる国際情勢は過去二回の時から大きく変化していた。その結果この旅行において清沢は、そのリベラリズムに対する深刻な挑戦に初めて遭遇することとなったのである(2)。

第一に、この旅行中、日本に対する批判はこれまでとは比較にならないほど強かった。清沢は二九―三〇年の旅行において、中央公論の特派通信員としてロンドン海軍軍縮会議を取材して列国の日本批判を目撃し、また三一―三二年の旅行でも、たまたま勃発した満州事変・上海事変・満州国建国等に対する外国の批判を目のあたりにしたが、日中戦争が本格化したこの時期の対日批判は、はるかに厳しかった。満州の事件と華中の事件とでは列強の反応は著しく異なっていた。その中で、中国駐在のヒューゲッセン英国大使が日本軍の機銃掃射を受け、重傷を負うという事件が、八月には起こっていた。日本軍が中国の首都南京を攻略して虐殺事件を引き起こしたのは、この年一二月のことである。

第二に、当時ナチス・ドイツの力は頂点に達していた。ナチスは、ドイツが抱える国内の諸問題を着々と独創的な方法で解決しつつあるように見えたし、またその威力は全ヨーロッパを圧していた。たとえばオーストリア合併は清沢の滞在中、三八年三月の事件であり、また宥和政策が頂点に達したミュンヘン会談は、清沢が帰国して間もない同年九月のことであった。しかもそのナチス・ドイツは、国際的孤立に悩む日本に対して友好的な態度をとるただ一つの強国であった。清沢は全体主義イデオロギーの強い批判者ではあったけれども、このようなドイツの実力と親日的態度とは、相当に強烈な誘惑であったに違いない。元来ナチス・イデオロギーに批判的でありながら、ナチスに魅惑された日本人は決して少なくなかったのである。

第三にこの旅行における清沢は、従来のように自由に自国の外交を批判する立場にあったのではなかった。たとえ非政治的な場であったとはいえ、ペン・クラブ理事会において日本の政策が批判される時、清沢は他国に対し日本の政策を――彼が常々批判してやまなかった日本の政策を――説明ないし弁護することになったのである。われわれが今日でもしばしば経験するように、こういう場合には自国の行動を強引に正当化することになりやすいものである。

また清沢は、すでに日本では著名な存在であったから、各地の日本大使館のほぼすべてに立ち寄り、便宜供与を受ける一方、各地の主要な日本人外交官のほぼ全員と会い、長時間にわたって意見を交換し、時に彼等の要請を受けて行動した。要するに、この旅行における清沢の役割は、ある程度は外交官的なものであった。

ところで、マックス・ヴェーバーの言うように、権力に携わるためには悪魔と手を結ぶことも辞さぬことが時に必要となるのであるが、危機における国際政治は、そのことが最も鮮明に露呈する場である。国益のために暴力や謀略に訴え、みずからの嫌悪する者とも手を握り、しかも感傷を排して平然としている神経が時に要求される。清沢がこのような世界に足を踏み入れた時、はたして清沢は依然としてこれまでと同じ清沢でいることが出来たであろうか。

あらかじめ述べておけば、清沢は以上三つの理由で少なからず動揺した。対日批判に対して強引なまでの日本弁護を行い、ナチスの誘惑に動揺し、また外交官の間に入って権力政治を平然と受け入れ始めた。そしてそのことを自覚して、自分がリベラルでなくなりつつあるのではないかと悩み、苦しんだのである。清沢は戦前期日本において、石橋湛山などと並んで、政府の対外膨張政策に対する最も徹底した批判者であり、最も一貫した自由主義的知識人の一人であったことに疑問の余地はない。その清沢でさえ、迷い、悩まねばならなかった。それは言論人としての清沢にとって、最大の内面的危機であった。しかし清沢はかろうじてこの危機を乗り切った。彼は一体どのように動揺し、悩み、そしてその危機を乗り切ったのであろうか。清沢が戦前期日本を代表するリベラルであっただけに、その体験を観察することによって、我々は日本におけるリベラリズムの限界や条件について考えることが出来るのではないだろうか。こうした観点から清沢の欧米旅行における思考と行動の後を追うことが、この小論の目的とするところである。

なお、評論家の言論を見る場合、その真意を知ることは実は容易ではない。評論の効果を考えて多少の工夫をすることが常だからである。しかしこの旅行の場合、彼が種々の新聞や雑誌に発表した記事・論説とともに、旅行日記が残されているため、彼の真意をかなりの程度うかがい知ることが出来る。清沢の旅行日記およびスクラップ・ブックを提供された池田まり子氏（清沢洌次女）に厚く感謝したい。
なお、参考のため、清沢の旅程と、同時期の重要な事件について、本章の末尾に簡単な一覧表を掲げておく。

一　対日批判の中で

1　アメリカにて

欧米旅行それ自体がまだ希少価値を持っていた当時のことであるから、清沢の訪欧は主要新聞各紙で報じられた。しかし、その取り上げ方がとくに大きかったり、とくにセンセーショナルであったわけではない。当時、ナショナリスティックな論調で知られていた国民新聞が「支那事変に関し我が国の真意を説く国民使節が続々欧米に送らる時、日本ペン倶楽部でも……清沢洌氏を派遣することになった」と述べ、三段組みの記事を掲載したのが目につく程度で、清沢の談話も比較的穏やかなものであった。

さて、清沢が最初に向かったのはアメリカであったが、この頃アメリカの対日批判はまだ明確な形をとっていなかった。外国の問題に巻き込まれることを嫌う孤立主義の感情が依然として強かったためである。しかし在米中国人の日本批判は一段と強まっていたし、これに対抗して在米邦人の間には戦争支持の強い感情が盛り上がっていた。西海岸邦人社会出身の名士として知られていた清沢の国際ペン・クラブ行きは、このような雰囲気の中で大きく取り上げられることとなった。たとえば、一〇月二日のハワイの邦字紙（紙名不明）は、前日ホノルルに寄港した清沢とのインタヴューを、「自由評論家清沢洌氏事変を斯く観る」、「支那人に対しては力を用ひねば駄目」という巨大な見出しを付けて大々的に報じている。しかし本文をよく読むと、清沢は、日本の中に実力行使が不可避であるという認識が広まっているという事実を、それが正しいかどうかは別としてという条件つきで述べているに過ぎず、また訪欧の目的についても控えめに話したに過ぎなかった。新聞の側は清沢の真意以上にナショナリスティックな発言を期待していたのであり、それは邦人社会の世論を反映していたものであったと見てよいだろう(3)。

ところが清沢がハワイから西海岸に到着するまでに、一つ重要な動きがあった。すなわち、一〇月五日ローズヴェルト大統領はシカゴで演説し、伝染病患者を隔離することが必要なように、国際社会でも「無法国家」は一時隔離されねばならないと述べ、ドイツ・イタリア・日本に対し強い批判を加えた(隔離演説)(4)。そしてその翌日、国務省も日本の行動は九カ国条約および不戦条約違反であると正式に声明した。こうした動きはアメリカ世論をただちに変えることはなかったものの、在米邦人や清沢自身にとって、少なからぬ衝撃であった。

たとえば、その後に清沢が、西海岸で二度の講演会を行うことになったのは、隔離演説の報に接して衝撃を受けたためであった。当初は、スケジュールが過密だったため、アメリカはほぼ素通りする予定であったのである(『日米新聞』一九三七年一〇月一〇日)。そして、邦人社会の側の期待も一層強まっていた。たとえば一〇月八日に講演会を主催した日米新聞は、その演題を「支那事変と東亜の大経綸」と名付け、清沢の国際ペン・クラブ行きについても、「今回の支那事変の原因、経過、並びに日本帝国の正しき立場を各国代表に認識徹底せしめる為め民間使節として敏腕を揮ふべく大会後は独伊米に於いて事変認識徹底の『熱弁行脚』を行ふ事になっている」と紹介していた。講演後の宣伝のためでもあろうが、邦人社会の関心のあり方が反映されていたのである。

さて、では清沢は講演会で何を話したのか。その要点は、(1)日本人は挙国一致して戦争を支持している、(2)日本軍は強力で次々と戦果をあげている、(3)対米、対ソ関係に不安はない、(4)経済力の面から見ても戦争遂行に不安はない、というものであった。一つ一つの言葉が割合慎重に選ばれているところや、中国に対して侮辱的な言葉を用いず、むしろその力を評価しているところなどは清沢らしいが、それでも全体としてこの講演はやや単純な戦争支持講演であった。とくに政府の政策に対する批判が全く欠けているところなど、清沢らしくない講演であった。ホノルルにおけるインタヴューと比べると、明らかに清沢の議論は日中戦争支持の方向に変化していた。その理由は説明するまでもないであろう。まず清沢自身が、隔離演説や国務省の態度を見て、やや感情的になっていた。そして、祖国の正しさを聞くためにはるばる講演会にやって来た多くの在米邦人を目の前にする時、彼はその期待に背くことが出来なかったのである。いま一度、一二日にロスアンジェルスで開かれた講演会（『羅府新報』主催）でも、彼の講演の要旨は、当然のことながら、全く同様であった。

では清沢は、自己の変化をどのように感じていたのであろうか。一〇月一七日、ワシントンで清沢は河上清と会っている。河上はかつて万朝報の記者を務め、片山潜や安部磯雄とともに社会主義協会や社会民社党の結成に参加したのち一九〇一年渡米し、以後アメリカで国際問題評論家として活躍してきた人物である。(5) 河上は言う。「日本人は本当にリベラリズムに徹底することが出来るだろうか」「正を正とし、謬りを謬りと主張することがほんとに国家のためなんだ。ところが僕は何か事件が起ると、一から十まで全部日本のために弁護してしまふんだ。誰に頼まれなくつても、感情が自然にさうさせるんだ。実に不思議だね」。河上の苦い告白は、また清沢の実感そのものでもあった。そしてこのような苦い体験が、旅行中何度も繰り返されることになる。(6)

2　ペン・クラブ理事会にて

ニューヨークを発って一〇月二八日ロンドンに着いた清沢を驚かせたのは、何よりもイギリスの対日世論の悪さであった。日記には「英国の新聞の論調が日本に悪いのは驚く外なし」「支那人は英雄になりすましてゐる」と記されている（二九日）。それも当然であった。日中戦争は八月中旬に入って上海付近に及び、イギリス権益の中心部分を脅かすに至っていた。すでに触れたとおり、八月二六日には日本軍の飛行機がヒューゲッセン駐華イギリス大使の車を攻撃して重傷を負わせるという事件が起こっていた。しかも日本軍は中国軍の頑強な抵抗に遭遇し、容易に前進できないでいたのである。ここで注目しておきたいのは、清沢が中国に対し、アメリカ滞在中にも見られなかったような批判的な言葉を記し始めていることである。イギリスで日本が批判され、かわりに中国がもてはやされているのを目撃して、清沢も中国に対して敵対的な感情を持ち始めたのである。

そのような世論の中で国際ペン・クラブ理事会が一一月一日に開かれてみると、日中戦争の話題が出るどころではなかった。中国のペン・クラブから、学校・病院等の文化施設に対する日本軍の破壊行為を批判し、その停止を求める決議案が出ていたのである(7)。

清沢は真向から反対した。まずその手続きについて、理事会がこのような決議をなす権限を持っているのか、それは総会の権限ではないのかを問題とした。しかし彼にとって都合の悪いことに、すでに先例があった。次に清沢は、わざわざ文化施設を破壊することなどありえないと述べ、日中関係がなぜこのような局面に立ち至ったかを歴史的に説明し始める。幣原外交において日本が中国に対して平和的な態度を取っていたのに、中国はかえって排日的な態度を取り、日本人の間に実力行使やむなしとの世論が広まってしまったという説明であった。たしかに、文化財破壊は、大きな戦争には不可避的に伴う問題であって、そうした根本原因から離れて一部の現象だけを論じても意味がないと、好意的に反応した国もあった。しかし大部分の国々の代表は、現実に文化財破壊という事実が存在する以上、これに対して沈黙すべきでないと主張した。要するに歴史的な説明をいくら繰り返しても、決議案を阻止する役には立たなかった。

そこで清沢は別の決議案を出す。「支那軍はその戦争をなす場合において、学校、病院その他の文化施設を要塞のかはりや、便衣隊の本拠とせざる事、そして日本軍をして極めて不本意ながら、それを攻撃する如き挙にいづることなからしむる事」というものであった。日本が文化施設を攻撃するのは、中国がこれらを戦争のために利用するからであり、まずそれを止めよというのである。この決議案は、当然のことながら、参加者の失笑を買ったに過ぎなかった。次いで清沢はもう一つの決議案を出そうとする。スペイン内乱に関し、ドイツ、イタリア、ソ連が義勇兵を出し、やはり文化施設が破壊されているので、これについても同様の決議が必要だというのである。ところが、この決議はすでに過去の大会で採択されていた。

こうして、清沢の反対――ほとんど妨害といってもよいだろう――は全て失敗し、いよいよ決議案を採択するか否か、二つに一つの局面となった。迷った末に清沢は言う。「この決議案は政治的な意味を持ってゐると思う。もしこの決議文にして、排日的な意味を含むものならば、日本は国際ペン倶楽部との連関について根本的なる態度を決定しなくてはならなくなるかも知れぬ。」決議案を阻止するために、国際ペンからの脱退を示唆して恫喝を加えたのである。その場の情景について清沢は書いている。「僕は生まれてから一種の脅喝的な意味をふくむ言葉を、かふ端的に吐いたのは、初めてだと思ふ。僕はその時に列席の理事達の顔に流れた色を忘れえない。ロメーン氏（ジュール・ロマン、議長）などは感情豊かな芸術家だけに、明らかに、ハッとしたようであった。」清沢は、自らの行為を悲しく思わずにはいられなかったのであろう。

言い過ぎてしまったと感じた清沢は、ともかく決議案の文面にもよることだから、と言ってその場を取り繕い、それが出来るまで会議は延期されることとなった。その合間をぬって清沢は説得活動にあたる。最も強硬なノルウェー代表に対し、ノルウェーの気候、風土、人口の話から始め、日本の人口問題、資源問題に移り、各国の日本移民排斥や対日関税障壁について語って、それらが日中戦争の遠因をなしていると説明する。彼は耳を傾け、なごやかな会話が続いたが、決議案の話に入るや、毅然として、方法のためにプリンシプルを犠牲にするわけにはいかない、自分は決議案が正しいと信じると断固として述べる。清沢は彼の態度にほとんど尊敬を覚えてしまった。完敗であった。しかし、このノルウェー代表は、そのあとの審議では一言も日本を批判する発言をしなかったという。

会議の合間には晩餐会もあった。そこには中国代表も出席し、満場から割れんばかりの拍手喝采が浴びせられる。終わるかと思うとまだ続く長い長い拍手である。「クソ野郎共！」と清沢はつぶやく。そして隣の席のイギリス人に言う。

「英国人は義俠があるのを見て感心しましたよ。理が非でも弱いものに同情するんですから。ただ敗馬にかけるだけはよしたほうがいいですね。」会が終わると清沢は連れと一緒にバーに行く。「誰かれとなく打ち当たりたいやうな気持」であった。そして二人は「ベラボウめ、日本がどこが悪いんだい。日本の悪いことが少しでもあるかい」と言って気炎を上げたという。

一一月三日の会議に提出された決議案は次のようなものであった。「著術家の非政治的団体であり、世界を通じて四十五ケ国の五千の著述家を代表するＰＥＮ倶楽部の国際執行委員会は、……日本と支那の悲しむべき紛争については意見を発表しないが、しかしその根本主義に照応して、日本政府に対し、軍事行動の際、破壊される危険にある文化的記念物、設備を尊重する総ゆる適当な努力をなすことを訴願することは、その義務なりと感ず。委員会は、もし軍事行動の場所が日本に移されたる如き場合には、支那政府に対し、同一の訴願をなすことを明らかにせんことを希望す。」清沢の反対を考慮して、随分穏やかな調子のものとなっていたのである。

それでも清沢は反対した。第一に、この決議は政治的な意味を持つ。第二に、日本政府と日本軍は、文化財の尊重に関する声明を度々発しており、文化財の被害に関する情報は著しく誇張されている。第三に、戦争中には戦場の建物の損傷は不可避である。とくに文化施設を攻撃の目標にする筈がない。第四、戦時の国民心理は感じ易い。こうしたことで日本国民を刺激することは、国際正義の為に努力している人々を苦境に追い込むのみである。第五に、戦争は長引くことはないから、決議は何の役にも立たない。この決議には、主義としては誰も反対しない。諸君の意志は自分が日本政府に伝える。しかし決議文には反対であると清沢はその反対論を結んだ。

清沢の主張はもちろん説得力を持たなかった。政治的影響があるから決議文を通過させるべきでないとすれば、世界の現象に対して何一つ発言できないではないか、と反論が出る。日本政府の立場に関し、清沢が持参した資料も役に立たない。問題は日本政府の誠意ではなく、現実に生じている事態を将来どうするかということだからである。清沢が、日本国民がイギリスの中立・公平を疑問としている今、ロンドンでこのような決議が通過すると、日本人の対英感情が悪化すると示唆すると、イギリス代表は、我々は社会の反応を気にする必要はない、ただ正しいと思うことを発表すればよい、と反論する。

議長は何とか全会一致に持ち込みたい。日本代表も主義においては賛成だろうから、一つ納得のいく決議案を起草してくれないかと言って休会とする。清沢は、「日本政府は過去において、文化施設を尊重することに総ゆる努力を払ったが、今度も更にこれを継続することを希望す」という案を作った。しかし、これでは何だか皮肉を言っているようで、かえって面白くないと議長は言う。そう言われてみれば、清沢にも皮肉のように読める。実際、この修正案はあっさり敗北した。

いよいよ原案への賛否を問うこととなった。みんな清沢にせめて棄権せよと言う。議長は言う。「あなたの賛成が、日本の民衆にどれだけ道徳的好影響を与えるか知れぬ。それが出来なければ棄権したらどうですか。」幹事も言う。「棄権ならば今までの議論も外に発表されぬ。これは満場一致で通過していい決議だと思われませんか。」さらに他の委員も言う。「これに反対されれば日本の知識階級及び国民のために却って不利だと思いますよ。」

しかもこれらの言葉は、本当に好意から出たものであることが、清沢にはよく分かっていた。会議が始まった頃は物の言い方にも角があったが、今はただ会議の成功を願い、日本の立場もある程度理解し、清沢の苦衷を察した上で、みんなが親切からそう言っていることが清沢にもよく分かっていた。

しばしの沈黙の時間が流れた。清沢は書いている。「僕はこの時ほど種々のことが頭の中を掛けめぐつた経験はない。小さい会ではあるが、僕は個人の僕を代表してゐるのではない。僕は今、日本国民の感情を代弁してゐるのだ。……主義として勿論依存あるわけではない。しかしこの決議文の背後には誇張され、虚偽され、日本国民として忍ぶ能わざる不快なる宣伝がある。これが棄権程度ですまされるわけではない。」こうして清沢は意を決して「反対します」と答える。一斉に「オー」という失望の声があがった。

以上に述べた清沢の行動は、国際会議で日本の外交官が自国に不利な決定を阻止しようとする時の行動に似ていた。大局に着目して問題の解決のために協力的な態度に出るのではなく、面目にこだわり、細部に拘泥し、結局会議の妨害者として振る舞う日本外交を、これまで清沢は批判してやまなかった。その役割を、今度はみずから演じていることを彼は自覚していた。しかし、「孤立無援の祖国に対してもう一つ石を投げることがどうして出来ようか」という感情が、結局彼を動かした。かつて松岡洋右の国際連盟脱退時の行動を手厳しく批判したことを思い出す時、清沢は自らの言動の撞着ぶりを、悲しく、また滑稽に感じざるを得なかった。三日の日記に「小松岡のロールを演じて自ら苦笑す」とあるのは、そのような苦い思いを自嘲的に記したものであった。

しかも皮肉なことに、清沢のこうした行動は日本で大きく報道され、高く評価されていた。当時としては珍しいことであったが、報知新聞は国際電話で清沢にインタヴューをして、五日間にわたってそれを連載した。みずからの行動を不本意に思いつつ、それが祖国で大きく取り上げられている事実に、清沢は複雑な心境であった。「少し大きく日本では取扱ひすぐ」という日記の一節(一一月四日)に、そうした心境がうかがわれる。

3 ブリュッセル会議

ペン・クラブでの日程を終えた清沢はロンドンを発ち、一一月六日ブリュッセルに着いた。そこでは三日から九カ国条約調印諸国によるブリュッセル会議が開かれていた。九カ国条約は、言うまでもなく一九二二年ワシントン会議で締結された条約で、中国に関する門戸開放・機会均等、中国の領土的・行政的統一の尊重などを定めたものであった。満州事変以来の日本の行動は、何よりもこの条約(および一九二八年の不戦条約)に違反しており、とくに日中戦争は同条約の根底に触れるものであった。日中戦争は国際連盟でも討議されていたが、ローズヴェルト大統領の隔離演説を契機として、英米は日本を抑制する方法について協議するようになり、この会議の開催を実現するに至ったものであった。しかし日本は、問題の解決は日中両国間の協議によるべきだとして参加を拒否していた。したがって会議の焦点は、どの程度強い対日非難がなされるか、また、対日制裁が合意されるか否かに絞られてきていた。

しかし英米がいずれも積極的に責任を負うことを好まなかったため、会議は一五日に緩やかな対日批判を決議しただけで、事実上何らの成果をあげずに終わってしまった。対日制裁の決定を望んだ中国（条約加盟国の一つであった）は、大きな失望を味わわざるをえなかった。

それでも、今日から見て、この会議が全く無意味であったと言うことは出来ない。第一に、国際連盟という普遍主義的組織の無力が明らかになった段階で、利害関係が密接な国々が集まって問題解決を協議することは、一つの新しい有力な方法であった。第二に、これまでヨーロッパ諸国との共同行動に消極的であったアメリカが、途中で弱腰になったとはいえ、アジアの問題でヨーロッパ諸国と共同行動に出て会議召集のイニシアティヴをとったことは重要であった。第三に、ソ連がこの会議に参加して、アジアの問題で欧米諸国と協調する姿勢を示した（途中で引き上げてしまったが）ことも無視しえぬ重要性を持つ事実であった。

もし清沢が日本にいて、少しく距離を置いて事態を観察していたならば、このような特質——全体主義封じ込めのための西欧、アメリカ、ソ連の協調——に注目したかもしれない。しかしナショナリスティックな気分になっていたためか、清沢が日本に送った記事の中にそのような認識はうかがえない。のみならず、清沢の報道は、この会議の失敗を期待する日本の世論に媚びるようなところすらあった。すなわち清沢は、英米の消極的態度を強調し、各国が日本に遠慮しており、たとえばソ連に対して十分な待遇を与えていないとか、そのソ連代表は国内事情から早々と帰国してしまったとか、イタリアが日本のために弁じて活躍しているとか——イタリアの日独防共協定参加はこの会議中、一一月六日のことであった——、スカンディナビア諸国も棄権にまわったとか、中国代表は大いに失望落胆したとか、およそネガティヴな面ばかりとらえて報道していたと言ってよい。しかもそのような報道は、日本の新聞に掲載される時、一段と誇張されるのが常であった。たとえば一一月一七日の報知新聞は、「九国会議遂に失敗の終幕」「伊代表の反対押し切り骨抜き宣言漸く成立」「北欧三国は断固棄権」という大きな見出しで報道している。そのような誇張がなされることを、清沢はもちろん知っていたであろう。

一体どういう気持ちで清沢はこういう報道を送っていたのだろうか。一一月一三日の日記に興味深い記事がある。「日本へ『日本の回答は評判よし』と打電したのが気になる。実は空気は非常に悪いのだ。日本におもねる気持が起るのは何といふだらしなさだ。」つまり清沢は、日本が会議に送った回答について、真実に反して好評だと打電していたのである。要するに、清沢の分析はいつもの冴えを欠いていた。さらに彼は、自己の認識を日本の期待に添うようにやや歪めた記事を書いていた。彼の記事は、日本において一層ナショナリスティックな調子で報道され、その結果清沢の活動は日本で高く評価されていたのであるが、おそらくこのような増幅作用や世論の喝采について知りながら、清沢は記事を送っていた。およそ清沢らしからぬ行動であった。みずからの逸脱を知り、これを情なく思っていたことが、せめてもの救いであった。

二　ナチズムをめぐって

1　ベルリンにて

一一月一六日ブリュッセルを発った清沢はケルンに一泊したのち、一七日ベルリンに到着した。そして一二月一〇日まで三週間あまり滞在してナチスの施政をつぶさに見聞し、強い印象を受けることとなった。

まず印象的であったのはドイツ国民の親日性であった。たとえば一一月二八日の日記には、前日キャバレーに行った時の印象として、「ダンサーが日本人を目がくること、斯くの如き国はなかるべし。彼らは日本人侮辱感の如きは全くならん。どこでも尊敬してゐる」と記し、またドイツ人全体についても、「ドイツ人は親切だ。素朴だ。それだけ田舎的だといってもいゝかも知れぬ」と書き、さらにドイツ女性についても、いかにも洗練からは遠いことを認めつつ、「ドイツ婦人が、欧米で忘れられたシャイネスをなを有してゐる」と、好意的な評価を書きとめている。

もちろん清沢が無条件で楽観的であったわけではない。彼は『我が闘争』の中に現れたヒトラーの日本人に対する差別意識を知っており（周知のようにこの部分は日本語訳では削除されているが、清沢は英訳版で読んでいた）、ドイツとの同盟を説く論者に対し、日独間には、同盟の基礎をなすべき相互的尊敬の要素が欠けていると反論していた[8]。また、ドイツの産業界には中国貿易の関係から、親中国感情が強いことにも注目していた（「日記」一一月二三日）。

にもかかわらず、ドイツ国民の親日的態度に嘘はないと清沢は感じた。たしかに、既成の世界秩序に挑戦するという危険な道を歩み始めていた両国民の間には、指導者同士の思惑は別として、相互に共感が生じていたと見てよいであろう。これまで、とくにイギリスにおいて激しい反日世論に悩まされ、また青年時代移民として排斥された経験を持つ清沢にとって、こうした親日世論だけでも有り難いものに思われたのであろう。

さて、第二に清沢を印象づけたのは、内政上の諸問題におけるナチスの実績であった。とくに救貧事業、失業対策、労働者慰安政策（Kraft durch Freude の標語に清沢はとくに注目している）等の労働者のための政策や、母性保護や青少年のための政策に強い印象を受けている。もちろん他方で物資の欠乏などの欠点があったが、これをドイツ人が革命の実行に伴う部分的・過渡的な問題として説明する時、清沢は——ユダヤ人迫害の問題についてはこれを許容しえないとして反論しているが——ほとんどその説明を受け入れていた。日記には次のような記述が散在する。「僕は感心性を有するかも知れぬ。しかしナチスのやつていることはこれを認めざるを得ぬ。僕等は余りに理論にとらへられはせぬか。実行的には、かれ等の仕事は驚くべきものだ。独裁者は人気を押さへる必要あり。故に仕事をするのだ。」（一二月一日）「ドイツにゐると、このナチスの英米における不人気などが見えず。矢張り地は気を移すか。しかし英米のナチス排斥は観念的である。」（一二月八日）たしかに、ナチスの施政の中で、労働者や女性や青少年など、それまで弱者であった層が優遇されたのは事実であろう。このような一種の平等化革命が進行していたのは否定できないであろう。かつて移民として社会の底辺にあった清沢にとって、それはやはり魅力的であったに違いない。

清沢はベルリンを発つ前日、「ヒットラーは何故に人気があるか」と題した原稿を書きあげている。(9) そもそも清沢の最初の設問は、ヒトラーは果たして本当に人気があるのか、というものである筈であった。主として英米の新聞・雑誌・著書でドイツの事情をフォローしてきた清沢にとって、ヒトラーに人気があるとは俄には信じ難い話であった。しかしドイツに来てみると、それはもはや疑問の余地のないもののようであった。清沢はこの現象を、ナチスの運動の性格と実績の二点から説明している。第一に、清沢はナチスは宗教運動であると断ずる。その恐るべき独断的で狭量な性格は、宗教運動に特有のものであった。しかもそれは、ドイツの置かれた歴史的条件――後発国の強烈なナショナリズム、ヴェルサイユ条約に対する反感、指導されることを好む国民性――にはよく合致していた。またその指導者ヒトラーは、質素な生活ぶりといい、労働者出身であることといい、宗教指導者にふさわしい人物であった。もう一つの実績では、清沢はヒトラーの実行力を評価している。事実として、ヒトラーの政策で失敗したものはまだなかった。とくに上記のように労働者政策においてヒトラーは大きな成果をあげていた。軍備拡張や巨大な土木事業――オリンピック関係施設やアウト・バーン――は、ドイツの威信を増したのみならず、失業救済にも大いに役立っていた。このような実行力は、独裁政治の長所でもあり、短所でもあると清沢は考えていた。伝統によって正統性を保証されている王政と異なり、独裁者は次々に実績をあげねばならなかった。そしてヒトラーはそのことに成功していると清沢は見たのであった。

要するに清沢は、ナチズムのイデオロギーには賛成しなかったものの、その実行力には大いに印象づけられた。それは、当時の近衛内閣の実行力の欠如とあまりに大きな差異を持っていた。その頃の日本人で、必ずしもナチスに共鳴しない人で、ナチスの強力政治にあこがれた人は少なくなかったのである。清沢もその傾向を完全に免れることはできなかった。この論文について清沢は、「少しナチスに同情がありすぎるかも知れぬ。あるひはナチスに転向したといはれるかもしれぬ」（一二月九日）とその日記に記している。みずからいささか不安に覚えたのであろう。ともあれ、元来嫌悪していた政治体制が、次々に成果をあげていることを目撃して、清沢は簡単にナチスを否定しえなくなった。重い宿題を抱え込んだと言うべきであろうか。

ところで、この時期ドイツとの提携は、日中戦争解決の手掛りをもたらす可能性を持っていた。そのことを無視するのは清沢に対して不公平であろう。先にもふれたように、ドイツと中国とは貿易によって結び付いていたのみならず、軍事的にも両国は友好関係にあった。ドイツ軍事顧問団は、中国国民党政府にとって重要な存在であった。中国軍が上海付近で頑強に抵抗しえたのも、彼等の力によるところが大きかった。しかしドイツは、ソ連に対する東方からの牽制力を確保するため、日中が戦うことを好まなかった。このような立場から、ドイツが日中戦争解決のため仲介に出る可能性は十分に存在しており、実際その打診は一〇月のうちに始まっていた。打診は秘密のうちに行われていたので、確実な情報は持っていなかったはずであるが、清沢はドイツ外務省を訪問した時、ドイツが日中和平を仲介する可能性について尋ねている(10)。清沢のドイツに対する比較的友好的な気分の背景には、こうした期待があったのかもしれない。

問題は、中国がこれを受け入れるかどうかであった。ところが中国も、一一月半ばにブリュッセル会議が失敗に終わることが確実になった段階で、ドイツを仲介者とする和平を真剣に考えるようになった。ヨーロッパにおいても、ドイツ、イタリアに対する宥和政策が始まった。一一月一九日、清沢がベルリンに到着した二日後に、ハリファックス卿がベルリンを訪問している。これは、イーデン外相の強硬方針に不安を感じたチェンバレン首相が、ドイツの膨張の限界を探り、宥和の可能性を探るために派遣したものであった。このハリファックスが、三八年二月にイーデンが辞任にすると外相になり、チェンバレンの宥和政策の主要な担い手となるのである。結局トラウトマン工作は、近衛内閣の態度によって失敗に終わってしまったが、この時期日中戦争解決への有力な方策の一つであった。それ故、清沢がドイツを仲介とする和平に一時期待をかけたとしても――かならずしも強い期待というわけではなかったが――、これをとがめることは出来ないであろう。

2　防共協定の効用

一二月一〇日ベルリンを発った清沢は、一〇日から一五日までポーランド、一五日から一九日までオーストリア、一九日から二一日までハンガリー、二一日から一月一日までイタリア、一月一日から四日までスイスに滞在したのち、一月四日夜遅くパリに到着した。この旅行において清沢は、ヨーロッパ国際政治の深刻さを改めて痛感させられた。一一月一六日にドイツに入って以来一月一日スイスに到着するまでに滞在または通過（チェコとユーゴ）した七カ国のうち、議会政治が何とか生き残っていたのはチェコだけであった。とくに東欧諸国の場合には、ドイツ、ソ連、イタリアに囲まれて、その民主主義のみならず、国家の生存そのものまでも脅かされかねない状況にあったと言ってよい。彼等の直面する危機は、日本のそれとは比較にならないほど深刻なものであった。[11]

これらの諸国は清沢の予想以上に日本に対して友好的であった。それは多分に日本がドイツやイタリアと結んでいたからであった。ポーランドの場合はドイツへの警戒ゆえに、ハンガリーの場合はその親独性のゆえに、そしてユーゴの場合もドイツやイタリアとの関係ゆえに、それぞれ日本人に対して親切であり、丁寧であった。この頃、日本は東欧に対してすでにたんなる第三者ではなかった。日本の外務省や陸軍の中では、日独伊三国防共協定に東欧諸国を参加させる構想が生まれ、着手されていたからである。[12] 実際、清沢はポーランドでもオーストリアでもハンガリーでも、それらの国々が防共協定に参加する可能性についていろいろな人から話を聞かされている。ともかく、清沢は独伊がこの地域に及ぼしつつある重圧を痛感し、またそれが日本の威信を向上させ、日本に対する友好的な態度となって現れていることを実感した。そしてベルリンにおけると同様、悪い気はしなかったのである。[13]

他方でイタリアそれ自体の印象はとくに強いものではなかった。すでに一九二九―三〇年の旅行でムッソリーニと会っていたことも一つの理由であった。しかしそれ以上に、ドイツを見たあとでは、ファッショの先進国であるイタリアは、スケールの大きさその他で明らかに劣っているように感じられた。それでも清沢はイタリアの親日的態度を愉快と感じ、国境で親切にされたことについて、「友邦ゆゑにやあらん税関はわが手荷物をほどきだにせず」というあまりうまくない歌を書き残したほどであった。[14]

より重要と感じられたのは、イタリアとイギリスとの関係であった。イタリアが地中海やアフリカの問題をめぐってイギリスと対立すればするほど、イギリスはアジアに余力を割けなくなり、日本は有利となる、また逆に、日本がアジアでイギリスに対する圧力を強めれば、イタリアの地中海政策を利するところが少なくない、このような意味で、イタリアを含むまでに拡張された防共協定は、それなりに効果をあげていると清沢は考えたのである。[15]

このように、ベルリンを発ってからスイスに入るまでに清沢が見たものは、全て清沢が本来は排斥していたものであった。彼は議会政治の強い信奉者であった。全体主義イデオロギーの強い批判者であった。防共協定については、英米の独伊に対する嫌悪が日本にも向けられることになる点で、またソ連との関係を無用に悪化させるおそれがある点で、強く反対であった。彼が見たものは全て嘆かわしいものの筈であった。しかし防共協定がそれなりの威力を発揮して日本の威信を向上させていることを目撃した時、彼は愉快に感じ、また、その価値を見なおすようになったのである。

もちろん清沢が対英協調の主張を放棄したのではない。東欧においてもイギリスの実力は明瞭に認識できたし、とくにスイスに入るとその感は深かった。日記には「ジエネバに居ると英国の勢力がはっきり目に映る。従つてこれを除外して、不利であることが分る」「欧州を巡つて、英国の力が分る。ハンガリーのようなところも、然り。金融と、新聞と、それから輸入国との三つがそのアセツトだ」(一月二日)という記述がある。イギリスとの協調はもちろん必要であった。ただ、そこに至る一段階として、ドイツ、イタリアとの提携を利用してイギリスに圧力をかけることが考えられたのである。少しのちに清沢が「英国は戦へるか」という論文の中で、「目前の問題としては僕は日独伊三国協定はい丶と思ふ」と書いているのは、三国提携の圧力を利用して対英協調に進むべきであるとする主張を述べたものであった[(16)]。しかしたとえ一時的にせよ、防共協定の利用を考えた時、清沢は従来の立場から遠いところにいた。それはやはり「悪魔と手を結ぶこと」であった。一歩誤ればその外交政策全体が崩壊しかねない立場に彼はいた。

3 パリにて

パリに着いて清沢は久し振りにホッとした。それは、五〇日七カ国におよぶ慌ただしい旅行が一段落したためだけではなかった。「パリには誰が何時来ても、安息と自由を与える社会的条件が整つてゐる」からであった[(17)]。しかし問題はこうした文明、こうした社会がいつまでも存在しうるかどうかであった。一月一二日の日記には、その憂慮が次のように記されている。「フランスは文明国として極めて高い形態だ。文明国はここに行くべきだ。しかしこの形態が存続すべきか。労資の衝突は必然に国力を弱める。どこも同じ情態ならばよけれど、ドイツの如き統一国家の脅威が隣人としてあり。これと競争しうるか。三つの道あり、一は左翼革命、二は右翼革命、三は現在のままの前進だ。いずれがプロバイ〔ビ〕リチー多きかは分からず。」

たしかにフランスの政治の動揺は著しかった。清沢のパリ滞在中、一月一五日にはショータン内閣が辞職している。それは、閣外協力の位置にあった共産党との関係をめぐって急進社会党と社会党との間に対立が生じ、社会党が閣僚を引き上げたためであり、したがって人民戦線の事実上の崩壊を意味していた。三日後ショータンは再び組閣したが、その内閣は三月一〇日まで五〇日ほどしか続かなかった。それゆえ、三月一三日ナチスがオーストリアを併合した時、最大の利害関係国の一つであるフランスには、これに対処すべき内閣は存在していなかったのである(同日、ブルム内閣成立)。清沢の危惧は的を射ていた。

それでは一体どうすれば良いのか。政変のさなか、清沢は一七日の日記に、「フランの危機を前に政党一致せず。政党政治は贅沢品なるか。仏国は右翼的転向するの他なし」と記し、また日本に送った記事にも、「仏国はフランの危機を救うためだけにも、国家主義的な線に沿うて政治を立て直す外はあるまい」と述べている(18)。これは予測としては正しかった。四月に入ると人民戦線は崩壊し、続くダラディエ内閣は右傾していったからである。しかし、自由な社会と文明を守るためとはいえ、リベラルを自負する者にとって、「右翼的転向するの外なし」と断ずるのは辛いことであった。

パリ滞在中のある朝、清沢は大使館を訪問しようとして歩いているうち、いつのまにかホテルの前に戻ってしまった。そして同じことがフィレンツェでもベルリンでもあったことを思い出しながら、日記に「自信を以て書いてゐることが、案外間違ってゐるかも知れん」(一月一四日)と記した。彼自身の思想的動揺と、そのことについての不安を物語るエピソードであった。このような不安を抱えて、二月四日清沢はロンドンに戻った。

三　大使館の内側

1　吉田茂との出会い

日本を出てからこれまで、清沢は、各地に滞在する主要な日本人外交官の全員に会っていた。アメリカでは斎藤博大使、イギリスでは吉田茂大使、ベルギーでは来栖三郎大使、ドイツでは武者小路公共大使、ポーランドでは酒匂秀一大使、オーストリアでは諏訪務臨時代理大使、イタリアでは堀田正昭大使、スイスでは天羽英二公使、そしてフランスでは杉村陽太郎大使と会い、病気だった堀田大使を除く全員と長時間話しこんだ。枢密顧問官で外交官中の最長老であり、たまたま訪欧していた石井菊次郎ともパリとロンドンで何度も会っている。従来外務省に対する手厳しい批判者であった清沢にとって、彼等のほぼ全てとこれほど親しく交わりえたことは、むしろ意外だったようである。たとえば、武者小路大使と最初に会った時の印象は悪かった。「武者小路大使一二時頃（大使館に）来たる。『いつ来たのか』と、まるで大名の家来に対する如し。不愉快な男だ。『又来給え』といふ。今来てゐるではないか。」しかし数日後に会ってみると、印象は違っていた。「お昼に武者小路大使に招かる。一人だけだ。逢ってみるとい丶人で、感じだけで判断するの間違いであることを知る。」（『日記』一一月一八日、二六日）またポーランドで酒匂大使に会った時にも、「酒匂大使は役人とも見えぬほど智識が広い。見識もある。また下らぬ秘密主義なし。かれは中々いい大使だ」（一二月一三日）と記している。清沢の外交官イメージは少なからず修正されねばならなかったのである。その理由の一つは、清沢自身この旅行で、たとえばペン・クラブ代表として、外交官的な役割を演じたことにあったのではないだろうか。言いかえれば、外交評論家としての視点にかわって、外交官としての視点が彼の中で芽生え、成長してきたのであろう。

もっとも、外務省外交の組織としての動きについては、清沢は相変わらず批判的であった。たとえば三月二六日、清沢が高く評価していた駐英大使館参事官の富井周がカナダ公使に出ると聞き、「かう動いて、どうして外交が出来るのか」と、その憤慨を日記に吐露している。また、外交官の官僚主義に対しては、しばしば厳しい批判を日記に記している。反面、満鉄、横浜正金銀行、あるいは民間大会社の支店や出張所など、外務省の外にあって事実上外交機関として活動しているものについては、これを高く評価し、より有効に統合・活用するように主張している[19]。

ところで、親しくなった多くの外交官の中でも、清沢が最も共感を覚えたのは吉田茂であった。二人の最初の出会いは、清沢がブリュッセルに向かう直前、一九三七年一一月五日のことであった。「僕は吉田は偉いと思う。予想とは反対に」というのがその感想であった。たしかに、かつて清沢は田中外交の手厳しい批判者であり、吉田はその時の外務次官であったから、会う前の吉田イメージは良くなかったのである。そして一九三八年二月四日に大陸旅行から帰ってくると、吉田との接触は一層深まった。二月八日の吉田との会談はよほど愉快だったらしい。日記には、「僕が彼の支持者と知っているせいか、非常に機嫌がいい。兎に角、人気を顧慮せずして、一生懸命でやっている点を買はざるべからず。誰が、かれ以上にやっているか」と、極めて高い評価が記されている。

このような吉田に対する評価は、何よりも彼の政策に対する共感からきていた。実はその頃、吉田は新しい動きを始めていた。よく知られているように、吉田は一九三六年駐英大使就任以来一貫して日英協調の復活をめざして行動しており、一九三七年前半には全面的な日英関係改善構想に取り組んでいた。それが日中戦争の勃発によって挫折したのちも、吉田はなおイギリスとの関係こそ局面打開の鍵であると信じて疑わなかった。それゆえ、トラウトマン工作が失敗したところで、吉田はあらためて対英工作に乗り出しつつあった。戦争の方も、首都南京の陥落が、かえって戦局の一段落を感じさせ、イギリスの反日世論は鎮静化の方向にあった。また前にも述べたように、強硬派のイーデン外相の勢力はイギリス政府の中で後退しつつあったのである。

清沢はこのような吉田の動きについて強い関心を持っていた。二月七日の日記には「吉田大使からイーデンに口を切ったようだ。……これ以上やらないから、アクチュアリチーを認めろといふのだ。イーデンは返事をしなかったらしい」という記述があり、さらに一四日には、直接吉田から聞いたイーデンとの会談の様子について次のような記述がある。「イーデンと話した。本省からの命令にあらず。日本にたいしコンストラクチヴな態度に出でよといった。」「青島を中心にして鉄道を敷設し、北方支那を開発せよ……。そして中支は手を引け……。」「イーデンのウエート・エンド・シーという政策がいけないのだ、何故に大国として乗り出さないのか、といった。」つまり、これまで親中国的ないし傍観者的立場にあったイギリスを、日中和平に仲介に乗り出させることが吉田の主張の眼目であり、清沢が大いに注目したものであった。

清沢のイギリスに対する認識や政策も、吉田と類似していた。たとえば、二月二〇日イーデンが外相を辞職し、翌日の議会で野党がチェンバレン首相の「独裁者への譲歩」を批判した時、チェンバレンは「諸君は一つのことを知らない。

それはこの国の偉大さについてである。大なる国家は、小さく、弱い国家がなしえないことをなしうるのである。即ちそれは寛量を示すことである。この国を指導せんとする者には批判を甘受する用意がある」と述べたが、清沢はこの言葉に深い感銘を受け、我が意を得たと感じた。[20] このような方針から行けば、イギリスが事態の理非曲直はしばらく措き、日中戦争に積極的に関与して問題解決のイニシアティヴを取ることがありうるのではないかと思われた。清沢は、一時はドイツを仲介とする日中戦争解決に関心を示したが、二月七日に吉田の動きを知った頃には、イギリスを和平調停者たらしめようとする点で、吉田と一致していたとみてよい。

2 投書活動

ところで、二月八日に吉田と再会した時、清沢は一つの新しい計画を考え始めていた。イギリスの新聞や雑誌に投書・寄稿して、イギリスの対日理解を深めることであった。それは、前年一二月一〇日にタイムズに寄せた投書――日本における反英運動に関する記事に反駁を加えたものである――に大きな反応があったことから思いついたものであった。二月四日ロンドンに戻って投書に関する大量の郵便物を発見した清沢は、五日の日記に「ロンドン・タイムズへの寄稿によつて、非常に反響があることを知つた。これはロンドンに適当なる日本の機関がないからである。今後この方面に働く必要あり」と記していた。この計画を二月一四日吉田に提案したところ、吉田は全面的に賛成であった。「当地に止まって、少し日英両国のために仕事をしたいといふと、喜んで援助するといふ。……先方から百五十ポンドくれるといふ。感謝に余りあり。」(「日記」二月一四日)吉田の賛成を得た清沢は、大使館の林知彦書記官の協力を得て、またイギリス人の家庭教師を雇って英語に磨きをかけ、この活動に取り組むこととなる。

清沢の計画は吉田にとっても歓迎すべきものであった。すでに触れたように、吉田の行動は外務本省の指示によらぬ、やや独断的な行動であった。日本の中に対英協調路線を指導しうる確固たる外交主体が存在しなかったため、まずイギリスからアプローチさせ、それによって日本政府をひきずっていこうと吉田は考えたのである。そのためにも、イギリス世論の好転がまず必要であった。吉田にとって、その意味で清沢の計画は大いに好ましいものであったのである。(21)

しかも大使館の活動は、この方面では甚だ不活発であった。日本批判の記事や中国人による日本非難の投書が載り、清沢がただちに反論すべきだと感じた時にも、大使館はしばしば消極的であった。大体は投書の言う通りだから放っておけとか、中国人を批判すると向こうはまた書き、論争になってかえって不利であるとか、反論してもどうせ新聞は取り上げないだろうとか、日本に対する感情が好転している今、問題を起こすべきでないとか、ともかく事勿れ主義が横行していた。「役人は抗争力がない。はねかへす力がない。これでは駄目だ」というのが清沢の感想であった（「日記」二月二四、二五日）。なおさら自分がやらねばならないと、清沢は感じた。

なお、あるケースで大使館の消極性に業を煮やした清沢が吉田に訴えると、吉田は「あなたも馬鹿ではあるまいし、非常識なことはすまい」と述べ、清沢が反論することを支持している。清沢は、「吉田大使は頭は余りよくないが、一本調子で、シンセリチーがある。日本のために真剣にやつている」と評価し、吉田が「ヒイキの引き倒しはしてくれるな」とだけ注文をつけたことに対しては、「そこはこちらも心得ている。国家のためであつて私心はない」と述べている（「日記」二五日）。両者の協力ぶりがよく分かる。清沢はもはや大使館の一員のような気分であった。

さて、清沢の投書活動で、最も大きな成功であると彼が感じたのは、二月二六日マンチェスター・ガーディアンに掲載された投書であった。その日の日記に清沢は書いている。「朝、マンチェスター・ガーディアンを見ると寄書欄にない。到々のらないかと思つて、フォーリン・ニュズ欄を見ると、そこに大きくでている。原稿生活を長くやっているが、これくらい嬉しいことはなかつた。……始めて原稿が載つた時のやうに読みかえしてみる。こう大きく取り扱つた事が、日本人のポイントが、まだ案外に英国人に分かつて居らぬことを示すものであろう。講演などは聞くひとが少ない。新聞は少なくとも二十万の読者を持つ。」大ヴェテランの清沢がまるで駆出しの記者のように喜んでいたのである。

その投書の前半で、清沢は日本の資源・人口問題の深刻さから説き起こして対外発展なしにはやっていけない国情を明らかにする。それゆえ、各国が日本人移民を排斥し、また貿易でも障害を設けて日本の輸出を締め出そうとしたことが、日本人の感情に深刻な影響を与え、対外膨張政策の暴発をもたらしてしまったかを述べている。またその後半では、イギリスのなすべきは、中国に好意を示したり傍観したりすることではなく、大国らしく和平の仲介に乗り出すことだと述べている。後半部の議論についてはすでに述べた通りであるが、前半部の議論は比較的陳腐な「持たざる国」論に過ぎない。日本にいたときの清沢ならば、むしろ批判する側にまわるであろうような議論であった。少なくとも、その投書が掲載されたことを、大喜びするような内容のものではなかった。

その他の清沢の投書も、おおむねこのラインで書かれていた。たとえば三月八日マンチェスター・ガーディアンに宛てて書いた投書(掲載されなかったらしいが)の内容は、「ローマとベルリンばかりを目《ママ》をかけないで、日本に対しても交渉せよといふものだ」と清沢はその日記に記している。

一つ面白いのは、マンチェスター・ガーディアンにチャールズ・ラポポートという人が書いた記事(三月三一日)に対し、清沢が反論を加えた投書(四月五日掲載)である。ラポポートが、スターリンの専制政治を批判し、スターリンは結局アジアティックであると結んだのに対し、清沢は、ヨーロッパ人はしばしば理解困難で不愉快な現象をアジアティックと呼んで片付けてしまうが、この場合もスターリンの専制政治を批判してアジアティックと呼んだに過ぎない、それではヒトラーやムッソリーニはアジアティックなのかと、手厳しく批判した。まもなくラポポートが回答を掲載し(四月一四日)、ほぼ全面的に清沢の批判を受け入れた。「非常に折れたものである。外国人はかうした事に簡単に折れることにいゝところがある」と清沢は日記に書いた。愉快に思う反面、ラポポートの素直な態度に感心したわけである。

さて、以上のような活動で、吉田とともに清沢がめざしていたのは、チェンバレンがのちにミュンヘン会議でドイツに対して行うことになる宥和政策を、日本に対して行わせることであった。たしかに、それ以外に道はないように見えた。しかし見方をかえれば、それは、日本の責任を無視した虫の良い主張であった。中国からみれば、イギリスがそのような政策を取ることは、許し難い裏切り行為であった。清沢はおそらくそれを知りながら、この政策に積極的にコミットした。その段階で彼の文章はもはや事態を大局的に論ずる評論家のそれではなくなっていた。彼の議論は権力政治の手段として、これに奉仕するものになっていたのである。

そして、そういう場における清沢の議論は、甚だ切れ味を欠いていた。このような投書だけではなく、日本の新聞や雑誌のために書くものについても、同じことが言えるかもしれない。四月一七日の日記に「近頃、自信を以て書いたものなし」とあるように、清沢自身、最近の論説には冴えがないと感じていた。それだけではなく、清沢は、自分の国際政治を見る目が変化してきているのかもしれないと感じていた。三月にポーランドがリトアニアに対して最後通牒を突きつけ、これを屈伏させるという事件があった。長年ドイツとロシアから脅かされてきたポーランドがこのような行動に出ることとなったのは、まことに皮肉なことであった。清沢はポーランドの行為は止むを得ないと感じ、そしてそのように感じている自分に不安を覚えた。「予は外国に居つて、常に日本の立場を正当化せんとしてゐるせいか、(国際間の) 暴力的行為に対しても少しもインヂグネーションを感じないのみならず、これを非難するものに対して何となくピチーを感ず。これはリベラルでなくなった証拠だ。ああ」と、三月一九日の日記には記されている。ほとんど大使館の一員となって、権力政治の手段として言論を展開し始めたことが、彼の立場を根底から動かしつつあった。少なくとも清沢はそのように感じて不安であった。

3　国際学術会議

三月に入ると清沢はそろそろ日本が恋しくなってきた。二日の日記には「今日は何だか旅愁を居ゆ。……ロンドンは淋しいところだ。夫婦で居ればいゝだろうが、一人だと淋しい」とある。投書活動への熱意も少し冷めてきた。三月には、オックスフォードその他ロンドン周辺に、一泊ないし日帰りの観光に出ることが多くなっている。三月二八日に吉田に対し、帰りたいと言うと、吉田は「今少し居り給へ、話し相手になってい、から」と言い、「滞在費ぐらゐはどうでもするから」とこれをとどめた。吉田はヨーロッパ大陸の情勢を観察してロンドンに戻って来たばかりで、「他人の火事に乗ずるのも変だが、これは大切だと思ったから、見に行ってきたのだ」と言い、清沢も「欧州がゴタゴタするところが、日本の乗ずべき時なのは勿論だ」と同感している。そして、「如何にも欧州の大変化は、まことに千載一遇だ」と考え直し、もう少し滞在することにした。

その頃外務省では、五月にプラハで開かれる国際学術学会に清沢を出席させることを検討していた。国際学術学会とは、国際連盟の知的交流委員会から分かれてできたもので、すでに連盟からも独立した非政治的な学術交流の場であった。三月三〇日、旅費・滞在費を負担するので出席してほしいという正式の要請があったので、清沢はこれを受け、会議に出て、その足で帰国することとした。四月一杯は、そのための勉強と、帰国の準備で忙しい日々であった。なお、清沢が参加することになっているセッションのテーマは「経済状態と対外政策の関係」というものであった。従来の経緯からしても、このテーマからしても、たとえ純学術的な交流の場とは言え、清沢の活動はやはり外交官的な色彩を帯びざるをえなかった。資料の収集や翻訳には大使館の手を借りたし、また吉田茂はいろいろと意見を述べている。たとえば四月二七日の日記には、「吉田大使は日本の産業化が結局日本人を安心させ平和政策をとるようになるというやうに説いたらどうかといふ。かれが自己の意見を主張して、それを通そうとするところよし」という記述がある。吉田は少なからぬ関心を払い、清沢はそれを多としていたのである。なお、この吉田の言葉は、戦後のいわゆる吉田ドクトリンを想像させる点でも興味深い。

ロンドンを立ったのは五月一一日のことである。パリ、ベルリンを経てプラハに着いたのは一八日、会議が始まったのは二三日であった。その頃チェコは、ズデーテン・ドイツ党の自治要求と、これを支持するナチス・ドイツの圧力のため極めて危険な状況にあり、二〇日に予備兵召集に踏み切ったところであった。当初予定されていた首相や外相の会議への出席は、もちろん不可能であった。このような政治状況と非政治的な国際学術会議とは、著しい対照をなしていた。

さて清沢の報告は、これまで投書等で述べてきた論旨を、より詳しく論じたものであった。すなわち、日本の地理、人口、農地の狭小、資源の乏しさといった事実の紹介に始まり、各国の日本移民排斥や関税障壁によって日本の発展の道が閉ざされていると主張し、次の論旨を述べて結論としている。「遅く目覚めた日本は、かうした事態に面してどうしたらい丶のか。大陸発展は、望むと望まざるとに拘らず、その唯一の道ではないか。日本の行動と政策は、国際関係に無知だからではなくて、国内の社会不安がさうであるように知識の普及の結果だ。[22]」この議論は、清沢自身が常識的な内容であると言っているように、やはり陳腐であった。日本にいた時には、清沢は人口・資源・貿易問題ゆえに大陸への膨張が不可避であると論じたことは一度もなかった。繰り返し述べてきた通り、やはり半ば外交官として行動する時の清沢は、いつもと違っており、鋭さにも欠けていたのである。

しかしこの報告には驚くほど大きな反響があった。イギリス代表のある教授は、清沢の意見に強い印象を受け、その後日本の立場を弁じた本を書いた。アメリカ代表のある教授は、日本の国際的立場には同情すべきものがあるとして、アメリカが日本になした不公正を認めるに吝かでない、と述べた。その他の国々の代表も、次々と握手を求め、清沢の報告を賞賛した。もっとも、「その方法については異論があるが」と付け加えることは忘れはしなかったが。そして最終日には、議長は会議の経過報告の中で清沢の議論を引用した。清沢がお礼を言うと、次のように言った。「僕は貴方の説を注意深く聞いた。あの席で——かうした会であれを云わなければ云ふ席はないのだ。大変よかつた。アンプレザント・シングを云ふことは勇気を要する。ジャパニーズ・イズ・カレジアス・ピープル。」

報告の好評以外の点についても、清沢はこの会議が大変愉快であった。みんなが真剣に議論に取り組んでいる姿は、とても印象的であった。こういう会議は国際関係の緩和のために、またもちろん学術の発展のために必要だということが痛切に感じられた。先に述べたような緊迫した政治状勢の中で行われただけに、このような会議は一層貴重なように思われた。気負って出席し、やや彼らしからぬ報告をした会議ではあったが、清沢は快い満足のうちに会議を終え、帰国の途につくこととなった。

おわりに

五月二八日プラハを立った清沢は、ユーゴを経て地中海に出て、ギリシアとエジプトを見物したうえ、六月八日スエズから照国丸に乗船して帰国の途に着いた。そこはすでに日本主権の及ぶ場所である。「かくて予は日本の領土にあるなり。日本よ、なれは、予が永住の地なり」とその日の日記に清沢は記した。

それから約一カ月間、七月四日神戸に到着するまで、清沢は偶然あるアメリカ人ジャーナリストと行動を共にし、毎日のように議論を交わすこととなった。彼はニューヨーク・タイムズのベルリン支局に七年半勤め、ドイツに嫌気がさして帰国するところであった。滞欧中の、そして照国丸乗船時の気分が持続していたのか、清沢は彼のアメリカ的な、また白人的な優越意識に反感を覚え、話題が日本のことになると、しばしば議論は白熱して深夜に及び、座が白けることも少なくなかった。そのジャーナリストは、東京に着いてから清沢が自由主義者と呼ばれていることを知り、「あれが自由主義者なんですか。あの人が自由主義者なら、カイゼル・ウィルヘルムは世界一の自由主義者でせうよ」と述べたという。それほど清沢の議論はナショナリスティックであった。

帰国した清沢は、旅行中に書いた文章を集めて『現代世界通信』として出版した。その序文で清沢は次のように書いている。

外国に行つてゐる間、僕は廻らぬ舌で、日本の行為を一から十まで弁護した。またどこの人間だらうが、日本を攻撃する者に対し、焼くような、心からの憎しみを感じて反撥した。それは僕にとって、少しも自己を詐るものではなかつた。が、さうしてゐる間にも僕は、さうした自己の行動を勇気ある真の愛国者のなすべきことであるかどうかを疑ひ通した。諍臣なくば国危し。国策に協力するといふ事は、役人のやる事にゴム・スタンプを押すことなんだらうか。

ソクラテスが毒死した牢屋の前に立つて、古いアテネの町を眺めながら、僕は自己の道徳的勇気のないことに、深い恥を感じながら、暫らく去りえなかつたことを今でも忘れない。

このように清沢は、旅行中の言葉を振り返って、自分の行動は誤っていたのではないか、自分はもはやリベラルではないのだろうかと自問せずにはいられなかったのである。

事実はどうだったのか。帰国後の彼の外交評論はリベラルの名に値しないものとなったであろうか。あるいは何らかの後退が見られたであろうか。筆者はそうは考えない。すでに別のところでも論じた通り[23]、「宇垣外相論[24]」に始まる帰国後の清沢の評論は、東亜新秩序声明（一九三八年一一月）をめぐる国際関係の分析にせよ、三国同盟政策に対する批判にせよ、あるいはアメリカ外交の分析にせよ、その洞察力において他の追随を許さぬものであった。評論の根底にあるリベラルな価値観や思考方法についてもまた疑問の余地はない。この時期の評論に見られるヨーロッパ状勢の分析の的確さ、そしてそれを日中、日米関係と結びつけて把握する能力を考えれば、一九三八年夏帰国以来、四〇年初頭に外交評論の執筆が事実上不可能となるまでの一年半ほどが、清沢の評論の頂点であったと言っても決して過言ではない。

ではなぜ、清沢はリベラルな、そして優れた評論を書き続けることが出来たのであろうか。もちろんそこには様々な理由があった。読者や議論の場がそもそも全く違っていた。日本人に向かって強引に日本を弁護する必要はなかった。

また日本では権力政治に深く係わる可能性はなかったから、この関係から彼の意見を歪める必要もなかった。しかし、重要なポイントの一つは、彼が旅行中行ってきた活動と、それに対する外国人の反応にあったのではないだろうか。すなわち、国際ペン・クラブでも、国際学術会議でも、欧米の知識人は真剣に清沢の主張に耳を傾け、理解を示してくれた。そのことに清沢が感銘を受け、感謝していたことは、これまで引用してきた日記の端々に見られたところである。またイギリスの新聞も、清沢の投書を比較的好意的に掲載してくれた。ロンドン到着当初こそ各紙の親中・反日傾向を不快に思った清沢であったが、やがて、各方面の意見を掲載して様々な角度から問題を検討することを可能ならしめているととについて、イギリスの新聞のリベラルな方針を高く評価するようになった（「日記」四月二〇日）。投書への反応も率直であった。スターリンをアジアティックと呼んだ記事の場合のように、清沢の批判が正しかった場合には、それはすぐに受け入れられた。その率直さは印象的であった。

要するに、いささか自国本位で偏狭で、かつ為にする議論を展開した清沢に対し、欧米の知識人はリベラルな態度で応じた。彼らの寛容と知的廉直とは、清沢に強い感銘を与えた。議論の内容では清沢は負けなかったかもしれないが、議論にのぞむ態度において、はるかに及ばないように思われた。寛容と譲歩こそ大国の責務であるというチェンバレンの演説を聞いた時、清沢はみずからの卑小さに改めて思い当たったのではないだろうか。ともかく、日記にしばしば現れる自己嫌悪の情は、そうした敗北感と関係していたように思われてならない。そして彼等の態度は、日本における言論の不自由さ――言論人として当然のことながら、清沢は日本における言論弾圧に関する報道に接するたびに、強い憤慨を日記に書き残している――と、あまりに著しい対照をなしていた。仮にこれら欧米の知識人が清沢に対して拒絶的な対応をしたり、あるいは彼等の立場からするナショナリスティックな議論で応じたとしたら、清沢は本当にリベラルでなくなっていたかもしれない。その逆に、これらの知識人との出会いを通じ、清沢は理性と説得による知識の共有、そしてそれによる連帯という理想に対して信頼を回復していったのである。

そのことは、第一に、清沢のリベラリズム観を一層強固にした。よく知られているように清沢は、リベラリズムないし自由主義とは特定の内容の思想をさすものではなく、一定の心構えないしフレーム・オブ・マインドをさすものであると主張していた。拘束されるのを嫌うがゆえに他人を拘束せず、他者の言葉に耳を傾け、理性と説得によって真理に到達しようとする態度であると主張していた。一九三七―三八年の欧米旅行の経験は、この信念を強化することになったと考えてよいであろう(25)。

第二にそれは、清沢の外交史研究を触発することとなった。清沢は一九三九年秋に慶應義塾大学の寄付講座で欧州大戦に関する講義を行い、これをもとにして『第二次欧洲大戦の研究』(一九四〇年)を出版した。また同年、嶋中雄作中央公論社長に国民学術協会を作るよう説得し、その事業の一つとして日本外交史研究をみずから中心となって開始した。『外交史』(一九四一年)や『外政家としての大久保利通』(一九四二年)などの著作がこれに続いた。このような活動は、評論活動が困難になった中で、歴史研究の形をとって同時代の外交を批判しようという意図をもって始められたものであった。しかしそれだけではなかった。清沢の外交史研究への熱中ぶりの中には、研究活動に従事することそれ自体に対する愛着と喜びが強く感じられる。より確かな知識の探究を通じて他者と交わりうることに対する希望が感じられる。それもまた、日中戦争下の欧州旅行における経験に媒介されて生まれたものであったように思われる。

清沢のこの旅行における経験は、戦前期日本においてリベラルであり続けることがいかに困難であったかを示している。代表的なリベラルであった清沢でさえ、外国で日本批判に直面した時にはほとんど感情的に反発した。日中戦争を終結させるため、全体主義との提携を利用することも一時は考えた。外国を説得して戦争終結のきっかけをつかむためには、従来排斥してきた議論すら時に用いた。しかしそのように従来の立場から逸脱しながらも、清沢は自己の行動が誤っているのではないかと疑い続け、リベラリズムの原則を踏み外しているのではないかと悩み続けた。そのような自己批判・懐疑の精神ゆえに、清沢は結局リベラルとして、それまで以上の確信に基づいて、とどまりえたのであった。

当時の日本は、貧しく、不安定で、危険な国家であった。しかし先に掲げた吉田の予言通り、戦後の産業化は日本を豊かで、安定した、また外国にとって少なくとも軍事的には安全な国家に変えた。国民もまた、持てる者の余裕と寛大をそれなりに身につけてきた。しかし今後日本が国際的孤立に陥るようなことがあった場合に、われわれはどのような態度を取るであろうか。はたして現在のような態度を続けることが出来るであろうか。清沢の欧米旅行日記は、そのようなことを我々に語りかけているように思われる。

(1) 清沢洌「国際ペン倶楽部苦戦記」『中央公論』一九三八年一月号、同『現代世界通信』(中央公論社、一九三八年)所収。
(2) 清沢の経歴と思想については、筆者の『清沢洌——日米関係への洞察』(中央公論社、一九八七年)、および「若き日の清沢洌——サンフランシスコ邦字紙『新世界』より」(『思想』一九八八年三月号)を参照。本章が取り上げる三七—三八年の欧米旅行についても、前者の中でかなりのスペースを取って論じている。
(3) 以上の新聞記事で、邦字新聞のものは「清沢スクラップブック」による。以下、断らない限り同様。
(4) 隔離演説前後のアメリカの政策については、Dorothy Borg, *The United States and the Far Eastern Crisis of 1933–1934: From the Manchurian Incident through the Initial Stage of the Undeclared Sino-Japanese War* (Cambridge, Mass.: Harvard University Press, 1964), ch. 13. を参照。
(5) 「清沢日記」および「国際ペン倶楽部苦戦記」より。なお、河上清については、古森義久『嵐に書く——日米の半世紀を生きたジャーナリストの記録』(毎日新聞社、一九八七年)を参照。
(6) 以下、「清沢日記」および「国際ペン倶楽部苦戦記」による。
(7) この会議については、Borg, *op. cit.*, ch. 14. および Bradford A. Lee, *Britain and the Sino-Japanese War, 1937–1939: A Study in the Dilemmas of British Decline* (Stanford: Stanford University Press, 1973), ch. 3. が詳しい。
(8) 「建設的外交の試案」『外交時報』一九三六年五月一五日号所収。
(9) 『中央公論』一九三八年二月号所収。
(10) 「清沢日記」一九三七年一一月二三日、および『報知新聞』一九三七年一一月二九日。

(11)「陣痛期の欧州」『中央公論』一九三八年三月号所収。
(12) 百瀬宏「新興東欧諸小国と日本」入江昭・有賀貞編『戦間期の日本外交』(東京大学出版会、一九八五年) 所収。
(13)「ポーランドの印象」、「親切なハンガリー」、「ユーゴスラヴィアから伊太利へ」、いずれも前掲『現代世界通信』所収。
(14) 同右「ユーゴスラヴィアから伊太利へ」。
(15)「清沢日記」一九三八年一二月三〇日、および『報知新聞』一九三八年一月四日。
(16) 一九三八年二月一九日稿、『中央公論』四月号所収、のち前掲『現代世界通信』所収。
(17) 前掲「陣痛期の欧州」。
(18)『報知新聞』一九三八年一月二一日。
(19)「清沢日記」一九三八年二月二七日、および「英国外交の転換」『現代世界通信』所収。
(20)「不統一なる日本の在外諸機関」同右所収。
(21) この頃の吉田の行動を判断する時、以上のようなコンテクストを考慮に入れる必要がある。ジョン・ダワー(大窪愿二訳)『吉田茂とその時代』上・下(TBSブリタニカ、一九八一年)は、吉田の行動が独断的であり、その結果としてしばしばイギリス側の不信を招いたとして批判しているが、これは一面的である。それに比べ、細谷千博「日本の英米観と戦間期の東アジア」(同編『日英関係史　一九一七―一九四九』(東京大学出版会、一九八二年)所収)の解釈は示唆に富む。細谷論文が述べているように、二月末には陸軍の態度も変わり、日本は対英協調の方向に緩やかに転じていく。五月の近衛内閣改造で、宇垣一成外相、池田成彬蔵相が実現したのはその結果であった。つまり吉田のイニシアティヴは日本を引きずるという点では成功したのである。なお清沢は、吉田・イーデン会談や、イギリスの対日制作転換のきざしを、かなり大きくまた大胆に報じている(たとえば『報知新聞』二月一二日)。その意味で、吉田と清沢が協力して行った世論工作は、日本にも向けられていたと言ってもよいかもしれない。
(22)「国際学術会議に列して」『現代世界通信』所収。
(23) 北岡前掲『清沢洌』および北岡伸一「対米外交の条件――清沢洌の日米関係観」『中央公論』一九八七年二月号。
(24)『改造』一九三八年一〇月号所収。
(25) 清沢の一九三六年の覚書には、ジェファーソンの著作に関連して、次のような抜き書きが記されている。Liberalism is defined as rather an attitude than a programm and less a solution of governmental problems than a way of looking at them. 橋川文三編『暗黒日記』(評論社、一九七九年) 七四九頁。

関係略年表

	清沢関係	一般重要事件
一九三七年		
七月　七日		蘆溝橋事件
二八日		日中戦争、華北で全面化
八月一三日		上海で戦闘開始
二六日		駐華イギリス大使ヒューゲッセン、日本飛行機に機銃掃射され重傷
九月二四日	国際ペン・クラブ理事会出席のため出発	
二五日		日本政府、日中戦争に関する国際連盟諮問委員会の招請を拒絶
二八日		国際連盟総会、中国都市空爆に関し日本非難を決議
一〇月　一日	ホノルル寄港	
五日		ローズヴェルト大統領、シカゴで隔離演説
六日		米国務省、日本の行動を九カ国条約違反と声明 国際連盟、日本の行動を九カ国条約・不戦条約違反と決議
八日	サンフランシスコ到着、夜、講演会	
一一日	ロスアンジェルスで講演会	
一六日	シカゴ到着、出発	
一七日	ワシントン到着、須磨弥吉郎参事官、河上清、斎藤博大使と会う	
一九日	ニューヨーク着、若杉要総領事と会う	
二一日	ニューヨークを出発	
二八日	ロンドン到着	
一一月　一日	ロンドンの国際ペン・クラブ理事会に出席（〜三日）	

二日		駐華ドイツ大使トラウトマンによる日中和平工作始まる
三日		ブリュッセル会議（〜一五日）
五日	吉田茂と会う	第一〇軍、杭州湾に上陸、上海の背後を突く
六日	ブリュッセル到着、ブリュッセル会議取材、栗栖三郎大使に会う	イタリア、日独防共協定に参加
一六日	ブリュッセル発、ケルン泊	
一七日	ベルリン到着	
二六日	武者小路公共大使と会談	
一二月一〇日	タイムズに投書	
一一日	ベルリン出発、ワルシャワ着	イタリア、国際連盟脱退
一二日	酒匂秀一大使と会う	パネー号事件
一三日		南京占領、南京虐殺事件
一五日	ワルシャワ発、チェコを経てオーストリアに向かう	第一次人民戦線事件（山川均等四〇〇人を検挙）
一六日	ウィーン着	
一九日	ウィーン発、ブダペスト着	
二一日	ブダペスト発、ユーゴを経て、トリエスト着	
二二日	フィレンツェ着	
二三日	ローマ着	
二四日	堀田正昭大使に会う	
三一日	ローマ発、ミラノ着	
一九三八年		
一月　一日	ミラノ発、ジュネーヴ着	
二日	天羽英二公使、芦田均と会う	

一月 四日	パリ到着	
七日	杉村陽太郎大使と会う	
八日	石井菊次郎と会う	
一六日		第一次近衛声明（「国民政府を対手とせず」）
二月 四日	パリ出発、ロンドンに戻る	
八日	吉田茂と再会	
一四日	吉田茂より援助の申し出あり	
二〇日		イーデン外相、チェンバレン首相の宥和政策に抗議辞任
二六日	マンチェスター・ガーディアンに投書大きく掲載される	
三月 三日		陸軍中佐佐藤賢了、「だまれ」事件
一一日		西尾末広、「スターリンの如く」と演説、問題化
一三日		ドイツ、オーストリアを併合
四月 一日		国家総動員法公布
八日		フランスでブルム内閣辞職、人民戦線崩壊
一六日		英伊協定、イタリアのエチオピアにおける主権を承認
二四日		ズデーテン・ドイツ人民党、チェコ政府に要求提出
五月 一一日	ロンドン出発、パリ着	
一五日	パリ発、ベルリン着	
一六日	東郷茂徳大使と会う	
一八日	ベルリン発、プラハ着	
二三日	国際学術会議（〜二七日）に出席	
二六日		近衛内閣、内閣改造、宇垣外相、池田成彬蔵相など
二八日	プラハ発	
二九日	ベルグラード着	
三〇日	サロニカ着	
三一日	アテネ着	

六月　四日	アテネ発	
六日	アレクサンドリア着	
八日	スエズにて乗船、帰国の途につく	
七月　四日	帰国	
一一日		張鼓峰事件
二六日		宇垣外相、クレーギー英大使と日英会談開始
九月二九日		ミュンヘン協定

第Ⅳ部

戦前から戦後へ

第十章　吉田茂における戦前と戦後

はじめに

轟々《ごうごう》たる非難を浴びながら、吉田茂（一八七八—一九六七年）が退陣を表明し、六年を越える長期政権に終止符を打った（第一次内閣は除く）のは、一九五四年一二月七日のことであった。その翌日、吉田は、側近として最後まで吉田を支えてくれた池田勇人（幹事長）に書簡を送り、その労苦に感謝するとともに、次のように述べている。

実は共産勢力の進展を懸念之余、新進勢力を以而掩後〔護〕攻勢とも考候得共、現政党を打解して政界一新の後に非れはとも考、此際之術策は却而余累を醸すの恐れありとも考、（辞職を——註記北岡、以下断らない限り同様）決意仕候。サリナカラ共産勢力侵潤は深憂々慮に不堪、何卒今より新進同志を叫〔糾〕合せられて今後に備へられ度、又米国側へ新進同志の決意を内々申通せられ、……候。[1]

本文僅か三百字余りのこの短い書簡の中で、吉田は「新進」という言葉を三度も使っている。一九五四年末の時点で、吉田は自ら新進勢力を率いているという意識を、強く持っていたのである。たしかに吉田の周囲には、池田勇人や佐藤栄作を始めとして、戦前の政界と関係を持たない戦後派政治家がいた。反吉田派の主力が、鳩山一郎、重光葵、石橋湛山、岸信介、河野一郎などの戦前派であったことに比べ、新進ではあった。

しかし吉田自身は、大多数の反吉田派政治家よりも年長であった。また、幣原喜重郎を別とすれば、吉田は戦後の総理大臣の中で最年長だった。のみならず、その思考や政策において、多くの人が吉田は過去の人物だと考えていた。一九五四年末という吉田時代の終わりにおいて、そうであっただけではない。一九四五年九月、吉田時代がまだ始まる前、近衛文麿は「吉田君の意識は『大日本帝国』の意識だ。これが戦争に敗けた日本のこれから先うまく行くだろうか」と述べたと言われている(2)。

近衛も認識していたように、吉田の政治・外交には、戦前と戦後を通じるある種の連続性があった。吉田自身、自由民権運動の有力者を父に持ち、大久保利通を義理の祖父とした関係もあって、明治との強い一体感を持った人物であった。そして明治以来の伝統外交を評価し、そこからの逸脱が日本の悲劇を招いたと考えた人物であった。

これまでに吉田について書かれた二冊の代表的な伝記は、いずれもそれぞれの立場から吉田の一貫性を重視している。すなわち、猪木正道の著作は、吉田のオールド・リベラルとしての一貫性に、肯定的な立場から注目し、またジョン・ダワーの著作は、吉田の帝国意識の一貫性に、否定的な立場から注目している(3)。

以上のような吉田における古さ――戦前以来の連続性――と、戦後という時代を切り開いていった新しさを、どのように考えるべきだろうか。本章は、吉田茂の書簡に主として依拠しながら、吉田外交の特質を、戦前と戦後の連続性に留意しつつ解明し、その時代適合性について考察しようとするものである(4)。

一　霞が関外交の中の吉田茂

最初に、吉田が戦前の外交官の中で、どのような世代——ひいては集団に属していたかを確認しておきたい。結論的に言えば、吉田はいかなる世代にも集団にも属さない人物であったように思われる。それは、まず吉田の生い立ちと関係している。

一八七八年生まれの吉田は物心つかないうちに貿易商・吉田健三の養子となり、一八八九年、一一歳で養父を亡くして巨万の富を受け継いだ(5)。その後、漢学を中心とする教育を受け、何度か転校を繰り返したのち、一八九七年、学習院中等科に仮編入した。そして一九〇一年、高等科を卒業し、大学科に進んだが、大学科が廃止されることになったため、一九〇四年、東京帝国大学法科大学に転入の形で編入された。大学卒業は一九〇六年のことであった。

学習院時代の吉田は、何か孤独で老成した風があったというが、それも当然だろう。身分的には、吉田は学習院では周辺的な位置にいたが、富の点では他を圧倒していた。東京に建てた広大な仮邸宅に、吉田は多くの召使にかしずかれながら一人で住み、馬に乗って通学していた。このように、身分と資産において、また教育的背景と年齢において大きく違っていた誇り高い吉田が、容易に仲間と打ち解けたとは考えられない(6)。

一九〇六年、吉田は外交官試験に合格し、外務省に入った。その時吉田は二八歳で、その仲間よりかなり年長であった。吉田と同期では、軍人志望から転じた広田弘毅が同年であったが、武者小路公共は吉田より四歳年少、一期上の一九〇五年入省組では、佐藤尚武が吉田より四歳年少、二期上の一九〇四年入省組では、松岡洋右が吉田より二歳年少、四期上の一九〇二年組の出淵勝次が吉田と同年、松平恒雄が一歳年長であった。また一九〇七年以後を見ると、三期あとの一九〇九年入省組では、有田八郎が六歳年少、来栖三郎が八歳年少、四期後の一九一〇年入省組では斎藤博が八歳年少、五期後の一九一一年入省組では重光葵と芦田均がともに吉田より九歳年少であった。要するに、吉田は広田を唯一の例外として、概して周囲より三、四歳年長であった。

外務省に入った吉田は、よく知られているように、中国に勤務することが多かった。一九二八年、外務次官に就任す

外務官僚の生年と入省年

1902年入省	松平　恒雄	(1877年生まれ)
	出淵　勝次	(1878　　　)
1904	松岡　洋右	(1880　　　)
1905	佐藤　尚武	(1882　　　)
1906	吉田　　茂	(1878　　　)
	広田　弘毅	(1878　　　)
1909	武者小路公共	(1882　　　)
	有田　八郎	(1884　　　)
1910	来栖　三郎	(1886　　　)
1911	斎藤　　博	(1886　　　)
	重光　　葵	(1887　　　)
	芦田　　均	(1887　　　)

戦後総理大臣の生年

1870年代	幣原喜重郎	(1872年生まれ)
	吉田　　茂	(1878　　　)
1880年代	鳩山　一郎	(1883　　　)
	石橋　湛山	(1884　　　)
	東久邇稔彦	(1887　　　)
	片山　　哲	(1887　　　)
	芦田　　均	(1887　　　)
1890年代	岸　　伸介	(1896　　　)
	池田　勇人	(1899　　　)
1900年代	佐藤　栄作	(1901　　　)
	福田　赳夫	(1905　　　)
	三木　武夫	(1907　　　)

るまでについて見ると、吉田は奉天総領事館(二度)、済南総領事館、安東総領事館、天津総領事館(二度)の四カ所、のべ六回、合計一三年足らず、中国に勤務している。一方、欧米には、ロンドン大使館(二度)、ローマ大使館の二か所、のべ三回、パリ講和会議随行を含め、合計六年半ほど勤務している。また、本省には、文書課長心得が半年ほどあった他は、主要な課長、局長を一度も経験しなかった(7)。

あらためて言うまでもなく、外務省の主流は欧米勤務であり、たとえば幣原喜重郎は中国にほとんど勤務したことがなかった。吉田は決してエリートではなかった。とくに、一九〇九年の牧野雪子との結婚によって、牧野伸顕を岳父に持つようになっていたことを考えると、吉田の昇進はかなり遅かったと言ってよいだろう。

そのことを吉田自身、かなり早期に自覚していたと思われる。吉田は一九一六年二月二四日、岳父の牧野に書簡を送り、「其節大使(伊集院彦吉駐イタリア大使)まて申上置候得共小生外国語至而未熟にて将来執務にも甚だ心細相感候に付尚一層学習致置度宿願に有之、撰択の余地も御座候得者欧州在勤希望仕候、御尋に従ひ存寄之侭申上候」と述べている(8)。

この時は実現しなかったものの、その後、吉田はもう一度ヨーロッパ在勤を牧野に懇願し、希望を達している。一九一八年一〇月三一日、牧野宛の書簡において吉田は、第一次大戦も末期に入り、今後は外交に舞台が移るであろうとして、この「空前の外交戦」を「欧州に在りて見学」出来るよう、イギリスあたりに暫時でも滞在したいと申し出ている。この時にも、自らの勤務が中国に限られ、仲間に取り残されるのではないかという不安があったことを推測してよいであろう。(9)

こうして吉田はパリ講和会議に参加することが出来たが、そこで大きな足跡を残すことはなかった。この会議では、日本の外交の立ち遅れにショックを受けた若手の中から、外務省革新同志会が生まれたことが知られている。その中心が重光であった。しかし、吉田の名はその中に登場しない。恐らく、感覚的にも、九歳年下の重光らとはかなりのギャップがあったのであろう。

一方、上層部において、大戦後の外務省を指導したのは幣原であった。幣原と吉田の政策的差異については後に触れるが、欧米派で英語に堪能で秀才好みの能吏である幣原と、チャイナ・サーヴィスが長く、英学よりも漢学に優れ、やや事務的能力に欠ける吉田とでは、いかにも肌が合わなかった。上に幣原、下に重光の世代に挟まれて、吉田の時代は、まだ到来もしていないのに、もう過ぎ去ってしまったかのようであった。

一九二八年、吉田は田中義一内閣において外務次官に就任するが、これも省内の彼の位置と関係していたのではないかと思われる。すなわち、幣原全盛の外務省の中に、幣原批判を前面に出していた田中に積極的に協力しようとする外交官は、少なくとも吉田の世代にはほとんど見られなかった。外務省内部で数少ない幣原外交批判者であった吉田は、省内におけるその少数派たる立場ゆえに、次官の地位を得たと言っても過言ではないだろう。

この田中内閣時代、後でも述べるように、吉田は満州権益維持のために、強硬な外交を主張した。張作霖の行動は条約違反であるという観点から、京奉線遮断（京奉線の満鉄付属地通過拒絶）まで主張して、田中首相兼摂外相から抑えられるという有様であった。

ところが、一九三一年勃発した満州事変は、外務省内の吉田の位置を大きく変えた。吉田は満州事変から国際連盟脱退に至る日本外交に対し批判的であった。これと好対照をなしたのが、連盟脱退当時の外務大臣、内田康哉であった。

内田は一九一一年に初めて外相となり、辛亥革命に対する政策を担当した後、ヴェルサイユ条約締結・国際連盟創設時の外相を務め、ワシントン会議時の外相でもあった。さらに一九二八年の不戦条約の締結にあたっては、枢密顧問官としてその批准を推進した。言い換えれば、一九二〇年代の国際協調の日本側の主役の一人であった。その内田が、焦土外交を唱え、連盟脱退の責任者となったのである。その理由についてはここでは触れないが、一九三三年、イタリアから引き上げた吉田が、内田から駐米大使のポストを示され、主義主張の異なる外相のもとで駐米大使は出来ないと断ったほど、両者は厳しく対立することとなった[10]。

こうして、二〇年代の基本的な国際秩序が望ましいものであり、三〇年代のそれが逸脱であると考える点で、吉田は幣原と同じ側に立つこととなった。そして、幣原がその名声ゆえに隠遁生活を余儀なくされたのに対し、吉田は積極的に行動した。学習院関係でつながりのある近衛文麿、木戸幸一、小畑敏四郎を通じての政界工作、宇垣一成や小林躋造の擁立工作、それにクレーギー駐日英国大使やグルー駐日米国大使への働きかけを通じ、国際協調路線を復活するために最もアクティヴに行動した人物であった。

のちに戦争が終わった時、首相の条件は、アメリカ側に反感がなく、戦犯の恐れがなく、外交に通暁していることであったが、吉田は幣原に次いでその条件を満たす者であった[11]。しかし、すでに述べたように、幣原と吉田とは、一九二〇年代には対極的な位置にいたのである。こうした吉田の位置の変化は、どこから生じたのであろうか。筆者は何よりも、変化の条件は吉田の政策の中に内在していたと考える。こうした観点から、吉田の強硬外交の内実に、立ち入って考えてみたい。

二　満蒙権益と国際協調

さきに吉田は中国在勤が長かったと書いたが、そのいずれもが領事館であった。帝国のフロンティアで日本人の経済活動を保護育成することがその仕事であった。その中で最も長期にわたった安東総領事館時代、一九一六年七月二五日、吉田は牧野にあてて次のように述べている。

支那各地騒乱に際し、我勢力の下にある地方のみは我官憲の力により治安保持せられ、生命財産安固なるを得候得者、満州の如き四方の民、産を挙げて移来、自然満州開発日満貿易発達と相成筈の処、（中略）満州其他我植民地新領土多くは戦争の結果則ち政治的原因に依りて獲得致候結果、経営兎角政治的官僚的に流れ、経済方面は閑却せられ候傾有之、又是我満州経営之進歩発達不致候所以乎と存じ候、利権と申し候得共通商貿易上の利権程の大なるものは無之候処、区々所謂利権の獲得に勉めて之を得さるは勿論、無謀の妄挙を企て通商の利を放棄致候状は我対支関係の実情に有之……候(12)。

書簡中に見られる「利権と申し候得共通商貿易上の利権程の大なるものは無之候」という言葉が、吉田の満蒙政策ひいては中国政策の基本であった。それゆえ、一九一六年の大隈内閣による反袁政策、とくに吉田にとって身近であった満州における攪乱工作などは、たとえそれによって若干の政治的利権が手に入るとしても、権益（書簡中では利権）の本質を見誤った政策であった(13)。日本の勢力によって治安を保持さえすれば、自然と満州は発展し、日満貿易は発展する筈であった。吉田の家業が貿易であったことを考え、戦後に吉田が確立した路線が貿易国家としての日本の発展を目指していたことを考えると、吉田の一貫性は興味深いものがある。

では、こうした倒錯した権益観や政策が生まれるのは何故か。それは、満州権益が政治的・軍事的に獲得されたため、政治的官僚的な経営が行われやすいからだと、吉田は述べている。昭和に入ってからも、この考えは変わっていない。

一九二七年六月二七日、東方会議において、吉田は奉天総領事として、「満州にても官憲万能主義が弊をなし居れり、保護が程度を越す為め却て在留民をスポイルする傾あり」と述べている。政治の優位が、行き過ぎた保護が、経済活動の発展を阻害するという指摘であった(14)。

このような貿易重視の立場は、幣原とも近かった筈である。何故に、それでは吉田は幣原外交に批判的であったのだろうか。

幣原外交の最初の成果ともいうべきワシントン会議の成果に関し、会議から約半年後の九月一五日、吉田は牧野にあてて、「華府会議の決定は支那之治平発達を前提と致居、然るに事実之に反せは会議の諸決定自然覆らさるを得ず」と記している(15)。たしかにワシントン会議において列強は、中国の統一と発展の最良の機会 (the fullest and most unembarrassed opportunity) を提供することを約したのであって、そのために積極的に行動するよう約束したわけではなかった。また、列強が中国を援助する場合には、列強の共同行動によることとされ、それ以外に単独で援助することは差し控えることとされたから、中国の統一強化と発展は、中国の自発的努力によるしかなかった。こうした中国の自発的努力による統一と発展という前提自体に吉田は疑問を呈したのである。さらに吉田は同じ書簡の中で、「北露の脅威去れりとて日英同盟を廃棄せる英国も支那自身の潰乱より生せる脅威を如何に処理可致哉」と述べている。日英同盟が中国の安定化機能を有することを指摘して、その廃棄を惜しんだのであった。吉田の日英同盟への愛着は、彼の親英路線からきたものではあったが、一面中国での長い経験を背景としていた。

吉田の貿易重視論は、現実の中国の内戦に直面して、中国の安定化に積極的に関与すべしとする議論へと発展していった。一九二三年六月の牧野宛書簡において吉田は、「日支相隣之関係に於て支那政局は全く傍観を望み一面日支貿易は進渉(捗)せしめ度と申候は矛盾之極」、「傍観の結果は我勢力失墜商権不振排日と可相成」と述べ、「徒らに到底策の施すへきなしとて支那混乱を対岸火事視」することを批判し、「英米共何時対支活動を提議するやも計られさる今日、相当之用意益々肝要と奉存候」と述べて、積極的に中国の安定のために介入することを主張した(16)。

吉田が中国情勢を放任するなと述べたことは、しかし、日本の権益のために個々の指導者に介入することとは区別しなければならない。一九二七年六月二七日の東方会議の席上において、吉田は張作霖に依存して満州権益を維持強化しようとする傾向を、次のように強く戒めている。

> 我に於て張作霖の運命如何に余り重きを置くは不可なり。張に自ら支ふる力あらは之を支持して可なるも自ら支ふる力なきにも不拘之を支持するは百害あつて一利なし。……我満蒙発展を一張作霖一政権の好意に倚り実現せむとする政策は不可なり。租借地、鉄道、付属行政権、駐兵権、鉱山其の他条約上諸種の権利を有する日本の満州に於ける力は爾く微弱なるものに非す（傍点北岡、以下断らない限り同様）。従来の我政策は兎に角之を忘れて張の好意を買はむと欲する余り却て張作霖に乗せられ目的を達せさりし傾あり(17)。

一九二七年後半、吉田が張作霖に対して京奉線遮断を以て対抗すべしという、極めて強硬な議論をしたのは、張が合法権益を侵犯したという認識に基づいたものであった。山本条太郎満鉄総裁による張作霖懐柔・満蒙鉄道計画の拡充を核心とする田中の満蒙政策と、吉田のそれは大きく異なっていたのである(18)。

ところで、吉田は一九二八年、奉天総領事からスウェーデン大使に任命されたが、赴任を遅らせ、田中内閣の外務次官となろうとして、その地位を得た。七月のことである。吉田にとって、これは大変愉快な時代だったらしい(19)。それは、一つには田中兼摂外相が多くを吉田に委ねたからであった。事実上の大臣として、田中内閣の後半において、吉田は何をしたのだろうか。

この点を理解するために、ここで若干その当時の中国情勢を振り返っておきたい。一九二五年五月三〇日、上海の日本工場のストに端を発し、イギリス警官が中国人デモ隊に発砲し、一一名が死去するという五・三〇事件が起こった。事態は反英運動となって広がり、イギリスは日米に共同で強硬政策を取るよう求めたが、日本もアメリカも乗り気ではなかった。一九二六年、北京で開かれた関税会議では、日本は英米をやや出し抜く形で中国の関税自主権に歩み寄る姿勢を示し、注目を集めた[20]。同年、蔣介石の北伐が始まる中で、一二月、イギリスはいわゆるクリスマス・メッセージを発表し、ワシントン付加関税の実施を認めるなど、中国よりの姿勢を示した。ワシントン体制の重要な柱であった日米英協調は、崩れ始めていた。

こうした日米英協調の弛緩に対し、危機感を持つ者があった。宇垣一成はその一人であって、中国の排外ナショナリズムがイギリスに向いていることを喜んではならないという意見であった[21]。自由主義の評論家、清沢洌でさえ、幣原外交が英米を置き去りにする傾向には不安を持っていた[22]。一九二七年の田中内閣の成立は、幣原「軟弱」外交批判の結果であったと同時に、幣原が対英米協調に熱心でないことに対する批判でもあった。田中内閣の強硬外交としての側面は、山東出兵において発揮され、大きな禍根を残したけれども、英米とくに中国駐在の英米外交官からの批判は意外なほど弱かった。それは、田中の強硬外交が対英米協調外交でもあったからであった[23]。

二年目に入った田中外交は、しかし、済南事件と張作霖爆殺事件によって、大きな打撃を受けた。吉田が外務次官になったのは、その直後のことであって、愉快な時代と回想出来るような時期ではなかった筈であった。

吉田の着任の直後、内田康哉枢密顧問官（元外相）が、欧米旅行に出発している。直接の課題はケロッグ・ブリアン条約の批准書交換であった。しかし、その際、列国と中国問題について話しあうことが期待されていた。一〇月一五日、在中国芳沢公使宛田中外務大臣電報は、おそらく吉田の起草にかかるものであるが、その中には、「各国カ歩調ヲ乱シ支那ニ対スル譲歩退嬰ヲ競フカ如キ現状ヲ見テハ其ノ結果ノ那辺ニ及フヘキカヲ深ク憂慮セサルヲ得サル次第ナリ。故ニ日本トシテハ各国ノ協調殊ニ動モスレハ弛緩セムトスル日英ノ協調ヲ旧状ニ恢復スルヲ以テ此ノ際ノ急務ト信シ、内田伯爵ノ渡欧ニ際シテ英米当局ニ対シ日本ノ意ノ存スル所ヲ伝フルコトニ力メタル次第」と述べられている。(24) この関連書類は、がんらい、「中国問題ニ関スル列国協調一件」と記されていた。そのことからも分かるように、吉田が次官として最初に力を入れたのは、中国問題をめぐる日英米協調の建て直しだったのである。その吉田と、派遣された内田とが、満州事変前後において興味深い対照的な軌跡を描いたことは、すでに述べた通りである。

以上から、吉田の強硬外交の内容は、かなり個性的な特質を持っていたことが指摘出来る。第一に、最も重視されたのは、貿易の利益であった。政治的利益、軍事的利益は、それに従属すべきものであった。したがって、通常の満蒙権益維持論者がしばしば他国の満蒙への進出を阻止しようとしたが、吉田にはそのような傾向はあまり見られなかった。満州の経済発展それ自体が、日本の利益に直結していた。

第二に、しかし、貿易には秩序が必要であった。その根底をなすのは法であった。条約上の権益は是非とも守るべきものであった。張作霖が日本の鉄道権益を侵し、また通貨の乱発によって満州経済を混乱に陥れた時、それは条約違反であり、強硬な手段を用いてでも阻止、是正しなければならないものであった。

第三に、法を支えるものは主要国の協調であった。国際社会における秩序は、法だけでは守れない。力を備えた日英米三国の率直な協力を通じて守られるべきものであった。

このように考える時、吉田が満州事変以前には満蒙権益に対する最も強硬な論者でありながら、事変以後については、消極的に転じたことも理解出来る。満州事変後の日本の政策は、資源の独占的な開発、外国に対する閉鎖性、法の基礎のない実力の支配といった点で、吉田の求めた満蒙政策と遠いものとなってしまったのである。

さて、吉田が国際社会における法と実力の関係に深い理解を持ったのと類似していたのが、国内秩序における法と力の問題であった。

一九三二年六月七日、イタリア駐在大使の地位にあった吉田は、牧野に書簡を送り、「実は小生在京中政情の今日ある兆も有之、幣原男には満州対策丈にても閣議決定を取付候様進言仕候処、……浜口首相の遭難、其後政情は其実行に入る遑なき間、満州事件突発と存候」と述べている。また、「協調外交は主義とし而当然に候得共、外に伸びんとする国民の要望を冷視するか如き態度は他をして空疎なる外交、無為無策と思はしめ、遂に陸軍が反動積極外交に」出てしまったと述べている。(25) すなわち吉田は、対外発展の国民世論が存在するという事実、それに陸軍の暴発の可能性を認識したがゆえに、協調外交の枠内で、満州に対する積極外交を進めるべきだと考え、その方針を閣議決定しておくように主張していたところが、実現には至らなかったというわけである。

こうした陸軍の動向への配慮は、吉田において顕著であった。吉田が歴代の陸軍の有力者といずれも深い関係を持ったことは、よく知られている。安東領事館時代には寺内正毅朝鮮総督と親しく、(26) 田中内閣では田中首相と親しく、のちには宇垣一成擁立に執念を傾け、また小畑敏四郎と親しく、小畑を介して、真崎甚三郎と宇垣を結び付けようとし、海軍の小林躋造を擁立しようとした。詳述は避けるが、日本外交の癌とも言うべき軍とくに陸軍の介入を抑える最も有力な方法は、逆説的ながら、軍の有力者との密接な関係であった。明治憲法体制における絶対的中心権力の欠如は、国際社会と類似した面を持っており、国際社会における法と力のバランスをよく認識した吉田が、国内でも軍の力を認識したのは不思議ではなかった。

さて、これまで見てきた吉田の外交は、戦後日本の中にどのように蘇ったであろうか。戦後の考察に移りたい。

三　外資導入と経済提携

敗戦直後の一九四五年八月二七日、吉田は小畑敏四郎に書簡を送り、次のように述べている。

我は虚心坦懐に敗戦の事実を認め、最も大胆に積弊打破、開国進取の策を決し国家再建に邁進すへく、官民の気風一新之為文官試験制度一時停止、官吏自由採用、淘汰及増俸、議会解散、総撰挙、統制経済諸制度之撤廃若しくは是正、教育制度の再検討、科学振興、外国学者技術の招聘、海外留学生の大増派、以て世界の進運に追いつくの途を講じ度、経済部門に於いては、……我より進んで米英の資本技術の大々的招致に力を致し、……外資に依り戦災都市の復興、住宅その他の社会設備、有軌鉄道、観光及び自働車道路等の工事に依り失業救済の途を立つへく、右諸政策実行の為には世界の秩序繁栄の回復並びに講和条約実行に対し我より誠意ある協力の事実を示し、講和条約により制約を可成短期に止めしむると共に米英側より進んで我協力を求めしむるに至らしむるへく、斯而国家再建、復興の業完遂の目的を達するを可得と相考候。[27]

同じ日に、吉田はこれと類似した内容の葉書を来栖三郎に送ったことは、よく知られている。[28] しかしこの書簡に示された吉田の戦後復興構想は、より具体的である。その中心に置かれていたのが、「米英の資本技術の大々的招致」であった。それは、国内経済体制の自由化すなわち「統制経済諸制度之撤廃若しくは是正」と不可分であった。それは、来栖宛葉書で「米資招致により而財界立ち直り」とあるのと、同様であった。

一九三〇年代の日本経済は、アウタルキーの追求と統制とを特徴としていた。吉田の思想はこれと対極的なものであった(それゆえ、これを指導した官僚の改革が、大きな課題となっていた)。[29] 留学や外国人技術者学者の招請の重視も、当然ながら、こうした資本技術の自由な導入とともに強調されていた。それらは、あわせて「開国進取」という明治維新のシンボルによって正統化されていた。吉田は三〇年代の軍事的発展主義を越え、二〇年代の経済的発展主義を経て、明治維新にまで遡ったのである。

それは、戦争による破壊が、経済基盤の新たな建設を必要とした点で、明治と似た条件があったからかもしれない。

そしてそれは、吉田の家系にも繋がっていた。吉田の実父・竹内綱は一八六九（明治二）年、アメリカから資本を導入して大阪―神戸間に鉄道建設を計画したことがあった。また大阪府に出仕していた一八七〇―七三（明治三―六）年には、オランダ人技師の協力を得て、大阪の河川の改修や築港に従事したことがあった。[30]

ともあれ、吉田が最も緊要と考えたのは道路を中心とするインフラストラクチャの整備であった。一九五七年八月二三日、吉田は岸内閣の官房長官愛知揆一に書簡を送り、大蔵省の反対によって世界銀行借款による道路建設計画が挫折したという新聞報道に触れ、「東京付近丈にても悪道路言語に絶し居」り、「交通阻害生産輸入等国家経済に与ふる害毒甚大」である、これを通常予算で処理していては道路の改善は百年河清を待つに等しいから、是非大蔵省を説得して世界銀行借款を実現するよう要請している。[31]

この書簡とほぼ同じ頃に執筆された『回想十年』においても、吉田はこの点を詳しく論じている。すなわち、日本の交通施設の中でとくに酷いものが道路である。工事の能率は悪く、内容もお粗末で、経済発展を阻害すること甚だしい。また、電信電話も酷い。「貿易立国といいながら、このように交通機関の整備を怠るが如きは、不合理千万」と断じた吉田は、幹線道路の補修・築造だけでも速やかに断行すべきであり、それは通常予算ではなく、外債によって集中的、重点的に行うべきだと論じている。インフラの整備は、産業立国、貿易立国にとって焦眉の急だと吉田は考えたのである。[32]

もう一つ外資導入を積極的に進めるべき分野は観光だった。『回想十年』において吉田は、あるアメリカ人実業家の提言を、積極的な賛意を込めて紹介している。すなわち、アメリカ兵の帰還に伴って、日本は外貨の減少に苦しむであろう、その対策を兼ね、外国人観光客の招致に力を入れるべきである、そのためには道路とホテルが重要である、そのための外債募集は容易なので、すぐに着手すべきだという意見であった。[33]

やや後のことながら、以上のようなインフラの整備と観光の振興の両方の意味で、一九六四年のオリンピックは見逃せない機会であった。吉田は一九五九年七月一五日、東龍太郎に書簡を送り、「オリンピックを機会に新東京建設、日本観光事業を大々的に計画御提唱を要望致候、すなわち東京湾上に一大埋立を為し近代文明の粋を集めたる理想的新都を出現せしめ之を中心に日本全国を観光地帯とする考想にて米国財閥を招致し其投資にて一段と我復興を完成せしむへく」と述べている。(34)

以上のように積極的な外資導入を進める立場から、吉田は外国資本による支配などを恐れず、日本の経済、産業の中枢部分にまで外国資本を受け入れるべきだと考えていた。一九四九年五月一二日、池田蔵相に送った書簡において、吉田は「外資導入による失業救剤《ママ》、事業資金難救剤《ママ》に資する為め例の煙草民営電話民営等御考案被下度、又例の国際ホテル案も津島（寿一）君御呼出の上協議御進め相成度、……米国側関係者は更に津島君に御たしかめ被下度候」と述べている。外資導入のために、タバコ、電話の民営が考えられ、外資によるホテル建設計画も進んでいたことが分かる。(35)

ところで、観光、貿易のいずれにとっても不可欠な基幹産業が航空会社であった。吉田はここでも外資進出を歓迎する姿勢であった。初代日本航空会長の藤山愛一郎によれば、一九五一年七月、講和条約調印を前に同社が設立されるまでは、日本の空を日本の飛行機が飛ぶことが出来なかった。その解禁を前に、国内六社が競願しており、その他に、米資系の日米航空の動きもあった。その発起人が吉田の側近の白洲次郎だった。経済界では、日本の空を守る観点から、六社を統合してこれに許可を与えざるをえない体制を作り、日本航空が設立された。しかし吉田はこの結果に不満だったという。(36)

重要産業に外資を歓迎することで、吉田は戦前以来一貫していた。最も興味深い例は、一九三五年前後のフォードの日本進出計画であった。それまでノックダウンによって日本にかなりのシェアを占めていたフォードが日本に本格進出を考えていたのに対し、自動車国産を目指す商工省と陸軍は、これに反対していた。翌一九三六年、自動車製造事業法によって自動車製造は許可制となり、フォードの進出は失敗したが、吉田は一貫してフォード歓迎であった。そこには外交的意味もあり、フォードのような有力者との結びつきは日米関係にとって重要だと吉田は考えた。ともあれ、重要産業では外国は排除という視点を吉田は持たなかった。日本に本格進出を図るフォード社と、自動車国産路線を確立しようとする商工省・陸軍の間にあって、フォード進出を歓迎する立場であった(37)。

以上のような積極的な外資導入論は、ある意味で吉田の満州経営論と一貫していた。吉田が満州において重視したのは、何よりも満州経済の発展それ自体であって、満州を他国から隔離しておくことではなかった。日本の満州への資本投下を、中国側が恐れる必要は何もないと考えた吉田は、日本への米国資本の進出は何も恐れる必要がないと考えたわけである。西欧に対するコンプレックスのためか、外資進出に臆病な日本人が多い中で、異色の議論であった(38)。

さて、以上のような外資導入のためには、日本が必ずこれを返済するという信用が必要であった。それが、外交的信用の基礎となるのであった。

日本は講和条約十八条で戦前の外債の処理を約束したが、その内容を決定するニューヨーク会議が一九五二年七月から開かれることになっていた。外債問題の責任者であった津島寿一によれば、それに先立ち、吉田は対外債務支払いの精神を表明する手段として、外貨二〇〇〇万ポンドをイングランド銀行に預託することを構想し、三月これを発表した。これは対英債務の元利金の約四割に当たるもので、当時ポンド危機に悩むイギリスでは大歓迎されたという。またアメリカに対しては、ニューヨーク連邦準備銀行に対して二〇〇〇万ドルが預託された。そしてニューヨークの会議では、吉田は元利の軽減は一切主張せず、戦前戦後の一〇年のズレだけを猶予してもらうほかは、原契約の条件をすべて踏襲し、即時支払い再開ということになった。これはイタリアや西ドイツに比べ、極めて特色的であったという。このやり方は日本の国際信用回復に多大の効果を持ち、戦前の外債に付いていた担保を解除し、その後の電力借款その他の外資導入への道を開いたと、津島は吉田の決断を賞讃している(39)。

こうした積極的な外資導入と支払い義務の完全な履行は、吉田にとって、日本の誇るべき伝統であった。明治以来、満州事変に至るまで、日本が公債、社債、あるいは直接投資といった様々な形の外資導入によって発展してきた歴史を吉田は高く評価していた。

一九五四年、退陣の直前、吉田は五〇日にのぼる外遊を行ったが、その間、至る所で様々な支払い義務の履行を求められ、その度に吉田は、必ず支払うと言いつづけた。かつて日本はフィンランドとともに支払い義務履行では最も信用ある国であり、こうした信用は絶対に維持しなければならないと吉田は信じた。外交と金融とはいずれも信用（クレディット）を基礎とする、というのが、吉田が好んだ言葉であった。[40]

以上のように吉田は、国際信用を維持し、外資の導入を進め、これをインフラその他の生産目的に投入し、さらに外資を導入するといった循環を追求した。国際金融上の信用の維持は、そのまま外交的信用の維持と直結していた。こうしてアメリカと日本との間に相互依存関係が出来るのであった。吉田がドッジ・ラインの実施に踏み切り、財政的自己責任の原則に取り組んだこと、再軍備に強く抵抗したことは、こうした国際的信用維持の観点からよく理解することが出来る。[41]

こうした外資導入が成果を挙げれば、それがアメリカ資本である場合、日本人の親米感情を高揚させる筈であった。一九五八年九月二日、吉田は岸内閣の蔵相であった佐藤栄作に書簡を送り、「小生希望には今後五年乃至十年間に五億乃至十億弗米国にて起債、依て以て我民心に親米感を植付け外交軌道を築上げ、他面我経済の基盤を作上け度、……岸内閣も此位の事を為さねは長期政権担当は六ケ敷のみならす、国家に忠なる所以にあらす」と述べている。日本の産業発展のためにも、日米関係緊密化のためにも米資導入は必要であり、かつ可能であると認識したのである。[42]

さて、このように外資導入による日米経済の相互依存化を主張した吉田であったが、同じ思想は日本と東南アジアとの関係にも、姿を現すことになる。

貿易立国を目指す吉田にとって、戦後の中国市場の喪失は大きな痛手だった。多くの論者と同様、中国市場に代わるものとして、吉田は東南アジアに注目することとなった。一九五九年一一月の東南アジア訪問を前に、九月三〇日、向井忠晴にあて、「東南亜細亜の開発以て之を我の勢力範囲に収むるに非れば我外交及産業の将来を保し難し」と述べ、また一〇月二七日には岸にあて、「吾国が東南亜細亜の指動国《ママ》たるに至つて我国際上の地位確立すと信す」と述べているのは、そうした認識を示すものである[43]。

独立後の日本とこの地域との間で早速問題になったのは、賠償問題であった。周知の通り、敗戦以来賠償の条件は何段階かを経て緩和され、サンフランシスコ講和条約では無賠償（厳密には条件付きの限定的な賠償と言うべきだが）が原則となった。しかしアジア諸国の不満のため、若干修正して、役務賠償が課されることとなっていた。これに対してフィリピンとインドネシアは調印はしたが条約の批准を拒む事態となっていた。

無賠償となったのは、重い賠償が課されれば、日本の復興が遅れ、それだけアメリカの対日支出が増えることが予想されたからであった。アメリカがこれ以上負担を負うことは出来ないという原則であった。しかし、これによってアジア諸国が納得しないのは無理もないと吉田は考えていた[44]。

当時、交渉が始まっていた賠償問題は、フィリピン、インドネシア、ビルマの三国であった。吉田が完成させたのは、ビルマだけであったが、この交渉の過程で、賠償問題についての吉田の考えが窺える。吉田はまず賠償の目的について、「単に条約上の義務だからということではなく、求償諸国に対して戦争の過誤を償うのは勿論のこと、建設途上にあるこれら新興諸国の経済的発展と生活水準向上の努力を支援することによって、アジア地域一般に安定を招来し、将来相ともに繁栄すること、いわゆる共存共栄を念願とした」と述べている。それゆえ賠償金額は、国民負担軽減の観点からなるべく少なく抑えるということではなく、「これによって、日本と相手国との、将来の経済関係を深めるところに目をつけるべきであると思う」として、「如何に賠償を生かしていくかは、当事国双方のために重要な点である」と述べている。たとえばフィリピンに、実業界での経験豊富な永野護を派遣したのは、賠償の実施を有意義ならしめるためだったと回顧している。もちろん、賠償実施とともに彼我経済関係についていろいろ注文を付ければ、「これを以てわが経済侵略などと解するかもしれないが、かかる邪推を神経に病む必要はない。未開発地方の開発、工業原料の確保及びマーケットの設定は、彼我相互の利益の為であると堂々と主張すべきである」と述べている。(45)

吉田のこうした政策が、本当に貫かれていたかどうか、必ずしも明らかではないが、ビルマ賠償において役務賠償から踏み出して現物賠償に踏み切ったこと、フィリピン賠償においても多くの関係者より多額の賠償に応じようとしたことは確からしい。また、一九五四年の外遊の最後、アメリカにおいて四〇億ドルの東南アジアへの投資を提唱したことも、この地域への関心の所産であったことは確かであろう。

一九六〇年一月一二日、新安保条約調印のため、渡米する岸にあてて吉田は、「何にしても日米親善は我外交之基調、先以て反共之線に徹せられ度、次て我経済産業を米国資本に開放するもよし、東南亜細亜開発に日米協力も可然、更に又米国起債多々益々可也と存候」と述べている。日本が反共陣営の一角を占めることと並んで、あるいはその具体的な現れとして、米資導入、外債発行、そして東南アジア共同開発が挙げられていた。資本の導入によって経済提携を密接化することは、吉田にとってそれほど重要な課題だったのである。(46)

四　反共外交の構造

1　日ソ国交回復交渉批判

以上のようなアメリカを中心とする諸国との関係においても、大前提は国防と治安であった。それなしには、経済発展も資本の導入も望めないと吉田は断じる。(47)では吉田は冷戦下の日本の安全をいかに保持しようと考えたのか。そのための外交戦略はいかにあるべきだと考えていたのか。その手掛かりとして、吉田退陣後の最初の大きな外交案件であった日ソ国交回復問題に対する吉田の批判を検討することとしたい。

一九五四年一二月、吉田に代わって首相となった鳩山一郎は、ソ連との早期国交回復を目指し、翌五五年六月、松本俊一を全権として、ロンドンで交渉を開始した。交渉は、領土問題を中心に難航が予想されたが、八月末、ソ連は歯舞・色丹の返還を示唆し、松本はこの線で交渉をまとめるべきだと進言した。しかし、重光外相は、千島・南樺太は日本固有の領土であり、その帰属は国際会議で決定されるべきだとして、この意見を退け、交渉は行き詰まった。翌五六年一月、第二次ロンドン交渉が開かれたが、進展は見られず、七月二五日には重光外相がモスクワを訪問して交渉にあたることとなった(48)。

吉田が公開書簡を発表して、日ソ交渉を厳しく批判したのは、この重光訪ソの直前、二一日のことであった。その論拠は、第一に、千島は連合国全体に対して放棄されたものであって、ソ連に対して放棄したものではなく、したがってソ連との間で交渉すべきものではない、第二に、サケ・マス漁は、やはりアメリカとカナダを加えた関係諸国で議論すべきものであって、ソ連に「懇請」すべきものではない、第三に、抑留が長期に及んでいるのは、完全にソ連の不法な行為であり、これは大いに国際世論に訴えかけるべきものであって、ソ連に対して「哀訴嘆願」すべきものではない、というものであった(49)。

とくに第一の点は重要であった。一九五一年、講和問題の検討のため来日したダレスの案(三月案)は、南樺太およびその付属島嶼を返還(return)し、千島列島を引き渡す(hand over)ことになっていた。これに対し日本政府は抵抗し、変更させたことがあった(50)。重光がこの経緯を知らなかったとは考えられない。既述のように、重光が鳩山内閣の中では対ソ強硬派で、五五年に二島返還による妥結に反対したのも、こうした国際法上の問題点を知っていたからであった。ところが吉田は七月二一日、池田に書簡を送り、「重光がソとよい加減な妥協を為、慎重論を一擲せる時こそ起つへき時と存候」と述べている。重光が出かけるからには、どこかで強硬論から転じて妥結をめざす可能性があると予測していたのであろう(51)。その後も吉田は鳩山の動きには厳しい批判の目を向けつづけ、最後まで脱党工作の可能性を捨てなかった。

ここで興味深いのは、吉田と重光の考え方の差異である。重光は二島返還がサンフランシスコ講和条約から逸脱するものだということを知っていた筈である。しかし、それを敢えて行ったということは、アメリカも日本の若干の逸脱は受け入れるだろうと考えていたからであろう。逆に言えば、日本も独立国なのだから、アメリカの言うことをすべて聞く必要はないと考えていたのであろう。

重光の「自主外交」には、他にも例がある。鳩山内閣発足間もない時期に、防衛分担金の削減をアメリカとの相談なしに打ち出し、その不快を招いたこと、日米安保改定を一九五五年八月、アメリカに提起し、峻拒されたことはよく知られている(52)。

さらに遡れば、重光は戦前以来、対英米自主外交の有力な担い手であった。パリ講和会議で日本外交の刷新に志して以来、英米との対抗が、重光外交の底流を流れていた。一九二六年の北京関税会議における大胆な中国への歩み寄りも、重光のリーダーシップによるものであった。また一九四三年の大東亜会議に、「アジアの解放」の色合いを強調したのも重光であった(53)。

これに比べ、吉田は信義を徹底して守ることを重視した。一九五〇年四月、池田蔵相がマッカーサーに会談する直前、吉田は書簡を送り、「一切厳秘」とするよう注意している。そして「前年重光外相辞職の原因は会見談新聞発表に有之」と述べ、自分の意見として述べるのはともかく、他人の名を引用しては信用にかかわると注意を与えている。おそらく重光は、相手の言うことをすべて聞く必要はないと考えていた。それに比べ、吉田は徹底していたのである(54)。

なお、重光にはそれ以外にも独自の特質があった。一九五六年八月、二島返還論に踏み切ろうとした時、当然東京の政府からは許可されなかったが、重光はその日記に、「われ全責任を以て解決せんとして東京に邪魔さる」と記し、全権の意向を政府が拘束するのは不当だという判断を示している。明治憲法体制の下では、天皇の外交大権をあずかる全権大使や外務大臣が、独自の判断をすることは、ある程度法的な根拠を持っていたかもしれない。しかし、日本国憲法の下では、それはありえないことであった。その点を重光は十分理解していなかったのであろう(55)。

なお、日ソ交渉に際し、吉田はアメリカの態度も中途半端であるとして、批判的であった。一九五六年一一月七日、吉田は池田に書簡を送り、次のような趣旨をアリソン大使に申し入れるべきだという意向を伝えている。

> 米国側に於ても対日政策再考を希望す。仰《〔抑〕》々日米安全保証《〔障〕》条約は単に日本援助のために非らす、反共、世界平和維持の国策に出たるものなるに、従来兎角高蹈的傍観、消極的態度に終始する結果は日本国民の間に親ソ反米空気を醸しつつあり、日英同盟の当年日英両国政府は常に率直なる意見の交換、時に論争、対立、抗論の状態を呈したることすらあり、之れか却而双方の理解親善を来せる事例も不勘《〔尠〕》からす、蘊側の最近の露骨なる共産、親ソ運動に対しても、米は従来の不轍《〔徹〕》底中途半端なる対ソ政策を一擲すべきなり、日米間の軍事、政治的親善も畢竟経済協力の裏付なくは充分なる結実不可望、日米経済協力に付ても一層の努力を希望す(56)。

要するに、吉田は日米の緊密な関係は、世界的な意義を持つものであり、そのためにもアメリカは遠慮なく日本にその意見を述べ、その一方で日米関係の緊密化を現実のものとするための資金提供を積極的に行うべきだという意見だったのである。

2　反共外交の意味

以上を前提として、吉田における反共について考えてみよう。

反共とは、様々な意味内容を含む概念であった。まず吉田のような自由経済論者から言えば、共産主義は日本の復興・発展にとって誤った有害な思想であった。また吉田のような天皇制論者からすれば、許すべからざる思想ということになるだろう。

この点、戦後の多くの保守系政治家が同様に反共であったとは言えない。岸信介は統制官僚の錚々たるものであった。フォード社進出をめぐって吉田と岸がちょうど反対の立場にあったことはすでに述べた通りである。自由経済論者として、吉田は筋金入りであり、岸はそうではなかった。

第二のポイントは反共外交であった。米ソ二大陣営が対峙しており、日本がアメリカ陣営に属している時、アメリカの力を弱めることは決してすべきではないと吉田は考えていた(57)。鳩山は、個人的には反共であっても、アメリカの意向を越えて、日ソ、日中の国交回復に強い関心を示し、日ソについてはこれを実現していった。これは吉田から見て十分な反共外交ではなかった。また岸は、一九五七年、首相就任早々、イギリスの核実験に対し、立教大学総長・松下正寿を派遣して、実験中止を求めたことがあった(58)。同じ年に定められた日本外交の三原則は、国連中心主義、アジアの一員としての立場、そして自由主義諸国との協調となっていて、アメリカの比重は圧倒的なものとはなっていなかった。もちろん岸内閣は対米関係を最重視したのであるが、それは政府の政策にすべて貫かれていたわけではなかった。一九五九年七月九日、訪欧を前にした岸に対し、吉田が「希望としては是非共我国策として反共の線を鮮明に打出され度奉存候。分而訪英之際には此線を鮮明せられ度きものと切願致候」と述べているのは、岸が十分に反共外交に徹していないと考えていたからではないだろうか(59)。

このように吉田における反共が反共外交であったならば、それは戦略的に構築されなければならなかった。味方陣営の結束を固め、主要な敵を警戒し、相手側を切り崩し、中立を味方につけることが定石でなければならなかった。

主要な警戒の対象は、もちろんソ連であった。一九六一年八月一五日、ソ連のミコヤン副首相の来日を前に、吉田は佐藤に対して次のように書き送っている。「殊にソビエット石油売込、その売上を国内共産側に流す危険に付、一層の御留意願敷、廉価なる石油売込は結構なるがその代金はソビエット本国に直送、国内に落ちぬだけの用意は是非御手配願敷……候」と述べている。[60] 吉田は常に貿易がもたらす利益について深い認識を持っていた。それゆえに、日ソ貿易がソ連を利する可能性を認め、これに対して慎重な姿勢を必要としたのである。

これに比べ、中国の場合、長い歴史を持つその商人精神が、共産主義の浸透に対する抵抗力になると吉田は信じた。こうした考え方は、戦前からの中国通にかなりの程度共有されたものであったが、吉田も例外ではなく、しかも、この時期にあってなおその確信は揺らいでいなかった。また誇り高い中国人がソ連の風下に何時までも留まる筈はないと信じていた。この中国をソ連ブロックから切り離すことが望ましく、またそれは可能であると吉田は信じた。しかし、そのためには、中国問題に長い経験を持つ日英両国が協力し、イニシアティヴを取ることが必要だと考えた。[61] しかし、アメリカはイギリスの意見にも吉田の意見にも歩み寄ろうとはしなかった。アメリカの力を弱めることはすべきでないという立場から、その場合には吉田も沈黙せざるをえなかった。

以上からすでに明らかなように、吉田は中立を認めなかった。一九六〇年一一月一五日付の池田宛書簡で、吉田は、『中立』畢竟共産主義に併呑の前提であり中立を恃んで遂に亡国、敗戦、占領に終れる白耳義の例あり、『自主独立』なとと云ふは旧思想にて今日は集団防衛集団保障の時代であり、中立を守らんとせは非常の軍備を要す、スウイス、スウエデンはその例である」と述べている。[62]

すなわち、第一に中立は共産化の恐れがある。そうでなくとも隣接する大国から中立で自らを守ることは難しい。第二に、したがって、中立を本当に実効あるものにするためには、自力による中立が必要であり、それは非常な軍備を要し、重い経済的負担となる。要するに吉田は、二大陣営が対立していて、その一方の体制が日本と近く、日本に有利なものである時、中立路線を取る必要を全く認めなかったわけである。

なお、中立にはもう一つ、アジア・アフリカ諸国の中立があって、吉田はこれを別のカテゴリーと考えている。日本と比べ、これらの国々は、社会、経済、産業、政治の各方面で西欧的な高度の発展を遂げていない。「外国経済との有機的な相互依存関係」も割合に薄いと吉田は見る。それに植民地主義の遺制もあるので、指導者たちも、外国との経済関係よりも、植民地主義、属国主義からの脱却を目指すことになる。こうして吉田は、これらの国々に同情を持つことは重要だが、過大評価すべきではないと論じている。途上国の中立主義は、日本のモデルになることがないだけではなく、その遅れゆえに止むなく選択した道であるとして、積極的な評価を与えなかった[63]。

むしろ、これらの国々が、共産主義の誘惑に陥りやすいことを吉田は危惧し、これらの国々の経済発展を促すことがその防波堤になると論じた。すでに述べたので詳述は避けるが、東南アジアへの米資導入計画は、一つにはこうした戦略的な観点から主張されたものであった。

3 日米安保改定批判

このような吉田の外交戦略の中心は、あらためて言うまでもなく、日米関係であった。この日米関係を、吉田とは違った角度から強化しようとしたのが岸信介による安保改定であった。これに対する吉田の対応を、最後に検討したい。

岸首相は、就任後まもない一九五七年六月、訪米して安保改定の検討を開始することにつき、アイゼンハワー(Dwight David Eisenhower, 1890–1969)大統領の同意を取り付けた。そして種々研究の結果、五八年七月、岸首相自らの決断で、運用の改善や部分的修正といった方法ではなく、全面的な改定を行うことに決した[64]。

当初、吉田はこれに対して反対であった。改定の理由として挙げられたのは、条約に日本防衛の義務が定められていない、条約期限の定めがない、基地使用方法について制約が少ない、などであった。しかしこうした双務性の欠如という点について、吉田は批判的だった。『回想十年』において吉田は、現代の世界ではいずれの国も独力で独立を全うするのは困難であり、共同防衛の主義精神が趨勢であって、どの国も集団防衛(collective defense)もしくは集団安全保障(collective security)を根本方針としていると述べている。また、日米安保は日本が懇請したものでもアメリカが押しつけたものでもなく、両国の利害の自然な一致から生まれたもので、「自由陣営の世界的安全保障の一環として、対共防衛組織の中に日本が加入したもの」であると述べ、条約の不平等性を批判する立場を厳しく批判した(65)。

一九五八年一一月六日の池田宛書簡において吉田は、この立場を繰り返し、岸の安保改定論について、「岸の徒らに衆愚に阿附するの余、別に定見ありての提案に無之」と批判し、「共同防衛、国際相依の今日、自主か〔とか〕と双務とか陳腐なる議論」と述べている(66)。明文の日本防衛義務があってもなくても、日本が必要ならアメリカは日本を守るし、必要でなければ守らないと吉田は考えたのではないだろうか。また、すでに引用した五六年一一月七日付の池田宛書簡において、安保条約について、「仰〔抑〕々日米安全保証〔障〕条約は単に日本援助のために非らす、反共、世界平和維持の国策に出たるもの」と述べて、日本の役割の小さくないことを強調していた(67)。

しかし、日本の総理大臣が改定を提起し、相手国の大統領がこれを受け入れれば、反対するわけにはいかなかった。吉田は、池田が岸の後に政権を担当することを期待していたが、岸が安保改定による日米関係強化を目指している以上、うかつに反岸を打ち出すことは出来なかった。五八年後半、警職法（警察官職務執行法）問題で池田らは岸を批判して内閣を去っており、岸内閣の基礎は揺らいでいたが、次に打つ手はなかった。一九五九年一月二一日、吉田は佐藤にあて、「人は引上け時が大切に候。good loser たることが政治の要領と存じ候、長兄（岸）の為め、党の為、将又国家之為、切に老兄之善処を要望仕候」と述べ、岸の早期引退を希望したのは、岸に対する攻撃手段がないためでもあった(68)。

吉田にとって絶好の機会はその年の六月に訪れた。岸内閣の中で重きをなしていた河野一郎は、次期政権を目指すべく、内閣改造において幹事長の地位を要求した。岸の次を狙う二大勢力である河野と池田のうち、二人とも反岸に回れば岸内閣は倒れる、池田は決して入閣しないだろう、したがって岸は河野の協力を得るためにあらゆる対価を支払うだろうというのが、河野陣営の読みであった。ところが全く予想もしなかった池田の入閣が、突然、実現してしまった。吉田がこの時どのような役割を果たしたか、不明であるが、この結果が吉田の期待に沿うものであることは確かだった。

日米関係強化の方向で池田が岸の後を襲う絶好の条件がここに成立したのである。

以後、積極的な吉田・池田の安保改定支持、岸内閣支持が始まる。吉田・池田が反対では、安保改定の成功も危うかったかもしれない。ここに、吉田と、戦後の反吉田路線の中心にいた岸とが、佐藤を媒介として、連携し、池田内閣を生み出すこととなる。外交の側面における戦後保守政治は、ほぼここに完成したのであった。

おわりに

吉田は戦後の書簡や著述の中で、しばしば「国際相依」「共同防衛」「集団安全保障」といった言葉を使った。これらの言葉で、彼の時代を表現しようとした。それは、今日なお新鮮に感じられるほど、斬新な言葉であった。

しかし吉田の主張をよく見てみると、戦前以来一貫した特質を見出すことが出来る。国家の主たる目標は貿易を中心とする経済的利益であり、また先進経済大国との提携を深めることであった。ただし、そうした経済的利益の追求は、無原則なものであってはならず、法に則ったものでなければならなかった。そして法は、無前提に妥当するものではなく、主要国との緊密な協力と信頼関係によって、初めて現実の力となると考えられた。

このうち、戦前にはイギリスとの関係が、また戦後にはアメリカとの関係が中心であったが、これもただ最強の国家との便宜的な同盟ではなかった。自由な政治経済制度を持つ英米との間では、経済提携を基礎とする相互的利益を増進することが可能だとする明確な認識がその背景にあった。それゆえ吉田はイギリスなりアメリカなりに対し、卑屈ではなかった。「国際相依」は両方を利するものなのだからであり、また「共同防衛」において日本もそれなりの役割を果たしていると考えたからであった。

このように吉田の外交は、彼自身しばしば述べた通り、明治の外交につらなるものを持っていた。しかし、これが最もよく適合したのが戦後の冷戦の時期であった。ソ連の脅威は、アメリカ陣営の結束を促し、西側諸国の結束を固めた。また、戦前のブロック経済の反省から、アメリカが自由貿易を推進していったことは、吉田外交に有利な条件を提供した。吉田がソ連の脅威や共産主義の脅威を言う時、むしろ対米関係密接化のために言われたという感がないでもない。自らの外交が日本の伝統に立脚すること、そしてその外交を展開しうる国際情勢が登場していることを確信しつつ、吉田はその古くて新しい外交を推進していったのである。

(1)　吉田茂記念事業財団編『吉田茂書翰』(中央公論社、一九九四年、以下『書簡』と略記) 四九頁。なお書簡の平仮名、片仮名混合部分は、原則として平仮名に統一して引用する。
(2)　住本利男『占領秘録』上巻 (毎日新聞社、一九五二年) 一一九頁。
(3)　猪木正道『評伝 吉田茂』上・中・下 (読売新聞社、一九七八―八一年)、およびジョン・ダワー (大窪愿二訳)『吉田茂とその時代』上・下 (中央公論社、一九九一年、原刊は一九八一年)。なお、本書は、John W. Dower, *Empire and Aftermath: Yoshida Shigeru and the Japanese Experience, 1878–1954* (Cambridge, Mass.: Harvard University Press, 1979). の翻訳であるが、断らぬかぎり、引用は同上邦訳文庫版より行うこととする。なお、二つの伝記を比較した書評論文、三谷太一郎「二つの吉田茂像」(同『二つの戦後――権力と知識人』〔筑摩書房、一九八八年〕所収、初出は一九八二年) は、吉田茂論としても興味深いものである。
(4)　『吉田茂書翰』に見られる吉田の主張や政策の一部は、吉田の他の著作などにおいて、すでに既知のものであった。しかしこのような著作の本当の筆者は誰か、正確なところは分からなかった。『書簡』の刊行により、多くの新しい事実が明らかになっただけでなく、従来吉田のものと「推定」されていた多くの主張や政策が、確かに吉田のものであると確認出来るようになった。その意味で『書簡』は、それ自身重要であるだけでなく、他の資料にも新たな生命を吹き込んだ重要な資料であると考える。
(5)　ある計算によれば、その遺産は、一九六七年当時の時価に換算して二〇億円にのぼるものだったという。猪木前掲書、上巻、三四頁。
(6)　同右、五四、五六頁。
(7)　このうち、文書課長心得は、アメリカ大使館行きを取り消され、なかば懲罰的に命ぜられた「省内随一の閑職」であったと吉田は言っている (吉田茂『回想十年』第四巻〔新潮社、一九五七年〕九四頁)。懲罰的であったかどうかは確認出来ないが、同期同年の広田弘毅は、すでに三年以上前に、通商局第一課長の地位についていた。吉田の昇進の遅れは明らかであろう。
(8)『書簡』六〇三—六〇四頁。吉田は生涯で二度だけ猟官運動をしたことがある（パリ講和会議参加と外務次官就任）と言っているが、二度だけではなかったらしい。なお、この書簡の中の伊集院は薩摩の外交官であり、その妻は牧野の妹である。
(9) 同右、六一三頁。
(10)『回想十年』第四巻、一〇三頁。
(11) 木戸日記研究会編『木戸幸一日記』下巻（東京大学出版会、一九六六年）昭和二〇年一〇月五日、一二四〇頁。
(12)『書簡』六一〇頁。
(13) 反袁政策を批判する書簡は、引用書簡以外に、次の五通にのぼっており、吉田の関心憂慮の深さを示している。一九一六年三月一五日付、三月二一日付、五月九日付、六月九日付、八月二一日付、『書簡』六〇四—六一二頁。
(14) 外務省編刊『日本外交文書』昭和期Ⅰ第一部第一巻（一九八九年、以下『外文』SⅠ—一—一と略記）一三頁。なお、以上のような、利害を貿易の高で計算する点で、吉田は石橋湛山や清沢洌のような小日本主義の自由主義者と共通していた。貿易額に満州権益を換算する最も典型的な例として、石橋湛山「大日本主義の幻想」（一九二一年七月三〇日、八月六日、八月一三日、松尾尊兊編『石橋湛山評論集』（岩波書店、一九八四年）所収）がある。また、対米移民経験を持つ清沢の場合、在満日本人が国家の手厚い保護を受けているにもかかわらず、否、むしろそれゆえに、発展しえないことを鋭く指摘していた（北岡伸一『清沢洌——日米関係への洞察』（中央公論社、一九八七年）五六頁）。石橋や清沢と吉田の間には、当時は大きな距離があったが、のちに接近する理由がすでに存在していたと見ることが出来る。
(15)『書簡』六一八頁。
(16) 日付不詳、同右、六二二—六二三頁。
(17)『外文』SⅠ—一—一、一二八頁。
(18) 衞藤瀋吉「京奉線遮断問題の外交過程」（篠原一・三谷太一郎編『近代日本の政治指導』（東京大学出版会、一九六九年）所収）参照。なお、田中の鉄道交渉を、米資導入計画との関係でとらえた三谷太一郎「ウォール・ストリートと満蒙」（細谷千博・斎藤真編『ワシントン体制と日米関係』（東京大学出版会、一九七八年）所収）は、田中の構想について示唆に富む。
(19)『回想十年』第三巻、一〇二頁。
(20) 馬場伸也「北京関税特別会議にのぞむ日本の政策決定過程」（細谷千博・綿貫譲治編『対外政策決定過程の日米比較』（一九七七年、東京大学出版会）所収）参照。なお馬場は、日本の関税自主権承認を高く評価する一方、その主導力は佐分利貞男、重光葵、堀内謙介らだったのではないかと推測し、結局は幣原のリーダーシップが大きいとしている。他方、酒井哲哉「『英米協調』と『日中提携』」(近代日本研究会編『年報・近代日本研究11　協調政策の限界』〈山川出版社、一九八九年〉所収)は、重光の役割が大きいとしている。

(21)「支那に於ける帝国地歩の擁護に関する研究」(昭和二年四月八日)、角田順校訂『宇垣一成日記』第一巻(みすず書房、一九六八年)五六九頁。

(22) 北岡前掲『清沢洌』六二頁。

(23) ワシントン会議当時の国務省極東部長であり、一九二〇年代後半に中国駐在公使であったジョン・マクマリは、その代表である。これについては、Arthur N. Waldron, *How the Peace was Lost* (Stanford: Hoover Institute Press, 1992). および北岡伸一「ワシントン体制と『国際協調』の精神――マクマリ・メモランダム(一九三五年)によせて」『立教法学』二三号(一九八四年)(本書第三章)を参照。

(24)『外文』SⅠ―一―二、九七三頁。

(25)『書簡』六二一。

(26) 安東は言うまでもなく満州にあるが、鴨緑江を挟んで朝鮮と向かい合っていて朝鮮との関係が深く、この時期には、朝鮮総督の指揮を受けることになっていた。参照、北岡伸一『日本陸軍と大陸政策――一九〇六―一九一八年』(東京大学出版会、一九七八年)。

(27)『書簡』一七五―一七六頁。

(28) 同右、五五三―五五四頁。

(29) 片山内閣期までの戦後復興政策も、アウタルキーと統制に彩られており、吉田の政策はこれらと鋭く対立するものであった。この点について、河野康子「吉田外交と国内政治」(日本政治学会編『年報政治学一九九一年　戦後国家の形成と経済発展――占領以後』〈岩波書店、一九九二年〉所収)を参照。

(30) 猪木前掲書、上巻、一九―二二頁。

(31)『書簡』一六頁。

(32)『回想十年』第四巻、四五―四八頁、第一巻、二八二―二八三頁。

(33) 同右、第四巻、四六―四七頁。

(34)『書簡』一二三頁。

(35) 同右、三六頁。

(36) 藤山愛一郎『政治わが道――藤山愛一郎回顧録』(朝日新聞社、一九七六年)四四頁。

(37) 古田尚輝「フォードをめぐる岸と吉田――五〇年前の日米自動車戦争」『中央公論』一九八六年七月号。
(38) その点、満州経営の先駆者、後藤新平と吉田は似たところがあった。参照、北岡伸一『後藤新平――外交とヴィジョン』(中央公論社、一九八八年)。
(39) 津島寿一「外債整理と吉田さん」『回想十年』第三巻、一七六頁。
(40) 『回想十年』第一巻、三二、二四四頁。第四巻、二五頁。
(41) ドッジ・ラインの日米関係における重要性については、樋渡由美『戦後政治と日米関係』(東京大学出版会、一九九〇年)を参照。
(42) 『書簡』三三一頁。
(43) 同右、七五六、一九七頁。ただし、すでに述べた通り、吉田の場合、勢力範囲とか指導国という言葉にも、排他性は強くないことに注意すべきだろう。
(44) 『回想十年』第三巻、一五九頁。
(45) 同右、第三巻、一六二、一六八頁。第四巻、五〇頁。
(46) 『書簡』一九八頁。
(47) 『回想十年』第四巻、二六頁。
(48) 参照、田中孝彦『日ソ国交回復交渉の史的研究』(有斐閣、一九九三年)。
(49) 『回想十年』第四巻所収。
(50) 同右、第三巻、六二頁。
(51) 『書簡』五四頁。
(52) 坂元一哉「重光訪米と安保改定構想の挫折」『三重大学法経論叢』第一〇巻第二号(一九九二年一二月)参照。
(53) 酒井前掲論文、参照。また入江昭『日米戦争』(中央公論社、一九八一年)も、重光のイデオロギー的独自性を強調している。
(54) 『書簡』三八頁。
(55) 「重光葵日記」一九五六年八月一三日。伊藤隆・渡辺行男編『続・重光葵手記』(中央公論社、一九八八年)七九六頁。
(56) 『書簡』六三頁。アメリカの政策が不徹底だという批判は、吉田茂『大磯随想』(中央公論社、一九九四年、原刊は一九六二年)二三頁。
(57) 吉田茂『世界と日本』(番町書房、一九六三年)七六―七八頁。
(58) これに対し吉田は、西春彦駐英大使に対し、「Christmas Island 問題に付対共産関係上必要の武器とあらばやめろと云ふか野暮なり、損害を賠償してくれと云ふがよしと存候」と述べている。『書簡』四八〇頁。
(59) 同右、一九六頁。
(60) 同右、三三六頁。
(61) たとえば、一九六二年一月七日付佐藤栄作宛書簡、同右、三三七頁。
(62) 同右、八〇頁。
(63) 『回想十年』第一巻、三七頁。
(64) 東郷文彦『日米外交三十年――安保・沖縄とその後』(世界の動き社、一九八二年)五九頁。
(65) 『回想十年』第四巻、三九頁。
(66) 『書簡』七一頁。
(67) 同右、六三頁。
(68) 同右、三三二頁。

第十一章　岸　信介
——野心と挫折——

はじめに

戦後の総理大臣を論ずる場合、岸信介（一八九六—一九八七年）を避けて通ることは出来ない。保守合同、安保改定を始めとして、岸が戦後政治に残した足跡は間違いなく大きい。

また岸は、歴代首相のうち、最も興味深い経歴の持ち主である。戦前、岸は革新官僚として台頭し、統制経済を推し進め、満州国で活躍し、東条内閣に列した。それゆえ敗戦後にA級戦犯容疑者として投獄されたが、日本の独立回復後に政界に復帰し、たちまち実力者として台頭して、わずか五年で首相となった。そしてアメリカの支持を得て、親米路線を強力に推し進めた。凡庸な人物には絶対に不可能な経歴である。

しかしその没落も急速であった。日米安全保障条約改定反対運動の予想以上の高揚によって、岸は首相の地位を降り、以後、政界の表舞台に出ることはなかった。首相在任三年半は、決して短くはないが、政界復帰から数えて八年半という短さであった。

岸については、すでにいくつか優れた研究がある。古くは、高坂正堯が洞察力に富む岸像を提示していた。原彬久には、安保改定に関する一連の研究があり、『岸信介——権勢の政治家』は人物像としても立派なものである。外交史研究の方面からは、坂元一哉の一連の研究がシャープで優れている(1)。

それでも、岸研究の決定版はまだ書かれていない。大きな問題は資料面にある。現在、多くの研究が、インタビューとアメリカの外交文書に依拠しているが、インタビューの方は客観性と信憑性に問題があるし、外交文書の方は、未公開部分が多く、とくに日本側文書はほとんど未公開なので、バランスの取れた研究は難しい(補注1)。

こうした資料状況で、しかも優れた先行研究がある中で、筆者に新しい岸論を展開する準備があるわけではない。ただ、資料の不十分さを考えれば、岸の意図や行動の一つ一つを過剰に解釈するよりは、岸が実際に行った重要な諸決定を、もう一度よく整理し、理解し直して、全体として解釈することが大切ではないだろうか。そして、これを当時の国際的・国内的文脈の中に置き、他の政治家と比較して見る作業が必要だろう。こうした作業から、岸の政治家としての特質が少しでも浮かび上がれば幸いだと考える。

一　生い立ち

岸信介は、明治二九(一八九六)年一一月一三日、佐藤秀助・茂世《もよ》の次男として山口県に生まれた。そして中学三年の時に父の生家の養子となり、岸信介となった。兄の市郎が海軍中将、弟の栄作が総理大臣となったことは、あまりにも有名である。

岸が生まれた明治二九年は、日清戦争が終わった翌年である。その時、総理大臣伊藤博文が李鴻章と講和条約を結んだのは、県内の下関であった。兄・市郎、弟・栄作を含め、三兄弟は、いずれも藩閥なかんずく長州閥の最盛期にその生を享けたのである。

もう少し時代を下ると、日露戦争が終わった時、信介は八歳だった。戦争中、総理大臣は桂太郎、枢密院議長が伊藤、参謀総長が山県有朋、陸軍大臣が寺内正毅、満州軍総参謀長が児玉源太郎と、いずれも長州出身者であった。それが山口県人にとって、どれほど誇らしく、感激に満ちた時代だったか、想像に難くない。

しかも佐藤家にとって、それは遠い世界のことではなかった。信介に強い感化を及ぼした曾祖父の信寛は、吉田松陰や伊藤博文とも交際を持ち、明治三年、浜田県権知事(副知事)、明治九年、島根県令となった人物だった。明治三五年、信介が六歳の時に八〇余歳で没したが、新聞を飾る高位高官は、信介兄弟にとって、曾祖父を通じて隣人だった。

ただ、信寛没後の佐藤家は下り坂で、家業の造り酒屋も不振だったらしい。父の秀助は目立たない人物で、一家の中心は母・茂世であった。

この茂世の弟で、佐藤本家を継いだのが、佐藤松介だった。松介は東京大学で医学を学び、その助手となり、のち岡山医専の教授となった。松介とその妻(松岡洋右の妹)の間には男子がなかったので、娘の寛子に養子を迎えた。それが信介の弟の栄作である。佐藤本家と佐藤家とは、このように血縁で深く結びついていたのである。

しかも一族は、教育にかける熱意によって、さらに強烈に結びついていた。東京時代、松介は二人の弟と甥姪を呼び寄せて東京の学校に通わせ、また岡山でも、信介の二人の姉と信介を呼び寄せて学校に通わせた。信介の才能に注目した松介は、家庭教師をつけて岡山中学の受験準備をさせ、合格後はただちにイギリス人による英語の家庭教師をつけ、一方で様々なスポーツの手ほどきをするなど、実の両親も及ばぬ愛情を注いだ。

しかし、信介が中学二年生の時、松介は三五歳の若さで急死してしまった。すると今度は茂世の妹の夫で、山口中学の教師だった吉田祥朔《しょうさく》がただちに信介を引き取り、山口中学に通わせた。一族の教育にかける熱情は凄まじかった。なお、祥朔の子・寛は外交官となり、吉田茂の長女と結婚している。信介は吉田茂とも、近い関係だったのである。

ともあれ、以上の中に、政治的人格の形成に際して特徴的な条件が、ほとんどすべて見出される。誇らしい過去の栄光、現在の不遇、教育熱心な母、周囲の強力な支援者、そして有り余る才能。これらが政治的人格の形成を促しやすいと言われているが、このうち、現在の不遇という点がさほど顕著でなかった他は、岸はすべてを満たしていた。

二　農商務省から政治家へ

さて、山口中学時代、ほぼ首席で通した信介は、大正三（一九一四）年、第一高等学校に入学した。そして大正六年に同高等学校を卒業して東京帝国大学法科大学に入学し、大正九（一九二〇）年、同大学をトップ、それも史上稀な成績で卒業した。

大学時代、見逃せないのは、上杉慎吉との交際であろう。当時は吉野作造の全盛時代であり、多くの学生は吉野に魅せられていた。憲法学では、美濃部達吉であった。しかし岸は、吉野や美濃部になじめなかった。彼らの主張は、いわば明治国家からの解放の主張であった。それは、岸を育んだ長州のナショナリズムからは遠いものだったのだろう。他方、岸は、原彬久も指摘する通り、上杉の学問に心酔したわけではなかった。岸は実際的な人間であって、天皇親政論で日本の発展を考えるタイプの人間ではなかった。

大学に岸が入った頃、総理大臣はまたも長州の寺内正毅であった。しかしそれから一年で、寺内は退陣に追い込まれた。その後には、原敬の政友会内閣が成立し、長州の次のスターたる田中義一は、その陸相となっていた。また、やはり長州の新進政治家・下岡忠治は憲政会の幹部となっており、上山満之進は憲政会系の貴族院議員だった。藩閥の時代が終わり、政党の時代が来ようとしていることを、岸はひしひしと感じていたに違いない。大学を卒業した岸は、農商務省に入った。これは、当時としてはやや異例の選択であった。官僚志望者の多くは、内務省に入り、将来の知事を夢見た。内務省は強大な役所であり、官選知事の威力は絶大だった。農商務省と内務省の両方を経験した上山は、長州の先輩として、岸の選択を叱責したという。

しかし、これはいかにも岸らしい選択だったように思われる。仮に岸が内務省に入っていれば、確実に知事になり、おそらく次官になって、貴族院勅選議員となっただろう。さらに何かの大臣になったかもしれない。しかし、いくら大きな権力を持ってはいても、内務省は所詮は統治のための組織である。日本を発展させることは出来ない。日本の発展を目指し、そのために活躍したいとするナショナリズムと結びついた岸の野心は、もっと大きかったというのが筆者の推測である。

農商務省はその意味でフロンティアであった。大きく頭角を現すことが出来る役所であった。第一次世界大戦中における重化学工業の発展は、日本の経済構造を大きく変えていた。その後、不振に陥った重化学工業を発展させるのは、農商務省の役割だった。

一九二五（大正一四）年、農商務省は商工省と農林省に分かれ、岸は商工省に移った。その翌年、初めて訪米した岸は、アメリカの巨大な経済力に圧倒された。当時、日本は年間鉄鋼生産一〇〇万トンを目標としていたのに、アメリカの鉄鋼生産は月五〇〇万トンを超えていた。「その偉大さに圧倒され、一種の反感すら持った」と岸は述べている。

しかし、その後ヨーロッパに渡った岸は、復興に苦しむドイツを視察し、これなら日本にも可能だと考えた。とくにその産業合理化運動は印象的だった。限られた資源を合理的に配分し、国家の戦略的な発展を図ること、そこに官僚の新しい役割があると、岸は感じた。かつて長州の先輩が指導した富国強兵、殖産興業の新たな方向が見え始めてきた。

商工省において、岸は八年先輩の吉野信次に重用され、二人は強力なコンビを組み、産業合理化路線で商工省をリードすることとなった。昭和六（一九三一）年の重要産業統制法と工業組合法、そして昭和七年の商業組合法などは、このコンビが生み出したものであった。

政党政治の後退とともに、軍の熱い注目と期待が彼らに集まることになる。他方、吉野―岸コンビは財界や自由主義者からは警戒され、昭和一一年、小川郷太郎商工大臣は二人を省外に出した。この時、吉野は次官になって満五年だったから、いかに彼らが力を持っていたかが分かる。他方、岸は工務局長になって二年目、わずか三九歳であった。

岸の新しい仕事場は満州であった。満州国産業部次長として、岸は関東軍の支持の下、満州国の産業建設の事実上の最高権力を握った。そこには、既成政党や財閥など、障害となるものはなかった。満州の産業建設における岸の辣腕は、ほとんど伝説となっている。その最大のものは満州国産業開発五カ年計画の実行であり、そのための日産コンツェルンの満州移駐(昭和一二年)であった。これは、強大な政治力を必要とする大事業であったが、岸の卓抜な計画と、関東軍の強力な支援によって、可能となった。

昭和一四年、岸は満州から商工省に戻り次官となった。そして昭和一五年、第二次近衛内閣で入閣(商工大臣)を打診されたが、これを辞退、小林一三大臣に仕えたが、自由主義の小林と衝突し、いったん辞職に追い込まれた。しかし時代は岸を必要とし、ついに一六年一〇月、東条内閣に商工大臣として入閣することとなる。四四歳のことであった。

大臣となった後の岸の軌跡も、通常の官僚とも政治家ともかなり違っていた。まず、人事刷新を名目に、省内の先輩・同輩に辞職を求め、腹心で省内を固めた。そして、昭和一七年の総選挙に出馬し、当選した。岸はそのためには、必要なら大臣を辞める覚悟だったが、結局在官のまま出馬、当選したのである。

他方、昭和一八年軍需省が出来ると、東条首相兼摂大臣の下で次官となる。国務大臣兼任とは言え、自己の降格を含む行政改革に積極的に協力したのである。そしてこの時は、次官と議員を兼ねることは出来なかったため、議員の方を辞職している。

この間、岸は軍に対しても、決して言いなりではなかった。岸の知識とヴィジョンは、総力戦体制を作り上げるために是非とも必要であった。そのために岸はしばしば軍部の意向に逆らったし、軍部の中枢は、この岸の立場を多としたのである。

岸における総動員体制は、官による完全な統制を目指すものではなかった。日産の移駐にしても、民間の経営技術の重要性を認識していたからであった。民間が生産の主体である、しかし、官の強力な指導があって、初めてその力は無駄なく発揮されると、岸は考えた。

ただ、岸が、総動員体制を推進することの是非について、大局的な判断を持っていたかどうかは、疑問である。たとえば昭和一一年の自動車製造事業法は、自動車国産のために岸が進めたものであった。吉田茂などは、当時の状況では、自動車国産は日本にとって利益にならないという観点からこの法律に反対だったが、そうした判断は、岸にはなかった。

また、東条内閣に列し、開戦の責任の一端を担った岸に比べ、吉田は何としても開戦は避けるべきだと考えた。そのためグルー米国大使に、国家機密を漏らすことも辞さなかった。ハル・ノートが来ても吉田は望みを捨てず、開戦前夜には、倒閣による開戦阻止まで考えた。国家の大計のために非常の決断を辞さない点で、吉田は岸より上であった。

しかし、岸もたんなるテクノクラートではなかった。東条内閣末期の昭和一九年七月、岸は危険を侵して徹底的に東条に抵抗し、ついに閣内不統一で内閣を倒したのである。また、その後も、翼賛政治会と対抗して護国同志会を結成するなど、岸は明らかに日本の運命に影響を及ぼそうと考えていた。まだ四七歳のことであった。

三　保守合同への道

敗戦後、東条内閣の一員として、岸はA級戦犯容疑者として逮捕され、まもなく巣鴨プリズンに収容された。巣鴨における岸の言動は、原彬久の著書に詳しい(2)。岸は日本の戦争は自衛戦争だと考え、逮捕も裁判も不当だと考え、内外における共産主義の脅威を憂え、日本の運命を案じていた。以上は、巣鴨収監者にほぼ共通しており、岸だけにとくに変わった所はない。

一九四八年一二月、岸は出獄を許された。四八歳から五二歳へ、人生の最も脂の乗り切った三年余りを奪われたことが、いかに痛切な経験であったか、察するに余りある。

一九五二年四月、講和発効・追放解除とともに、岸は日本再建連盟を発足させた。しかし、同年秋の総選挙で再建連盟は惨敗する。岸自身は出馬しなかったが、ともかく大きな挫折だった。その後、岸は右派社会党入りを考えるが、これもうまくいかなかった。

一九五三年三月、議会が解散となると、弟の佐藤等の配慮で、岸は外遊先から自由党公認候補として立候補し、当選した。政治活動再開から一年、二度の挫折の後に、既成政党に入ったわけである。昭和一七年衆議院選挙、護国同志会、日本再建連盟、社会党入党計画と、岸は何度も国民運動に政治活動の基礎を置こうとしていた。岸が国民運動と社会主義に対して、かなり強い意識を持っていたことは確かである。

ともあれ、岸は通常の政界復帰を考えていなかった。その人脈と経験からして、岸が既成政党に入れば、政界の一角に有力な地位を占めることは容易だった。岸がその道を選ばなかったのは、岸が普通以上に大きな野心を持っていたからではないだろうか。

衆議院に議席を得て半年後の一一月、岸は四〇名余りの議員を集めた会合を開いた。実質的な岸派の発足であった。当時の第五次吉田内閣は、少数党内閣であり、多数派の形成に苦慮していたので、岸の勢力は大いに目を引いた。

吉田の多数派工作は、やがて鳩山復党問題となり、その条件として、鳩山の改憲論を受け入れる姿勢を示すため、党内に憲法調査会が設置されることとなった。その会長に岸が就任することが決定された。一二月のことである。

その頃から、保守合同論が勢いを増してくる。自由党は、退勢を立て直すために、また改進党と日本自由党（鳩山擁立を目指し自由党を離党した八名）は、吉田退陣に向けて合同論を唱える。その中で岸は、一九五四年四月、石橋湛山や芦田均とともに、保守各党から代議士二〇〇名を集めた新党結成促進協議会を結成する。一一月、岸は自由党から除名されるが、逆に自由党内の岸派・鳩山派、改進党、日本自由党を糾合して、日本民主党の結成に進んだ。一二月、社会党の協力を得て、民主党は吉田内閣を倒し、鳩山内閣を発足させた。

民主党で幹事長に就任した岸は、一九五五年二月の総選挙で勝利し(一二四議席から一八五議席、自由党は一八〇議席から一一二議席へ)、さらに第二次保守合同を目指した。五月、岸は「独立完成に向けての諸政策を強力に推し進めるための保守結集」を唱えている。他方六月には、保守結集には合同のみならず、提携、連立など様々な方法があると言っている。本当の狙いはもちろん前者であるが、含みを持たせて反対論者を宥和しつつ、状況の推移を見守ることが、岸の得意とするところであり、「両岸」と言われる所以であった。

自由民主党は、ついに一九五五年一一月、成立する。人事が最大の難点であったが、党首は代行委員制とし(代行委員・鳩山・緒方・三木・大野)、総理は鳩山、幹事長が岸という布陣であった。岸の功績からして、当然のことと考えられた。

さて、この間の岸の動きの特徴をいくつか指摘しておきたい。第一に、岸の急速な台頭を可能にしたのは、商工省、商工大臣時代の人脈であり、金脈であろう。岸の統制は、民間の協力を得て行うものであったから、幅広く密接な経済界との関係があったのである。

第二に岸は、閣僚の地位には興味を持たなかった。戦前を別として、岸は石橋内閣外相になるまで、閣僚になっていない。閣僚の地位から得られる政策的な知識・経験と資金源などは、すでに十分だった。岸が狙ったのは、幹事長のような組織の要であり、政界再編成の要の地位であった。憲法調査会会長も、イデオロギー的な結節点の一つだった。

第三に、こういう地位にあって、岸は「両岸」と言われる情勢観望を行い、事態の推移を見守った。そして状況の読みは抜群だった。また岸の豊富な資金力は、こうした要の地位において最も有効に発揮されたのではないだろうか。

第四に、岸の目標は、保守合同に関して彼自身述べている通り、真の日本再建のための根本的な施策と、そのための強力な体制の確立だったと見てよいように思われる。岸の予測能力が卓抜だったのは、このように目標がはっきりしていたからだと筆者は考える。

憲法改正、日米関係の対等化、アジアとの関係の密接化など、のちのち岸が追求する様々な政策において、岸はかなりの程度首尾一貫していた。吉田が敷いた日米機軸路線が、日本の発展の唯一の道であること、その枠内で以上の課題を実現すること、それが岸の政治的成功に繋がることであることを、岸ほど確信していた政治家は少なかった。時代の課題を最も適切に見通していて、それを貫く政治力を持っていたこと、それが彼の急速な台頭の理由であったと考える。

四　日本の独立回復と経済復興

一九五六年一二月一四日、戦後政治史に名高い自民党総裁選挙が行われた。鳩山の次の総裁を目指し、岸・石橋・石井（光次郎）が争い、岸の優位が伝えられていたが、石井と二、三位連合を組んだ石橋が、第一回投票一位の岸を逆転し、七票差で総裁となった。

しかしその後の組閣で、岸はしたたかな対応を見せた。石橋からの入閣要請に対し自分は党の半数の支持を得ており、党内結束のためなら入閣協力するが、論功行賞的な組閣（石井副総理を指す）には協力出来ないとした。ここに石橋は、石井副総理の構想を断念し、岸は副総理格の外相として入閣した。これが、岸内閣成立の大きな伏線となった。

翌五七年一月三一日、病気に倒れた石橋は岸を首相代理に指名し、三週間後、辞意を表明した。二月二五日、岸は首班に指名され、全閣僚留任のまま、岸内閣は発足した。

岸は組閣当初の心境を、「満を持してというわけではないが、淡々と始めた」と述べている。要するに、責任の重さに対する不安や、課題についての迷いはなかったわけで、実際は「満を持して」というのに近かったように思われる(3)。

総理大臣となった時、やはり岸は大きな野心を持っていたと、筆者は推測する。岸は東条内閣の一員として、日米開戦の決定に参加した。その結果は惨憺たる敗戦であった。明治以来の発展は失われ、産業は疲弊し、不本意な憲法を押しつけられ、真の独立の回復からは程遠いと、岸は考えた。自らの実力に満々たる自信を持ち、長州人として明治日本の建設に誇りを感じていた岸は、出来ることなら、自らの手で敗戦日本を根本的に立て直したいと考えたであろう。それによって、自らの汚名もすすがれることになる。

日本再建のためには、独立回復と経済復興の両方が必要だった。独立回復のためには、憲法を改正し、再軍備を行い、不平等な日米関係を是正し、アジアその他の諸国に対する自主外交を展開しなければならない。他方、経済復興はアメリカの協力なしにはありえない。岸から見れば、吉田は対米協調に偏し、鳩山は独立に偏していた。この二つ、独立回復と、対米協調は両立可能だと岸は考え、そこに彼の政治的将来を賭けたのである。

政治家として最も難しいことの一つは、課題の発見である。時代の要請と、社会の要請を見抜いて、それを自分の政治的未来といかに結び付けるか。この点で、岸に迷いはなかった。

以上の推測に、決定的な証拠はない。そもそも政治家の意図について、確実な証拠を探すのは不可能に近い。しかし、政界復帰以後の岸のあらゆる言動が、そういう方向を指し示している。岸は日々の課題は悠々とこなし、それ以上の大きな目標に深い興味を持っていた。女婿の安倍晋太郎が、得意の経済で勝負するよう進言した時、首相というものはそういうものに力を注ぐものではないと答えたのは有名である。

岸の主要な努力は、周知の通り、日米安全保障条約の改定に向けられた。岸は首相時代の七割のエネルギーを安保に注いだと述べている。それは、最初からの計画ではなかっただろうし事後的な合理化も入っているだろう。しかし、岸の熱意は事実であった。

一つのきっかけは、岸が首相臨時代理となる前日、一月三〇日に起こったジラード事件だった。薬莢拾いの農婦を射殺した米兵ジラードに対し、日本の世論は激昂した。二月マッカーサー大使が着任すると、岸は頻繁に大使と会って、信頼関係を築いていった。そして四月一〇日には、日米関係に関するメモを手渡し、大胆な政策転換なしには、日本における反米感情はさらに高まって、日米関係を弱体化させる恐れがあると論じた。

さらに一三日、岸は新たに二つのメモを準備し、具体的な提案を行った。その一つは、安全保障関係に関するメモであり、(1)明白な侵略がない限り、アメリカは在日・在極東米軍を使わないことを確認する、(2)安保条約を改正し、(a)米軍の配備と使用は日米の合意によるものとし、(b)安保条約と国連憲章との関係を明確にし、(c)条約を期限五年とする、(3)日本は防衛力増強を継続し、アメリカはこれとともに兵力を引き揚げる(陸軍は完全引き揚げ)という内容であった。またもう一つのメモでは、沖縄・小笠原の返還がうたわれていた。極めて大胆率直な提案だったと言ってよい(4)。

さらに岸は、これに関連する政策を次々と打ち出した。五月二〇日には、「国防の基本方針」が閣議決定されている。短いものなので、全文を掲げてみよう。

国防の目的は、直接および間接の侵略を未然に防止し、万一侵略が行われる時はこれを排除し、もって民主主義を基調とするわが国の独立と平和を守ることにある。

この目的を達成するための基本方針を次の通り定める。

1、国際連合の活動を支持し、国際間の協調を図り、世界平和の実現を期する。

2、民生を安定し、愛国心を高揚し、国家の安全を保障するに必要な基盤を確立する。

3、国力、国情に応じ自衛のため必要な限度において効率的な防衛力を漸進的に整備する。

4、外部からの侵略に対しては、将来、国際連合が有効にこれを阻止する機能を果たし得るに至るまでは、米国との安全保障体制を基調としてこれに対処する。

この決定は、その後長く防衛白書に掲げられていた。[補注2] それは、民主主義、国際連合、国際協調を重視し、愛国心の高揚、漸進的な防衛力の向上を掲げ、日米安保体制への依拠を明言するなど、今日でも通用する内容だからである。ともあれ、鳩山時代の軍備は、その方向性が明確でなかったのに比べ、岸は日米機軸路線を明白に打ち出したのである。

かつて一九五五年八月、重光葵外相は渡米してダレス（John Foster Dulles, 1888–1959）国務長官と会い、安保条約の対等化を申し入れた。しかしダレスは、日本にそんな力があるのかと、これを一蹴し、同席した岸（幹事長）も、強い衝撃を受けた。日本の決意を明らかにした基本政策がなければ、ダレスを納得させることは難しいことを、岸は知っていたのであろう。

さて、この閣議決定を済ませたその日、岸は最初の外遊に出た。訪問先はビルマ（ミャンマー）、インド、パキスタン、セイロン（スリランカ）、タイ、台湾であった。

これらはいずれも、賠償問題がないか、一応解決済みの国々だった。とくに南アジア三カ国は、ネルーなど、日露戦争によってナショナリズムを喚起されたリーダーに率いられ、親日的だった。このような友好関係が確実な国々を、岸はまず外遊先に選んだ。

訪問の意図は明らかであった。これら諸国との関係の強化は、それ自体、重要な意義があったのみならず、同時に、アメリカに対する日本の立場を強化することであった。また岸は、アメリカの資本をこの地域に吸収し、この地域を発展させたいと考えていた。それが実現すれば、この地域は日本の有望な市場となるはずだった。[5]

もう一つ挙げておけば、こうした外遊には、かなりの政治的得点が期待出来た。岸の前の総理大臣は、吉田、鳩山、石橋と、いずれも高齢か病弱か、その両方であった。それに比べ、岸は首相就任時六〇歳、その若さと活力を誇示することが出来たのである。

六月、この外遊から帰国した岸は、休むまもなくアメリカを訪問した。そして「日米新時代」のスローガンの下に、日米関係の対等化を目指し、安保条約の見直しと沖縄・小笠原の返還を申し入れた。これに対し、アイゼンハワーは好意的に対応し、共同声明において、安保条約の問題点を検討するための委員会の設置などが合意された。

九月、藤山外相とマッカーサー大使の間で、安保条約と国連との関係に関する公文が交換され、在日米軍の行動は、国連憲章に合致するものであることが明らかにされた。四月一三日の岸のメモの一部が、早くも実現されたわけであった。

さて、一一月になると、岸は三度目の外遊に出発した。訪問国は、東南アジア七カ国とオーストラリア、ニュージーランドの九カ国であり、六月よりも難しい国々であった。フィリピン、オーストラリアの反日感情はとくに強く、インドネシアとの賠償は未解決だった。しかし、岸は率直に謝罪し、未来に向けての協力を呼びかけた。オーストラリアなどでは、事前の冷ややかな感情が一変し、諸外国でも岸の率直さと勇気を讃える新聞が多かった。インドネシアに対する賠償問題が原則的に解決されたのも、この時であった。

五　日米協調路線の推進

さて、次に岸の政治的基盤を検討したい。まず、党内基盤を考える指標として、岸内閣における党三役（副総裁がある時はこれを含めて四役）＋閣僚（当時まだ閣僚ではなかった官房長官や総務庁長官〈五七年設置〉を含む）を、派閥別に示した一覧表を掲げる。

岸内閣は、当初、石橋内閣を踏襲していた。そして訪米後の内閣改造で、初めて実質的な岸内閣が出来た。注目されたのは、国会議員でない藤山愛一郎の外相就任であった。藤山は岸の古い盟友で、スポンサーでもあった。その藤山の後援に応え、さらにその協力を得て、また岸自身が自由に外交問題に取り組めるよう、考えられた人事だった。

岸内閣における主要役職の派閥別配分一覧

	岸	佐藤	石橋	石井	池田	河野	大野	三木	無派閥	その他	計
石橋内閣 (56・12・23)	3	0	3	3	1	2	2	4	1	2	21
第1次岸内閣 (57・2・25)	3	0	2	4	1	2	2	4	1	2	21
	(石橋首相が辞任し，岸外相が首相兼外相，石井国務相入閣)										
(57・4・30)	(北海道開発庁長官病気交代，バランスに変化なし)										
(57・5・20)	(石井国務相，無任所から副総理へ)										
同改造内閣 (57・7・10)	3	3	1	1	1	5	1	2	3	2	22
	(実質的岸内閣発足)										
(57・8・1)	3	3	1	1	1	6	1	2	3	2	23
	(総務庁設置のため)										
(57・12・30)	3	4	1	1	1	5	1	2	3	2	23
	(総務会長河野派から佐藤栄作へ．砂田総務会長死去のため)										
第2次岸内閣 (58・6・12)	7	5	0	1	1	1	1	1	1	4	22
	(総選挙後の組閣)										
(59・1・12)	6	5	1	1	1	1	1	0	1	4	21
	(池田・灘尾・三木の三閣僚辞任等にともなう閣僚・役員入れ替え)										
同改造内閣 (59・6・18)	10	2	0	1	2	2	4	1	0	0	22

大きな狙いの一つは、実力者の取り込みだった。次の実力者には、池田と河野、さらに実弟の佐藤がいた。岸は池田の入閣を求めたが、池田はこれを拒んだ。その結果、五七年七月には佐藤派と河野派がそれぞれ三ポスト増え、とくに河野派が五ポストを占める構成となった。

岸にとって、次に必要なのは、党内基盤確立のための総選挙だった。しかし反主流派が反対したため、岸が構想した一月解散は出来ず、四月解散となった。そして五月の総選挙では、自民党は二八七議席(解散前二九〇議席)を得て、勝利を収めた。

この時、社会党も一六六議席(解散前一五八議席)を得て、議席を増やしたが、勝利感はなかった。社会党はより多くの議席増を期待し、議席の過半数の候補者を擁立し、いわば単独政権を目指す姿勢で選挙に臨んだのであった(以後、過半数の候補者を擁立したことは一度もない)。ともあれ、この選挙は、五五年体制下の最初の衆院選であり、自民党が社会党の伸びを抑えて長期政権の基礎を固めた、極めて重要な選挙だったのである。

選挙後五八年六月の改造で、岸は佐藤を蔵相に起用し、池田・三木を閣内に取り込んだうえ、主要ポスト一二のうち、一一を岸派と佐藤派で押さえた。また野党に対しては、圧倒的な信任を理由に、正副議長と常任委員長を自民党が独占するという高姿勢で臨んだ。

その頃、安保問題も煮詰まりつつあった。安保見直しには、条約の全面改定と、条約は改定せず、交換公文等で補足するという、二つの方法があった。このうち新条約は、効果は大きいが、アメリカ上院の批准など、手続き面の困難は大きいと考えられた。また、アメリカ側にはヴァンデンバーグ決議があって、相互性のない一方的な同盟条約を禁じているのに、日本では憲法上、海外派兵が難しいということが、大きな問題だった。

ところが、マッカーサー大使は五八年二月という早い段階で、新条約案を本省に示している。とくに難しいと考えられた条約の相互性の問題については、マッカーサーは、アメリカは日本を守り、日本は在日米軍を守るという形で、答えを出そうとしたのである。

マッカーサーがこの案を日本側に示唆したのは五八年七月のことだった。条約改定を考えていなかった外務省は戸惑った。そして八月二五日、岸首相は、困難を乗り越えてこそ本格的な日米新時代が定着するとして、条約改正方式を明言し、外務省首脳部を驚かせた。

しかし、岸はかなり前からそのつもりだったのであろう。総選挙における勝利、組閣の成功、そしてマッカーサー大使の対応から、正攻法による決着を目指したのである。実益だけを確保して長期政権を目指すには、岸はあまりに野心的だった。

しかし、これが岸内閣の絶頂期だった。同年秋の臨時国会で、岸が突然導入を図った警察官職務執行法改正案は、戦前の警察国家への回帰を図るものだとして、野党の強い反対を引き起こした。反主流派も岸の強引さを批判し、岸は法案断念に追い込まれた。一二月末、池田・灘尾・三木の三閣僚は辞任して、内閣は大きな危機に遭遇することとなった。

国外では、中ソの安保改定反対が明らかになっていた。中国は五八年五月の長崎国旗事件以来、岸内閣批判を強めていたが、一一月、日本の中立を期待するとして安保改定を批判し、一二月、ソ連も同様の声明を発表した。

こうした情勢で、党内の態勢立て直しのため、岸が打った手は、三月予定の総裁選挙の繰り上げだった。池田も三木も、準備不足で立候補して惨敗することは、避けるはずだった。選挙は一月に行われ、反主流派からは松村謙三が立候補し、岸の三二〇票に対し、一六六票を集めたが、岸を脅かすことはなかった。

この時、岸は際どい手段を用いた。河野の要請により、大野伴睦副総裁の協力を確保するため、大野に次期政権を約束したのである。岸が書いた数枚の怪しげな念書の一つだった。

一月人事のもう一つの問題は、党役員人事であった。五七年七月以来の川島幹事長を更迭し、福田赳夫政務調査会長を幹事長に起用したのである。岸は福田を深く信任していたが、何といっても派内では新参であった。川島、椎名その他、古くからの岸の仲間には、不満が残った。これは、その後の岸派内部の不安定化をもたらす原因となった。

ともあれ、何とか混乱を乗り切った岸は、条約早期調印を目指した。自民党に対する支持は高かった。六月の参議院選挙では、三年前の五六年と比べ、自民党は六一議席から七一議席に増加し、社会党は四七議席から三八議席に減少するという大勝利だった。

しかし、党内の反対は収まらなかった。二月頃から、条約と密接な関連を持つ行政協定を大幅に改定せよと、池田・三木・河野が主張し始めたのである。岸がこれを受け入れて交渉を申し入れると、マッカーサー大使は激怒した。行政協定の現状維持が、暗黙の了解だったからである。しかし大使は交渉に応じ、交渉は六月末にかけてまとまった。岸の側にも、党内の異論を利用してなるべく有利にしようとする意図があったのかもしれない。

とくに目立ったのは、河野の揺さぶりだった。岸―大野密約を演出したのは河野だったし、以下に述べるような六月人事の際の態度から見て、河野に岸内閣を倒す意図があったとは思えない。しかし、一月の人事で総務会長を離れ、自由になっていた河野は、岸の河野に対する依存をさらに深めるため、揺さぶりをかけたということであろう。

さて、五九年六月、参院選後の内閣改造で、河野は幹事長のポストを要求した。河野と池田の二人が反岸になれば政権は維持できない、そして池田は反岸の姿勢を変えないだろう、したがって岸は折れる、というのが河野の計算だった。河野の要求を拒んだ岸に対し河野は、もし池田が駄目だったらもう一度相談してほしいと言ったといわれている。

ところが池田は、周辺の反対を押し切って、通産大臣として入閣することを決断した。これを聞いた河野陣営では呆然として声がなかったという。戦後政治史上の極めて重要な瞬間の一つだった。岸・佐藤・池田の三派が、安保改定で結束することになったのである。

保守本流という言葉がかつてよく使われた。その定義は明確ではないが、党人派に対する官僚派、とくに吉田茂につながる官僚系勢力を漠然と指すことが多かった。しかし筆者は、保守本流とは、外交で定義すべきものだと考える。吉田茂によって敷かれた日米協調路線が保守本流の本質で、官僚出身、吉田茂との関係などは、二次的だと考える。また、経済重視型の対米協調か、安保重視型の対米協調かという違いも、二次的である。それはアメリカの政権の性格や、国際環境にもよることだからである。

要するに、保守本流とは、日米協調路線の維持推進をはかる勢力であると定義すると、最も一貫した説明が可能だと考える。そして、その確立が、五九年六月だった。吉田路線と岸路線が融合して、自民党の中枢は日米協調＝保守本流で貫かれたのである。

なお、吉田は当初、岸の条約改定構想に冷淡だった。対等とか自主とかいうのは国際的相互依存の時代に相応しくないことだとし、アメリカの日本防衛義務など、形式論に過ぎないと考えていた(6)。

しかし、アメリカが条約改定に応じた以上、吉田も反対するわけにはいかなかった。吉田は岸の次に池田内閣を望んでいたが、池田が日米協調を批判する形で組閣することは避けたかった。安保改定を支持する形で政権を取ることが必要だった。したがって、六月人事で岸が河野と決裂したことは、絶好のチャンスだった。池田の入閣決断には、吉田の影響もあったかもしれない。実際、吉田の岸に対する対応は、これ以後、協力的になる。

その逆に、河野は安保条約批判を続けた。三木ほどではないにせよ、事前協議における日本の拒否権の明確化や、条約の範囲からの沖縄・小笠原の除外など、難問を岸に突きつけた。警職法がなければ、条約調印は五八年末には可能だったし、行政協定問題がなければ、五九年の二、三月には可能だった。そして行政協定問題も、六月末にはまとまっていたが、党内の事情で、さらに交渉は遅れた。

五九年一〇月になってようやく党内調整を終えた岸は、六〇年一月、渡米して条約に調印した。帰国後、岸は解散・総選挙を考えたが、川島幹事長を含め、党内の反対が強く、解散は断念した。もし総選挙が行われていたら、自民党は勝利し、新条約は比較的簡単に国会を通過し、アイゼンハワー大統領は来日し、岸内閣はさらに続いただろう。それゆえに、反岸勢力は解散には絶対反対であり、岸派内部も微妙であったわけである。

その後の混乱はよく知られている。条約審議は、社会党の抵抗によって停滞し、院外の反対活動も盛んだった。追い込まれた岸は、五月一九日、警察官を導入して、会期延長と安保条約批准を強行採決した。川島幹事長ですら、会期延長採決しか知らなかったほど、少数の側近による極秘の決定であった。

周知の通り、強行採決は院外の反対運動を空前のものとした。以後、国会は完全に麻痺し、岸は一カ月間、条約の自動承認だけを待ち続けた。一カ月後、条約は批准されたが、六月一五日の東大生死亡事件によって、さらに学生運動は高まり、アイゼンハワー大統領の訪日が難しくなった。二二日、訪日中止を決定して、岸は辞職を決意した。

おわりに

岸が極めて有能な政治家だったことは間違いない。吉田は安保改定は不要と考えたが、ジラード事件等を見ると、旧条約のままでは、日米関係は危機に瀕したかもしれない。

ここに岸は着目し、自らの政治的成功を賭けた。その行動は大胆かつ迅速だった。マッカーサー大使に対し、早期に根本的な問題を提起したのも、全面改定を決断したのも、岸だった。日米関係を念頭に置いた対アジア・オセアニア外交も、鮮やかだった。

本章では触れなかったが、中小企業の育成や、国民年金法の実現も、大きな功績だったし、所得倍増計画に着手したのも、岸だった。

岸の権力基盤も強かった。財界からの支持も厚かったし、党内の半数近い支持を集めるのは岸にとってそれほど難事ではなかった。

このような力と完璧さゆえに、岸は多くの反対を招いた。外では中国であり、国内では社会党であり、院外の大衆運動であった。そして何よりも難しかったのは、党内反主流派の動きであり、派内の不統一であった。

岸は、当時の日本の政治文化の中にあっては、あまりに完璧主義であり、あまりに直截であり過ぎたのだろう。もし、条約全面改定を目指さなければ、もっと内閣は続き、他にも多くの仕事が出来ただろう。人事を岸派・佐藤派で固めたり、派内で福田を重用したりし過ぎなければ、より多くの協力を確保出来ただろう。もし、条約批准直後のアイク訪日で日米新時代を祝おうとしなければ、総選挙も可能だったし、議会での強引な戦術も避けられたかもしれない。あまりにも完璧な構想が、多くの点で躓きの石となったのである。

佐藤という実力者を弟に持ったことも、難しい問題をはらんでいた。自民党では、自派以外に協力的な派閥が二つ以上あって、初めて安定多数が得られる。そのためには、他の派閥が、総裁に対して忠誠競争をしてくれることが望ましい。ところが、岸の場合、佐藤との関係が密接すぎて、他の派閥は接近しにくかった。河野にしても池田にしても、岸に密着しても、重要度において、所詮第三派閥にしかなれないのである。

仮に河野が泥をかぶって岸に協力したとしよう。それは岸の延命を助け、河野が不要になったとたん、岸は河野を捨てて池田に乗り換えるかもしれなかった。実際、岸にはそうした酷薄な印象があった。河野が五九年になってから、岸に揺さぶりをかけ、六月に執拗に幹事長の地位を求めたのは、そうした運命を予感したからだったのではないだろうか。もし、佐藤がいなければ、岸はいったん他のリーダーに政権を託し、また復帰するということを考えることも可能だった。しかし岸としては、佐藤を置いて二度総理をやるわけにはいかなかった。岸が政権を去る時は、政界の表舞台から去る時だった。

外交問題を政争の具にしてはならない、と言われるが、当時、まだそれは自明ではなかった。しかもそれは、結局は強者の論理である。弱者は外交問題も使って権力者に揺さぶりをかける。行き過ぎると、それは彼の権力掌握にマイナスに作用する。岸は、吉田外交の転換への期待と、親米外交の継続とを巧みにつなぎ合わせることに成功した。河野はそれに失敗した。しかし、そうした河野の猪突猛進が、岸の致命傷となった。

岸は条約を改定して退き、二度と政界の表舞台に復帰出来なかった。しかし、岸内閣の遺産と教訓は、自民党政権の中に深く受け継がれた。岸が残した最大の遺産は、日米協調の基礎を再確立したことであり、国内的には、保守本流を確立したことであった。日米協調路線は、事実上、自民党総裁の条件となったのである。

他方、岸の直截的手法が失敗したことから、後の自民党総裁たちは、党内外におけるコンセンサスを重視するようになった。党内においては、派閥均衡人事を中心とする派閥政治が発展し、野党に対しては、対決的争点や対決的姿勢を避けるようになった。国対政治は、その結果生まれたものと言うことが出来る。

岸はじっくり時間をかけてものごとを進めていくには、先が見え過ぎたのであろう。その失敗を教訓に、池田と佐藤は自民党の黄金時代を築いた。五五年体制は、岸の後に、新たなものに変質する。それを筆者はかつて六〇年体制と呼んだ。(7) 安保改定における岸の遺産と教訓が、自民党長期政権を可能とした。保守合同において果たした役割を併せ考えれば、岸は自民党長期政権の生みの親と言っても過言ではない。しかしその長期政権は、憲法改正を含む日本の根本的な再建という岸の目標に、決して取り組もうとはしなかった。そのことに、複雑な感情を抱きつつ、岸は長すぎる晩年を過ごさなければならなかったのである。

（1）坂元一哉『日米同盟の絆――安保条約と相互性の模索』（有斐閣、二〇〇〇年）。坂元一哉「重光訪米と安保改定構想の挫折」『三重大学社会科学学会法経論集』第一〇巻第二号（一九九二年）。坂元一哉「岸首相と安保改定の決断」『阪大法学』第四五巻第一号（一九九五年六月）。
（2）原彬久『岸信介――権勢の政治家』（岩波書店、一九九五年）。
（3）伊藤隆・岸信介・矢次一夫『岸信介の回想』（文藝春秋、一九八一年）。
（4）*Foreign Relations of the United States 1955–57*, Vol. 23, Part 1.
（5）樋渡由美「岸外交における東南アジアとアメリカ」近代日本研究会編『年報・近代日本研究11　協調政策の限界』（山川出版社、一九八九年）。
（6）北岡伸一「吉田茂における自主と独立」同『政党政治の再生――戦後政治の形成と崩壊』（中央公論社、一九九五年）。
（7）北岡伸一「包括政党の合理化」同『国際化時代の政治指導』（中央公論社、一九九〇年）。

（補注1）その後、日本外交文書の公開は進み、これに基づく戦後外交研究は活発化している。筆者は外務省の「いわゆる『密約』問題に関する有識者委員会」（二〇〇九―二〇一〇年）の座長を務めたが、この作業においても、多くの機密外交文書が公開された。しかし、依然として岸に関する本格的研究はまだ書かれていない。

（補注2）二〇一三年一二月一七日、安倍晋三内閣は「国家安全保障戦略」を採択し、これによって「国防の基本方針」を置き換えることを決定した。「国防の基本方針」が一九五七年五月に採択されてから、五六年七カ月後のことであった。

第十二章　賠償問題の政治力学

はじめに

敗戦後の日本にとって、最大の問題の一つは、賠償問題であった。いつ頃、日本は廃墟から立ち直れるのか。いや、そもそも立ち直れるのかどうか。それは何よりも連合国の賠償政策にかかっていると考えられた。それは決して杞憂ではなかった。占領初期のアメリカの賠償政策は、かなり厳しいものであったからである。

しかし、まもなくアメリカは対日政策を転換し、賠償についても無賠償の方針に転じた。もっとも、フィリピンなどが強く反対したため、アメリカは若干その方針を修正した。その結果、一九五一年の講和条約は、ごく限られた賠償義務だけを定めることとなった。そして多くの国々は賠償の権利を放棄した。

講和会議後、賠償請求の意志を明らかにしたのは、フィリピン、インドネシア、ビルマ、ヴェトナム、ラオス、カンボジアの六カ国だった。中国市場を失っていた日本にとって、東南アジア諸国との経済関係は極めて重要であり、そのためにも、賠償問題の早期解決は重要な懸案だった。やがて日本は、一九五四年から五九年にかけて、東南アジア四カ国と賠償協定を締結した。そしてその他の数カ国とも、賠償に準じる資金の供与(準賠償)を約した。一九六五年の日韓条約における準賠償と、一九七二年の日中国交回復における中国側の賠償の放棄によって、北朝鮮(朝鮮民主主義人民共和国）を別として、一応この問題は決着を見たのである。

こうした経緯については、かなり前から一通りは知られている。アメリカの賠償政策の変化とか、日本・フィリピン間の賠償交渉、さらに日韓条約の締結などについては、かなり詳細で信頼すべき研究も出ている。(1) しかし、賠償問題が、このように主として二国間関係の争点として研究されてきたことによって、いくつかの問題も生まれている。

その一つは、研究が交渉の細部に向けられた結果、賠償問題の全体像がかえって把握しにくくなっていることである。交渉のどの段階におけるどのような決定ないし選択が重要だったのか、かえって理解は難しくなっている。また、二国間の研究からは、どうしても、日本と求償国との間の、支払い金額の多寡をめぐる一次元的な駆け引きとしての側面が浮かび上がる傾向がある。今日、日本の賠償はきわめて不十分であったという批判がしばしばなされるが、それも、こうした一次元的理解の延長線上にあるように思われる。

賠償問題はもっと複雑で広がりを持った問題であった。たとえばビルマに賠償をすることは、必然的にフィリピンやインドネシアへの賠償に波及し、さらにアメリカへの債務の返済などに関係し、東アジア国際政治において一定の意味を持つことになる。賠償問題は、二国間の問題であると同時に、国際政治的な問題なのである。また賠償問題は、日本にとっては、他の政策課題との関係の中で、限られた資金を、いつ、いかなる形で振り向けるべきかという、内政上の重要な問題の一つでもあった。

それゆえ、ある政治家やある政党の賠償政策は、その政治家やその政党の日本復興に関する構想や、アジアないし世界の中で日本が占めるべき位置に関する構想とも、無関係ではありえなかった。

こうした賠償問題の複雑な性格を念頭に置きつつ、日本が賠償問題に関し、なぜ、どのような選択をしたのかを、総合的に明らかにし、評価を加えること、これが本章の目的である。言い換えればそれは、賠償政策の展開において、どのような要因が――何時、誰の、どのような決定が――重要だったかを評価することでもある。

近い過去の歴史的事実に評価を下すのは、簡単なことではない。しかし、それなしには、歴史研究は、細部の事実の羅列と漠然たる印象の記述に終わってしまう。困難を承知で、あえて当事者の判断の是非を問うゆえんである。

この際、注意したいのは、当時の日本の政治状況である。この時期は、複数の保守勢力（五五年の保守合同以後にも、しばらくその内部は不安定で、単一勢力とは言えない状態だった）と、革新勢力とが、政権を目指して競争していた時期であった。外交政策においても、講和以前や六〇年の安保改定以後に比べて、アメリカとの関係は確固としたものではなかった。(2)戦後日本政治のもっとも重要な特質は、内政における自民党一党優越体制と、外交における日米提携基軸であるが、それらはまだ確立されていなかった。そのような状況で、賠償問題が、様々な政治勢力によって、どのように取り上げられたか、注意を払わねばならないだろう。そして、これら政党の政策を通じて、国民の意識もある程度見通すことが出来るであろう。

なお、本章では、一九五〇年代の中華民国、ビルマ、フィリピン、インドネシア、ヴェトナムの五つのケースを取り上げ、中華人民共和国の賠償放棄（一九七二年）、韓国その他の国々に対する準賠償などについては、必要な限りで、若干言及するにとどめる。なお、あらためて言うまでもないが、以上のような広範な課題からして、本章は新しい事実を提示することよりも、既知の事実を総合し、再解釈しようとするものである。

一　賠償問題の出発

1　前史としてのドイツ賠償問題

賠償とは何かということ自体、実はかなり難しい問題である。賠償の意義と性格は、歴史上何度も変化している。たとえば日清戦争の時、日本は銀二億両（三億五〇〇〇万円、一億七〇〇〇万ドル）の賠償を得た。当時、この賠償金は戦費であると観念されていたが、明治二八（一八九五）年度の歳出が一億五〇〇〇万円だったので、その二・三倍というのは多すぎる。むしろこれは戦利品と見るべきものだろう。また一九〇〇年の義和団事件賠償金も、総計四億五〇〇〇万両という巨額のものであって、懲罰であり戦利品であった。当時にあっては、賠償金の有無や多寡は、他の帝国主義的権益の獲得や付与と一体として考えられていたのである。

しかし賠償金の観念は第一次世界大戦で一変することとなった。強調されたのは、損害の補償ということであった。第一次大戦は、従来の戦争と質的に異なる巨大な戦争であり、多数の国民が動員され、死傷し、戦勝国にも膨大な被害が生じた。戦勝国は敗戦国にその補償を求めようとしたが、敗戦国ももとより疲弊して、それを払える状態にはなかった。そして、世界中が巻き込まれたため、敗戦国に資金を供給しうる国も少なかった。(3)

その歩みを簡単に見ておきたい。(4)一九二一年、対独賠償総額は一三二〇億金マルク（当時の三三〇億ドル）とされた。これはドイツの支払い能力をはるかに超えており、たちまちドイツは支払い不能に陥った。これに対しフランスとベルギーはルール占領の挙に出たが、マルクは崩壊し、一九二三年一一月には、一ドルは四兆マルクを超えるに至った。

この事態に応じて作られたのがドウズ案（一九二四年八月）であった。これは総額については触れない中間賠償案で、五年間に八〇億金マルク（二〇億ドル、一九五五年当時でいえば三四億ドル）を支払うというものであった。

ドウズ案が無事実施され、終了したところで、恒久案として作られたのがヤング案である。これは二九年九月より実施されたが、五八年七カ月に総計一一三九億金マルク、これを年利五分五厘で現在価額に換算すると三五八億一四〇〇万金マルク（約八九・五億ドル）であった。当初の一三二〇億金マルクに比べて、二七％にあたる。

ところがこれは、大恐慌の勃発で実施不可能となってしまった。そこで一九三二年七月のローザンヌ賠償条約で、あらためて総額三〇億金マルク（七・五億ドル）と大幅に縮小した案が作られた。しかしそれも、ヒトラーのヴェルサイユ条約破棄によって、雲散霧消してしまったのである。

過酷な復讐的懲罰的な賠償が、経済的政治的にいかに非現実的なものかを、このエピソードは示している。賠償の支払いのためには、巨大な対外黒字が必要であった。実際、何とか実施されたのはドウズ案だけであり、それはアメリカからの巨額の資金流入によってはじめて可能となっていた。

以上のプロセスを、根本的に批判したのがケインズ（John Maynard Keynes, 1883–1946）であった。ケインズは当初から、フランスその他の被害見積もりが過大であり、ドイツの支払い能力をはるかに超えていると考えた。ケインズによれば、ドイツの負担能力の限界は三六〇億金マルク（二〇億ポンド、九〇億ドル）であった。[5] 国際収支の余剰を超えて対外支払いを行うことは不可能であり、ドイツが巨額の対外支払いをするためには、膨大な貿易黒字を有することが大前提であったが、それはまったく不可能だったのである。

これに関連してケインズは述べている。たとえ巨額ではあっても、ドイツの支払い能力の範囲内で、ドイツのために幾分かを留保するような確定額を定めるならば、僅かながらもドイツにも企業家精神や活気や希望が残される。しかし、ドイツの支払い能力をはるかに超える額を定め、外国人の委員会の自由裁量によって、毎年可能な限りの金額を取りたてることは、ドイツの生身の皮を剝ぐことに均しく、文明史上、残忍な勝利者のなした極悪極まる行為のうちの一つである。このようにケインズは厳しく批判したのであった。[6]

2　アメリカにおける対日賠償政策の形成

こうしたドイツの教訓とケインズの警告が、対日賠償政策の中に刻み込まれていることを見出すことは、難しいことではない。

対日賠償の研究として、最初のものは、一九四三年七月二一日、アメリカ国務省経済調査課が作成した「戦後日本の経済的考察」だと言われている。[7] これはロバート・A・フィアリー（Robert Appleton Fearey, 1918–2004）によるもので、まず基本方針として、次の三つの選択肢があるとしている。すなわち、(1)すべての近代的産業設備を除去し、外国貿易を遮断する、(2)軽工業の残存を認め、一定期間後に貿易の再開を認めるが、重工業は解体し、商船隊も取り上げる、(3)軍事産業は解体し、平和産業に転換させるが、適度の制限のもとに日本経済の復興を認め、少なくとも戦前と同水準の生活水準を認める。フィアリーが支持したのは第三案であった。

賠償の方法としてフィアリーが考えたのは、まず海外資産の没収であった。それらはがんらい収益率が低く、とくに、投資してまもないものはまだ収益が上がっていない。しかも軍事目的のものが多かったので、軍事産業が禁止される今後の日本にとって意味は小さい。何よりも、現地のものはただちに現地の役に立つ。このようないくつかの理由で、これは絶好の賠償手段であった。問題は、公的な資産はともかく、私有財産の没収が合法的かどうかということだったが、それは、公有財産の定義を拡大することによって、解決することとされた。

それ以外の賠償については、フィアリーは消極的であった。日本は植民地を失い、より多くの人口を養わなければならない。また日本は資源が乏しく、多くを輸入しなければならない。賠償金支払いのためには、多額の貿易黒字を作り出す必要があったが、それは日本の経済構造からしてかなり難しいとフィアリーは感じていた[8]。

このような考え方が、ただちにアメリカの政策になったわけではもちろんなかった。連合国のドイツに対する政策は、四四年頃から強硬になり、それとともに、対日政策も強硬なものとなっていった。そして、対日政策の検討が、日本専門家の手を離れ、より高度のレヴェルにおいて議論されるようになると、日本の将来の発展を許すような表現は、次々に削除されていった。

結局、ポツダム宣言において、賠償問題については、次のように述べられることとなった。これが、賠償問題に関して、強制力を伴って日本に示された最初のものであった。

日本国はその経済を支持し且つ公正なる実物賠償の取立を可能ならしむるが如き産業を維持することを許さるべし。但し日本国をして戦争のため再軍備を為すことを得せしむが如き産業はこの限りに非ず。右目的のための原料の入手（その支配とは之を区別す）を許さるべし。日本国は将来世界貿易関係への参加を許さるべし（傍点北岡、以下断らない限り同様）。

これは、たしかにフィアリーなど極東関係者の多くの案よりは強硬であったが、第一次大戦後の対独賠償ほど懲罰的なものではなかった。注目すべきは、賠償の方法が、現金賠償ではなく、実物賠償（just reparations in kind）とされていたことである。ドイツの教訓は生きていたのである。

3　ポツダム宣言から講和条約まで

a　ポーレー案の作成と実施

日本降伏後まもなく、一九四五年九月二二日、米国は初期の対日方針を定めている。その基本線は、ポツダム宣言よりもかなり厳しいものであり、「日本の苦境は日本国自らの行為の直接の結果にして連合国はその蒙りたる損害復旧の負担を引き受けざるべし」などと述べられていた[9]。

そして、連合国最高司令官に対する基本的司令（一一月一日）には、賠償の実行方法について、「日本が保有すべき領域外にある日本資産を移転する」、「平和的な日本経済の運営又は占領軍に対する供給に必要でない物資、現存の工場、設備、施設を日本から移動する」などと述べられていた[10]。このうち問題は、日本から撤去すべきものの範囲であった。

この具体化を主たる目的として、連合国賠償委員会のポーレー（Edwin Wendell Pauley, 1903–1981）大使は、トルーマン（Harry S. Truman, 1884–1972）大統領の個人代表の資格で、一九四五年一一月一三日入京し、一五日の声明において、いくつかのポイントを明らかにした。その中には、(イ) 最小限度の日本経済を維持するに必要でないものは凡て日本から除去する、(ロ) 最小限度とは、日本が侵略した諸国の生活水準よりも高くない水準をいう、(ハ) 軍需工業に特有の各機械及び設備を除去して、これを賠償有権国に移駐して有益に使用する、(ニ) 賠償には、次のものが優先する。一つは占領の費用、第二は日本の必要輸入物資に対する代償である、などが含まれていた。

その後、中国各地を視察したポーレーは、一二月七日、中間賠償計画案を発表した。そこには、撤去すべきものとして、(1) 工作機械製造能力の半分、(2) 陸海軍工廠の全部、航空機工場の全部、ボールおよびローラー・ベアリング工場の全部、(3) 年間二五〇万トンを超える鋼鉄生産能力、(4) 石炭燃焼火力発電所の半分、などが含まれていた。

そして一二月一八日、中間報告として、「日本からの賠償：即時取立計画」が発表され、最終報告も四六年三月一日に完成されたが、公表されたのは、四六年一一月のことだった。

ポーレー案は、きわめて厳しいものであった。日本の一部には、もっと厳しく、日本は農業国家に逆戻りさせられると予測した者もあり、彼らはポーレー案によって最悪の事態は避けられたと考えた。[11] しかし大部分の日本人は、これは極めて過酷な案だと考えた。共産党の野坂参三も、これが実施されたら日本は一九〇〇年の水準に逆戻りだと述べていた。[12]

たとえば鉄鋼についてみると、残置すべきとされた水準は一九二七年のものであったが、人口増加を計算に入れて、一人当たりでみれば、鋼材で一九一五年、銑鉄では一九〇五年という水準であった。すなわち、鋼材で第一次大戦初期、銑鉄で日露戦争直後の水準が許容限度とされたのである。[13]

ただ、ポーレー報告でも、新規生産からの賠償は否定されている。新規生産からの賠償を認めるとすれば、日本の工業力の増加を認めることとなり、賠償が終わったのちに軍需産業に転化する恐れがあると考えられたからであった。対日厳格政策が、各論においては寛大な政策となることもある例である。

なお、ポーレーは賠償の方式として、日本の在外資産の没収を重視していた。そのため、四五年に来日した際、ただちに満州にも行って、日本資産の調査を行っている。ポーレーによれば、四五年六月現在の日本の在満資産残高は一一〇億円（二六億ドル）、このうちソ連が持ち帰ったのが八億ドルで、それによる被害は二〇億ドルであった。もっとも、GHQの一九四八年の推定では、日本の在外資産ははるかに大きく、三〇九億ドル（満州だけで八六億ドル）と見積もられている。(14)

以上のうち、ソ連による日本資産撤去は、大きな問題であった。日本からほとんど損害を受けていないソ連が、戦利品として満州の日本資産を持ち去ったからである。その頃はまだ米ソ対立は激しくなかったので、強い批判は行われなかった。その後も、この点について強い批判がなされなかったのは、批判によって裨益するのは中華民国と敵対していた中華人民共和国であり、中国とソ連が蜜月時代だったからかもしれない。ともあれ、日本の賠償については、大きな混乱要因となったのである。

さてポーレー案については、ただちに修正の動きが始まるが、これと並行して、部分的実施が進められた。この実施の側面について簡単に触れておきたい。

まず、一九四七年四月三日、アメリカ政府はマッカーサーに中間指令を発し、対日中間賠償三割即時取立権限を付与した。そして、極東委員会によって賠償用と指定された産業施設の三〇％を、特定四カ国の戦災救済のため、即時取りたてることとした。その割り当ては、中国一五％、フィリピン五％、オランダ（オランダ領東インド）五％、イギリス（ビルマ、マライ、極東イギリス植民地）五％とされた。

第一次撤去分の積み出しは、一九四八年一月、横須賀に入港した中華民国船によって始まった。また、第二次撤去分は一九四八年五月から始まり、第三次撤去分は一九四九年五月から開始され、五〇年五月に完了した。これで中間賠償撤去の引き渡しは完了し、評価額は一億六五〇〇万円（一九三九年評価）、時価では約一六二億円（四五〇〇万ドル）であった。

なお、この間の引き渡しは、施設の管理から、港からの積み出しまでは日本の負担とされ、出港から現地に設置するまではそれぞれの国の負担とされた。日本の負担は約一三九億円で、賠償物資評価額の八六％に上った。その他に連合国側の費用があったので、費用対効果の面では、極めて効率の悪い政策であった(15)。

b　アメリカ賠償政策の転換

このようにポーレー案は部分的に実施されたが、一九四六年の公表の直後から、公然たる批判が連合国側で出始めていた。たとえば調査団の一員であったガルブレイス (John Kenneth Galbraith, 1908–2006) は、施設撤去などせずに、これを作動させた方が有効だと批判した。またGHQは、一九四六年一二月二一日付の意見書で、日本経済の現状はポーレー報告の認識よりはるかに悪く、施設撤去は日本経済の困難を大きくするとして、異議を唱えた(16)。そうした批判は、早くから存在しており、それゆえにポーレー案の公表は八カ月も遅らされたのであった。

ポーレー案の公表から二カ月しかたたない一九四七年一月、ストライクを団長とする対日賠償特別調査団が日本に派遣された。同調査団は、日本に許すべき工業水準をもっと引き上げた新しい賠償計画を立てるよう勧告した。そこで、SWNCC(国務・陸軍・海軍調整委員会)、GHQ、調査団の三者は会議を開き、対日賠償政策の最終決定として、SWNCC236／43を採択した。それは、ポーレー案による賠償撤去を約三分の二に縮小したものであった。

同年八月、さらにその具体化のために第二次ストライク調査団が派遣され、長期にわたる調査を行い、四八年三月に報告書を提出した。それは、先のSWNCC決定をさらにその約三分の二とするよう勧告していた。

第二次ストライク報告の提出後まもなく、アメリカは日本と朝鮮の経済問題に関するジョンストン調査団を派遣した。ジョンストンの報告書は一九四八年四月に提出されたが、それは、ストライク案をさらに緩和し、SWNCC案を約四分の一にするものであった(17)。

一九四八年一〇月、対日政策の転換を決定的にするＮＳＣ13／2が決定された。賠償条項の決定は延期され、この中には含まれていなかったが、一九四九年に入って、ＮＳＣ13／3で決定され、五月、極東委員会はマッコイ米代表の声明によって、中間賠償取立停止と従来の賠償政策の破棄を表明した。実際には、中間賠償取立中止はもっと早く決まっていたが、公表を遅らせていたものであるという。

以上のプロセスを概観すると、ポーレー報告による厳しい賠償政策は、四六年一一月の公表以前に、早くもその転換が始まったと見るべきである。

それは、冷戦の進展などよりも、賠償に関するアメリカの基本的立場とポーレー案との矛盾のためであると考える。ポツダム宣言の立場は、日本の軍国主義化を防ぐことであった。また、ポーレー案のねらいは、日本の軍国主義を防ぎ、かつアジア諸国の復興を助けることであった。

ところが、ポーレー案はそういうものになっておらず、日本に対して厳しく懲罰的であり、一方でアジア諸国を潤すことの少ないものであった。そのまま日本で使えば効果を上げる施設を、わざわざ解体・梱包・輸送し、現地で再度建設するのは、無駄が多く、効果も疑問だった。のちに、一九五六年にフィリピンとの賠償協定が国会で審議されたとき、元外交官の自民党衆議院議員・北沢直吉は、「かついわゆる中間賠償で日本からフィリピンに機械を持っていったものの、ほとんどさびついてまっかになったままほうっておる」と述べているが、多少の誇張はあっても、ほぼ正確な指摘であろう(18)。

そのための費用も、すでに述べたとおり、馬鹿にならなかった。また、そうした作業には、サボタージュや隠匿が付き物であり、能率はあがらなかった。要するに、施設撤去による賠償は、日本に対して苦痛が大きく、求償国にとって得るところの少ないものであった。

他方で、日本の無害化は、一九四六年一一月の憲法公布において達成されていた。軍備を支えるべき産業よりも、もっと直接に軍備そのものを禁止したわけである。ポーレー案のように、欠点が多く、その目的とするところは他の方法ですでに実現されたような案が、そのまま継続されるはずはなかった。

アメリカの対日政策が、民主化と非軍事化から、逆コースへという道をたどったというのが、通常の理解であるが、アメリカの政策は、アメリカにとって有利な日本を作るという点では一貫したものであった。当初の民主化・非軍事化は、民主主義は平和の基礎であるという信念から生まれたものであり、また、非軍事化され民主化された日本はアメリカにとってより有利なものであるという認識があった。日本を理想主義的に改造しようとして民主化を考えたものは、それほど多くはなかった。

賠償緩和の一貫した主張者はマッカーサーであった。ポーレー案公表の直後から、マッカーサーは撤去賠償に批判的であり、一九四六年一月三〇日、ネルソン・ジョンソン極東委員会事務局長に対し、施設撤去の困難と効率の悪さを指摘していた(19)。またのちに一九四八年三月一七日の記者会見などでも、日本は満州・朝鮮・台湾を失うことによって、すでに数十億ドルにのぼる巨額の支払いをしたと述べて、賠償緩和を支持した。マッカーサーの課題は対日占領を成功させることであり、日本側に苦痛が大きく、求償国に満足の少ないものは、はなはだ迷惑だった(20)。

C　フィリピンの抵抗と講和条約の修正（一九四九年五月―一九五一年九月）

さて、四九年五月のマッコイ声明で、アメリカの賠償政策の転換が最終的に明らかとなったのであるが、戦争で巨大な被害を受けた国々は、これに対して強く反発した。フィリピンはとくに強硬であった。

一九五〇年五月、ダレスは講和条約案の作成を始めた。そして九月中旬、賠償請求権の放棄を含む七項目のメモを作成して、各国の了解を求めた。しかし、オランダ、フランスは了承したが、フィリピン、中国、インドネシアは反対した。オーストラリアとニュージーランドも反対し、イギリスは日本の貿易の制限を主張した[21]。

ダレスはさらに、無賠償主義の条約草案を作り、一九五一年一―二月に各国に示したが、フィリピンの強い反対に遭遇した。一九五一年二月、説得のためフィリピンを訪問したダレスに対し、キリノ大統領は八〇億ドルの被害を基礎として合理的な賠償をするよう強く要求している。

ダレスが講和条約の作成にあたったということは、格別の意味を持っていた。なぜならダレスはパリ講和会議に参画し、巨額の賠償がドイツとヨーロッパを破壊したことをもっとも痛切に感じていた人物の一人だったからである。ダレスがもっとも強調したのは、輸出超過のない国が賠償を支払うのは難しいということであった。これに対しキリノ大統領は、一時に支払いを求めるのではなく、長期による支払いでもよいとしている[22]。

一九五一年五月、米英共同草案が作られたときには、日本の賠償支払い能力の欠如を認め、在外財産の没収を規定するだけで、無賠償主義はまだ貫かれていた。しかし、フィリピンはやはり強く反対し、他国がすべて請求権を放棄して、アメリカもガリオア請求権を放棄すれば支払いは可能であるという主張までする有様だった[23]。

アメリカはフィリピンだけを例外とは出来なかったが、その主張を考慮して、六月中旬の改定共同提案草案では、無賠償主義を放棄し、日本に賠償義務はあるが、支払い能力はないので、生産物・沈船引き揚げ・役務による賠償と在外資産の没収を行い、連合国は賠償請求権・占領費請求権を放棄するという規定に改めた。

それでもフィリピンは、日本に支払い能力がないという条項と、日本経済の再建を阻害する賠償取立てはしないという条項の削除を要求するなど、米比間に様々な修正提案が繰り返され、八月中旬になってようやく賠償条項をめぐる米比交渉は妥結したのである。

アメリカがフィリピンの主張を容易に受け入れなかった理由の一つは、フィリピン政府が腐敗しており、巨額の外貨が正当に使われるかどうか疑問だとする認識があったからである。アメリカはフィリピンに援助をしており、この点に

敏感だった。(24)

よく知られているとおり、サンフランシスコ講和条約第十四条は、日本が賠償義務を負うこと、しかしそれを支払う十分な方法がないことを認めて、生産・沈船引揚げその他の役務による賠償だけを定めた。賠償は、日本によって占領され、被害を受けた国が主張したときだけに認められることとなった。また、直接占領費は請求しないという条項が残ったが、これは間接占領費は請求するということであった。軍事費のような直接的な占領費は別として、日本を維持し、あるいは復興させるためにアメリカが払う資金は取りたてる、それは、他国の賠償よりも優位に置くというのがアメリカの立場だった。納税者の権利を常に意識せざるを得ないアメリカは、安易な譲歩は行わなかったのである。

d　石橋湛山の賠償観

さて、以上のような賠償政策の変遷を、どう評価すべきだろうか。ここで、石橋湛山を一つの軸として考えてみたい。近代日本が持ったもっとも優れた自由主義者の一人であり、エコノミストの一人であった石橋の目に、賠償問題はどのように映じたのであろうか。

一九四五年九月、石橋は概略次のように述べている。もし連合国が故意に日本を苦しめようとすれば、賠償はそのもっとも便利な武器となる。第一次大戦後の対独政策はそのようなものだった。しかし、多分それは繰り返されないだろう。なぜなら、それは連合国にも不利なものとなるからである。ドイツの場合にも、連合国に与えた損害と苦痛を、力の及ぶ限り償うこととなっているが、これに熱心なのはソ連だけで、英米は不熱心である。

それは経済学的に当然である。ある国が賠償を払うとすると、それを支えるだけの輸出超過が必要だが、ドイツにはそうした輸出能力がない。また、その輸出を受け入れる力が連合国にはない。ソ連のように未利用の国内資源が豊富で、産業組織が未発達で、しかも独裁的な政治組織の場合には、これを輸入して利益があるが、他の国はそうではない。(25)

こうして石橋は、ポツダム宣言が日本を農業国家に戻そうとしているという説を一笑に付する。たしかに、平和のための産業というのが何か、今の段階では分からない。しかし日本の政府や民間で積極的にデータを出し、協力することにより、日本側が意見を述べる機会は十分にあるから、極度に非合理な賠償は避けられると、楽観したのであった。(26)

それゆえ、ポーレー案が出たときには、石橋も意外の感を持った。ポーレーが来日した一二月、石橋は、巨額の金銭賠償がないことは、予想通りだったとしながら、生産物による賠償ではなく、現存の施設の撤去となったことは意外だったと述べている。とくに、平和経済の維持に要する物資資本施設以外は一切持ち去るとなっていたことについては、「第一次世界戦争までの近代戦争に於ける賠償には、斯様に実物で根こそぎ取りたてるという思想はなかった」と述べている。(27)それは極めて好ましくない事態と考えたのである。(28)

のちに石橋は回想して、この間の日本の経済混乱について次のように述べている。混乱の大きな原因は、それまでの経済組織が急激に破壊されたことであり、その例が財閥解体であった。その結果、石炭の産出がはなはだ振るわず、それが輸送力のネックとなっていた。肥料の不足も、また切実であった。そのためにも石炭が必要だった。当時二〇〇〇万トンであった石炭の生産を上げるために、石橋はあらゆる努力をしたと述べている。

それは石橋が追放から復帰した五一年においても事実だった。石橋は、生産のネックは石炭であり電力である、電力が増産されれば肥料も増産され、東南アジア方面へ輸出もされると考えた。ところがポーレー案では、発電設備や肥料工場は撤去すべき施設の代表的なものであり、これによってアジア諸国の復興を助けようとしていた。それは、日本でやることが重要だと考えていた石橋とは、まったく異なっていたのである。(29)

追放中のため、材料に乏しいが、賠償の緩和を石橋が歓迎したのは当然だろう。五一年、講和条約が成立した際、石橋は次のように述べている。

条約は明らかに、日本経済の存立を脅かさない限度に定められている。これを超えて賠償を支払うのは、条約違反になる。なぜなら、右の限度というのは、日本を哀れんでのことではない。ドイツに過酷な賠償を課したことが、世界の災いとなったからである。米英もその愚は身にしみている。無賠償原則は、遺憾ながら容れられなかったが、条約の精神は無賠償である。それは世界のためである。「されば、われわれも、この精神を十分に汲み、日本経済の存立に懸念を残すごとき賠償は、断じてこれを払ってはならない。」「少しは無理でも、できる限り多額の賠償を差し出すのが、日本の誠意を尽くすゆえんだなどという考えは（とかく日本人の抱きたがるところだが――原注）、これは実は全く逆である。」「賠償のために、この上の増税をしなければならないとか、外貨の蓄積をつくらなければならないとか心配するのは無用のことで、そうした憂いは、日本政府が条約を忠実に履行する限り、断じてない」と断言したのである。

この立場は他の対外支払い義務にも貫かれている。「過去の外債の元利償還とか、連合国人の在日財産の補償とか、安保条約による分担金とか、被占領期間中の援助資金の処理とかいうものも、右と同様である。すでに賠償さえも、日本経済の存立を脅かさない限度と定められているのに、その他の支払いが、この限度を超えたのでは、条約の目的はシリぬけになる」。残るのは再軍備であるが、これは本格的にやると大変な金額がかかる。日本に必要なのは海軍、空軍である。これを備えるには費用がかかる。そのためには、経済力の発展が第一である。経済発展の障害になるような再軍備は、条約の精神に反する。「何をおいても、この際の日本の緊急事は、経済力を養うことである。……生産を増強することである。……新時代の経済は分配に重きを置くことだなどと、知ったかぶりを言うものがあるが、貧乏は、いかに公平に分配しても、貧乏である。政治も経済も、目的は大衆の生活を豊かにすることのほかにはない。だが、それには、まず生産を豊かにする政治と経済がおこなわれなければならぬ[30]」。

さて、こうした石橋の見通しを軸として、その後の賠償交渉を見ていこう。

二　吉田内閣と賠償問題

1　初期賠償交渉の停滞

a　最初の接触――インドネシアとフィリピン

通常、平和条約に賠償が定められるときは、支払うべき金額と対象国が定められているものである。第二次大戦後の平和条約でも、イタリアの場合には三億四〇〇〇万ドルと決まっていた（ソ連一億ドル、ギリシャ・ユーゴ一億ドル強、エチオピア二五〇〇万ドル、アルバニア五〇〇万ドルなど）。しかるに、サンフランシスコ講和条約の場合には、そのような規定はなく、総額も支払い対象国も、また支払い対象国間の比率も未確定であった。

したがって、賠償は巨額に膨らむ可能性もあり、小さく収まる可能性もあった。日本とある一国との合意は、当然他国にも波及するため、日本としては慎重にならざるを得なかった。それに日本には、連合国の占領費用に関する債務や戦前からの債務の支払いなど、他にも対外支払い義務があったため、なおさら慎重になったのである。

他方で、日本の賠償能力にも限界があったため、求償国の間にも「取り分」について競争があった。それゆえ各国とも巨額の請求をすることとなった。講和条約の締結の前後に、明白に賠償要求を留保したのは六カ国であり、要求額を早期に提示したのは四カ国だったが、それは、フィリピン八〇億ドル、インドネシア一七二億ドル、ビルマ六〇億ドル、ヴェトナム二〇億ドルなどで、その四カ国だけで三三二億ドルという巨額に達していた。

講和会議後の一九五一年一〇月に開かれた第一二国会において、早速この賠償額が問題とされた。外務委員会で質問に立った民主党の小川平次は、これら諸国の賠償要求はあまりに膨大であり、「聞いただけで呼吸の止まるような思いがする」と述べている。小川によれば、日本の生活水準は戦前のまだ八〇％、輸出、輸入はそれぞれ四〇％、六〇％に過ぎない。しかるに以上四カ国の賠償要求額二三二億ドル（三三二億ドルの誤り）は、一九五〇年度輸出金額八億ドルの二八倍（四一倍の誤り）である。第一次大戦後のドイツが、当時の輸出総額四〇億ドルの三三倍にのぼる一三二〇億金マルクの賠償を課されたのと比べて、巨大な領土を失った日本の方が負担は大きいとまで述べている。[31]

また中曽根康弘は、ストライク報告の金額が一〇億ドル、ジョンストン報告の金額が四億二〇〇〇万ドル、イタリアの賠償が三億四〇〇〇万ドル（二年据え置き、七カ年払い）であることに言及し、これより少なくてよいはずだと論じている。[32]もっとも池田蔵相は、日本が及ぼした被害はイタリアの場合より大きいとして、また求償金額のとおりに払うものでもないとして、講和条約は寛大なものであると反論している。[33]

さて支払いの方法については、やはりこの国会において、いくつかの方針が明らかにされている。まず吉田首相は、国力の許す限り賠償を行うと、吉田らしからぬ神妙の言葉で述べていた。[34]しかし他方で、中身は「大体役務」であると述べていた。[35]この二つの言明は相互に矛盾することが、つまり役務だけでは「国力の許す限り」にならないことが、のちに分かってくる。そこで、役務を超えて、しかし「国力の限界」には至らぬ賠償となり、当初の神妙さも後退していくわけである。

支払い方針で第二に注目すべきは、池田蔵相が、「誠意をもって賠償に応ずるとすれば、できるだけ国力を発展して、そうして南東アジア開発の一助にもというので賠償ならびに開発の気持ちでやって行かなければならぬ」「お互いが共存共栄の立場で行くならばおのずから解決がつくと思う」と述べていることである。[36]日本の発展と賠償と東南アジア開発を結び付ける考えが、この頃すでに明らかにされていたのである。

第三に、池田蔵相は、外債支払い、対日援助債務、賠償などは、一体のものとして考えたいと述べつつ、「外資導入のためにも今までの借金はきれいにお払いすることが先決の問題だと思います」と述べており、とくに外債返済を優先させる姿勢を示唆していることである。[37]そして賠償については、どの国に対して早く、他の国に対して遅くというわけにいかないので、「全体の見通しがつくまでは、なかなか決まりにくいのではないか」と述べている。[38]のちにも触れる対外債務支払い優先と時間をかけた賠償金額決定という方針は、講和条約調印直後からのものだったのである。

ともあれ、日本が賠償に取り組むにあたってきわめて慎重であった理由は、以上で明らかであろう。もし、日本と求償国との関係が一対一であったならば、もう少し日本は積極的だったかもしれないが、関係する要素ははるかに多く、しかも、戦争終結からまだ六年という時点で、日本と求償諸国の間には、不信感が強かった。日本と各求償国が、手探りで進んだのは当然であった。

一九五一年一二月、インドネシアはジュアンダ運輸相を団長とする使節団を派遣してきた。そして一二月一五日より、日本側は津島寿一外務省顧問を主席代表として、交渉が始まった。日本政府は当初、フィリピンとの賠償交渉に取り組むつもりでおり、津島を首席代表として派遣する予定だった。しかし、突然インドネシアが使節団を派遣することとなったため、インドネシアとの交渉が先行することとなり、やはり津島を責任者として、取り組ませたのであった。[39]

しかし、インドネシアの要求は一七二億ドルという巨額であり、しかも戦争損害の概念、賠償総額の表示方法、賠償支払い方法など、基本的な部分で大きな差異があった。一九五二年一月一八日、一応、賠償に関する中間協定案が仮調印されたが、インドネシアの政治情勢が安定しないこともあって、協定は批准されなかった。[40]

次はフィリピンの番であった。インドネシアとの中間協定案が仮調印された翌日、日本は津島寿一をあらためて全権代表に任命し、津島は一月二五日、羽田を立ってマニラに向かった。一方、フィリピンはエリサルデ外務長官を主席代表に任命して、約三週間にわたって交渉が行われた。

一月二八日、第一回の正式会議で、フィリピン側は、(1)総額八〇億ドルの支払い、(2)期間は一〇年、最長でも一五年、(3)条約批准前の中間賠償の支払い、の三点を要求した。このうち賠償支払いには現金支払いを含むということであった。これは、講和会議でフィリピンが強く主張したことであった。しかし、これらの要求は到底日本が受け入れられるようなものではなかった。やがてフィリピンは譲歩して、二月一〇日、予備協定締結を提案した。それは、(1)八〇億ドルの損害があることをテイク・ノートする、(2)日本は生産や沈船引き揚げなど、フィリピンの再建・復興に役立つ役務を提供する、(3)日本は暫定的に、八〇億ドルの一割を、平和条約発効後に、役務で提供する、(4)残額については平和条約発効後一年以内に決定する、というものであった。しかし、日本側に、巨額の支払いについて早期にコミットする準備はまったくなかった。(41)

その頃、吉田内閣は一九五二年度予算編成に取り組んでいた。これは占領下における最後の予算編成であり、アメリカが直接に指示できる最後の予算であった。この時、日本側では、遺家族援護費用を計上しようとしたが、ドッジはこれに強く反対し、「そんなことをすれば、賠償交渉できっとフィリッピンにやられる。日本に殺されたフィリッピン人の兵隊の遺家族の気持ちが諸君には分からないのか」と、何度も詰問したという。(42)少なくとも、日本人の多くが、こうした問題に無関心であり、国内の問題をより重要視していたのは間違いのないところである。

当時、フィリピンの対日感情はきわめて悪かった。賠償問題の解決は、フィリピンの政治状況との関係でも、難しかった。フィリピンでは五一年一一月に上院議員の一部改選があり、野党が勝利して、上院は与野党伯仲となっていた。ところが条約批准には上院において三分の二の賛成が必要であり、近い将来に批准が望める情勢ではなかった。津島ミッションにおける日本側のねらいは、まず戦争についての謝罪をして、フィリピン側の感情を和らげ、かつフィリピンの要求の内容と根拠を把握することであった。津島の宿舎は、かつてマッカーサーが滞在したマニラ・ホテルの一室で、そこからは世界に有名なマニラ湾の夕陽がよく見えた。ところがそのマニラ湾には至るところに沈没船が見えていた。せめて沈船引き揚げ協定を結んで帰国したいと津島は考えたが、フィリピン側は、あまりに小さな合意では、かえって国民の失望を招くとしてこれを拒んだ。津島の低姿勢は、しかし、ある程度の共感を得て、モンテンルパに収容されていた戦犯の一部釈放が、まもなく実現することとなった。(43)

b　中華民国、インド、外債処理

こうして東南アジアとの関係が停滞している間に、中華民国との交渉が始まった。中国が戦争の最大の被害国であることは、自明であった。それは連合国の間でも、中間賠償が一五％（フィリピン、イギリス、オランダ各五％）であることで、認められていた。

よく知られているとおり、アメリカは中国の正統政府として中華民国を選ぶよう日本に圧力をかけ、吉田内閣はこれを受け入れた。さもなければ、アメリカ上院で講和条約の批准が成立するかどうか、実際、不安であった。

中華民国政府の賠償政策については、詳細な研究が出ている。(44) それによれば、中国とアメリカとの間で賠償に関する合意が成立したのは、一九四三年一一月のカイロ会談においてであった。ここで中国は天皇制の維持については寛大で、賠償については厳しい態度を取っていた。十分信頼しうる記録が存在しないが、日本の在外資産の接収と、機械・設備・軍艦・商船・鉄道などの現物で支払うことが合意されたらしい。(45)

その後、中国は賠償案を策定したが、それは、日本の中国に対する債権の放棄、損害賠償、在華資産の接収などを中心としていた。そして、実物賠償、若干の生産物賠償を求めていた。現金賠償は、一部に主張者はあったが、重点ではなかった。(46)

アメリカの初期の方針、とくにポーレー案は、中国と密接な関係のあるものであった。中国は、たとえば鉄について、第一次大戦前の水準を主張するなど、より強硬だったが、ポーレー案を原則としては歓迎していた。ポーレーは、駐米中国大使顧維鈞に対し（四六年五月二一日）、日本国内の工業設備の撤去について完全に合意し、数週間以内に可能であると述べている。(47) 日本から撤去した設備は、もちろん、中国国民党の強化に役立つものであり、アメリカの蔣介石援助と一体をなすものと考えられた。

ところが、その後に大きな変化が生じた。アメリカの政策は無賠償の方向に向かい、他方で、国共内戦で蔣介石は敗北し、台湾だけを支配する事実上の地方政権となったのである。大陸における日本資産の放棄から得られる利益は、享受することが出来なくなってしまった。しかし、このような状況で、国民政府にとっては、国際社会からの正統性の確保は、一層重要な課題となり、そのためにはアメリカの無賠償原則を受け入れざるを得なくなっていたのである。

しかし、それは他国が賠償を受けないという前提のもとでの話だった。他国が賠償を受けるなら、中国だけが賠償を放棄するわけにはいかなかった(48)。こうした状況で、日本と国民政府との交渉は、一九五二年二月二〇日から台北で始まり、難航の末、四月二八日、サンフランシスコ講和条約の発効の日に調印された。最大の争点は条約の適用範囲で、日本は条約の適用範囲を国民政府の実効的支配の及ぶ地域に限定しようとしたのに対し、国民政府側は全中国を代表する建前を貫こうとした。しかしアメリカ上院における講和条約の批准が決定的になると国民政府も譲歩し、条約が成立したのである(49)。

賠償問題については、中華民国側は交渉の冒頭に掲げた四原則の四番目に、「中国民生に対する寄与」という形で挙げていた。しかし、その出し方から見て、中華民国側の賠償に対する姿勢は強くないと、日本側は感得した。三月四日、中華民国側は、ダレスが来たときにわれわれは賠償は取らないと言った、しかしそれは他国が取らないという前提での話だった、ところが他国は賠償を取ることになったから、中華民国も取らないとメンツに関わると言いながらも、しかし事実は経済協力でよいということだと述べたという。さらに「口を滑らして」在外日本資産の接収でよいと述べたという(50)。

この間、国民政府の賠償要求に対し、日本側は、賠償は大陸のことであって台湾には関係がないと主張して対立していた。最終的に、交換公文において、中国は「日本国民に対する寛厚と善意の表徴として」、役務賠償を放棄する旨が定められた。したがって、中国は全中国を代表するという建前を守り、日本としては、賠償は払わないという本音を貫いたのである。

それゆえ、大陸部分に関する賠償義務について言えば、国民政府の立場を取れば、日本には賠償義務がないということになるが、日本の立場を取れば、義務は残っているということになるのである。このことは、鳩山および岸内閣のところであらためて触れることとする。

中国という最大の戦争被害国との関係が、こうした形でひとまず処理された。続けて、一九五二年六月九日には、インドとの講和条約が結ばれている。インドは講和条約の条件が過酷である等の理由で講和会議に参加しなかったが、講和条約発効後の早い時期に別個の条約を結ぶ意向を示しており、この条約締結となったものである。

そこでは、インドの従来の主張通り、沖縄、小笠原の信託統治や、外国軍隊駐在に関する規定が除かれ、また、インドが日本に対する賠償を放棄する旨が明記され、さらにインドは在インド日本資産の返還方針を明らかにした。インドは何といってもアジアの大国であり、そのインドが、日本から受けた被害は少なかったとはいえ、このような好意的な講和を結んだことは、日本側の期待を高めることになったと見てよいだろう。

さらに引き続いて、対外債務支払いに関し、日本は明白な決定を一つしている。それは戦前以来の外債の支払いを優先させるという決定である。

戦前の債務は、元利あわせて、アメリカに一億一七六六万ドル、イギリスに三億二五四三万ドル、フランスに二二五万ドル、合計四億四五三四万ドルであった。これらの外債処理に関する会議は、一九五二年七月二一日からニューヨークで始まった。日本は津島寿一を代表として送って交渉に臨み、九月二六日、米英との間で合意に達し、調印された。

吉田茂は外債の支払いを重視し、一九四一年からの約一〇年支払いを遅らせてもらうだけで、ほぼ旧来の条件で支払うことを声明し、その証として、事前に正貨をイングランド銀行に預け入れるという措置をとった。これは当時外貨事情に悩んでいたイギリスから大いに感謝された(51)。

吉田によれば、外交と金融はいずれも信用（credit）を基礎にしている点で共通していた。外債の返済に関しては、日本はフィンランドと並んで世界でもっとも信用ある国であった。それに、金を返せばまた借りることが出来ると吉田は考えた。対外支払いという点については、対英米債務支払いも、賠償も同じであった。吉田はそれを優先的に対英米支払いにあてた。短期的・中期的に、もっとも有利な金の使い方は、このように、持てる国への返済だと吉田は考えたのであった(52)。

2　賠償交渉の本格化とビルマ賠償の成立（一九五二年一〇月―五四年一二月）

a　役務賠償を超えて

一九五二年一〇月、吉田内閣は「抜打ち解散」後の総選挙に勝利を収め、賠償問題にあらためて取り組みはじめた。一〇月二九日、中川融が在マニラ日本政府在外事務所の所長に任命された。吉田は一一月七日、マーフィー米国大使に対し、まもなく賠償問題に関してフィリピンに具体的な提案をするつもりだと述べた。倭島英二アジア局長も同日アリソンに対し、同様のことを述べている(53)。そして一二月には、政府は倭島アジア局長を派遣して東南アジア諸国を歴訪させた。

この時、日本側は総額を示すのではなく、具体的な役務賠償の例を挙げて積み上げる方式をとった。逆にフィリピンではエリサルデが、一二月一九日、非公式に四億ドル案を提示した(54)。これまで、フィリピンは最初に八億ドル、ついで一時、六五億ドルと主張していた。そして津島使節団に対しては一〇億ドル前払い案が提示され、さらにエリサルデが八億ドル前払い案を出していたのだが、それがここにきて四億ドル案となったのである。これが、どれほどフィリピン政府の真意を伝えたものか、不明の部分もあるが、のちの五四年四月の大野・ガルシア合意は四億ドルだったから、かなり現実的な根拠のある数字だったと見て良いだろう。ここに、賠償ははじめて現実的な土俵の上に乗ったと言うことができる。

日本側も当然この案を重視した。当時官房長官だった石井光次郎の一二月二三日の日記には、「前日比島に於ける倭島代表と比外相の間に賠償、役務にて四億ドルの申出あり、この位なら支払ってもよいぢゃない呼と岡崎君（外相）より話あり〔昨日――原注〕、吉田総理も賛成。も少し引き下げさせ、年数を相当かけて支払ふことで話をすすめさせる。金額は秘密。本日の閣議にも発表せず」[55]とある。吉田内閣は具体的な検討作業に入ったのである。

しかし、日本側が具体的な総額を提示するのは、のちに述べるように、一年後の一九五三年一〇月のことであった。なぜそれほど時間がかかったのだろうか。

第一は、石井日記にあるように、引き延ばしなどでフィリピン側の譲歩を勝ち取ろうとしたことが挙げられる。

第二に、おそらく、国内政治の不安定が事態の進展を妨げた。講和条約の調印と発効の前後から、かつて政界を追放されていた人々が追放から解除されていた。彼らがかつての地位の回復を求めて動きだしていた。その結果、五二年の夏には福永幹事長問題で党内が紛糾し、抜打ち解散となり、一〇月には第四次吉田内閣の発足をめぐって、吉田派と反吉田派の激しい争いがあった。いったん吉田が鳩山派を押さえ込んだものの、反吉田派（民主化同盟）は、池田通産大臣の失言に対して野党が不信任案を提出すると、欠席してこれを可決させた。民主化同盟の欠席者に対する処分でまた自由党内は混乱した。そして五三年の三月には吉田首相の失言に対して不信任案が出されると、ふたたび欠席戦術で吉田内閣を倒そうとした。これに対して吉田は解散で応じた（バカヤロー解散）。このように、五二年の秋から翌年の春までは、吉田―反吉田の激しい闘争が行われており、政治は昏迷していた。

もう一つ大きな問題は、果たして役務で四億ドルという巨大な支払いが可能かどうかの検討だったように思う。具体的な検討の結果、それは難しいし、また望ましくないという結論が出たのではないだろうか。

一九五三年六月三〇日、吉田は衆議院本会議で、社会党の鈴木茂三郎の質問に答え、賠償は役務を超えて、現物賠償についてもやりたいし、場合によってはそれ以上のこともやるつもりだと述べた[56]。ここに吉田内閣は、役務を超えるという点で、前向きに一歩を踏み出したものであった。

そしてフィリピンに対する具体案の提示が遅れた最大の理由は、対米関係の調整であったように思われる。これは次のところで述べることにする。

b　岡崎外相の東南アジア訪問

一九五三年一〇月、岡崎勝男外務大臣は、戦後日本の外相としてははじめて東南アジアを訪れることとなった。それを前にして、次のような閣議決定がなされたという。すなわち、1、サンフランシスコ講和条約に決められた役務を超えて、資本財をも提供する。2、支払い期間は一〇ないし二〇年とする。3、フィリピン二億五〇〇〇万ドル、インドネシア一億二五〇〇万ドル、ビルマ六〇〇〇万ドル、さらにインドシナ三国に三〇〇〇万ドルとする、日本の対外支払い能力をGNPの一%と考え、それから外債支払いなどを差し引き、賠償総額は五億ドルと考えるというのが大枠であった[57]。なお、この方針が正式の閣議決定となったのは、一九五四年三月の閣議のことであったという。

ところで、岡崎の東南アジア訪問とほぼ同時期に、池田・ロバートソン会談が行われている。岡崎の東南アジア訪問の意味を明らかにするためにも、池田・ロバートソン会談に触れておくことが必要だと考える。

その頃、朝鮮特需も終わって、日本は厳しい外貨事情に直面しつつあった。アメリカが提示したMSA協定（日米相互防衛援助協定）は、したがって、日本にとって、極めて魅力的なものであった。しかし、そのためには、日本は軍備増強を受け入れなければならないというジレンマに直面していた。池田・ロバートソン会談は、通常、そのための会談として知られている。そして、アメリカが三二―三五万人の再軍備を要求していたのに対し、日本は一八万人を目標として譲らず、ついにアメリカを譲歩させたというのが、従来の解釈である。

しかし、当初から予定されていた議題は、この問題のほかに、（2）東南アジア貿易と賠償、（3）中国との貿易、（4）ガリオア問題、(5) 外資導入があった。[58]

このうちとくに重要だったのが、ガリオア問題である。アメリカは一九四五年九月より五二年四月まで、物資による多大の援助を日本や西ドイツなどに与えた。これがガリオア (GARIOA: Governmental Relief in Occupied Area) およびエロア (EROA: Economic Recovery in Occupied Area) で、あわせてガリオア・エロアと呼ばれた。

これについては、日本では、無償援助だと考えるものが少なくなかった。国会で感謝決議までしたのは、そういうわけであった。しかし、アメリカはこれを無償と明言したことは一度もなかった。サンフランシスコ講和条約において、直接の占領費は取りたてないとしてあるのは、そうでない援助すなわちガリオアなどは日本の債務であることを意味していた。国会でも、「債務と心得る」という答弁がしばしばなされていた。そこには、債務ではあるが、相当の軽減措置を期待するという意味が込められていた。

このガリオア・エロアの総額については日米間で相違があり、アメリカは一九億五〇〇〇万ドル強、日本側の計算では、一八億ドル弱であった。これを全部返済しなければならないとすれば、相当な負担であったことは言うまでもない。

しかし、吉田は積極的返済論であった。あれだけは逃げないで下さいと吉田は繰り返し大蔵省関係者に要請したという。[59]ガリオアは必ず返す、ただし、返せるように、金を貸してほしいと吉田は何度もダレスに要望していたという。

この会談でのアメリカの要求は、七億五〇〇〇万ドルを二・五%の利子付きで三五年均等払いで返済せよというものであった。[60]交渉は決裂寸前になって、先送りとされ、さらに長い年月を経て、一九六二年に、四億五〇〇〇万ドル、一五年間半年年賦、年利二・五%で決着した。[61]これは西ドイツとほぼ同じ方式であった。

最近の研究の示すとおり、このときのアメリカは日本の経済政策に対しても厳しい注文をつけた。[62]その結果、五四年度予算は厳しい緊縮予算となった。吉田茂が陣頭指揮に立って、一兆円予算（補正予算を含め、九九九九億円）となった。それは五三年度予算よりも少なく、また財政投融資計画も三三八九億円から二八〇五億円へと減少した。[63]これはまことに当然の帰結であった。もし日本が財政的に余裕があるのなら、アメリカの再軍備要求とガリオア返済要求をかわすことは困難だったろう。

したがって、本来は講和条約の枠を超えて賠償を進めることも難しかったはずである。しかし吉田内閣は、日本に貿易が必要なことを強調し、また中国との貿易に関するアメリカの制約を受け入れるかわりに、東南アジアとの貿易を拡大する必要を強調していた。賠償問題解決への支持を求めたのは、そういう文脈で理解出来る。これに対しアメリカは、日本と東南アジア諸国との賠償問題の解決のためには、必要ならば外交的仲介の労を取る用意があると述べ、とくに賠償が東南アジアの経済発展に結びつくことに対する期待を述べている。つまりアメリカは賠償のために日本に借款を供与することは拒んだが、日本の賠償解決努力とその方針を認めたわけである。[64] 吉田がすでに国会で明らかにしていた役務を超えるという方針は、アメリカの賛成を得たと考えられたのである。[65]

以上のように考えると、岡崎提案にある総額五億ドルは、期間一〇年とすれば一年あたり五〇〇〇万ドル、一八〇億円であり、決して少ないものではなかったと言ってよい。ともあれ、五三年の吉田内閣は、アメリカとの関係を最重要視しながら、その範囲内で積極的なアプローチに踏み出そうとしていたのである。

c　大野・ガルシア協定と対ビルマ賠償協定の成立

一九五三年一〇月の岡崎外相の東南アジア訪問は、すぐには成果を生み出すことはなかったが、ともかく二億五〇〇〇万ドル、方法によっては増額も可能という線をはじめて打ち出したのであった。[66] そして、すでに石井日記についてみたように、四億ドルなら可能という判断も、五二年末にはなされていたのである。

したがって、ここから合意まではそれほど遠いものではなかった。大野勝巳公使とガルシア副大統領兼外務長官の間で、五四年一月から交渉が始まった。日本は二億五〇〇〇万ドルから出発し、やがて三億ドルという立場となった。フィリピン側は、当初二〇億ドルと言いつつ、実際は一〇億、ついで五億と主張した。両者はさらに、フィリピンの経済開発に協力する方式について検討を進め、四月、一〇億ドルの価値を生み出すべき四億ドルということで合意がなされた(67)。

この間、永野護のように、現地を知る実業家を加え、フィリピンの事業に協力するかたちで、妥協は進められた。経済発展と結び付けた賠償という方式は、こうした人選にも現れていた。

四億ドルは日本としてまったく想像外の額ではなかった。しかし、アメリカとの間に再軍備問題とガリオア問題が切迫しているときには、難しい数字だったかもしれない。しかし、これらの問題をいったん凌いだ吉田は、四億ドルの線を受け入れたのであった。対米協調を慎重に維持しつつ、吉田はかなり積極的に賠償を進めたと言っても過言ではないだろう。しかるに、フィリピン上院の賛成が得られなかったため、協約は成立しなかった。

しかし、これはビルマとの賠償問題に大きな影響を与えた。ビルマは八月一七日、フィリピンなみの四億ドル、二〇年払いを主張した。一年二〇〇〇万ドルということになる。

これに対して、日本は二億ドル一〇年払いを主張した。被害の額から見て、フィリピンはビルマよりはるかに大きな被害を受けており、同額はありえないというのが日本の立場だった。しかし、日本案でも、年額にすれば、ビルマはフィリピンと同じ金額を受け取れることになっていた。

交渉はまもなく妥結し、九月二五日、協定は仮調印された。二億ドル、一〇年払いで、さらに五〇〇〇万ドルの経済協力が加えられた。

ビルマにしても、破棄されたとはいえ、大野・ガルシア協定がいったん合意されたのであり、将来の日比協定も、事実としてこれを大きく超えることはないと考えたのであろう。しかも、今後の情勢によっては再検討する旨の条項が付けられた。

このビルマとの協定は年末の議会で審議され、さしたる反対もなく承認された。すでに鳩山内閣が成立していたが、協定は吉田内閣のときに出来ていた。したがって、与党の民主党はもちろん、自由党も賛成であった。鳩山内閣に対し、社会党も好意的だった。したがって、ほとんど強い批判はなく、協定は批准された。

フィリピン問題は、しかし、残っていた。吉田はみずからこれを解決する決意だった。経緯から見て、フィリピンの側に責任のある決裂だったが、吉田はそれを深く問題とすることなく、新しいアプローチを取った。とくに重要だったのは、五四年一一月、訪米中にフィリピンのラウレルと会い、柔軟な姿勢を示したことである。吉川洋子は、これを、それまでの日比賠償交渉の中でもっとも高度な政治決定だったと述べている(68)。

しかし吉田の政策でより興味深いのは対米関係である。五四年の吉田の欧米訪問は、従来、国内政局との関係でとらえられることが多く、その意味が十分注目されなかった(69)。しかし、この旅行は五三年の末頃から周到な準備が進められたものであった。訪問は五四年春に行うはずだったが造船疑獄による政局の不安などのために延期され、秋になってようやく実現されたものであった。

波多野澄雄も明らかにしているように、このとき吉田は、東南アジア・マーシャル・プランを提示して、アメリカに四〇億ドルの拠出を求めている。すなわち、西のマーシャル・プランに対応して、アメリカがそのＧＮＰの一％あまりを拠出すれば、それはアジア地域の発展をもたらし、共産主義の浸透を防ぐ効果を持つ。またそれは日本の経済発展をもたらし、長期的にはアメリカの市場の拡大をもたらすはずであった。もちろん、これは日本にとって大変虫のよい話であったが、アメリカにとっても損な話ではないはずだった。

同時に吉田は、日本が賠償を本格的に進める計画を話し、そのために七―八億ドルを貸してほしいとダレスに申し入れている。吉田によれば、賠償は実は投資であって、少なければよいというものではない。有効な投資は必ず利益をもたらす。しかし日本には資金がないので、これを借りたいというのであった(70)。

ダレスはこれを峻拒している。それは賠償にアメリカが裏書きすることであり、アメリカが裏書きすれば賠償額は限りなく上昇するであろう、アメリカはかつてドイツの賠償の裏書きに等しい行為をして、大変な目にあった。これはまったく不可能な案であるとダレスは述べたのである。[71]

吉田の案はたしかに日本にのみ利益の多い案であった。しかし、次のような点でアメリカとアジアとを媒介しようとしていた。すなわち、アメリカは東南アジア諸国の財政能力を信用していなかった。フィリピンでかなり懲りていた。日本の信用はそこにあった。かつてのドッジ・ライン、また五四年度の緊縮予算が持つ意味はそこにあった。こういう信用のある日本にアメリカは金を貸し、それを日本は賠償に使うというのは、都合のよい話であるし、求償国の期待を高めてしまうというのは確かであるが、まったく荒唐無稽とは言えない話であった。吉田はかつて自分は方々で名誉法学博士などの学位をもらった、しかし自分にそういう資格はない。しかし、もし借金学博士という学位があれば、もらっても不当ではないと思うと述べている。[72] 戦前のことを含めてであるが、いかに吉田が外国からの資金導入に力を尽くし、またそのための諸条件に敏感であったかを示すエピソードであろう。[73]

ともあれ、ダレスと吉田という二人のパリ講和会議経験者が、こうした交渉をしたのは、まことに興味深い事実である。そしてダレスがそういう発想をすることをある程度予測しつつ、吉田は賠償問題解決に積極的に取り組んだ。少なくとも、その頃の政治家の中で、もっとも積極的であったと言っても、過言ではないように思われる。

三　鳩山内閣・岸内閣と賠償問題

1　フィリピン問題の解決

鳩山内閣は吉田の対米従属を批判して出発した。日ソ国交回復（五六年一〇月）は、その成果として知られている。この点から言えば、賠償問題の解決、すなわちアジアの重視も、鳩山の優先課題でなければならなかった。

鳩山はさっそく五四年一二月、永野護を派遣して交渉にあたらせようとした。しかし、一月二一日、これを閣議で決めようとしたところ、一万田尚登蔵相が反対した。昨年の四億ドルに、さらに一億ないし五〇〇〇万ドルの上積みが話し合われていたからである[74]。

他方で、フィリピン側の反応もよくなかった。永野は熱意のあまり、フィリピンを見下ろすような発言をすることがあった。またフィリピンでは、日本がフィリピンの政界を買収しようとしているといううわさが流れたため、しばらく中止となってしまった[75]。

それに、鳩山内閣の政治基盤も脆弱だった。二月二九日、総選挙が行われ、鳩山内閣の与党、民主党が大きく伸びて第一党となった。ここに、鳩山内閣はようやく一応の安定を得て、新しい政策に取り組む基礎を持ったのである。

これを待っていたように、三月五日、マグサイサイ大統領は鳩山首相に対し、賠償問題に関して親電を送った。九日、鳩山は返電を送り、専門家委員会の設置を提案した。専門家委員会は、三月末から協議を開始し、七週間をかけて一〇〇〇項目にのぼる賠償品目の一つ一つについて検討を進めていった[76]。

専門家会議の見通しがついてきたころ、フィリピンは専門家会議の総括という名目でネリ大使を派遣することに決定した。ネリへの訓令は、最小限度八億ドル（賠償六億ドル、借款一・八億ドル、現金二〇〇〇万ドル）であった。フィリピンの政界有力者で、これまで最強硬派だったレクトー議員も、原則一〇億ドル、しかしそれ以下でも妥当な解決なら反対しないと述べたという[77]。フィリピン側は八億ドルでまとまりつつあったのである。

五月六日、来日したネリは、重光葵外相、高碕達之助経企庁長官、岸信介幹事長らと交渉を進め、五月下旬には、五・五億ドル（資本財五億ドル、役務三〇〇〇万ドル、現金二〇〇〇万ドル）、経済借款二・五億ドル、一五年から一八年払いという案が検討されていた。大蔵省はこれに強く反対していたが、五月三一日、ネリの帰国の日の朝、鳩山首相はこの案を受け入れた。

この間、重光外相の日記によれば、五月二四日頃、重光は高碕らとともに、鳩山の決断で決定する計画をまとめ、三一日の鳩山・ネリ会談を準備したらしい。奇妙なことは、大蔵大臣があまり登場せず、むしろ排除されていたことである。果たして、三一日の合意を知った一万田蔵相との間に、衝突が起こった。三一日の日記には、「午後、根本長官（官房長官――注記北岡）は色を変えて『外務省はまたまた右総理の署名した機密文書をもらし、大蔵省の手に入ったため、一万田蔵相は激怒し、数億の支出を意味する契約を蔵相に協議せずしてかってに署名されては責任を取れず』と云いおれりと云う。何のことか分からず、蔵相も入り来たり、興奮其の極に達す。尤もなり」[78]とある。

前後の事情から判断すると、重光は八億ドルで妥結を決意して、鳩山とネリの間で合意書を作り、これを当分秘密として日比両国とも国内合意を得るよう努力するつもりであった。日本側で一番反対していた大蔵省に対しても、したがってしばらく秘密のつもりだったところ、手違いから漏れてしまい、一万田の激怒となったらしい。

重光には、このように対外的なコミットメントを先にして、それによって国内をまとめようとする傾向があった。それを重光は外交一元化という観念で理解し、正当化していた。五月六日の日記には、予算委員会の質疑に関し、「橋本龍伍氏、激しく二元外交を攻撃。鳩山首相の放言をつく。尤もなる処も少からず」と記している。[79]のち、一九五六年八月、日ソ交渉を二島返還で妥結しようとして内閣に反対されたときに、「われ全責任を以って解決せんとして東京に邪魔さる」と記しているのも、その例である。[80]長年軍の介入に悩まされてきた重光にとって、外交は外務省によって一元化されるべきものであり、政党や大蔵省も、これに従属すべきものと観念されたのであった。[81]

なお、タイ特別円問題が解決されたのもこの頃であった。詳しい説明は省くが、日本は一九四二年、タイとの間に円建の清算勘定を開設する協定を結び、これによって現地通貨を調達し、軍需物資の購入や占領費用の支弁を行っていたが、その借越残高がタイ特別円であった。交渉は五四年九月から本格化しており、五五年四月に五四億円相当のポンド貨（五年間払い）と九六億円の経済協力で合意した（七月調印）が、ここでも一万田蔵相の反対が厳しかった。四月八日の重光の日記には、「閣議――予算審議。泰特別円問題――一万田反対。経済閣僚にて解決案を作製する勢を示す。百五十億以内にて、鳩山総理も『解決して下さい』と云ふ。太田（タイ駐在）大使も閣議室に来り訴ふ」と記している。[82]

さてフィリピンとの合意は、まもなくフィリピン側から漏れ、政府はこれを否定するなど、苦境に立たされた。七月に国会が終わると、フィリピンは合意内容を公表して、政府はさらに陳弁に追われることとなった。しかし大蔵省も八月末、これを認め、外務省は賠償内容を公表した。世論の批判は厳しかった。一年前の合意に比べ、金額が二倍になっていたからである。とくに野党自由党では、政務調査会が一〇月に反対を決めている。[83]

それより前、重光は、問題の困難性にかんがみ、外務省出身の有力者には了解工作を行っている。六月二一日、重光は両院の外務省出身議員を招き、日ソ交渉および賠償問題について話している。芦田均は、「仮に八億ドルでも賠償は解決すべしと言ったが、多数は反対だという。然し今ここで解決しないと当分はChanceがないし、比島の空気は悪化する。大局の為にならない。日ソ交渉も日本がおおまけにまけなければ纏まるまいが、纏めなくとも損はないと私は考えている」と記している。[84] 外交官出身議員にも反対が多かったこと、芦田が賠償妥結に積極的だったこと、そして日ソには消極的だったことが分かる。

説得対象の大物は吉田であった。八月二一日、訪米の前に吉田を訪ねた重光は、吉田は「国家の元老としての心構えが必要にして、党派を超越して国家を救うの責任あり」と述べたところ、吉田も「外交のことにて御役に立てば何なりと申し越されたし」と好意を示したという。二人の話題は防衛、経済、賠償等であったから、吉田もフィリピン賠償問題には反対しなかったと考えて良いだろう。[85]

この間、問題の背景には、日米関係があった。三月の選挙において、鳩山民主党は防衛分担金の削減を公約としていた。実際にアメリカに対して分担金の削減をすることは容易なことではなかったが、三月三一日の閣議では、重光の言うところの「硬派」が勝ちを占め、公約通りに削減することと決めた。しかしアメリカとの交渉は難航し、事態は切迫した。四月一三日の重光日記には、「先方は激しく日本側をなじり、結局明朝専門家にて検討、日本側の米覚書各項に対する見解を表示することとし、午後三時再会を約して去る。空気極度に悪化、緊張す。夕、音羽に報告。形勢重大を報ず」と記されている。また欄外には、「鳩山内閣は日米関係を危殆ならしむ」と書き加えている。(86)

直接にアメリカと対立したわけではないが、四月のバンドン会議も、微妙な外交案件だった。鳩山内閣は決して積極的にバンドン会議に参加したわけではなく、アメリカの警戒を憚りながら、恐る恐る参加を決定したのであった。首席が首相でも外相でもなく、高碕経済企画庁長官となったのは、経済問題に参加を限定し、政治問題に深入りしてアメリカとの関係を傷付けることを避けたいと考えたからであった。

しかし、それは同時に、アジア諸国と決定的に対立することも避けたいという意思表示でもあった。仮に吉田内閣であれば、参加しなかったか、あるいは参加してパキスタンやトルコのような明確な親米反共の姿勢を取ったかもしれなかった。(87)積極的参加とまではいかなかったが、鳩山内閣は、その後、バンドン精神を掲げて、そのアジア連帯の姿勢を主張するようになる。

アメリカとの関係では、さらに一九五五年八月の重光訪米をあげなくてはならない。このとき重光はダレスと会談し、安保改定を提起した。それも具体的に、六年以内に地上軍の撤退、さらにそれから六年以内に海空軍も撤退、つまり最長一二年以内に全在日米軍を撤退してほしいという要望であった。

これは条約の双務化、対等化ということであった。ダレスに、それではグアムの米軍が攻撃されたら、日本は守ってくれるかと言われて、重光は協議すると答えている。ダレスは重光にあなたの憲法解釈は分からないと言い、厳しくその提案を拒絶したのである。(88)

こうした日米対立は、翌五六年の八月、日ソ交渉においてもう一度繰り返された。すなわち、歯舞・色丹の二島返還で妥協する意志をみせた重光に対し、ダレスは、そうしたサンフランシスコ講和条約違反（講和条約では日本は千島を放棄しており、その帰属をソ連だと認める権利はなかった）をするならば、沖縄の返還は難しいかもしれないと述べたのである。重光とすれば、日本は独立国であり、アメリカとの友好が大切ではあっても、アメリカの意思をすべて受け入れるわけにはいかない。たしかに講和条約の文言を超えるとしても、友好国として理解してもらえるはずだとの気持ちがあったのであろう[89]。

これと対照的だったのが吉田である。吉田は新聞に公開書簡を発表し、二島返還は条約違反であり、漁業、抑留、国連などの問題はすべてソ連に非があるので、日本は決して屈服すべきでないと主張した。吉田は、反ソ反共という形で、徹底した親米路線を説いたのである[90]。

このように考えると、鳩山民主党と吉田自由党とは、対米協調の程度と範囲をめぐって、かなり厳しく対立していたと言ってよいだろう。東南アジアに対する賠償については、両者の間に大きな違いはなかったが、その意味はかなり異なっていたと言ってよいだろう。

そのまま進めば、賠償問題は、さらに大きな政治的争点となったかもしれなかった。そうならなかった最大の理由は、保守合同によって自由民主党が成立し（一一月一五日）、民主党対自由党という政党対立がなくなったことであるように思われる。

2　賠償の変質

さて、では鳩山内閣によって結ばれたフィリピンとの賠償協定は、どのような特質を持っていたか、国会の審議を追う形で検討しよう。

まず問題となったのは、岡崎・ガルシア合意における四億ドルが五億五〇〇〇万ドルプラス経済借款二億五〇〇〇万ドルになったことであった。大野・ガルシア協定が廃棄されたため、新たに交渉を進めることは止むを得ないとしても、再交渉は当然四億ドルを若干上回る額から始まるべきものであり、日本の支払い能力にも不安があるという批判があった。

これに対しまず一万田蔵相は、日本の支払い能力は年一億ドルとして、ビルマが年二〇〇〇万ドル、タイ特別円が三〇〇万ドル、オランダのクレームが二〇〇万ドル、フィリピンが二五〇〇万ドル、それに英米債務の返済が年三五〇〇万ドル、合計八五〇〇万ドルであって、インドネシア（およびビルマが再交渉してくる可能性はあるが）を含めてだいたい負担可能であると述べている。[91] なお、この一億ドルという数字は、かつて吉田内閣が一九五三年の岡崎外相の東南アジア訪問において考慮した金額と同じであった。しかるに、この間の経済発展によって、かつてGNPの一%であった一億ドルは、いまや〇・六%ほどになっていた。負担ははるかに軽減されていたのである。

また高碕経済企画庁長官は、賠償が「手切れ金」ならば安い方がいい、しかしこれは「手付金」あるいは「結納金」である、安ければよいというものではないと述べている。[92] また高碕は、大野・ガルシア合意では一〇年間で四億ドル（事情により、さらに一〇年の延長可能）、一年あたりでは二〇〇〇万ドルないし四〇〇〇万ドルであったが、今回の案では当初一〇年で二億五〇〇〇万ドル、のちの一〇年に三億ドルなので、年二五〇〇万ドルないし三〇〇〇万ドルであり、年あたりの負担は重くないと述べている。たしかに、一年あたりの増加は巨額ではなかった。

また高碕は述べて、一〇年四億ドルと二〇年五億五〇〇〇万ドルとは、金利が年七分だとすればほぼ同じであると述べている。これに対し、賠償は商行為ではなく、利子を計算するのはおかしいという批判があったが、高碕は、どのような資金だろうと、資金は子を産むのであって、利子を計算しないのは素人論議だといなしている。[93]

この間、一般に高碕に対する社会党の対応は柔軟であった。高碕は、バンドン会議でナショナリズムが高揚し、アジアの雰囲気は一変して対日感情が良くなったと強調し、そうしたアジアと手を結ぶためだとして、賠償を増やすことを正当化していた。[94] これに対し社会党は、内閣でもっともアジアをよく理解していると、高碕を評価していた。高碕は満州経済の建設に大きな役割を果たした人物であり、それゆえに追放となっていたが、その経済建設の経験は、説得力があった。

さて、別に批判の的となったのは、役務賠償のはずが、ほとんどが物資賠償となり、それも生産財のみならず消費財の可能性を開いているばかりか、二〇〇〇万ドルの現金賠償まで含んでいたことである。

中川アジア局長によれば、役務による賠償では到底フィリピンに折り合う金額に到達せず、物資による賠償を考えざるを得なかった。それは、吉田が一九五三年にすでに述べた立場であった。たしかに、大部分が物資というのは、いかにも講和条約十四条と矛盾して見える。しかし中川は、十四条には役務を原則とするのみならず、日本に為替の負担をかけないという条項があるので、為替の負担がないものなら、つまり日本の原料から作るものならこの条項に反しないとし、さらに為替上の大きな負担がないなら輸入原料を使ったものでも許されると主張した。質問者が、そこまで拡大するなら、役務と定めた意味はなくなってしまうと批判したように、政府は、役務の概念を極端なまでに拡大し、物資賠償および若干の現金賠償を正当化したのであった[95]。

もう一つの論理は、ビルマの先例であった。サンフランシスコ平和条約に調印していないビルマは、十四条の制約のもとになかった。それゆえに役務以外の賠償を要求しえた。ところが講和条約二十六条には、条約非調印国が調印国よりも良い条件を得た場合には、調印国はこれに均霑する権利があることになっている。フィリピンは講和条約に調印した国であったが、批准をしてはいなかったので、均霑の権利はなかったが、日本としては、ビルマと同じ条件を要求されたときに対抗しうる立場にはないということであった。

また消費財については、日本の輸出品と競合する可能性が懸念された。たとえば日本の綿製品が賠償によってフィリピンに行けば、当然日本の綿製品輸出は減ると予測された。それが、物資賠償はまず生産物賠償と決められた理由であった。しかし、一時的な影響はあるにせよ、日本製品が使われることは、いずれ日本製品に対する需要を拡大することになると、石橋湛山通産相は述べている(96)。

なお、このフィリピンに対する賠償が過大であるという批判や危惧の背景にあったのは、中国に対する賠償の可能性だったのではないかと考える。一九五六年五月二八日、中国からの賠償の可能性について質された中川アジア局長は、「中国に対して今回の戦争の結果の賠償をするということに、もしかりになるとすれば、またそれが実際の戦禍の結果に応じてするというようなことにでもなりましたならば、これは日本の国の力ではとうてい償い得ない金額ということになろうと思います。従って現実問題としては、想像し得ないところであるというほかないと思います」と述べている。つまり中国に対する賠償の可能性を法的には否定していないのである。また高碕経済企画庁長官も、これを受けて、「中共政府」がかりに中国全土を統一するということになっても、国民政府の賠償放棄の政策を引き継ぐと思うと述べ、もし方針が変更されれば日本の国力の耐えられないものになると懸念すると述べている。ここでも、のちの日本政府が取ったような、中国への賠償は日華平和条約によって解決済みという方針は、まだ取られていなかったことがわかる。なお中川氏は、九六年、筆者の質問に答えて、必要な場合には、国力を傾けてでも中国に対する賠償をしなければならないと考えていたと述べている(97)。

野党の社会党は、結局、フィリピンに対する賠償に反対した。金額が過大であり、しかも謝罪の精神に欠けるというのであった。意地の悪い見方をすれば、社会党は、謝罪の精神をもっと明らかにすれば、金額は少なくてすむというのであった(98)。

なお、鳩山内閣の政策で付け加えておきたいのは、オランダに対する見舞金の支払いである。それは、「日本国政府の機関がオランダ国民に与えた苦痛に対する同情と遺憾の意を表するため」、一〇〇〇万ドルを「見舞金」として自発的に提供するというものであった。その代わり、今後オランダ政府はいかなる請求も行わないということになっていた。

この審議の過程で社会党の田中稔男議員は、オランダ人捕虜について質問し、政府委員は、相当の数のオランダ人女性が売春を強いられたこと、食事は昭和二〇年には一日一〇〇〇カロリーにまで低下していたこと、などを認めている。田中議員はこれに対し、大柄なオランダ人に対してきわめて劣悪な条件だったと厳しく批判し、また当時ジャワにいた経験を踏まえて、日本軍も同様に苦しかったという政府の見解を退けている。これに対し、おそらく保守党席から、「すんだことだ」などという野次が飛んでいる。社会党の理想主義は、うそではなかったし、自民党の対応は、いかにも自民党らしかった。(99)

3　インドネシア賠償の解決

インドネシアとの賠償については、一九五三年の岡崎外相の東南アジア訪問まで触れた。そのとき、岡崎は一億二五〇〇万ドルを提示したが、アリ首相はこれを強く不満とし、戦争損害一七二億ドルを基礎として賠償額を再考するよう求め、交渉は進展しなかった。

その後日本は、五四年一月から倭島英二公使を常駐させ、賠償総額が決まるまでは岡崎提案の一億二五〇〇万ドルの枠内で造船、アサハン開発プロジェクトの建設などの中間賠償の実施を提案した。しかしインドネシアは総額の決定を主張してまとまらず、日本との貿易代金の決済問題をからませたり、日本人の入国、滞留を取り締まったり、日本船舶の寄港を厳重に制限したりしたので、両国関係は安定しなかった。

賠償金額において、インドネシアがとくにこだわったのは、フィリピンと同額ということだった。日本は、激しい戦場となったフィリピンと同額ということはありえず、インドネシアはフィリピンの半分程度と考えた。しかし、角度を変えてみれば、両者は、賠償額はフィリピン以上ではないという点で、合意していたと見ることも出来る。

五五年四月、バンドン会議に際して、高碕達之助代表は、スナリオ外相と会談し、インドネシア側は一〇億ドルへと要求を引き下げた。かつての一七二億ドルという天文学的な数字から、ようやく交渉可能な数字になってきたのである。(100)

その頃、鳩山内閣は対フィリピン交渉を進めており、五月末には八億ドルという数字が決まりつつあった。同じ八月、インドネシアではアリ内閣が総辞職して、ハラハップ内閣が成立した。そして賠償八億ドル案（資本財二億ドル、消費財三億ドル、貿易債務一・八億ドル、役務〇・五億ドル、借款〇・七億ドル）が閣議に提出されている。フィリピンの数字が明らかに影響を及ぼしていたのである。

五六年九月、倭島大使は、賠償二億五〇〇〇万ドルの案を提起した。これは、五三年の岡崎提案以来、日本が提示した最初の数字であり、フィリピン賠償妥結後の最初の正式提案だった。五三年の岡崎提案では、フィリピン対インドネシア対ビルマを四対二対一と考えて、それぞれ二億五〇〇〇万ドル、一億二五〇〇万ドル、六〇〇〇万ドルの賠償額だった。それゆえ、フィリピンが五億五〇〇〇万ドルプラス経済協力二億五〇〇〇万ドルで妥結したのちに、フィリピンの半分弱の二億五〇〇〇万ドルを提示したのは、妥結をめざす本格交渉の第一歩としては自然な数字だったように思われる。これを若干増額し、またフィリピンのやはり半分程度の経済援助で妥結することを鳩山内閣は期待していたのではないだろうか。

対インドネシア賠償案の推移　（単位：ドル）

		賠　償	貿易債権問題	経済協力
53.10	岡崎提案	1億2500万		
	インドネシア	172億		
55. 4	インドネシア	10億		
55. 8	インドネシア	8億		
55. 9	倭島提案	2億5000万		
	インドネシア	8億		
57. 2	倭島私案	2億	1億棒引き	若干
	インドネシア	2億5000万	1億1000万棒引き	4億4500万
57. 7	ジュアンダ首相	4億		4億（貿易債権含む）
57. 9	高木公使	2億		4億
57.11	岸	2億2300万	1億7000万棒引き	4億

しかしインドネシアはフィリピンと同額を主張して譲らなかった。

ところが、五七年になって交渉は進展を始める。二月末、倭島公使は私案として、賠償二億ドル、焦げ付き債権一億七〇〇〇万ドルのうち一億ドルの棒引き、そして若干の経済協力という提案をした。これに対してインドネシアは、賠償二億五〇〇〇万ドル、棒引き一億一〇〇〇万ドル、経済協力四億四五〇〇万ドルという反対提案をした。
こののち、インドネシア政情の不安定から、交渉は停滞したが、七月、ジュアンダ首相より岸首相あての書簡がよせられ、その中で、賠償四億ドル、経済協力四億ドル（焦げ付き債権一・七億ドルはこの経済協力に含める）という提案が出された。[101]
インドネシアの最初の一七二億ドルというのは、いかにも非現実的な額であった。現実的な出発点は一〇億ドルであり、八億ドルであった。この総額八億ドルというラインから、インドネシアはほとんど変わっていない。
これに対し、フィリピンの約半分という暗黙の前提を覆して決断をしたのは岸首相であると推測して間違いない。そして五七年夏には、ほぼ合意が形成されていた。当時スカルノ大統領と岸首相の間で密使としての役割を果たしたといわれる鄒梓模によれば、スカルノの政敵ハッタの功績となることを避けて、ハッタの来日中には決着を避けたという。そして、一一月、岸のインドネシア訪問にあわせて、決着はなされた。[102]
当時すでに高度成長は始まっており、この金額は必ずしも大きな負担ではなかった。委員会審議においても、負担が重いという批判はあまり出てこないのである。そして、焦げ付き債権の棒引きという、一種の金銭賠償についてもとくに批判は出てこない。むしろ汚職腐敗が時々指摘されるようになっている。時代は変わりつつあったのである。
なおインドネシア賠償については、社会党は賛成の立場を取った。鈴木委員長は岸首相と会談して、早期解決を求めるなど、積極的な姿勢を取った。岸首相はこうした支持を背景に、賠償金を増額することが出来た。また岸は国会の施政方針演説で、五七年の二度にわたる東南アジア旅行で、戦争中のことについて率直に遺憾の意を表してきたと言い、アジア諸国の共感を得たと述べていた。それは明らかに誇張であったが、岸のその姿勢を批判する態度は、社会党には見られなかったのである。[103]
その姿勢が一転するのが、ヴェトナム賠償問題においてであった。その起源から、少しさかのぼって述べよう。

4 ヴェトナム賠償の解決

ヴェトナムが対日賠償請求の用意があると最初に述べたのは、五一年八月のことだった。翌月、講和会議から帰国するに際し、四五年価格で二〇億ドルの要求を明らかにした[104]。

実際的な額として初めて提示されたのは、五六年一月で、二億五〇〇〇万ドルであった。つまり、損害額が二〇億ドル、賠償として二億五〇〇〇万ドルということであった（五六年九月）。

五七年一一月、岸首相は第二次東南アジア訪問において、ヴェトナムを訪問し、ゴ・ジン・ジェム大統領と会談している。そこで岸はゴ大統領に対し、「戦争中貴国を始めとして各国に対し相当の損害を与えたことは十分に反省しており、わが国としてもその補償をしなければならないということはもち論当然考えている。しかしながら、問題は補償のしかたに在るのであって、例えば不足消費物資を希望に応じてドンドン送付するような方法は決して好ましいやり方ではない」と述べている[105]。

その後、植村甲午郎特使の派遣などを経て、一九五九年五月、純賠償三九〇〇万ドル、政府借款七五〇万ドル、経済開発借款九一〇万ドルという協定が成立した。

ヴェトナム賠償には、金額以外に難しい問題が存在した。第一に、仏領インドシナと日本が戦争に入った時期の問題だった。時期によって、当然賠償の金額が大きく変わってくるはずであった。政府の解釈は、ド・ゴールがヴィシーに入った四五年二月というものであり、それ以後、日本によってかなりの餓死者が出たり、生産の低下が起こったというのが政府の判断だった。

より重要だったのは、ヴェトナムの分裂問題だった。そのうち、南はかつてはフランス、ついでアメリカによる傀儡政権としての性格が強かった。ジュネーヴ協定が南北の統一をうたっているのに、南の方に肩入れするのは、対立を固定化する恐れがあった。しかも、被害は北の方が大きく、北が九九％、南は鶏三羽という俗説が流布したくらいであった。しかもその頃、北ヴェトナムは衆参両院議長あてに書簡を送り、南ヴェトナムを相手とする賠償に抗議していた。南と賠償協定が結ばれれば、これまで続いてきた北との貿易が打撃を受ける恐れもあった。[106]

賠償の対象とすべき政府について、参考人として出席した横田喜三郎東大名誉教授は、（1）賠償は日本の義務である、（2）分裂国家で統合することになっているが、いつになるか分からない、（3）賠償をするなら、日本および多数の国が正統政府と認めている南を相手とすべきである、（4）賠償はヴェトナム全土を対象とすべきである、という説を述べている。

これは政府と同じ立場であった。ただし、将来、南北ヴェトナムが統一された場合、政府は、新たに賠償が請求されることはないという立場だったが、横田は、南が北を併合すればともかく、北が併合したりする場合には、新たな要求はありうるし、その場合、日本は解決済みと言って対抗し、交渉することになるだろう、国際司法裁判所その他いろいろな可能性があると述べている。要するに、これで一切解決になるという政府の立場は、自民党側参考人によっても、十分説得的ではなかったのである。[107]

問題の背景にあったのは、やはり中国であった。南ヴェトナム相手に賠償をし、これで全ヴェトナムに対する賠償が一切解決済みになるとすれば、日華平和条約における台湾側の賠償放棄は、中国全土に及ぶことになる。かつて、台湾の賠償放棄が、本土にまで及ぶかどうかは、曖昧であった。また、鳩山内閣当時には、高碕経済企画庁長官と中川アジア局長が、中国からの賠償請求の可能性について否定はしなかった。しかし、藤山はこの方針を変更し、一九五九年一一月五日の衆議院外務委員会において、「中共から請求されることはないと考えております」と述べ、質問者の確認に答えて、同じ趣旨をさらに二度繰り返して述べたのである。[108]

中国では、何度か非公式に、日本に対する賠償請求が言われていた。七〇〇億ドルという数字が挙げられたこともあった。しかし、場合によっては、これを放棄するという可能性も示唆されていた。賠償は、東西対立の手段としても、使われていたのである。

こうした東西対立の枠組みの中で、社会党の松本七郎はヴェトナム賠償について、「戦争指導者であった岸首相が、傀儡政権である南ベトナムに対し、軍事目的事業たるダムの建設に協力するものである」として、厳しくこれを批判したのであった。[109]

以上述べてきたように、鳩山内閣と岸内閣は、それなりにアジア重視の姿勢を持っていた。しかし鳩山内閣の重光外交の場合、対米関係の摩擦を引き起こした。とくにアメリカから独立した方向を取ろうとしなくとも、アメリカの反発は強かった。そしてこれに注意してアメリカとの緊密な関係の中でアジアへの進出を進めれば、それは反共アジアとの連帯となり、イデオロギー対立を国内に持ち込むことになったのである。

一九五九年秋に行われたヴェトナム賠償協定をめぐる与野党対立は、後から考えれば、安保改定の前夜らしい出来事であった。またそれは、一九六五年の日韓条約の前夜でもあった。賠償という政治問題を、経済的手法によって日本政府は解決していったが、それはアジアの分裂という現実の前に、ふたたび政治的対立に向かわざるを得なかった。またアメリカ一辺倒から脱すべくアジアに接近した日本は、結局アメリカとの協調関係の中でしか動きにくいことを、再び明らかにしたのであった。

おわりに

敗戦から賠償協定の成立まで、もっとも早かったビルマの場合で九年四カ月、最大の求償国フィリピンの場合で一〇年七カ月、最後のヴェトナムの場合で一四年三カ月を要した。講和条約調印から数えれば、それぞれ、三年三カ月、四年六カ月、八年二カ月を要した。

しかしそれは、賠償の総額も、求償国間の比率も、支払い方法も未定の状況で、しかも日本は賠償以外の対外支払い債務もあったことを考えれば、それほど遅かったとも言えない。

金額についてみても、フィリピンの八〇億ドルの要求が八億ドルになり、インドネシアの一七二億ドルが八億ドルになったため、著しく日本がいわば値切ったように見えるが、必ずしもそうではなかった。たとえばフィリピンの場合、人命と軍票に対する賠償を除けば、最初から要求は八億ドル程度であった[110]。結局のところ、日本は求償諸国の要求にほぼ近い金額で合意しているのである。ただ、時間がかかり、日本の復興が進んでいたため、当初の要求に比べれば、日本の実質的負担が軽減されたのは確かである。

この過程で大きく変化したのは、支払い方法であった。すなわち、沈船からその他の役務へと重点は移り、また役務を超えて物資賠償となり、それも生産財のみならず消費財が含まれるようになり、最後には現金賠償までに拡大されていった。

賠償をめぐって働いた様々な要因を総合し、その影響力を比較考量して浮かび上がるのは、アメリカの圧倒的な影響力である。日本の賠償は、ほぼ完全にアメリカのコントロールの内にあった。アメリカの政策が、つねに合理的だったわけではない。ポーレー案は、日本にとっては厳しく、求償国にとっては利益の少ない案であった。それを理解したアメリカは速やかにかつ大胆に政策を転換していった。その中には、つねにアメリカの世界政策と、納税者に対する責任という観点が、強く刻みこまれていた。

講和条約発効後にも、アメリカは賠償条項を通じて、日本を統制する手段を保持していた。役務だけでは十分な賠償は不可能だったし、またガリオア債務は賠償より優先することになっていた。アメリカは日本が過度にアジアに接近することを防ぐことも出来たし、また中国との貿易を拡大させないため、東南アジアへの接近を奨励することも出来た。

しかし日本は、ただ受け身だったわけではない。こうした制約を利用して、巧みに賠償政策を展開していったのが吉田だった。吉田は五二年に英米に対する外債返済を優先させることを決定し、五三年にはアメリカの反応を探りつつ、再軍備問題やガリオア問題での衝突を回避しながら、役務原則を超えて賠償を進める方針を定めた。負担の重さを懸念する大蔵省や経済界については、経済協力としてこれを推進していった。そして五四年にもアメリカを訪問して、その協力のもとに賠償を進めようとしていた。

こうしたプロセスをある程度見通していたのが、石橋湛山だった。大多数の日本人が賠償問題について悲観していたとき、石橋は生産物賠償となることを予測し、ドイツの教訓が生かされて、致命傷は生じないと予測した。敗戦の際にもっとも楽観的な予測をした吉田と石橋の二人は、一人は現実政治の指導者として、一人は思想家・言論人として、政治的な立場の違いにかかわらず、日本の復興について同じ方向を見通していたのである。

その後の鳩山・岸両内閣の賠償政策も、基本的に吉田路線の延長線上にあった。しかも、予想をはるかに超えた日本の復興の結果、あまり無理なく賠償を増額することも出来た。しかも、賠償は時の政府にとって必ずしも不利なものでないことも理解された。

ただ、彼等の場合、一種のアジア志向があった。フィリピンやインドネシアの場合、それが賠償の推進を容易にした面もあった。しかし、さらに賠償を進めるとき、分断アジアの問題にぶつからざるを得ない。そこでアメリカとの衝突を避けようとすれば、反共アジアと一体化するしかなかった。岸におけるヴェトナムと中国の問題は、その例である。やはり国際政治の構造が、賠償を規定していたということである。

ともあれ、日本は時間をかけて比較的負担の軽い賠償で済ませることが出来た。しかし、その結果、贖罪の意識が薄れてしまったという批判がある。たしかに、歴代政府首脳の発言の中には、あまり贖罪意識は見られなかったし、それもどんどん薄まっていった。

贖罪意識の欠如を批判したのは社会党である。社会党は、もっと政府に誠意があれば、賠償金額は少なくて済むはずだとして、一方で賠償の過大を批判し、他方で謝罪の誠意の欠如を批判した。しかし、それが求償国の望んだところだとは思えない。台湾が賠償を放棄し、また中国や北ヴェトナムが無賠償を示唆したのは、日本をみずからの陣営に引き寄せるためであった。国際政治はつねに現在と未来を志向するものなのである。日本人に贖罪意識を植え付け、同時に相手国に満足を与える賠償があるようには思えない。

賠償政策の道義的側面を措いて、その技術的側面だけに注目すれば、最終的に賠償問題を支配していたのはドイツの教訓だったように思われる。極端な懲罰主義は退けられ、トランスファー問題の存在が認識されて、現金賠償が否定されて現物賠償とされたことが、その後に決定的な影響を残した。

パリ講和会議に列した吉田とダレスが日本の賠償政策の大筋を定め、一九二〇年代の日本と世界の経済のもっとも鋭い観察者であったケインズや石橋が、これを見通していたことは決して偶然ではない。戦間期の失敗にもっともよく学んだ彼等が、よく第二次大戦後の状況を見通すことが出来たのである。

（1）　賠償問題に関する初期の研究に、岡野鑑記『日本賠償論』（東洋経済新報社、一九五八年）がある。その後に出た多くの研究にもかかわらず、なお古典的著作としての価値を失わない。さらに、原朗「賠償・終戦処理」（大蔵省財政史室編『昭和財政史――終戦から講和まで第一巻　総説／賠償・終戦処理』（東洋経済新報社、一九八四年）所収）が現在の水準を示す成果である。二国間関係のうち、フィリピンについては、吉川洋子『日比賠償問題の研究』（勁草書房、一九九一年）が詳細であり、中国に関する研究に殷燕軍『中日戦争賠償問題』（御茶の水書房、一九九六年）がある。インドネシアについては、賠償を主としているわけではないが、Masashi Nishihara, *The Japanese and Sukarno's Indonesia: Tokyo-Jakarta relations, 1951–1966* (Honolulu: University Press of Hawaii, 1976) がある。

（2）　この時期の政治・外交の構造に関する筆者の見方については、北岡伸一「吉田茂における戦前と戦後」（近代日本研究会編『年報・近代日本研究16　戦後外交の形成』〔山川出版社、一九九五年〕所収〔本書第十章〕）を参照。

（3）　たとえば、日清戦争賠償金は、ロシアなどからの借款でまかなわれた。ドイツの場合、以下に述べるように、アメリカに決定的に依存していた。

（4）初期の賠償問題については、高橋進『ドイツ賠償問題の史的展開』（岩波書店、一九八三年）を参照。なお、フランスの政策やトランスファー問題について、従来と異なる解釈を提示したものに、Marc Trachtenberg, *Reparation in World Politics: France and European Economic Diplomacy, 1916–1923* (New York: Columbia University Press, 1980) がある。

（5）ケインズ（早坂忠訳）『平和の経済的帰結』『ケインズ全集』第二巻（東洋経済新報社、一九七七年）一五七頁。

（6）同右、一〇六頁。

（7）以下、アメリカの対日占領政策の諸相と変遷については、五百旗頭真『アメリカの対日占領政策』（中央公論社、一九八四年）を参照。

（8）原、前掲書、一五一―一五三頁。

（9）United States Department of State, *Foreign Relations of the United States 1945, Vol. VI* (hereafter *FRUS, 1945, VI*), p. 720. 外務省特別資料部編『日本占領及び管理重要文書集』第一巻（東洋経済新報社、一九四九年）九一―一〇八頁。

（10）原、前掲書、二〇二―二〇五頁。

（11）外務省『初期対日占領政策――朝海浩一郎報告書』上巻（毎日新聞社、一九七八年）一四―一八頁。

（12）マーク・ゲイン（井本威夫訳）『ニッポン日記』下巻（筑摩書房、一九六三年）二〇一頁。

（13）岡野、前掲書、九二頁。

（14）大蔵省財政史室編（秦郁彦執筆）『昭和財政史――終戦から講和まで　第三巻　アメリカの対日政策』（東洋経済新報社、一九七六年）二六五頁。

（15）岡野、前掲書、六八四頁。

（16）原、前掲書、三五一―三五二頁。

（17）同右、四〇八頁。

（18）「第二四国会衆議院外務委員会議録」一九五六年五月二二日。

（19）Memorandum by the Secretary General of the Far Eastern Advisory Commission (Johnson), Jan. 30, 1946, *FRUS 1946, VIII*, p. 124.

（20）岡野、前掲書、一〇〇頁。

（21）原、前掲書、四四九―四五四頁。

(22) 吉川、前掲書、二六―二七頁。
(23) 原、前掲書、四六三―四六四頁。
(24) 吉川、前掲書、三〇頁。
(25) 石橋湛山「賠償問題の解説」『東洋経済新報』昭和二〇年九月二二日号および二九日号社論、『石橋湛山全集』第一三巻（東洋経済新報社、一九七〇年）三七―四一頁。以下では、「社論」、『全集』と略す。
(26) 石橋湛山「いたずらなる疑惑を去れ」昭和二〇年九月八日号社論、『全集』一三巻、二四―二七頁。
(27) 石橋湛山「賠償の性質と限度」昭和二〇年一二月一日社論、『全集』一三巻所収。
(28) 石橋は、日本が悪性のインフレになる可能性は、賠償と占領軍経費しかないと考えており、ポーレー案にはやや衝撃を受けたが、それでもインフレとなる恐れはないと断言している。石橋「戦後日本のインフレーション」『全集』一三巻、三七一頁。
(29) 石橋湛山「日本再建の方途」『東洋経済新報』昭和二六年七月二一日号および二八日号、『全集』一四巻、九―三五頁、および「八千万国民をどう養うか」『東洋経済新報』昭和三〇年九月三日号、『全集』一四巻、二三四頁。
(30) 石橋湛山「安保条約下の日本経済」『東洋経済別冊』昭和二六年一〇月一五日、『全集』一四巻、三九―四五頁。
(31) 「第一二国会衆議院平和条約及び日米安全保障条約特別委員会議録」（以下、「第一二国会衆議院平和条約等特別委員会議録」と略す）、一九五一年一〇月二〇日、六頁。
(32) 同右、一〇月二四日。
(33) 「第一二国会参議院会議録」一九五一年一〇月二三日。
(34) 「第一二国会衆議院会議録」一九五一年一〇月一五日。
(35) 「第一二国会衆議院平和条約等特別委員会議録」一九五一年一〇月一八日。
(36) 同右、一〇月二四日。
(37) 同右、一〇月一九日。
(38) 同右、一〇月二〇日。
(39) 津島寿一『マニラに懐う人々』〈芳塘随想第十集〉（芳塘刊行会、一九六二年）三頁。
(40) 岡野、前掲書、四二七―四三一頁。
(41) 外務省アジア局第三課「日比賠償交渉（一九五一年一月―一九五四年四月）調書」（一九五四年五月、以下「調書」と略す）第一部。

(42) 宮沢喜一『東京ワシントンの密談』（新潮社、一九五七年）一三六頁。
(43) 津島のマニラでの交渉については、津島、前掲『マニラに懐う人々』が生き生きとその様子を伝えている。
(44) 殷燕軍、前掲書。
(45) 同右、三三―三五頁。
(46) 同右、五五頁。
(47) 同右、八二頁。
(48) 同右、二七三―二七四頁。
(49) 日華平和条約を取り扱った斬新な研究に、陳肇斌「戦後日本の中国政策――一九五〇年代東アジア国際政治の文脈において」（博士論文、東京大学大学院法学政治学研究科、一九九六年）がある。
(50) 後宮虎郎講演速記「日華平和条約締結経緯」、一九五二年六月二五日。
(51) 津島寿一「外債処理と吉田さん」吉田茂『回想十年』第三巻（中公文庫、一九九八年）二一四―二一五頁。
(52) ニューヨークでの会議については、津島寿一『外債処理の旅』〈芳塘随想第十六集〉（芳塘刊行会、一九六六年）を参照。
(53) Murphy to the Department of State, Nov. 8, 1952, *FRUS 1952–54, XIV*, *Part 2*, p. 1354.
(54) 「調書」三五頁。
(55) 「石井光次郎日記」一九五二年一二月二三日。日記の使用を許可された石井公一郎氏に感謝したい。
(56) 「第一六国会衆議院会議録」一九五三年六月三〇日。
(57) 外務省「岡崎外相東南アジア訪問一件」。
(58) Allison (Ambassador in Japan) to the Department of State, Sept. 3, *FRUS 1952–54, XIV*, *Part 2*, pp. 1439–1490.
(59) 宮沢、前掲書、二一一―二一二頁。
(60) Dulles to the Embassy in Japan, Oct. 22, 1953, *FRUS 1952–54, XIV Part 2*, p. 1539.
(61) アリソンはガリオアの現時点の解決は不可能であり、もし妥結しても議会での批准は不可能だと述べて、これ以上池田を追いつめないよう、国務省に具申している。Allison to the Department of State, Oct. 23, 1953, *ibid.*, p. 1545.
(62) 坂元一哉「池田＝ロバートソン会談再考」『三重大学社会科学学会法経論叢』九巻一号（一九九一年）。
(63) この予算における吉田の強いリーダーシップについては、大蔵省財政史室編『昭和財政史　昭和二七―四八年度』第三巻（東洋経済新報社、一九九四年）第三章を参照。
(64) Dulles to the Embassy in Japan, Oct. 22, 1953, *FRUS 1952–54, XIV Part 2*, pp. 1538–1540.
(65) 宮沢、前掲書、二四二頁。
(66) 吉川洋子「日比賠償交渉——一九五三年岡崎のフィリピン訪問再考」『京都産業大学論集』二九巻三号（一九九八年三月）所収。一〇〇頁によれば、岡崎は三億ドルとまで言ったという。
(67) 詳細は、吉川前掲書『日比賠償問題の研究』、第三章を参照。
(68) 同右、二五一頁。
(69) 例外は、波多野澄雄「東南アジア開発と日米英関係」近代日本研究会編『年報・近代日本研究16　戦後外交の形成』（山川出版社、一九九四年）所収。
(70) 外務省戦後外交記録「吉田総理訪米一件」。
(71) ***FRUS 1952–54, XIV Part 2*****, pp. 1780–1781.**
(72) 吉田茂『世界と日本』（番町書房、一九六三年）二六五頁。
(73) アメリカが日本に再軍備を期待していたとき、再軍備に抵抗した吉田と再軍備を主張した鳩山その他の勢力があった。それにもかかわらず、アメリカの支持は吉田の方にあった。その理由の重要な一つは、この健全財政にあったのではないかと考える。この点は、ドッジ・ラインを考える際にも重要である。必ずしも明示的に指摘していないが、この点に触れているのが、樋渡由美『戦後政治と日米関係』（東京大学出版会、一九九〇年）。
(74) 吉川、前掲書、二六二頁。
(75) 同右、二六三頁。
(76) 同右、二六八頁。
(77) 同右、二六九頁。
(78) 「重光葵日記」伊藤隆・渡邊行雄編『続重光葵手記』（中央公論社、一九八八年）所収、一九五五年五月三一日。
(79) 同右、一九五五年五月六日。
(80) 同右、一九五六年八月一三日。
(81) 一九五五年四月一二日の日記にも、根本官房長官から情報が漏れたとして、「党人は信用すべからず」という記述がある。同右。

(82) 同右、一九五五年四月八日。
(83) 吉川、前掲書、二七六—二七八頁。
(84) 進藤栄一他編『芦田均日記』第五巻(岩波書店、一九八七年)一九五五年六月二一日。
(85) 「重光葵日記」一九五五年八月二一日。
(86) 同右、一九五五年四月一三日。防衛分担金交渉に関する緊迫した模様については、*FRUS 1955–57, V* にしばしば現れている。なお、防衛分担金問題に関する研究に、中村起一郎「防衛問題と政党政治——日米分担金問題一九五二—五七」(日本政治学会編『年報政治学一九九八年 日本外交におけるアジア主義』(岩波書店、一九九九年)所収)が参考となる。
(87) バンドン会議については、宮城大蔵「バンドン会議と日本外交」(修士論文、一橋大学大学院法学研究科、一九九八年)が参考となった。
(88) この問題についての優れた考察として、坂元一哉「重光訪米と安保改定構想の挫折」(『三重大学社会科学学会法経論叢』一〇巻二号〔一九九二年〕)がある。
(89) 日ソ国交回復については、田中孝彦『日ソ国交回復の研究』(有斐閣、一九九五年)第七章を参照。
(90) 反共と反共外交とは同じではなく、とくに対米関係においては重要な違いがあった。この点に関しては、北岡前掲「吉田茂における戦前と戦後」を参照。
(91) 「第二四国会外交委員会議録」一九五六年五月一七日。
(92) 同右、五月二二日。
(93) 同右、五月二六日。
(94) 同右、五月二三日。また、参考人の東京銀行の堀江薫雄も、ナショナリズムの勃興を強調している。同右、五月二四日。
(95) 同右、五月二四日。
(96) 同右。
(97) 同右、五月二八日、および中川氏の筆者へのインタビュー、一九九六年八月三〇日。
(98) 「第二四国会衆議院外務委員会議録」一九五六年五月二八日。
(99) 同右、一九五六年四月三日。
(100) 原、前掲書、五〇一頁。

(101) 以上、同右、五〇三頁。
(102) 増田与編訳『スカルノ大統領の特使――鄒梓模回想録』(中央公論社、一九八一年)八二頁。
(103) 「第二八国会衆議院外務委員会議録」一九五八年三月二八日、「第二八国会衆議院会議録」一九五八年一月二二日。
(104) 以下、原、前掲書、五一一―五一六頁による。
(105) 「岸首相ゴ大統領会談録」、「岸首相東南アジア訪問一件」所収。
(106) 「第三三国会衆議院外務委員会議録」一九五九年一一月七日。
(107) 同右、一九五九年一一月二一日。
(108) 同右、一九五九年一一月五日。
(109) 「第三三国会衆議院会議録」一九五九年一〇月三〇日。
(110) ケインズは、第二次大戦後の対独賠償問題にも活躍したが、そこでも人命は除外することを主張している。ケインズ(石川健一他訳『戦後世界の形成――ブレトン・ウッズと賠償』『ケインズ全集』第二六巻(東洋経済新報社、一九八八年)第三章。

終　章　太平洋戦争における「目的」と「争点」

はじめに

一九八五年七月二八日の『ニューヨーク・タイムズ・マガジン』(*The New York Times Magazine*)に、セオドア・ホワイト(Theodore H. White)は「ザ・デンジャー・フロム・ジャパン」("The Danger from Japan")と題するエッセイを書いた。一九四五年九月二日、ミズーリ(Missouri)号上において日本の降伏文書調印に立ち会ったホワイトは、当時の光景を思い出しながら、アメリカが様々な分野の経済競争で日本に敗北しつつあることを嘆き、日本の勝利はいくつかの「不公正」な理由によるものであると批判して、いったい戦争に勝ったのはどちらだったのかと問いかけた。ホワイトは戦前から知られた親中、反日派のジャーナリストであったが、この激しい批判は大きな反響を呼び、その後に登場する一連の日本批判の先駆けとなった。

ホワイトの言う意味で、どちらが勝ったかは明白である。武力行使の停止において、相手を降伏させた方と降伏した方とを見誤る恐れはない。しかし、それは武力闘争における勝者と敗者というに過ぎない。戦争は、たんなる武力闘争ではなく、「他の手段を以てする政治の継続」である。戦争に先立って、大きな政治的対立があったはずである。二つ(または二つ以上)の国を激しく対立させ、戦争まで引き起こさせた争点があったはずである。その点に着目して、結局どちらが有利な地歩を占めたかを基準に考えれば、勝者と敗者に関して別の判断が生まれる可能性もある。

もう一つ、争点と似てはいるが少し違うものとして、戦争の「目的」について考えることができる。戦うためには目的があったはずである。そしてその目的を達成したかどうかが、勝者の基準となるはずである。このように、争点と目的という二つの観点から、戦争の勝者と敗者について考え直すことにより、太平洋戦争の特質とその日米関係における意味について、いくつかのポイントを明らかにすることが、本章の目的である。なお考察の重点は、アメリカ側ではなく日本側におくこととする。

一　戦争の争点

まず、日米戦争の争点に入る前に、比較のため、日本と他の交戦国との間の争点について考えてみたい。日中間の争点は、比較的簡単である。日本が中国における権益を拡大・強化し、その影響力の及ぶ範囲を拡大していこうとしたのに対し、中国はその独立と統一を回復しようとしていた。両国の立場は両立不可能であった。このように、日本の特殊権益強化と中国の統一と独立の達成とのぶつかりあい、言い換えれば、日本の帝国主義と中国のナショナリズムの対立が、抜き差しならぬ日中関係を構成していたのであり、これを戦争の争点だと言うことができる。

日ソ間においては、東北アジアにおける軍事的・戦略的優位をめぐって、鋭い緊張関係があった。それは、日清戦争—三国干渉以来のものであって、南下しようとするロシアに対し、日本はできるだけこれを阻止し、なるべく北に進出して有利な位置を占めようとしていた。日露戦争以後、日露関係は安定していたが、シベリア出兵に見られるように、日本はなるべく北まで力を伸ばそうとした。一九三〇年代、ソ連は日本の膨張に冷静に対処し、慎重に満州での衝突を避けたが、それ以上の後退は考えず、戦争末期に情勢が有利に展開すると、対日参戦を行って、満州を占領した。戦争そのものは一九四五年八月八日まで起こらなかったが、両国の間に両立困難な対立があったことはたしかである。日英関係においても、はっきりした争点が存在した。田中義一は早くも日露戦争後に、華中・華南に進出して、イギリスの中国権益を奪うことを主張した(「随感雑録」)。一九二〇年代までは、イギリスの南方権益と日本の満州権益を相互に認めあうことが日本の政策の基本であったが、イギリスの優越的な地位を奪おうとする志向は、常に潜在的に存在していた。その背景には、イギリスのアジア蔑視に対する反発から来る「アジア主義」的な発想もあった。一九三〇年代に入ると、ドイツとの接近がさらに日本を反英に傾斜させた。そして、ヨーロッパで戦争が勃発すると、日本は東南アジアの資源に関心を広げ、いよいよイギリスとの対立を深めることとなった。細谷千博が、日米戦争は日英戦争だったと指摘するのも、日英間には両立不可能な対立が存在したということにほかならない(1)。

二　争点としての脱植民地化

この点をさらに強調すれば、戦争によって最大の挑戦を受けたものは、ヨーロッパの植民地主義であるということになる。クリストファー・ソーン『ザ・イシュー・オブ・ウォー』(2)は、東南アジアを舞台として、戦争の最大の争点はヨーロッパの植民地主義であり、アジアの脱植民地化であったということを論じている。争点をこのように考えれば、戦争の形式的な勝者であったイギリスは敗者となるわけだし、さらにオランダとフランスも敗者の列に加えるべきであろう。

ところで、戦後これらの地域の独立が進んだことから、アジアの解放という日本の目的は達成されたとか、正しかったという主張が、研究者の間からではないにしても、登場してきた。また、一九八〇年代になって、この地域の経済発展が著しく進み、日本との密接な関係がとくに一九八五年以降の円高を契機として進んだことから、この主張が繰り返され、日本は大東亜共栄圏を別の手段で実現したというような説が、これを支持する立場からも批判する立場からも提示されるようになった。

たしかに日本はアジアの解放を唱えたし、これを戦争目的だと信じた人もいた。日中戦争に対し、アジア人同士のしかも弱いものいじめの戦争ではないかという後ろめたさを感じていた多くの日本人が、日米戦争の勃発に快哉を叫んだことは、よく知られた事実である。しかし、戦争に至る一連の政策決定の中で、アジアの解放という目的が重要な役割を果たしたことは一度もなかった。現実に日本がアジアでとった政策は、過酷なもので、その中にヨーロッパの支配を受けた民族に対する共感が貫かれていたとは到底言えなかった。一国がそのために相当の犠牲を払い、努力を集中するようなものでなくては戦争の目的とは言えない。要するに、アジアの解放は、日本の戦争目的ではなかったのである。

しかし、戦争とくに総力戦はデモクラタイゼイション（democratization）をもたらすものである。戦争の過程で、イデオロギーが意味を持ち始めたのは事実である。一九四三年一月、日本は汪兆銘政府との間に、租界返還、治外法権撤廃を約束し、次いでビルマ、フィリピンの「独立」を承認し、インド仮政府を承認し、一一月には大東亜会議を開いている。しかし、仏印については、その独立は戦争末期まで着手されなかったし、蘭印については、親日政権樹立の可能性が高かったのにもかかわらず、直轄統治でこれに臨んだ。仏印については、ヴィシー（Vichy）政府の下にある当局との取引の方が、統治の効率という観点から有効だと考え、また蘭印については資源確保の観点が重視されたわけである。

むしろ、日本は当初の意図に反して台湾と朝鮮（および満州国）を手放したわけで、この点では敗者に分類すべきであろう。そして、戦争の勝者は、何よりも、植民地から独立を達成したアジアの諸国民ということになるだろう。また、この動きに民族自決という明確な表現を与えたのはウッドロウ・ウィルソンであったから、これをアメリカの勝利ということも可能である。しかし、のちのヴェトナム戦争までを視野に入れれば、アメリカはむしろ敗者の側に回ることになるかもしれない。事態はまことに複雑であった。

三　日米間の争点

それでは日米の間にはどのような対立が存在したのか。日米両国をともに満足させることの困難な争点とは何だったのか。じつは、明確な争点は、指摘しにくいのである。

日米対立が顕在化したのは、日露戦後、まず満州問題についてであった。しかし、アメリカが満州において持っていた貿易上の利害は、わずかなものであった。侵されていたのは、門戸開放の理念の方であり、かなり遠い将来の利益であった。そしてアメリカはこの理念と未来の利益を守るため、満州に楔を打ち込もうと、日本の満州経営の中核にあった満鉄に対し、並行線の建設によって挑戦しようとしたのである。

ここに、日米関係の特徴である、対立の顕著な非対称性を見ることができる。アメリカは現実にはわずかにしか存在しない、ある意味では想像上の利益を守るために、日本のもっとも重要な権益を脅かそうとする。それを日本は生死に関わる問題と考える。しかし、問題の発端は、日本の膨張の方にあることは忘れられているのである。

小さなダメージと大きな対応というバランスの欠如は、アメリカ側だけにあったわけではない。日米関係の刺《とげ》であった移民問題については、日本側に同じ問題が存在した。日本はアメリカの排日移民政策に強い反発を示したが、それによって失われる現実的な利害が大きかったわけではない。一九二四年の排日移民法で日本が失う移民の枠は、せいぜい年間一五〇人程度であった。問題は日本の体面であって、それゆえに妥協は難しかった。ジェームズ・ブライスが幣原喜重郎に対し、日本の移民問題に対する政策を批判して、日本はアメリカと戦争するつもりがないなら、さっさと抗議を撤回してしまった方がよいと述べた(3)のは、よく知られている。しかし、そのような方法をとるには、日本はあまりに劣等感が強く、傷つきやすい国がらであった。

一九三〇年代の中国問題でも、日露戦争以来の対立の構造が見出される。日中戦争によってアメリカが失い、あるいは脅かされていた現実の権益はわずかなものであった。問題は中国の統一と独立という理念であり、いつかアメリカの巨大な利益が生み出されるかもしれないという（中国市場の神話）想像上の利益であった。日本の中国侵略がかりに成功したとしても、それでアメリカが致命的なものを失うわけではない。こうした具体的な利害対立が少なかったゆえに、実は妥協が困難だったのである。

むしろ、アメリカの執拗で原理主義的な批判に対し、日本は別の原理で武装することになる。それがアジア・モンロー主義の主張であった。とくに、一九三八年一〇月六日、アメリカが門戸開放違反に関する包括的な抗議を寄せると、一一月一八日、有田八郎外務大臣は、事変前の原則はもはや妥当しないと応じた。またこれに先立って近衛文麿首相は一一月三日、東亜新秩序構想を打ち出していた。外交評論家・清沢洌は、有田の返答を、満州事変以来もっとも重大な政策表明であると述べたが、それはアメリカ外交に対する原理主義的否認が持つ深刻さを見通しての指摘であった(4)。清沢の危惧したとおり、アメリカはこれに対し、一二月三〇日付で、厳しい反論を寄せた。イデオロギー上における日米戦争はここに始まったと言うことも可能である。

この間、日米それぞれは、みずからが脅かされている利益のフィルターを通して相手の意図を考えるようになっていた。生存を脅かされていると考える日本は、アメリカが日本を滅ぼそうとしていると考える。一方、みずからの理念を傷つけられたと考えるアメリカは、日本がアメリカの理念に根本的な挑戦を行い、アジアを支配しようとしていると考える。このような相互の意図についてのずれが、明確な争点の欠如とともに、日米の対立を特徴づけるものであった。

四　戦争の目的

このように、戦争の争点という問題の探究を通じて、とくにアジアの解放は日本の戦争目的ではなかったというところで、われわれは、すでに戦争の目的という問題に半ば入り込んでしまった。日本の戦争目的は、要するに、自主的な安全の確保であった。安全を求めて戦争を始めるという矛盾はさておき、宣戦の詔書を含むあらゆる重要文書に登場する言葉は、「自存自衛」である。また、当時隆盛を極めた言葉「高度国防国家」である。アメリカその他の国に依存しない自主的国防圏を建設し、みずからの運命をみずからで決めること、それを日本は望み、失敗したわけである。[5]

ただ、安全というものは客観的な要素だけで決まるものではない。そこには、主観的な要素が強く作用する。満州事変が起こった時には、事態は「自衛」で説明された。その自衛とは、特殊権益の防衛という狭義のものであって、生存圏的な広義の自衛を指すものではなかった。生存圏の思想は、一方でヨーロッパの影響を受けながら、満州事変の成功とともに、これを正当化しつつ広がったのである。[6]ところが、日本が膨張すればするほど、補給線は伸び、前線に対する不安感は高まることになる。また、貿易による物資確保が当然に難しくなる。そのため、日本はますます完全なオートノミーを求め、ついに東南アジアへの進出を行うという悪循環が生じたのであった。

それにしても、日本に対するもっとも重要な物資供給国であったアメリカとの関係を犠牲にし、なおかつこれに対して攻撃を仕掛けるということを決断するためには、さらに大きな飛躍が必要であった。そのような飛躍を促したものは何だったのか。

マイケル・ハワード（Michael Howard）は、ヨーロッパが第一次大戦という悲惨を経験したあと、もう一度世界大戦が起こったのはなぜかという、根本的な問いを提起している。そして、テクノロジーの発展をその理由として挙げている。[7]つまり、新しい軍隊技術によって、相手を破壊する可能性が生まれる時、それを使用しようとする誘惑が生まれるわけである。それが、日本をついに真珠湾攻撃に踏み切らせたものでもあった。当時、ハワイを襲撃する能力が日本にあろうとは思われなかった。日本のみならず、それは世界の通常の軍事常識を越えていた。それゆえに、アメリカは虚をつかれたのであり、日本はこれを断行したのである。

しかし、それは、逆に言えば、アメリカも容易に日本を攻撃する能力を展開できるということであった。そしてそれが可能となった時、日本にはこれを防ぐすべはなかった。日本の地政学的な条件と、軍事技術の世界的な向上を前提に考えれば、一九四〇年代の世界で、日本が米英中ソのいかなる国に対しても不敗の体勢を築き上げることは、到底不可能であった。

石原莞爾の世界最終戦論は、奇妙な議論ではあるが、飛行機が無着陸世界一周をするようになる頃、世界最終の戦争が起こるということになっていた。それは、強大な破壊力を持った兵器の射程が世界に届くようになった時に、戦争の意味と蓋然性が一変するという主張であった。核兵器の開発、とくにＩＣＢＭ（大陸間弾道ミサイル）の開発はこれに相当するわけであり、石原の議論はその点でポイントをついていた。

一方、日本の軍事主義的発展の基礎にあったのは、広域経済という考え方であった。これに対し、石橋湛山は次のように根本的な批判を加えている。石橋によれば、広域経済の最大の目的は、自己の経済圏の中で国防上必要な物資の自給自足を図ることである。しかし平時には国防上必要な物資は過剰となるし、そうしたものの生産だけに力を入れていると、国民生活の安定と発展が不十分になる。したがって、平時には軍需物資を輸出し、非軍需品を輸入することとなる。しかし、世界がいくつかの広域経済圏に分かれ、同じことを行えば、当然そこに衝突が起こる。広域経済圏の思想は、ついに指導原理となりえないと石橋は論じていた。(8)

これをいいかえれば、当時の経済・技術の水準を前提とすれば、すでにブロック経済は狭すぎるということであった。これに代わりうる指導原理として、石橋が挙げたものは、世界大の自由通商の原理であった。それは門戸開放宣言以来、アメリカがもっとも重視した原則であり、また大西洋憲章（一九四一年八月一四日）にも盛り込まれ、その骨格となった原則であった。そして日本政府も、一九四一年一一月四日決定の対米交渉甲案の冒頭で、これに触れている。すなわち日本は、地理的近接による特殊関係という従来の主張を撤回し、通商の無差別自由の原則が世界に行われるならば、これをアジア太平洋でも認めると述べていた。もちろん、それは、日本の主張のうちのごく一部に過ぎなかった。しかし、四年間の戦争の後に、無差別自由の経済原則は、戦後日本外交を貫く原則となり、その繁栄の基礎となるのである。

おわりに

戦争に至る道で、日本で大きな力を持った言葉に「持てる国」と「持たざる国」という概念があった。この場合、持つというのは、市場と資源を地理的政治的に囲い込むということであり、それを軍事力によって行うということであった。こういう意味で日本は「持てる国」になろうとして失敗し、敗れたのである。これに対する根本的な批判者が、石橋湛山や清沢洌であったわけで、彼等は貿易によって世界の市場と資源にアクセスすることが可能であり、それが日本にとって有利だと考えたのである。

このような形の「持つ」ことにこだわったのはソ連である。マーシャル・プラン（Marshall Plan）への対応を契機として、ソ連は軍事的な手段を背景に、勢力圏を地理的に設定し、これによって安全と繁栄を追求しようとした。それは、結局のところ、安価で良質の原料と材料を世界で調達する自由経済体制に対抗できなかった。

また、ソ連への対抗を通じて、アメリカは軍事大国であることを選び、日本その他の通商国家の発展に脅かされることとなった。民族自決と無差別自由の通商の点で、日本はアメリカに対して完全な敗者となり、それゆえに、戦後は勝者としてよみがえることができたわけである。いずれにしても、この二つが第二次世界大戦の最大の意義であった。その点に着目する時、第二次世界大戦は、冷戦の終焉によってその意義を全うし、完全な終焉を迎えたと言うことができるだろう。

（1）細谷千博編『日英関係史　一九一七―一九四九』（東京大学出版会、一九八二年）。
（2）Christopher Thorne, *The Issue of War: States, Societies and the Far Eastern Conflict of 1941–1945* (London: Hamilton, 1985). 市村洋一訳『太平洋戦争とは何だったのか――一九四一～四五年の国家、社会、そして極東戦争』（草思社、一九八九年）。
（3）幣原喜重郎『外交五十年』（読売新聞社、一九五一年）。
（4）北岡伸一『清沢洌――日米関係への洞察』（中央公論社、一九八七年）。
（5）James B. Crowley, *Japan's Quest for Autonomy: National Security and Foreign Policy, 1930–1938* (Princeton: Princeton University Press, 1966).
（6）吉野作造「民族と階級と戦争」『中央公論』一九三二年一月号。
（7）Michael Howard, *War in European History* (London and New York: Oxford University Press, 1976).
（8）石橋湛山「百年戦争の予想」『東洋経済新報』一九四一年七月五日、一二日、一九日号。

あとがき

今から約四〇年前、私は大学院博士課程で、日露戦争以後、第一次世界大戦末期に至る日本陸軍とその大陸政策について研究していた。日本が大陸への膨張を進めていったのは何故なのかという素朴な疑問から、私はその原動力であった陸軍に興味を持ち、その認識と政策、および陸軍をめぐる権力状況の解明に取り組んでいた。

その研究を一九七八年に刊行（『日本陸軍と大陸政策——一九〇六—一九一八年』東京大学出版会）したあと、今度は日本の大陸膨張に対する最大の障碍は何だったろうか、それはアメリカではないかと考えるようになった。日本の膨張に中国が抵抗したのは当然にしても、アメリカは何故、あのような形でアジアに関与し、日本の前に立ち塞がったのか、これを研究したいと考えて、国際文化会館の新渡戸フェローシップをいただいて、一九八一年から八三年までプリンストン大学に留学した。

プリンストンを選んだ理由の一つは、ジョージ・ケナンの『アメリカ外交五〇年』に紹介されていた、ジョン・マクマリというほとんど忘れられた外交官への関心であった。ケナンによれば、マクマリは、一九三五年に国務省の委嘱によって書いたメモにおいて、日中戦争の勃発は不可避だと考え、その場合アメリカは必ず巻き込まれ、対日戦争には勝利するが、結果として起こるのはソ連ないし共産主義の勝利であるということを予測していた。そしてマクマリの文書はプリンストンに所蔵されていることを知った。そんな凄い予測をした外交官がいたのなら、彼を手掛かりにして、アメリカ外交史を研究してみたいと思ったのである。

プリンストン大学では、マリウス・ジャンセン教授と親しく交際させていただき、またそこで知り合ったアーサー・ウォルドロン博士（現在ペンシルヴェニア大学教授）とともに、一九二〇年の東アジアの国際関係について一緒に授業を持ち、またワークショップを開いて一年以上にわたり様々な研究者を招いて議論した。ワシントンその他、全米各地の大学や図書館に資料を読みに出掛けた。古い話だが、懐かしい思い出である。

そのころの研究をもとにして書いたのが、第二章の「二十一カ条再考」（一九八五年）であり、続いて書いたのが、第一章の「国務省極東部の成立」（一九八九年）である。

帰国ののち、一九八五年にアメリカ外交史学会でImage-Makers of the US-East Asian Relationsというパネルが設けられるので、日本でアメリカのイメージの形成に大きな役割を果たした人物について何か報告しないかといわれ（あとの二人は、アメリカにおける中国イメージの形成に大きな役割を果たしたヘンリー・ルースとパール・バックだった）、戦争に至るような誤ったアメリカ・イメージを作るのに影響力があった人物は誰だろうかと考えているうち、逆に、正しいイメージを作ったものの、受け入れられなかった人について書いたらどうだろうと考え、清沢洌について研究を始めた。それが本になったのが、『清沢洌――日米関係への洞察』（中央公論社、一九八七年、のち、『増補　清沢洌――外交評論の運命』中央公論新社、二〇〇四年）である。

清沢の研究をしていた一九九〇年代半ばは、日米経済摩擦のピークだった。アメリカの対日批判は、何よりも日本の門戸が開放されていないという点に向けられていた。そして日米摩擦の背景には、両国の政治構造の違いを背景とする大きな認識のギャップがあった。アメリカは自らが正しいと信じる原理を、相手国の事情を配慮することなく要求し、これに対して日本は、アメリカの要求に当惑しながら、その本音はどこにあるのかと推測し、対応しようとしていた。これは、戦前からの門戸開放をめぐる対立とよく似ており、また戦前と同じように、どこか根本的に間違っているように思われた。

一九八九年の冷戦終焉のころから、私は現代日本外交の考察に力を注ぐようになったが、日米関係の中には、しばしば同じような問題があらわれた。九〇年の湾岸戦争、九〇年代以来の北朝鮮問題、九・一一の同時多発テロ、二〇〇五年の国連安保理改革、近年の尖閣諸島問題や南シナ海問題を含む中国の台頭への対応、そして歴史認識をめぐる中韓との摩擦においても、日米の間には、同様の認識のずれがあった。アメリカは日本にとってもっとも重要で、もっとも頼りになる国であるが、同時に、時としてもっとも難しい国であった。

私は一九九〇年代から政府関係の多くの審議会・委員会や、日米、日中、日印、日独などの二国間対話（セカンド・トラックないし一・五トラック対話）に参加し、国連大使（二〇〇四―〇六年）として日本外交の前線に立ち、また近年の歴史問題については、日韓歴史共同研究（二〇〇二―〇四年）委員、日中歴史共同研究（二〇〇六―〇九年）日本側座長、さらに二一世紀構想懇談会（二〇一五年）座長代理として、関わってきた。いずれにおいても対米関係がもっとも重要な問題であり続けている。

こうした現代外交への関心と関与ゆえに、日米関係史に関する論文をまとめることは、ずっと念頭にありながら、長年着手できず、着手してからも、数年がたってしまった。顧みて忸怩たるものがある。ただ、現代外交を観察し、これに関与する中で、歴史を研究してきたことは極めて有用だった。また、現代の日米関係の中から、歴史分析に関するヒントを得ることも多かった。現在の外交を考察することと過去の外交を研究すること、そして外交を研究することと外交に関わることとは、私の中では相互にプラスになることが多かった。

本書は、以上に述べたような意味で、『日本陸軍と大陸政策』（一九七八年）の遠い続編である。そして、刊行の経緯などにおいて、同書のもう一つの続編『官僚制としての日本陸軍』（筑摩書房、二〇一二年）と対になる著作である。日本の外交にせよ、対米関係にせよ、経済・貿易の次元だけで完結するものではありえない。必ず、安全保障の次元と双方で理解すべきものだと考える。その意味で、もし『官僚制としての日本陸軍』をもあわせ読まれる方があれば、大変ありがたいと考える。

本書に関してお世話になった方の数は数えきれない。しかし、こうしてまとめてみると、研究の出発点となったプリンストン留学について、思い出が深い。留学について支援してくださった方の中では、恩師の三谷太一郎先生はご健在であるが、佐藤誠三郎先生、それからアメリカ研究者では斎藤眞先生が亡くなってしまった(いずれも東京大学名誉教授)。アメリカでは、アーサー・ウォルドロン教授は健在であるが、プリンストンでお世話になったマリウス・ジャンセン教授と、コーネル大学で英語の指導をしてくださったエレノア・ジョーデン教授は亡くなってしまった。故人を含め、記して感謝の気持ちを申し述べたい。そして最後に、何年も辛抱強く原稿の完成を待ってくださった東京大学出版会の山田秀樹氏に心より御礼を申し上げたい。

二〇一五年六月

北岡伸一

初出一覧

＊　初出論文の収載にあたり、本書全体の統一性の観点から、最小限の加筆訂正を施した。また史料の引用については、読みやすさを考慮して、カタカナをひらがなに変更するなど、若干の変更を加えた。

序　章　門戸開放政策と日米関係（書き下ろし）

第一章　国務省極東部の成立――ドル外交の背景（近代日本研究会編『年報・近代日本研究11　強調政策の限界――日米関係史・一九〇五～一九六〇年』山川出版社、一九八九年）

第二章　二十一カ条再考――日米外交の相互作用（近代日本研究会編『年報・近代日本研究7　日本外交の危機認識』山川出版社、一九八五年）

第三章　ワシントン体制の崩壊とマクマリ・メモランダム（立教法学会編『立教法学』二三号、有斐閣、一九八四年。原題は「ワシントン体制と『国際協調』の精神――マクマリ・メモランダム（一九三五年）によせて」）

第四章　明治中期の海洋国家思想――初期『太陽』に見るアメリカ像と日本外交（鈴木貞美編『雑誌『太陽』と国民文化の形成』思文閣出版、二〇〇一年。原題は「初期『太陽』に見るアメリカ像――日清日露戦間期日本外交に関する一考察」）

第五章　海洋国家の戦略思想――福沢諭吉から吉田茂まで（石津朋之／ウィリアムソン・マーレー編『日米戦略思想史――日米関係の新しい視点』彩流社、二〇〇五年。原題は「海洋国家日本の戦略――福沢諭吉から吉田茂まで」）

第六章　日米外交の非対称性（総合研究開発機構編『（研究報告書　No. 940050）外交・政治スタイルと日米関係』総合研究開発機構、一九九五年。原題は「戦前期日米関係における政治・外交スタイルの問題」）

第七章　吉野作造の国際政治思想（『吉野作造選集』第五巻、岩波書店、一九九五年）
第八章　新渡戸稲造における帝国主義と国際主義（『岩波講座　近代日本と植民地4　統合と支配の論理』岩波書店、一九九三年）
第九章　清沢洌におけるリベラリズムとナショナリズム（立教法学会編『立教法学』四二号、有斐閣、一九九五年。原題は「清沢洌におけるナショナリズムとリベラリズム――日中戦争下の欧米旅行日記より」）
第十章　吉田茂における戦前と戦後（近代日本研究会編『年報・近代日本研究16　戦後外交の形成』山川出版社、一九九四年）
第十一章　岸信介――野心と挫折（渡邊昭夫編『戦後日本の宰相たち』中公文庫、二〇〇一年）
第十二章　賠償問題の政治力学（北岡伸一・御厨貴編『戦争・復興・発展――昭和政治史における権力と構想』東京大学出版会、二〇〇〇年。原題は「賠償問題の政治力学（一九四五―五九年）」）
終　章　太平洋戦争における「目的」と「争点」（細谷千博・本間長世・入江昭・波多野澄雄編『太平洋戦争』東京大学出版会、一九九三年。原題は「太平洋戦争の『争点』と『目的』」）

関連略年表

年	月	日	事　項
1839	6	3	林則徐，英国商人より没収したアヘン2万箱余を廃棄
1840	6	28	英軍，広州・珠江河口を封鎖（アヘン戦争勃発）
1842	8	29	南京条約締結（5港開港，賠償金，領事駐在など．アヘン戦争終わる）
1851	1	11	洪秀全，起義を宣言，太平天国の成立
1853	7	8	ペリー，浦賀に来航
1854	3	31	日米和親条約調印
1856	10	23	英軍，アロー号事件を理由に広州に侵攻（第二次アヘン戦争勃発）
1858	6		清国，英仏露米と個別に天津条約（最恵国待遇，開港場の増加，公使駐在，賠償金など）
	7	29	日米修好通商条約調印
1860	10	13	英仏連合軍，北京を占領，23–24日に英仏と清国の間に北京条約調印（天津開港，賠償金など．第二次アヘン戦争終わる）
1862	9	1	新渡戸稲造生まれる
1866	10	1	仏艦隊，朝鮮に襲来，撃退される
1868	1	3	王政復古の大号令
1871	6	10	米艦隊，朝鮮に襲来，撃退される
	8	29	廃藩置県の詔書
1872	9	13	幣原喜重郎生まれる
1873	10	24	朝鮮への特使派遣を無期延期，西郷隆盛ら下野（明治6年政変）
1874	5	4	台湾出兵実施を決定
1875	5	7	千島・樺太交換条約調印
1876	2	26	日鮮修好条規調印
1877	2	15	西郷隆盛，兵を率い鹿児島を出発（西南戦争勃発，9月24日，西郷自決，終了）
1878	1	20	吉野作造生まれる
	9	22	吉田茂生まれる
1879	4	4	琉球藩を廃止，沖縄県とする
1881	10	11	御前会議で立憲政体に関する方針を決定，大隈重信罷免（明治14年政変）
1882	7	23	壬午事変
1884	9	25	石橋湛山生まれる
	12	4	甲申事変
1889	2	11	大日本帝国憲法発布
1890	2	8	清沢洌生まれる
	11	29	第一回帝国議会（12月6日，山県有朋首相施政方針演説）
1891	10	12	近衛文麿生まれる
1893	1	17	ハワイで在住アメリカ人によるクーデタ
1894	7	16	日英通商航海条約調印（条約改正）
	8	1	清国に対し宣戦布告（日清戦争）
1895	4	17	下関講和条約締結（4月23日，三国干渉）

年	月	日	事　項
1895	1		雑誌『太陽』創刊
	7	20	米，ヴェネズエラと英領ギニアの国境紛争にモンロー主義を援用して仲裁を申し入れ（11 月，英拒絶）
1896	6	3	李鴻章・ウィッテ間に露清密約
	11	13	岸信介，山口県に生まれる
1897	2	27	ハワイへの日本人自由移民が上陸を拒絶される
	3	4	ウィリアム・マッキンリーが米大統領に就任
	6		ハンティントン・ウィルソン，東京公使館付二等書記官として着任
	11	14	独，膠州湾を占領
1898	2	15	米戦艦メイン号，ハバナ湾で爆沈
	3	6	独，膠州湾租借，膠州―済南間の鉄道敷設権を獲得
	3	27	露，旅順・大連を租借し，東清鉄道南部支線敷設権を獲得
	4		仏，広州湾租借，雲南鉄道敷設権を獲得
	4	25	米西戦争勃発
	6	9	英，九龍租借
	6	11	光緒帝，変法自強を宣布
	7	1	英，威海衛を租借
	7	7	米，ハワイ併合条約批准
	8	13	米，スペインの休戦の申し出に応じる
	9	2	英独間に在華権益に関する協定，揚子江流域は英，黄河流域は独とする
	9	21	戊戌の政変
	秋		英貴族院議員チャールズ・ベレスフォードの極東旅行
	12	10	米，スペインとのパリ講和条約で，フィリピン・プエルトリコ・グアムを獲得
1899	3		山東で義和団蜂起
	3	29	英露間に鉄道敷設権をめぐる協定調印
	9	6	ジョン・ヘイ米国務長官，英，独，露に門戸開放通牒を送付（11 月 13 日 日本，11 月 17 日 イタリア，11 月 21 日 仏へ）
	10	11	ボーア戦争始まる
	11	16	清仏間に広州湾租借条約
1900	2	5	米英間にパナマ運河に関するヘイ・ポンスフォート条約調印
	3	31	露韓間に馬山浦付近に海軍基地用地租借権秘密協定調印
	6	20	義和団，北京各国公使館を包囲（6 月 21 日，清国，北京出兵の 8 カ国に宣戦布告）
	7	3	ジョン・ヘイの第二次門戸開放通牒
	8	15	連合軍，北京公使館地域を奪還
	8	30	露，黒竜江省城占領（9 月 21 日 吉林省城，10 月 2 日 瀋陽占領）
	10	8	義和団事件に関する北京列国公使会議始まる
	10	16	英独間に門戸開放に関する協定（揚子江協定）
	11		米，福建省三都澳の租借を提起
			新渡戸稲造『武士道』刊行
1901	3	19	独宰相ビューロー，英独協定は満州に適用せずと表明
	9	6	マッキンリー大統領狙撃され，14 日死去，副大統領セオドア・ローズヴェルト大統領に就任
	9	7	義和団事件最終議定書
1902	1	30	日英同盟調印

年	月	日	事　項
1902	4	8	露清間に満州からの撤兵（18カ月以内）に関する協定調印（10月8日，第一期履行，以後履行せず）
	6		『太陽』臨時増刊号「海の日本」刊行
1903	7	1	東清鉄道開通
1904	2	10	日本，露に宣戦布告
1905	1	22	露ペテルブルクで血の日曜日事件
	3	4	ローズヴェルト大統領再任
	6	9	ローズヴェルト大統領，日露戦争和平斡旋を申し出
	7	29	桂・タフト協定
	8	10	ポーツマス講和会議開く
	8	12	第二次日英同盟
	9	5	ポーツマス講和条約調印，屈辱的講和批判の大衆運動起こる
	10	12	桂，米鉄道王ハリマンと南満州鉄道共同経営の予備協定
	11	10	ローズヴェルト大統領，外交官・領事をメリット・システムによって採用する行政命令を発出
	11	17	第二次日韓協約調印
	12	21	韓国統監府設立，初代統監伊藤博文
	12	22	満州のロシア権益継承に関する日清北京条約締結
1906	5	22	満州問題に関する協議会
	6		ウィラード・ストレイト，奉天総領事に任命される（ロシアを経由して10月着任）
	7	2	ハンティントン・ウィルソン，第三国務次官に就任（～1908年12月30日）
	8	1	関東都督府を置く
	10		サンフランシスコ学童隔離問題
	11	26	南満州鉄道株式会社設立（1907年4月1日，営業開始）
1907	4	19	帝国国防方針策定
	4	20	清国，満州に東三省総督と三巡撫を置き，内地と同様の制度とする
	6	10	日仏協商調印
	7	24	第三次日韓協約調印
	7	30	第一次日露協約調印
	7		満鉄運賃改定，海港発着特定運賃制度導入
	8	7	米奉天総領事ストレートと奉天巡撫唐紹儀の間に満州中央銀行設立予備協定
	11	8	ポーリング商会，清国と新法鉄道敷設契約
	12		米海軍艦隊（グレート・ホワイト・フリート）の世界一周（～1909年2月）
	夏		アメリカ金融恐慌
1908	2	18	移民問題に関する日米紳士協約成立
	5	25	米議会，義和団事件賠償金の削減と中国人の米留学支援を決定
	7	18	奉天巡撫唐紹儀，訪米使節に任ぜられる
	11	30	ルート・高平協定締結
1909	2	2	小村外相，議会で満韓移民集中論を表明
	3	4	ウィリアム・ハワード・タフト，ローズヴェルトの後継者として米大統領に就任
	3	6	ハンティントン・ウィルソン，国務次官に就任（～1913年3月19日）
	6	6	清国と英仏独三国銀行団との間に湖広鉄道借款契約
	7	6	英仏独三国銀行団，清国の鉄道借款における協同を約す
	7	13	日本政府，錦斉鉄道計画について，条件付き参加の意向を閣議決定

年	月	日	事　項
1909	9	4	日中，満蒙諸案件に関する条約締結
	10	2	清国，米と錦愛鉄道借款の予備協定締結
	10	26	ハルピンでココフツォフ露蔵相と伊藤博文が会談
	12	18	米，満州鉄道中立化計画を日露に伝える
1910	1	21	日露共同で満州鉄道中立化計画を拒絶
	7	4	第二次日露協約調印
	11	10	四国借款団成立（米英独仏）
1911	4	15	四国借款団による幣制改革借款，満州開発借款の成立
	7	13	第三次日英同盟調印
	10	10	辛亥革命勃発
1912	2	12	清国滅亡
	3	10	袁世凱，北京で臨時大総統に就任
	6	18	日露を加え六国借款団成立
	7	8	第三次日露協約調印
	12	5	陸軍二個師団増設問題で第二次西園寺内閣総辞職
1913	3	4	ウッドロウ・ウィルソンが米大統領就任
	3	20	米，六国借款団脱退
	5	19	カリフォルニア州外国人土地所有禁止法（排日土地法）成立
	11		雑誌『太陽』が「南進か北進か」と題する特集を掲載
1914			吉野作造「学術上より見たる日米問題」『中央公論』1月号
	7	28	オーストリア，セルビアに宣戦布告，第一次世界大戦始まる
	8	15	パナマ運河開通
	8	23	日本，独に宣戦布告
	11	7	日本軍，青島を占領
1915	1	18	大隈内閣，中国（中華民国）に対し二十一カ条要求を提出
	3	16	第一次ブライアン・ノート
	5	4	内閣，二十一カ条の要求に関し最後通牒を決定（同日，元老と英国の意見に配慮して，一部削除を決定．6日，御前会議で改めて決定の上，7日，中国側に提出）
	5	9	中国，二十一カ条要求を受諾
	5	13	第二次ブライアン・ノート，門戸開放違反等のものは不承認と通告
	12	12	袁世凱，帝位を受ける
	12	25	中国で第三革命勃発
1916	3	7	閣議，袁世凱排除の方針を決定
	6	6	袁世凱死去
	7	3	第四次日露協約調印
	10	9	寺内正毅内閣成立
1917	2	1	独，無制限潜水艦作戦を宣言
	1	19	独外相ツィンマルマン，メキシコ，日本との反米同盟を工作
	1	20	西原借款の開始
	2	3	米，対独断交
	2	3	米，中国に対独断交を要請
	2	12	日本政府，中国に対独国交断絶を勧告
	3	12	露二月革命
	4	6	米，独に宣戦布告

年	月	日	事　項
1917	8	14	中国，対独宣戦布告
	11	2	石井・ランシング協定締結
	11	7	露十月革命
1918	1	8	ウィルソン，「十四カ条の平和原則」を発表
	3	3	独露間にブレスト・リトフスク講和条約締結
	6	29	大正7年帝国国防方針改定
	7	8	米，日本にウラジオストックへの共同出兵を提議．同17日，日本は要請受け入れを回答
	8	2	シベリア出兵宣言
	8	3	米騒動起こる
	9	29	寺内正毅内閣に代わり原敬内閣成立
	11	11	第一次世界大戦終結
			吉野作造「何ぞ進んで世界改造の問題に参与せざる」『中央公論』12月
			近衛文麿「英米本位の平和主義を排す」『日本及日本人』12月
1919	3	1	朝鮮で三・一運動起こる
	5	4	北京で五・四運動起こる
	6	28	ヴェルサイユ講和条約調印
	8	20	ジョン・マクマリ，国務省極東部長就任
1920	5	19	新渡戸稲造が国際連盟事務次長に就任
	7	14	安直戦争起こる
	10	15	新四国借款団成立（米英仏日）
1921	3	3	皇太子，訪欧に出発（9月2日帰国）
	3	4	ウォレン・ハーディングが米大統領に就任
			石橋湛山「一切を棄つるの覚悟」『東洋経済新報』7月23日号
	11	4	原敬首相，暗殺される
	11	12	ワシントン会議開かれる（～1922年2月6日）
			マクマリ，『中国関係条約及び協定集――1894–1918』出版
1922	4	28	第一次奉直戦争
	6	24	シベリアからの撤兵完了（北サハリンを除く）
1923	2	28	大正12年帝国国防方針改定
	4	14	九カ国条約の発効に伴い，石井・ランシング協定廃棄
	8	3	ハーディング大統領死去に伴い，カルヴィン・クーリッジ副大統領が大統領に就任
	9	1	関東大震災
1924	1	20	第一次国共合作
	5	15	排日移民法（ジョンソン＝リード法）可決（7月1日，施行）
	9	1	対独賠償ドウズ案，実施
	9	18	第二次奉直戦争
	11	19	マクマリ，国務次官補に就任（～1925年5月19日）
1925	1	20	日ソ基本条約締結
	3	12	孫文死去
	5	30	五・三〇事件
	7	15	マクマリ，米中国公使に就任（～1929年11月22日）
	10	26	北京関税会議始まる
	11	22	郭松齢事件起こる

年	月	日	事　項
1926	3	20	中山艦事件
	7	9	蔣介石，北伐を開始
	10		北京政府，日清通商航海条約の改定要求
	11	6	北京政府，中国・ベルギー通商航海条約の廃棄を宣言
	11	8	ケロッグ米国務長官，中国・ベルギーの条約問題に関し，中国支持を言明
	12	18	英，クリスマス・メッセージ発表
1927	1	4	米下院，ポーター決議案上程
	1	27	ケロッグ米国務長官，対中国新政策を発表
	3	24	南京事件
	4	11	米英日仏伊，南京事件に関する要求を漢口政府及び北伐軍司令官蔣介石に提出
	4	12	上海クーデタ
	4	18	蔣介石，南京に国民政府樹立を宣言
	4	20	田中義一内閣成立
	5	28	山東出兵を決定
	6	27	東方会議（～7月7日）
1928	5	3	済南事件
	6	4	張作霖爆殺事件
	7	19	南京政府，翌20日を以て日清通商航海条約を廃棄し「臨時弁法」を施行する旨通告
	7	25	米，南京政府と新関税条約を締結
	8	27	パリで不戦条約調印
	9	29	内田康哉枢密顧問官，ケロッグ国務長官と会談
	12	29	張学良，東三省の易幟を通電，国民政府に合流
1929	3	4	ハーバート・フーヴァーが米大統領に就任
	6	7	対独賠償ヤング案策定
	7		張学良，東清鉄道の実力回収をめざし，ソ連の反撃にあい，失敗
	10	24	世界恐慌始まる（暗黒の木曜日）
	11	22	マクマリ，中国公使を辞任
			中国，翌年1月1日より治外法権関係条項を廃棄する旨宣言
1930	1	21	ロンドン海軍軍縮会議開く
	4	22	ロンドン海軍軍縮条約調印
	6	17	スムート・ホーリー関税法
1931	3		三月事件
	9	18	満州事変
	10	8	関東軍，錦州爆撃
1932			吉野作造「民族と階級と戦争」『中央公論』1月号
	1	7	スティムソン米国務長官の不承認宣言（スティムソン・ドクトリン）
	1	28	上海事変
	3	1	満州国建国
	6	16	ローザンヌ賠償条約で独の賠償額を大幅縮小
	8	25	内田外相の「焦土外交」演説
1933			清沢洌「内田外相に問ふ」『中央公論』3月号
	3	4	フランクリン・ローズヴェルトが米大統領に就任
	3	27	日本，国際連盟脱退を通告

年	月	日	事　項
1933			清沢洌「松岡全権に与ふ」『中央公論』5月号
	5	31	塘沽停戦協定締結
	9	14	広田弘毅，外務大臣に就任
1934	2	21	広田外相，ハル国務長官にメッセージ
	4	17	天羽声明
	12	3	ワシントン条約の単独廃棄を決定（12月29日，対米通告）
1935	6	10	梅津・何応欽協定
	6	27	土肥原・秦徳純協定
	11	1	マクマリ・メモランダム
	11	25	冀東防共自治委員会成立
	12	9	北平で学生の抗日デモ（12・9運動）
	12	18	北平に冀察政務委員会成立
1936	2	26	二・二六事件勃発
	6	8	昭和11年帝国国防方針改定
	11	25	日独防共協定締結
	12	4	西安事件
1937	1	20	ローズヴェルト，大統領に再任
	1	25	宇垣一成に組閣の大命，1月29日，組閣に失敗，辞退
	6	4	第一次近衛文麿内閣成立
	7	7	盧溝橋事件
	8	15	日本政府，南京政府膺懲を声明，全面戦争開始
	8	26	日本軍，ヒューゲッセン駐華英大使の車を攻撃し重傷を負わせる
	9	22	第二次国共合作
	9	24	清沢洌，日本を発ちアメリカへ向かう
	10	5	ローズヴェルト大統領，隔離演説を行う
	10	28	清沢，ロンドンに到着．11月5日，駐英大使吉田茂と会談
	11	1	ロンドンで国際ペン・クラブ理事会開催
	11	2	トラウトマン工作始まる
	11	3	ブリュッセルで九カ国条約会議開催（～11月15日）
	11	6	日独防共協定に伊が加入し日独伊三国防共協定となる
	12	12	パネー号事件
	12	13	南京陥落
1938	1	16	近衛声明（「国民政府を対手とせず」）
	2	4	清沢，ブリュッセル，ベルリン，東欧，イタリア，フランスを経てロンドンに戻る
	3	13	独によるオーストリア併合
	4	1	国家総動員法公布
	5	18	清沢，国際学術会議のためプラハに到着
	5	26	近衛内閣改造，宇垣一成外相
	7	4	清沢，神戸に到着
	9	29	ミュンヘン会談
	10	6	米，中国における日本の行動は門戸開放・機会均等に違反すると厳しく抗議
	11	3	近衛首相，東亜新秩序声明
	11	18	有田外相，米声明に対し事変前の原則は適用できないと回答
	12	15	米，事実上の中国援助を開始

年	月	日	事　項
1938	12	30	米，有田回答に厳しく反論
1939	6	14	天津の英仏租界封鎖
	7	26	ハル米国務長官，日米通商航海条約の廃棄を通告
1940	1	26	日米通商航海条約失効
	3	30	汪兆銘，上海で建国宣言
	9	23	北部仏印進駐
	9	27	日独伊三国同盟調印
1941	4	13	日ソ中立条約調印
	6	22	独，ソ連に侵入，独ソ戦争始まる
	8	14	大西洋憲章
	12	8	真珠湾攻撃
1943	11	5	大東亜会議
	11	22	米英中，カイロ会談
1945	8	15	戦争終結の詔書を放送
	9	2	戦艦ミズーリにおいて降伏文書に調印
	9	6	米大統領，「降伏後における米国の初期対日方針」を承認
	9	27	天皇，マッカーサーを訪問
	10	9	幣原喜重郎内閣成立
	11	13	連合国賠償委員会ポーレー大使来日（12 月 7 日，中間賠償計画を発表）
1946	2	3	マッカーサー，GHQ 民政局に憲法草案の作成を支持
	3	6	日本政府，憲法改正草案要綱を発表
	5	3	極東国際軍事裁判開廷
	5	22	第一次吉田茂内閣成立
	11	3	憲法公布
	11	17	ポーレーの賠償最終報告公表
1947	1	28	ストライク対日賠償特別調査団派遣
	4	3	米政府，マッカーサーに対日賠償 3 割即時取立権限を付与
	4	25	第 29 回衆議院議員総選挙（社会 143，自由 131，民主 124，国民協同 31）
	5	3	日本国憲法施行
	5	24	片山哲内閣成立
	8	10	第二次ストライク調査団派遣
1948	1	16	中間賠償搬出開始（1950 年 5 月 11 日，終了）
	3	9	ストライク調査団第二次報告書
	3	10	芦田均内閣成立
	5	18	ジョンストン報告書発表
	10	7	米国家安全保障会議，対日政策に関する勧告（NSC13/2）を承認
	10	15	第二次吉田茂内閣成立
1949	1	23	第 24 回衆議院議員総選挙（民主自由 264，民主 69，社会 48，共産 35，国民協同 14）
	5	12	極東委員会，米代表の声明により，中間賠償の取立の中止と従来の賠償政策の放棄を声明
	10	1	中華人民共和国成立
1950	4	6	トルーマン米大統領，ダレスを対日講和担当の国務省顧問に任命
	6	25	朝鮮戦争勃発

年	月	日	事　項
1950	8	10	警察予備隊令公布，施行
	10	13	第一次追放解除
1951	1	25	ダレス，吉田首相と会談のため来日
	2	11	ダレス，フィリピン訪問
	4	11	マッカーサー罷免される
	6	20	鳩山一郎ら追放解除
	9	8	サンフランシスコ講和条約調印
	9	8	日米安全保障条約調印
	12	24	吉田首相，ダレス宛書簡で，国民政府との講和を約束
1952	1	18	日本・インドネシア間の賠償に関する中間協定仮調印
	4	28	対日講和条約発効
	4	28	日華平和条約調印
	6	9	日本とインドの講和条約締結
	7	2	戦前の外債処理のためのニューヨーク会議
	9	26	ニューヨーク会議で日米英で外債処理に合意，調印
	10	1	第25回衆議院議員総選挙（自由240，改進85，右社57，左社54）
1953	3	14	吉田，「バカヤロー解散」
	4	2	日米友好通商航海条約調印
	10	2	池田・ロバートソン会談（～10月30日）
	10		岡崎外相，東南アジア訪問
1954	3	1	第五福竜丸，ビキニの水爆実験で被曝
	3	8	MSA協定調印
	6	9	自衛隊法公布（7月1日，施行）
	9	25	大野・ガルシア（比）協定
	11	5	ビルマとの平和条約，賠償協定調印
	12	7	吉田茂内閣総辞職
	12	10	鳩山一郎内閣成立
1955	4	18	バンドン会議（～4月24日）
	4	19	防衛分担金をめぐる日米交渉妥結
	6	1	日ソ国交回復交渉開始（第一次ロンドン交渉）
	7	9	タイと特別円問題に関する協定に調印
	8	29	重光・ダレス会談（～31日）
	11	15	保守合同により自由民主党成立
1956	1	17	第二次ロンドン交渉
	5	9	フィリピンと賠償協定調印
	7	21	吉田，日ソ交渉を批判する公開書簡を発表
	7	26	重光外相訪ソ
	10	19	鳩山首相訪ソ，日ソ国交回復に関する共同宣言
	12	14	自民党総裁選挙で石橋湛山が逆転勝利
	12	18	国連，日本加盟を承認
	12	23	石橋湛山内閣成立
1957	1	30	ジラード事件
	1	31	石橋湛山首相，岸信介を首相代理に指名
	2	25	岸信介内閣成立

年	月	日	事　項
1957	4	13	岸首相，マッカーサー大使にメモを手交し，安保条約の改正と沖縄返還を提案
	5	20	「国防の基本方針」を閣議決定
	5	20	岸首相の南アジア・東南アジア歴訪（～6月4日）
	6	19	岸・アイゼンハワー会談（～6月21日）
	9	28	外務省，『わが外交の近況』（外交青書）を初めて発表
	10	1	日本，国連安全保障理事会非常任理事国に初めて選出される
	11	18	岸首相のオセアニア・東南アジア歴訪（～12月8日）
1958	1	20	インドネシアと平和条約，賠償協定に調印
	5	2	長崎国旗事件
	5	22	第28回衆議院議員総選挙（自民287，社会166）
	8	25	岸首相，外務省首脳に対し，日米安保条約の全面改定方針を明言
	9	12	藤山外相，ダレス国務長官，安保条約改定で一致
	10	8	警察官職務執行法（警職法）改正案を国会に提出
	12	27	警職法問題で自民反主流派三閣僚（池田隼人，三木武夫，灘尾弘吉）辞職
1959	5	13	南ヴェトナムと賠償協定調印
	6	18	岸内閣改造，池田勇人，通産大臣として入閣
1960	1	19	岸，渡米して新日米安保条約に調印
	5	19	新日米安保条約批准を強行採決（6月19日，自動承認）
	6	23	新日米安保条約批准書交換，発効，岸首相，辞任を表明
	7	19	池田勇人内閣成立
	11	20	第29回衆議院議員総選挙（自民296，社会145，民社17，共産3）
1964	11	9	佐藤栄作内閣成立
1965	6	22	日韓基本条約締結（準賠償）
1972	7	7	田中角栄内閣成立
	9	29	日中国交回復（賠償放棄）
1985	7	28	セオドア・ホワイト「ザ・デンジャー・フロム・ジャパン」『ニューヨーク・タイムズ・マガジン』

著者略歴
1948 年　奈良県生まれ
1971 年　東京大学法学部卒業
1976 年　東京大学大学院法学政治学研究科博士課程修了(法学博士)
立教大学法学部教授，東京大学法学部教授(1998–2004 年，2006–2012 年)，国連大使(2004–2006 年)を経て
現　在　国際大学学長，政策研究大学院大学特別教授，東京大学名誉教授．紫綬褒章受章(2011 年)

主要著書
『日本陸軍と大陸政策――1906–1918 年』(東京大学出版会，1978 年)
『清沢洌――日米関係への洞察』(中公新書，1987 年〔増補版，2004 年〕，サントリー学芸賞受賞)
『後藤新平――外交とヴィジョン』(中公新書，1988 年)
『日米関係のリアリズム』(中公叢書，1991 年，読売論壇賞受賞)
『自民党――政権党の 38 年』(読売新聞社，1995 年〔中公文庫，2008 年〕，吉野作造賞受賞)
『政党から軍部へ――1924–1941』(中央公論新社，1999 年〔中公文庫，2013 年〕)
『独立自尊――福沢諭吉の挑戦』(講談社，2002 年〔中公文庫，2011 年〕)
『国連の政治力学――日本はどこにいるのか』(中公新書，2007 年)
『日本政治史――外交と権力』(有斐閣，2011 年)
『官僚制としての日本陸軍』(筑摩書房，2012 年)

門戸開放政策と日本

2015 年 7 月 30 日　初　版

［検印廃止］

著　者　北岡伸一《きたおかしんいち》

発行所　一般財団法人　東京大学出版会
代表者　古田元夫
153–0041 東京都目黒区駒場 4–5–29
電話 03–6407–1069・Fax 03–6407–1991
振替 00160–6–59964

印刷所　研究社印刷株式会社
製本所　牧製本印刷株式会社

ISBN 978–4–13–030155–8　Printed in Japan